木铎之声

——王友强名师工作室教育实践与探索

主编 ◎ 王友强

西南交通大学出版社
·成　都·

图书在版编目（CIP）数据

木铎之声：王友强名师工作室教育实践与探索 / 王友强主编. —成都：西南交通大学出版社，2022.7
ISBN 978-7-5643-8752-5

Ⅰ. ①木… Ⅱ. ①王… Ⅲ. ①教育研究－文集 Ⅳ. ①G40-03

中国版本图书馆 CIP 数据核字（2022）第 110076 号

Muduo zhi Sheng——Wang Youqiang Mingshigongzuoshi Jiaoyu ShiJian yu Tansuo
木铎之声——王友强名师工作室教育实践与探索
主编　王友强

责任编辑	何宝华
封面设计	原创动力
出版发行	西南交通大学出版社 （四川省成都市金牛区二环路北一段 111 号 西南交通大学创新大厦 21 楼）
发行部电话	028-87600564　028-87600533
邮政编码	610031
网　　址	http://www.xnjdcbs.com
印　　刷	四川煤田地质制图印刷厂
成品尺寸	170 mm × 230 mm
印　　张	32
字　　数	541 千
版　　次	2022 年 7 月第 1 版
印　　次	2022 年 7 月第 1 次
书　　号	ISBN 978-7-5643-8752-5
定　　价	88.00 元

《木铎之声——王友强名师工作室教育实践与探索》

编委会

序言

FOREWORD

我的同事赫伟副教授在清华大学做继续教育工作，实属继续教育领域的专家。为了继续教育事业，他常奔波于祖国的大江南北，闲暇之余经常与我讨论有关教育的问题：他经常提及西部四川省成都市名师工作室王友强工作室团队，说这个团队先后获得成都市教学成果奖六项，四川省教学成果奖四项，国家级教学成果奖一项；公开出版了《木铎朝夕》《木铎春秋》《教育行为冷暴力初论》《论教育行为冷暴力》等书籍；团队先后有十三名老师获得省市特级教师称号，十名老师升为四川省中小学正高级教师。现正准备出版《木铎之声》。经过赫伟副教授的介绍，王友强老师邀请我为《木铎之声》作序，我欣然同意。

我阅读了《木铎之声》初稿。该书分为三个部分，第一部分是“教师培养”，其中《基于地方教育智慧的 CRP 名师孵化模型研究》一文获四川省人民政府教学成果二等奖（2021）。第二部分是“学科教学”，其中《自适应学习平台在高中数学学习中的应用探索》和《“整体史数轴”激发深度学习、培养历史学科核心素养的探索》获成都市人民政府教学成果二等奖（2021）。第三部分是“校园安全与德育”，此部分包含他们的三项研究成果，其中“基础教育学校教育行为冷暴力防控策略”获国家教学成果二等奖（2018），“中学校园欺凌‘两体系三融合’校本防控策略”获四川省基础教育教学成果二等奖，“两场域四主体四举措：中职学校学生间冷暴力行为防控策略”获四川省职业教育教学成果二等奖（2021）。

第三部分对影响校园安全的校园欺凌问题研究颇为深刻，我重点谈谈对这一部分的看法。校园欺凌问题，这是我多年来一直关注并担忧的问题，有些中小学里的霸王学生竟然强迫弱小的同学“进贡”，这种现象令人非常气愤。还有强势同学对弱势同学疏远、歧视等“冷暴力”，这样的现象更令人担忧。校园欺凌是世界教育的难题，各个国家均存在。早在 1983 年，挪威卑尔根大学的丹·奥维斯（Dan Olweus）教授就领导了学校欺凌问题调查研究和反欺凌运动，这是世界上最早的学校欺凌干预运动。欧美等发达国家和地区在治理校园欺凌问题上已有几十年的历史，积累了丰富的经验，立法治理体系健全，也取得了显著的成效。联合国教科文组织（UNESCO）在 2019 年 12 月 11 日宣布每年 11 月首个星期四为“反对校园暴力和欺凌国际日”。

从 2016 年 4 月至 2019 年 1 月，国务院办公厅、教育部、国务院督导委员会等部门陆续颁发了《关于开展校园欺凌专项治理的通知》《关于防治中小学生校园欺凌和暴力的指导意见》《关于加强中小学幼儿园安全风险防控体系建设的意见》《加强中小学生欺凌综合治理方案》《关于各地中小学生欺凌防治落实年行动工作情况的通报》等一系列文件。《加强中小学生欺凌综合治理方案》将校园欺凌定义为：“发生在校园内外、学生之间，一方单次或多次蓄意或恶意通过肢体、语言及网络等手段实施欺负、侮辱，造成另一方身体伤害、财产损失或精神损害等的事件。”

自 2011 年起，四川成都王友强团队就开始了对校园欺凌的研究，他们从中小学教育行为冷暴力着手，研究校园欺凌的防控。他们认为蓄意的校园教育行为冷暴力属于校园欺凌，且极易转化为校园热暴力事件。他们的研究表明大多数校园欺凌事件是由教育行为冷暴力构成或引起的。防控教育行为冷暴力，可以预防绝大多数校园恶性欺凌事件的发生。八年中，他们完成了四川省资助金课题“基础教育学校教育行为冷暴力防控策略研究”与中国教育学会“十三五”重点课题“中小学教育行为冷暴力防控策略研究”；出版了《教育行为冷暴力初论》

和《论教育行为冷暴力》两本专著。在完成"中小学教育行为冷暴力防控策略研究"的基础上，他们借鉴国外校园欺凌防控经验，结合我国的基本国情与教育一线的实践经验，继续深入研究校园欺凌的防控。

校园安全与德育这部分，体系完备，内容翔实。专题一介绍了校园欺凌概念，作者认为：如果将校园欺凌事件作为因变量，那么它的自变量无非就是发生时间、发生地点、事件人物（学段、性别、欺凌者、被欺凌者等）、学校防控管理重视程度、事件严重程度等因素。这些因素之间必须满足乘法原理才能构成校园欺凌事件，如果任意一个因素等于零或者趋近于零，则构不成校园欺凌事件。这给科学防控提供了一个很好的理论依据。他们还介绍了部分发达国家防控校园欺凌的经验，挪威的"OBPP 项目"成效显著，英国的"转介学校"对离校欺凌者的后续教育是个很好的借鉴，美国在网络欺凌的治理上经验独到，法国在治理流程上有顶层设计，加拿大管办评分离的方式确保了治理效果的真实有效，澳大利亚结构和体系完善的《国家安全学校框架》很有价值，德国的无责备干预法视角独特、意义重大。专题二介绍了我国防控校园欺凌方面的情况。国家层面高度重视，2016 年到 2019 年国务院教育督导委员会等部门连续颁发了系列文件，要求全国各地通过建立工作体系、加强制度建设、开展业务培训、创新防治方法、健全长效机制等措施，责任到位、上下联动、齐抓共管，扎实有序地做好学生欺凌防治工作。特别是教育部等十一部门联合颁布了《关于加强中小学生欺凌综合治理方案》非常及时。本部分还介绍了从校园欺凌不同的维度（身体欺凌、关系欺凌、网络欺凌、言语欺凌等）、欺凌事件的角色差异（欺凌者、被欺凌者、旁观者等）、校园欺凌不同的调查方法（自陈问卷、同伴提名法）等不同方面调查校园欺凌的自编或修订的国内外调查工具（问卷）情况。王友强团队编制的学生调查问卷《关于学校教育行为的调查问卷》还很有新意，回避了校园欺凌和冷暴力等学术敏感词汇，从学校师生不当行为的发展趋势的视角去发现和防控校园欺凌事件。专题三介绍了基于心理学、社会学、教育学等学科的 58 项理论下的校园欺凌防控策略。例如以社会心理学的视角来看，校园欺凌是一种典型的侵犯行为。挫折-侵犯理论认为侵犯是挫折的一种后果，那么有意识地对师生进行“适度”的挫折教育，增强其抗挫能力就是一种从根本上预防校园欺凌的有效做法。专题四展示了作者团队这些年来在防控校园欺凌方面的成果。

这一部分系统地介绍了国内外防控校园欺凌的国家政策和实践经验，同时提供了理论与实践相联系的防控策略，对从事校园欺凌研究的人员有较好的参考价值，对在一线学校工作的老师和管理者防控校园欺凌具有指导和借鉴作用，对家长教育子女亦有参考指导意义。

作为基层一线教育工作者，本书作者们不忘使命，急国家之所急，体人民之所需，探究教师队伍建设策略、精进学科教学方法，创造性落实国家防控校园欺凌系列文件精神，坚持数年，为建设阳光安全校园不断添砖加瓦，成效显著，我衷心替他们感到高兴。

《木铎之声》付梓之际，以此为序，谨示祝贺！

中国科学院 叶大年

2022 年 5 月 18 日

目录

CONTENTS

第三部分　校园安全与德育

第一部分
教 师 培 养

专题一

基于地方性教育智慧的 CRP 名师孵化模型研究

一、研究背景

近年来，各级教育行政部门都致力于开展各级各类的名师培养工程。然而，因为缺乏较为成熟的名师培养模式，未能充分发掘和利用地方性教育智慧，教育理论未能成为教师教育实践的“物质性力量”，因此“运动式”“行政化”名师“生产”，效果并不明显。

本项目主要解决如何将骨干教师培养为名师的问题。包括：

（1）基于地方性教育智慧的名师孵化课程体系建构；

（2）基于地方性教育智慧的名师孵化教研体系建构；

（3）基于地方性教育智慧的名师孵化研修平台运行机制。

二、研究过程与方法

CRP 名师孵化模型，是包括名师培养孵化课程体系（Curriculum）、名师培养孵化教育教学研究（Research）、名师培养孵化研修平台运行机制（Platform）三个实践模块在内的名师孵化流程。

本孵化项目从 2012 年 9 月开始，至 2021 年 6 月，共分四个阶段。

（一）孵化初始期（2012.09—2013.09）

本阶段的主要内容为：搭建地方研修平台；确认研修领衔人和研修学员，双选建构无边界研修团队，制定研修制度；营造研修文化；个性化诊断、定制研修计划；建立地方与高校的 U-S 协同机制；发掘地方教育文化资源；开发研修课程等。

（二）孵化运行期（2013.09—2016.09）

本阶段的主要内容为：教育教学问题诊断；进一步挖掘并利用地方教育资源，形成教育智慧；个性化补足专业发展短板；针对教育教学问题的课题研究；团队协作、U-S 协同攻关重大课题；实施研修课程等。

（三）孵化成熟期（2016.09—2018.09）

本阶段的主要内容：评估考核研修效果；反思调适研修规程；开展各级教育课题研究；参与国培、省培项目；名师成果形成等。

（四）孵化再生期（2018.09—2021.06）

本阶段的主要内容为：CRP 名师孵化模型提炼及修正；成立二级孵化引领区域教师专业发展；“送教”“送研”“送培”活动；成果展示推广等。

三、研究成果主要内容

（一）认识成果

（1）本成果认为区域教育高质量均衡发展必须要有名师群体引领，带动区域教师专业发展和教师队伍建设。在多年探索实践中形成的、基于地方性教育智慧的 CRP 名师孵化模型可以实现此目的。

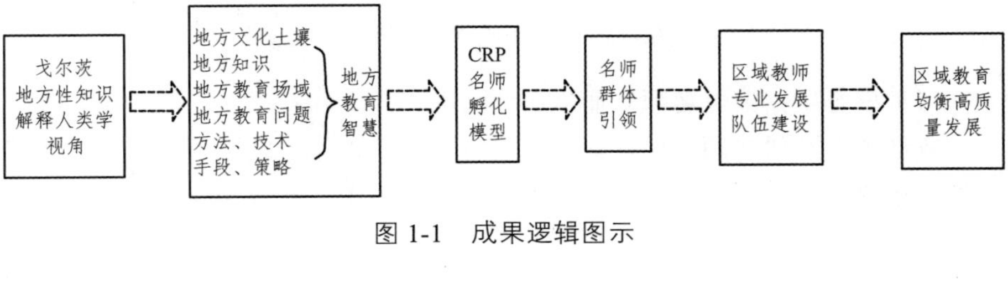

图 1-1　成果逻辑图示

（2）本成果提出“教育也是一种地方性知识”。

教育作为一种知识、一种文化或观念，其产生和运作都依赖于特定的情境，这些都和地方性有关。从人类学视野看，教育也是一种地方性知识。

（3）本成果认为“地方性教育智慧”是在地方教育场域中，为解决地方教育教学问题所使用的地方知识、资源、技术、方法、策略等之统称。

（4）本成果中的名师是指在基础教育领域具有一定知名度，并在特定教育教学领域具有引领作用的中小学（幼儿园）教师。

（二）操作成果

1. 基于地方性教育智慧的 CRP 名师孵化模型

名师工作室建构的基于地方性教育智慧的 CRP 名师孵化模型，聚焦于名师专业成长，通过名师培养孵化课程体系（Curriculum）、名师培养孵化教育教学研究（Research）、名师培养孵化研修平台运行机制（Platform）三个实践模块，积极实施地方教育家凝聚引领、U-S 协同（U 指大学、S 指中小学）、无边界研修共同体、个性化发展定制、成长蜕变辐射影响等策略，取得了良好的效果。

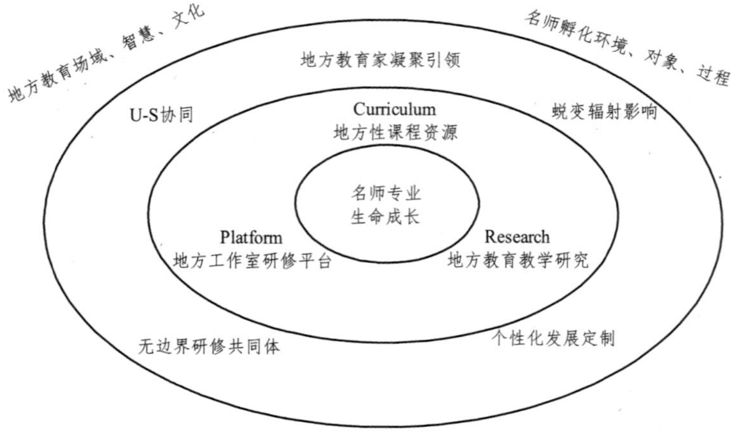

图 1-2　CRP 名师孵化模型图

（1）核心层：聚焦名师专业生命成长

成都市王友强名师工作室自成立之初，确定工作室发展目标为地方区域名师的培养，其培养内容包括专业态度和专业理念、专业知识、专业技能三个维度。

（2）模块层

① 地方性课程资源（Curriculum）

常规课程包括通识课程、学科课程、教学法课程、研究课程等。地方性课程资源就是建立起融入地方教育文化的课程资源，教育教学最终解决的是实际的教育教学问题。

② 地方教育教学研究（Research）

地方教育教学研究就是基于地方教育经验的课题研究和课程开发，将本土的教育经验通过课题研究和课程开发进行深化，凝聚成本土教育智慧。

③ 地方工作室研修平台及运行机制（Platform）

地方名师工作室是由教育主管部门依照相关政策和法律规定设置的培养名师的微型学校，是适应新时代教育领域主要需求、适合区域基础教育优质均衡发展、为名师成长量身定做的发展平台和基地，是教师专业发展、提供资源和能力展示、组建项目、形成研究团队的载体。

（3）策略层

① 地方教育家凝聚引领

领衔人作为名师工作室的核心，其道德素养、学术水平、管理能力和资源整合能力直接影响到名师工作室的正常运转和实施效果。

② U-S 协同

通过 U-S 协同培育名师，有效整合了高校和地方学校教育资源，为名师专业生命成长提供了课程资源、专家指导、国培省培平台、科研课题项目。

③ 无边界研修共同体

本工作室的研修教师构成是跨学段、跨学科、跨区域的，需要更团结、合作、共生的研修机制。

④ 个性化发展定制

工作室成员在专业成长的道路上已经积累了一定的教育教学经验，结合自身的实际情况，在项目学习中的发展具有差异性，应学会发扬自己的长处，弥补自己的短处。

⑤ 成长蜕变辐射影响

辅导青年教师是研修教师的实践检验课程，这项要求既是评选省市特级教师的必备条件，又是研修教师塑造教育实践体系的有效途径。

2. 基于地方性教育智慧的 CRP 名师孵化模型的运行机制

我们认为名师工作室是一所微型学校，需要教师、学生、课程、校园文化、教学场地、办学经费等必备的学校基本要素的建设。因此，我们探索并构建了基于地方性教育智慧的 CRP 名师孵化模型（运行机制）（见图 1-3）。

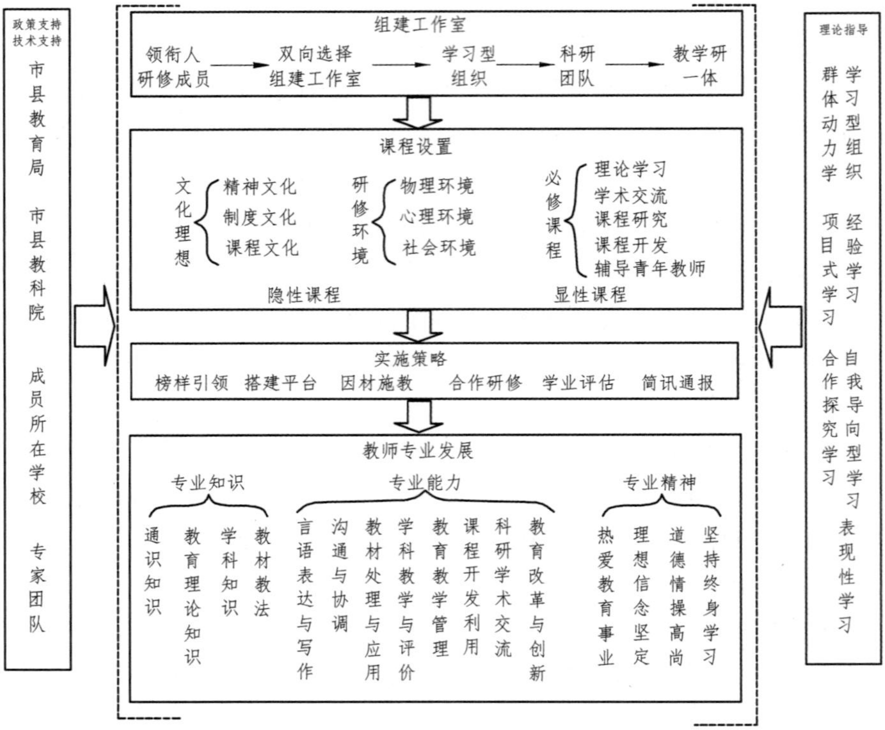

图 1-3　基于地方性教育智慧的 CRP 名师孵化模型运行机制

四、本成果取得的教育教学改革效益及社会影响

八年多来，工作室研修教师在基于地方性教育智慧的 CRP 名师孵化模型的培育下，研修成效显著，获得了各级政府和教育主管部门的充分肯定。

（一）名师队伍培养成效显著

八年多来，工作室研修教师获省级荣誉 14 人次，其中 4 人被评为四川省特级教师，4 人获评四川省优秀教师，1 人获评四川省最美乡村教师，1 人获评四川省巾帼标兵，获评四川省教学名师 4 人次；10 人晋升为中小学正高级教师；获市级荣誉 42 人次，其中 9 人被评为成都市特级教师；获得区县级荣誉称号逾百项。

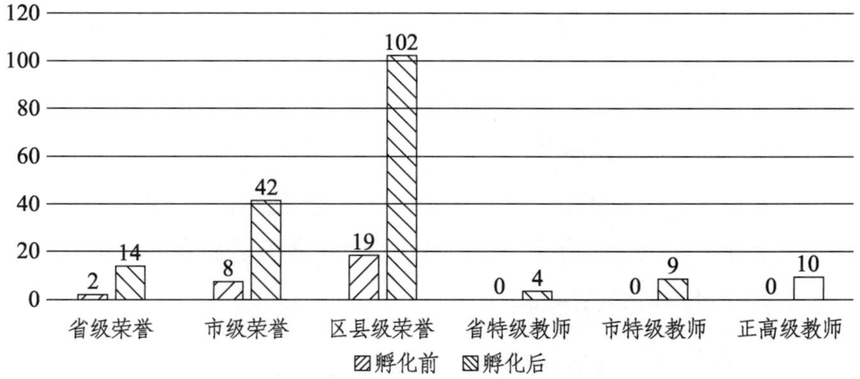

图 1-4　名师工作室研修教师 CRP 孵化模型孵化前后获各级荣誉及称号人次变化图

（二）名师队伍促进区域教育质量提升

工作室创新了培训模式，充分发挥研修教师跨学段、跨学科、跨区域的优势，行之有效地实施了融合创新的教师培养策略。

1. 微型学校，个性发展

名师工作室是一所微型学校，结合市县教育局“培养未来教育家”“培养省市特级教师以及市县学科带头人”的要求，量身规划研修教师一年内近期和五年内远期的发展目标并进行研修考核，促使进入工作室时基础不同的教师层级化、个性化发展。

2. 融合创新，多维复合

打破学科、学段、城乡间的壁垒，融合各学段、各学科、各层级城乡教师，构建了复合型名师工作室。本工作室的研修教师构成兼顾了学段、学科和城乡分布，具有“融创、多维”的“三跨”（跨学科、跨学段、跨城乡）特征。

3. 课程设置，精准独到

科学设置了“理论学习、学术交流、课题研究、课程开发、辅导青年教师”核心课程体系。

4. 共研共享，协同发展

工作室形成了“八环节”合作体系，即理论研修合作、课题研究合作、课程开发合作、论文撰写合作、学科教学合作、德育教育合作、学段教学衔接合作、跨学科融创课堂探究合作。

5. 教学研一体，迎难而上

在项目式学习课程中，研修教师积极参与教育科研，关注教育教学领域的重点和难点问题，对其进行科研攻关。“基础教育学校教育行为冷暴力防控策略研究”这一科研成果，获得国家教学成果二等奖。

6. 助力督学，辐射全国

为了更好地发挥名师工作室的引领、辐射作用，新津区人民政府责任督学王友强、伍崇建将工作室研究成果应用于督学工作中，促进全区名师专业发展。

（三）名师队伍提升区域教育影响力

1. 课题研究及教学成果——获国家教学成果奖

八年来，工作室成员申报主持国家、省市级课题共 20 项，已结题 15 项，在研 5 项，参研人员超过 300 人次。2012 ~ 2020 年，工作室成员申报市级以上课题 20 项，其中一项获得“四川省人民政府教学成果二等奖”和“2018 国家基础教育教学成果二等奖”，使新津实现了国家教学成果奖零的突破。

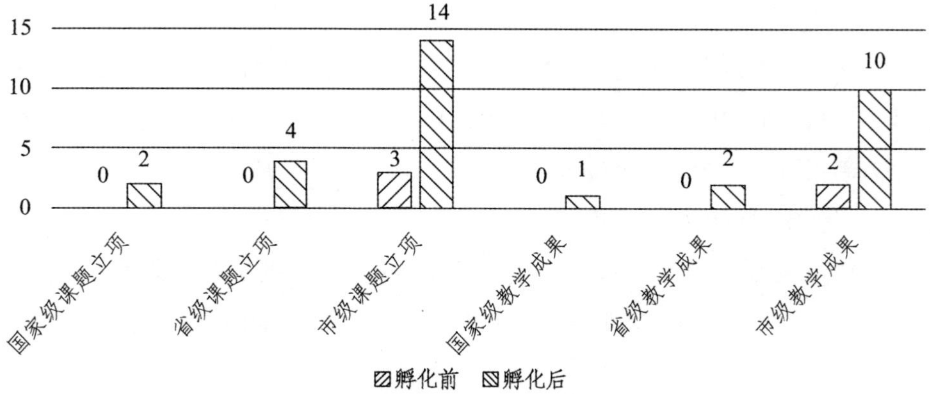

图 1-5　名师工作室研修教师 CRP 孵化模型孵化前后
各级课题立项及教学成果获奖变化图

2. 课程开发——培训教师上万人次

工作室研修教师开发教师国培、省培、市培课程 96 项，培训中小学教师及管理人员达 16 980 人次，其中国培、省培 54 次，参培 4980 人次，涉及全国多省市；开发成都市教师培训精品课 42 项，累计 800 余学时，参培 12 000 余人次。

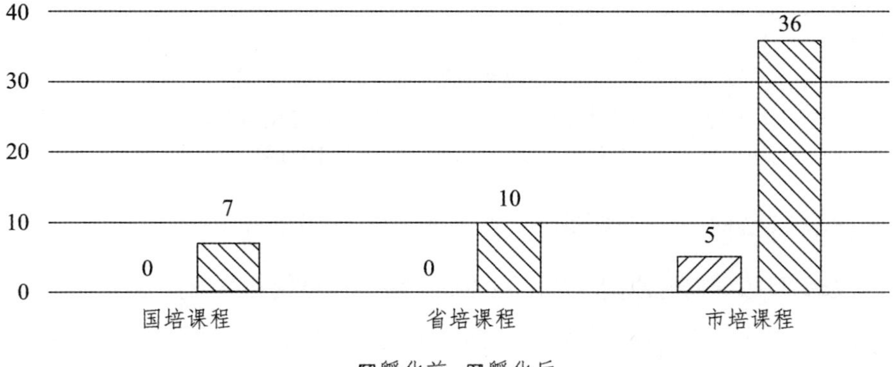

图 1-6　名师工作室研修教师 CRP 孵化模型孵化前后
各级各类课程开发变化图

3. 撰写论文——出版专著填补空白

工作室集体出版专著 3 部，系统研究论述了校园冷暴力、校园欺凌的防控，所构建的“中小学教育行为冷暴力防控策略体系”属首创（见教育部科技查新报告 201736000Z050009）。

工作室集体出版论文集 2 部。

研修教师出版个人专著 6 部，撰写的论文在各级学术会议交流、获奖 196 篇，公开发表论文 76 篇，其中 6 人连续三年获得中国教育学会年会论文奖。

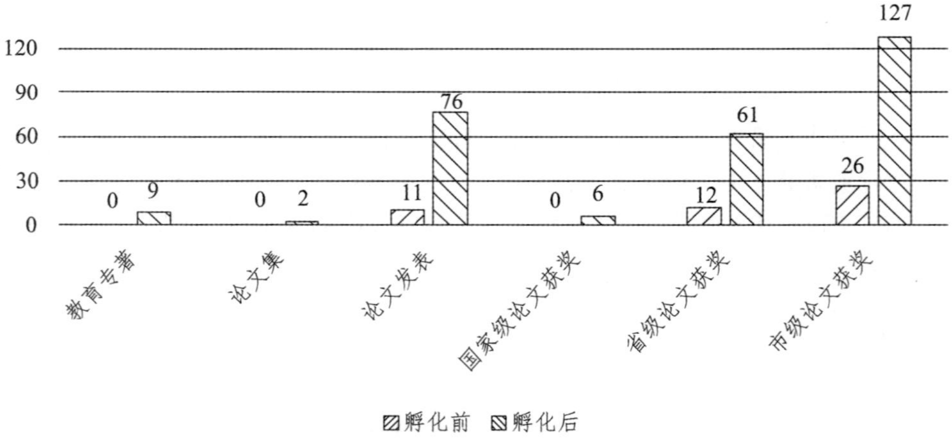

图 1-7　名师工作室研修教师 CRP 孵化模型孵化前后专著出版数及论文获奖人次变化图

4. 考核机制——有的放矢，促进研修教师内生性成长

根据目标导向性原则、科学性原则、可测性原则和政策性原则，在研修教师进入工作室之初即公布评估方案，形成年度惯例式的考核机制。通过各分项的严格自评与工作室统一考评结合，以量化方式使研修学员思想上、行动上自觉靠近省市特级教师标准。

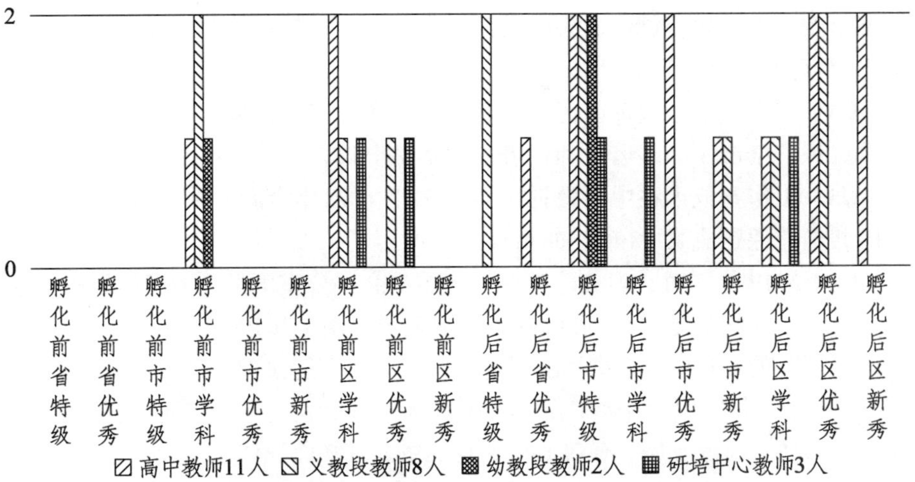

图 1-8　名师工作室研修教师 CRP 孵化模型孵化前后考核评估分值提升带动荣誉称号变化图（以第一届为例）

（四）社会影响

八年多来，研修教师中 1 人成立了四川省“国培计划”高端研修名师工作坊，5 人成立了市级名师工作室，12 人成立了区级名师工作室。对地方教育教师队伍建设最大的贡献是省市特级教师的快速增长，2013 年以来工作室成员有 13 位老师获得省市特级教师称号，10 位老师升为四川省正高级教师。2019 年，在首届“新津工匠”评选表彰活动中，工作室 8 人受表彰，占区各行业受表彰人数的 10%；2020 年，在第二届“新津工匠”评选表彰活动中，教育类 10 人受表彰，工作室成员占 70%。可见，本研究为推进区域教育均衡发展、解决名师资源稀缺问题提供了有效解决方案。

此外，在成果推广的其他方面，工作室也成绩斐然。

（1）指导四川省通江县实验中学名师工作室建设，先后建起了四川省张学工名师工作坊、通江县许向东名师工作室、通江县宋奇林名班主任工作室，在工作室 CRP 名师孵化模型的培养与影响下，已有 4 位老师晋升为中小学正高级教师。

（2）先后对教育同仁进行国家级、自治区级等工作室名师培养机制培训，被评价为实效性强，方法在名师培养中可借鉴、可复制、易操作。

（3）工作室携课题成果“基础教育学校教育行为冷暴力防控策略”受邀

参加第四届中国教育创新成果公益博览会，向“一带一路”倡议沿线国家和国内教育同仁进行成果推广。

（4）工作室承办成都市优秀教学成果现场推广会，多位省市专家出席会议并点评，全市 300 多名教师代表参加本次会议。

（5）工作室成果在中国教育学会第 32 次学术年会展出并进行现场推广。全国共推广课题成果 38 项，四川仅此一项。

（6）2019 年 3 月，国务院教育督导委员会办公室下发《关于印发中小学校责任督学挂牌督导典型案例的函》（国教督办函〔2019〕9 号），本工作室领衔人撰写的《利用督学资源，促进名师成长》入选典型案例，在国内推广。

总之，工作室以“名师工作室促进研修教师专业成长的实践与理论研究”课题为载体，通过有序、有效地投入自变量（研修课程体系），对研究对象进行长达四年的干预，因变量（研修教师的专业生命快速成长）变化显著，通过八年的实证研究，形成了“基于地方教育智慧的 CRP 名师孵化模型建构与实践”成果，该成果独创的研修课程体系，把工作室日常运转和课题研究、培养辐射紧密结合，形成了“地方性课程资源（Curriculum）——地方教育教学研究（Research）——地方工作室研修平台（Platform）”三位一体的名师孵化模型，获得了预期效果。研究证实，“基于地方性教育智慧的 CRP 名师孵化模型”对正在和将要运行的区域名师培养模式具有借鉴作用。

专题二

基于校企共同体的双师型教师队伍建设困境及对策

一、“双师型”教师队伍建设背景

中等职业教育是职业教育的重要组成部分，“双师型”教师培养是中职学校师资队伍建设的重点，是彰显职业特色、提高教学质量的关键。然而，双师型教师的培养一直以来是困扰学校的难题，也是阻碍学校内涵发展的因素之一。建设一支符合市场需求、高质量、高素质的双师型教师队伍是既是当前中职学校高质量发展的需求，也是中职学校健康持续发展的必要途径。

双师型教师是指既具有良好的职业道德、较强的教育教学能力，又有丰富的实践经验和较强的专业示范技能和较强科研能力的教师。这类教师不仅要具备专业的教学素质，也要具备相关实践能力及经验。2018 年 1 月国务院出台《关于全面深化新时代教师队伍建设改革的意见》、2019 年 2 月国务院出台《国家职业教育改革实施方案》等文件指出：支持学校和企业共建“双师型”教师培养培训基地，建立学校、行业、企业联合培养“双师型”教师机制，切实推进职业院校教师定期到企业实践，不断提升实践教学能力等。实施“校企联动、双师共育”是培养双师型教师的必经之路[①]。

二、双师型教师队伍建设的困境及成因

（一）双师型教师队伍建设总体规划缺失

双师型教师的内涵及外延在教育界未形成统一的标准，致使部分学校对

① 蒋淑玲. 高职院校“双师型”教师队伍建设思考——基于校企共同体视角[J]. 科教导刊（下旬），2019（18）：60-61.

双师型教师的认识较为片面，认为同时拥有学历证书和职业资格证书的教师就是双师型教师，不需要对这些教师进行再培养，致使许多教师丧失了进取的积极性和主动性，导致双师型教师整体质量大打折扣[①]。

（二）双师型教师整体数量不足，结构不合理

部门学校双师型教师总体规模低于国家50%的标准。一些学校引进渠道单一，在人才引进时，片面强调教师的学历，忽视了对其专业实践能力的考察，部分教师专业理论知识有效转化为教学实践经验的能力欠缺、专业实践能力不足，与双师型教师的标准有差距。

（三）教师实践教学经验不足，专业实践能力偏低

从教师年龄、职称结构来看，教师年龄趋于年轻化，部分教师理论功底差、执教经验欠缺；从教师下企业实践经历及下企业实践时长来看，教师与行业企业的联系还有待加强。从校企合作的组织形式来看，合作企业参与学校主体办学模式积极性不高、成效不大。且当前校企合作的机制还不健全，制度保障缺失，政策指导不够明朗，企业参与学校教育教学的积极性总体不高。

（四）双师型教师培养机制不健全

双师型教师培养机制不健全的原因是多方面的，主要体现在教师培养的目的性不明确、培养形式单一、培养主体单一、评价指标单一[②]。

教师的培养是一项长期而系统的工作，零星的短期培训无法满足教师提升的需要。人才培养是长期的过程，而企业更看重眼前的收益，致使校企共育落不到实处。

（五）教师考评体系不完善

双师型教师的激励措施还不完善，教师无法直接从双师型教师的评定工作中获得经济效益，缺乏充足的动力，积极性不高。未建立起一套相对完善

---

① 赵艳云. 基于胜任力理论的高职“双师型”教师队伍建设研究[D]. 沈阳师范大学，2018.

② 马莉. 基于“三双共培”的“双师型”教师队伍建设路径研究与实践[J]. 现代职业教育，2022（07）：118-120.

和行之有效的双师型教师培养和管理考评体系，在参培教师的选拔、培训项目的选择、培养过程的监管、培养结果评价标准和奖惩等方面都缺乏有效的措施①。一些学校虽然每年都积极参加由教育主管部门组织实施的“双师型”教师培养和认证项目，甚至还主动与行业和企业联系，将教师“送出去”开展自培活动，但教师返校后，学校并无相应的考评体系对教师培训结果进行考核和评价，也没有对考评结果的奖励或惩罚措施，教师参培前后的待遇并无实质性的变化。

（六）教师的自我认识不足

通过问卷调查我们发现，绝大部分教师对“双师型”教师所必须具备的素质都有较为清晰的认识，能够找到自己的专业优势，能认识到自身的不足，明白发展的方向和关注的重点，但仍有将近 40%的教师专业发展的积极性不高。

三、中职双师型教师校企共育的改进对策

（一）共建校企共育双师型教师成长模型

学校协调与企业、教师三方的期望和要求，基于合作理论、组织理论等，构建双师型教师队伍成长模型，如图 1-9。

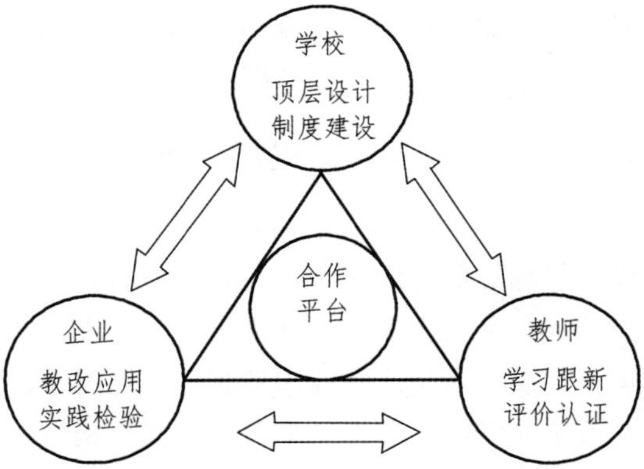

图 1-9　双师型教师队伍成长模型

① 伍金庭，程艳. 广西高职院校“双师型”教师激励机制存在的问题及优化策略探讨[J]. 当代教育实践与教学研究，2017（03）：114-115.

学校从完善顶层设计、建立制度规范等方面将双师型教师的发展导向落到实处，教师通过专业理论学习、到企业实践学习，更新自己的知识体系，企业通过向学校开放学习通道、制定人才培养计划等，三方合力共同促进学校双师型教师队伍成长。

（二）分层培养，促双师型教师队伍梯级式发展

基于校企共同体，建设中职双师型教师队伍，教师培训与企业实践深度合作，共育师资。合作企业参与学校教师成长计划，在专业课教师中分层推进，通过开展专业负责人剖析专业、中青年教师优质课比赛、教师教学能力比赛、教师课堂大比武等，多方式提高各层次教师的专业教学能力和实践能力，促进双师型教师队伍梯级式成长。

（三）实施“双向挂职”，提升师资实践能力

校企“双向挂职”是指企业人员到学校参与专业教学工作，学校教师作为企业员工参与实际管理活动。①具体而言校企“双向挂职”主要包含以下内容：一是专业教师到企业顶岗实习，重点是提高其实际操作水平，积累管理实践经验，最终把在企业管理实践中学到的新知识、方法、新技能有效地运用到教学活动中，提高教学水平。根据双师型教师培养的要求，学校每学期安排教师赴企业实践或顶岗实习；二是聘请企业技术人员为兼职教师。兼职教师是双师型教师技能提升的好伙伴，同时也是学校“双师型”教师队伍建设的一大特色。企业师傅将真实案例引入学校，把知识学习与实践应用紧密结合，追求知识学习的系统性和实践应用的有效性。

（四）“产学研用”四位一体促双师型教师专业成长

“产学研用”相结合是培养双师型教师的有效途径。企业为教学实践提供了一个生产、建设、管理、服务的平台，为双师型教师的成长提供了肥沃的土壤，双师型教师的成长又为企业的发展提供了智库支持。一方面，教师运用自己掌握的知识，解决企业生产实际中的难题，同时也提高了自身的实践能力；另一方面，教师在实践中获得了最真实的案例素材，将真实项目带入中职课堂教学中，大大提高了教学效果。

---

① 伍金庭，程艳. 广西高职院校“双师型”教师激励机制存在的问题及优化策略探讨[J]. 当代教育实践与教学研究，2017（03）：114-115.

第二部分
学 科 教 学

专题一　自适应学习平台在高中数学学习中的应用探索

专题二　基于地理核心素养培养的高中课程资源开发——以地理景观图为例

专题三　基于英语核心素养的高中语篇深度学习之思维可视化教学策略研究——以思维导图为例

专题四　高中数学建模能力的培养与研究

专题五　“整体史数轴”激发深度学习、培养历史学科核心素养的探索

专题六　新课改背景下中学英文报刊阅读教学探究

专题一

自适应学习平台在高中数学学习中的应用探索

我们认为未来的一种学习方式应该是依托自适应学习平台，通过教师组织引导、适度干预，去满足不同学生学习的个性化需求，实现学生的自主学习。

一、主要解决的问题

通过研究，课题组逐步探索和建立了“自适应平台支持下的高中数学ATPA学习模式”，名称源于四个关键词“自适应（Adaptive Learning）、教师（Teacher）、个性化（Personalization）、自主（Autonomously）”的首字母，主要解决以下问题。

（一）学生在线学习状态下的学习监管措施缺少问题

互联网进入我们生活的方方面面已经是大势所趋，学生利用网络进行学习也势在必行，但在学生缺少必要的自觉性和是非鉴别能力的时候，教师或者家长应怎样对孩子进行监管和督导，已经是一个重要的社会问题。作为教师，我们需探索怎样以恰当方式远程介入学生学习的过程。

（二）自适应前提下学生个性化学习需求实现路径问题

自适应平台具有大数据分析的优势，这使得在现有的班级授课制背景下，学生的个性化学习成为可能。我们探索怎样利用自适应平台的优势，让不同的学生都能够得到最佳的学习资源，并且能够用最恰当的策略去学习。

（三）教学过程中怎样发展高中生数学素养

当学科核心素养成为对学生发展的重要评价标准后，我们需要思考怎样从对分数的评价转化为对素养的评价，教学过程中怎样在知识传授的过程中提升学生的学科素养。传统教学中有很多有利于学生学习的策略，比如错题重做、举一反三、追根溯源等，我们要探索这些策略是怎样提升学生的数学素养的以及在网络时代的背景下怎样继续利用这些策略提升学生数学素养。

二、研究过程

（一）破冰起航，构建团队（2012—2015）

作为教师，应该积极探索对互联网平台的应用。2012 年 9 月，成都市新津实验高中甘平老师牵头，邀请有共同兴趣的中小学数学教师组建了研究团队，探索在线平台在教学中的应用，并初步形成了学生在线状态下的学习督导办法。

（二）平台建设，获得专利（2015—2016）

2015 年 7 月，为满足对学生进行在线学习的引导、督导的需要，研究团队与在线教育研究人员刘劲松等组建新团队，刘劲松成立成都自适应教育科技研究院，以高中数学的学习为基础，重点研究怎样实现学生学习过程中的评测和监督以及从技术层面怎样满足学生个性化学习的需求。这一过程中获得多项专利与软件著作权。

（三）梳理成果，申报国家级科研课题（2016—2018）

为了让成果更加规范，甘平等于 2016 年申报并立项了成都市教育技术装备管理科研课题“在线平台与传统教育融合研究”。2017 年新津实验高中甘平、成都自适应教育科技研究院刘劲松、北京四中李伟、江苏镇江市中山路小学仇程等联合申报并立项了中央电教馆课题“基于人工智能‘评测学’自适应学习平台进行的中小学数学教学实践研究”。重点研究实现在线自适应评价的策略、师生在线互动的策略、学习评价的及时性与导向性的策略。

（四）拓展成果，出版专著（2018—2020）

经过 6 年的实践探索，形成专著《“评测学”自适应建设与应用探索》，2020 年由四川科学技术出版社出版。

三、成果主要内容

（一）认识成果

1. 自适应平台可以发展学生数学核心素养

（1）反思性错题重做可以让学生在学习过程中发展数学素养。

通过“自适应平台支持下的高中数学 ATPA 学习模式”，老师借助自适应学习平台，让学生进行错题清理时，系统会屏蔽学生查看答案的权力，只提供错题考查知识点的提示，引导学生再次独立思考解题思路。若学生错题再错，系统将根据遗忘曲线再次个性化推送错题，重复错题清理的过程，直至学生将错题做对，真正掌握知识点。

（2）追根溯源，有利于发展学生数据分析素养。

应用“自适应平台支持下的高中数学 ATPA 学习模式”，老师借助自适应学习平台大数据分析，能够轻松准确地找到学生知识断点，帮助学生搭建好学习的脚手架。在这一过程中，学生随着平台推送的内容学习，反思追问，可以发展分析素养。

（3）变式练习，可以开启学生学习能力，发展建模素养。

在“自适应平台支持下的高中数学 ATPA 学习模式”中，学生如果遇到不会做或者做错了的题目，系统不会直接讲原题，而是提供关于该题目的解题线索提示，引导学生自主思考，解决问题，从而触类旁通。当学生的训练量有一定积累的时候，可以形成一种类型问题的解题策略，并且能够举一反三、触类旁通，即发展了学生建模素养。

2. 教师利用自适应平台能够对学生实施督导、引领

（1）教师给学生发布的学生任务是保底，学生通过学习，可以看见自己的进步，这一方面体现在知识点的色彩变化，体现在学习力提升的数轴变化，还可以体现在测试成绩的变化。学生的学习类似于游戏的“通关”，不断学习，就会面临新的挑战，激发学习兴趣。

（2）设定学习时间。也就是说学生的学习任务只能在规定的时间段完成，包括作业、视频学习、纠错。提前做不了，延后也做不了。因为任务的驱动，学生只能潜心学习。

（3）用时报告。教师可以线下利用“用时报告”的分析，告诉学生老师随时随地在督导。“用时报告”是自适应平台的一个评价功能，显示的是学生实际的有效学习时间，包括每一个学习任务所用的准确时间。假如学生的作业都是“秒解”，或者超出常规用时太多，教师都可以在后来的教学中对学生施加干预，从而促进学生自觉学习。

3.“自适应平台支持下的高中数学 ATPA 学习模式”践行了深度教学理论

“自适应平台支持下的高中数学 ATPA 学习模式”注重题目与知识的关联，更注重知识与思维能力的关联，对于学生学习过程中出现的问题，不是简单地重复训练，而是不断变式，不断追问，引导学生思考，引导学生回归知识断点，体现了学习的丰富性、沉浸性和层次性，是对深度学习和深度教学的有效实践。

（二）操作成果——自适应平台支持下的高中数学 ATPA 学习模式

1. 自适应平台支持下的高中数学 ATPA 学习模式

“自适应平台支持下的高中数学 ATPA 学习模式”的学习基本特征是在线学习，我们实际依托于自适应学习平台，所有关于学习过程的记录、分析，都是平台完成的，包括一定的学习任务的推送、推荐也是由平台完成。教师的学习任务发布与过程干预也是依托平台的，但教师需要为学生设定学习计划，分析平台收集到的学生学习数据指标，在后续的教育教学中进行优化调整。学生的学习突破了传统学校与课堂的限制，时间、地点可以自己选择，身边也可以没有教师的监管，也就是传统意义上的自主学习。由于有了自适应平台的辅助，学习更加具有针对性，能够直击知识断点，提升学生学习的针对性，进而实现了学习的个性化。

在“自适应平台支持下的高中数学 ATPA 学习模式”中，自适应学习系统通过承担教师的某些任务，将教师从烦琐耗时的重复性工作中解放出来，把更多的精力投入到创新性和启发性的教学活动中，更多关注学生的心理健康和良好习惯的养成。[①]教师和学生运用自适应平台，但不受制于自适应平台。简而言之，ATPA 学习模式下自适应学习平台是实现高效教学的载体，是师生增效减负的工具。

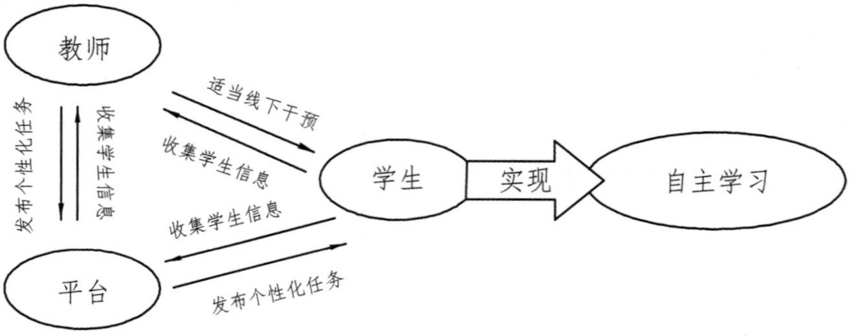

图 2-1 “平台、教师、学生、自主学习”图解

2. 教师在“ATPA 学习模式”中的工作

自适应平台支持下的高中数学 ATPA 学习模式实质是教师引导下的学生模块个性化自学模式，从表面上看，教师的参与度不是很高，也就是说不会给教师带去太多的工作负担，但教师深度的引领与督导贯穿了学生学习的全过程。

四、成果应用及效果

（一）社会影响

1. 受邀参加世界互联网大会并发言

2018 年，评测学自适应学习平台作为学习资源，开始面向社会广泛应用，并不断根据用户意见进行修改完善，产品日趋成熟。2019 年，评测学自适应

① 刘邦奇．智能技术支持的“因材施教”教学模式构建与应用——以智慧课堂为例[J]．中国电化教育，2020（9）：10.

学习平台项目受邀参加乌镇“世界互联网大会”，并作专题发言，并获“世界互联网大赛”优秀项目奖。

2. 出版专著

2020 年，甘平、刘劲松合著的《“评测学”自适应平台建设与应用探索》由四川科学技术出版社出版，全书共 6 章，包括：发展自适应学习是时代的需要；教学信息化回顾、反思与展望；评测学自适应平台与传统教育融合研究；评测学平台的价值与应用；自适应学习的理论基础研究；评测学平台的应用探索等内容。

3. 论文发表与获奖

（1）甘平、杨课撰写的成果论文《让暑假作业成为学生良好学习习惯养成的课程——窥豹“评测学”自适应平台在暑假作业的应用》，在 2018 年“成都市市课程创生专题征文”评选中获二等奖，并于 2019 年 2 月刊发于《课程教育研究》杂志。

（2）甘平、沈晓红撰写的成果论文《基于错误选项的高中数学归因策略探索——以人工智能自适应学习平台为例》，在四川省 2019 年普通高中数学优秀论文评选活动中获二等奖，并于 2020 年 4 月刊发于《数学学习与研究》杂志。

（二）学生学习成效

新津实验高中 2015 级 13 班从高一开始实践“自适应平台支持下的高中数学 ATPA 学习模式”。学生数学成绩一直位于同类班级前列，在成都市市一诊和四川省学业水平考试中相对于同类班级优势明显。

新津实验高中 2017 级 16 班使用“自适应平台支持下的高中数学 ATPA 学习模式”一年，在 2018 年的高三摸底考试中，按照以入量出的原则，班级高线目标 6 人，低线目标 21 人，实际班级完成高线目标 7 人，低线目标 30 人。

自适应学习平台应用于新津实验高中 2018 级的文科“一诊”中线踩线生的补短。本次一共 22 位文科中线左右的学生采用此平台学习，这些学生的数学都较差。通过每周两次应用“自适应平台支持下的高中数学 ATPA 学习模式”，从一诊到二诊，学生数学平均增分 23.6 分，这 22 位同学一诊单科都没有上中线（54 分），二诊考试单科上中线人数达到 10 人。

五、成果的创新点

（一）有助于实现个性化学习

借助自适应平台对学生学习行为的测评和个性化诊断，可以精准创建学生个体学习图谱。自适应平台支持下的高中数学 ATPA 学习模式就是借助平台大数据分析，按需为学生定制个性化学习方案，通过实时的动态分析，及时诊断学习样态，推送学习任务，对学生的学习策略精准引导，从而实现学习个性化。

（二）能够满足部分孩子对教师课后辅导的需求

在现行大班教学的环境下，因为个性化差异，必然有部分学生在课堂不能完全接收学习内容，需要在课后进行补习。当教师的有偿补课不再有之后，探究怎样利用智能平台，只需要教师适度参与，就能满足需要补习的学生的个性化学习需求就是我们应当做的。自适应平台支持下的高中数学 ATPA 学习模式能较好地发挥教师对学生课后补习需求的指导作用。从实践看，我们也基本上达成了这个目标。

（本文为成都市“十三五”教育信息技术及教育装备研究课题“在线平台与传统教育融合的实践研究”研究成果，课题编号：cd2016-46。）

专题二

基于地理核心素养培养的高中课程资源开发
——以地理景观图为例

地理景观图可以把自然景观、人文景观等直观形象地展现出来，是有效开展地理教学活动的重要课程资源，同时也是地理高考中的重要情境载体。恰当地运用地理景观图开展教学活动有利于培养学生地理学科核心素养。本课题结合组员多年教学经验，从地理景观图获取途径、应用方式、素养提升功能等展开研究，最终形成具有特色和效用的高中课程资源。

一、课题研究概要

2019 年 12 月经成都市龙泉驿区教育科研学术委员会审核论证，“基于地理核心素养培养的高中课程资源开发——以地理景观图为例”课题获准通过立项，被列为龙泉驿区“十三五”教育科学规划课题，编号为 1917。课题由成都市龙泉第二中学主要负责，主研人员还包括龙泉驿区教育科学研究院、北大成都附属实验学校、成都市洛带中学等 9 位老师，另有参研教师 5 位。课题研究期间获得了“成都市王友强工作室”的有力指导，建立工作制度，对研修人员进行分工和责任落实，定期总结，课题研究沿着正确的方向顺利开展。

二、课题解决的主要问题

（一）学生面对地理景观图缺乏探究的勇气

本课题以学生为中心探究了适宜学生的景观图获取途径，形成了“教师示范——集体研讨——学生实践”的地理景观图获取路径，让学生对地理景观图的来源有了更清晰的认识。从而让学生对“学习生活中的地理”“学习对生活有用的地理”“学习对终身发展有用的地理”有了更深刻的认识，地理学科核心素养中的“地理实践力”得到明显提升。

（二）学生缺乏地理景观图的判读方法和技巧

本课题从新授课、复习课、活动课等多方面展开地理景观图的判读方法与技巧培养，学生地理综合思维素养得到了明显提升。

（三）教师课程资源有限，备课量大，教学资源质量欠佳

本课题带领研究成员组建课程资源库，形成利用地理景观图组织教学活动的一般方法，提高了老师们的备课效率，使教学活动更加丰富有效。

三、成果创新点

（一）选题的创新

四川省即将使用新教材和采用新高考模式，本课题研究主题新颖，与社会发展变化紧密联系，倡导教师和学生共同关注地理景观，关注生活中的地理。本课题选题不仅注重研究如何更有效地将高考评价体系贯彻执行在课堂，更关注如何把这一套评价体系延伸到学生的日常生活。为新教材的使用积累更多的素材和案例，为新高考的执行提供更多参考。

（二）内容的创新

地理景观图是地理教学中常用到的素材，本课题将地理景观图的应用方式从展示延伸到获取、分析、研究等层面，期望能为地理教师使用地理景观图教学提供更多的范式和科学依据。课题还以景观图为切入点探索学校课程资源建设的一般模式，打造具有特色的校本课程，让校本课程切实成为国家课程体系之外培养学生学科核心素养的重要方式。

四、课题成果的主要内容

（一）认识性成果

（1）老师和学生对地理学科核心素养的内容和划分水平有了更深的认知。老师厘清了地理核心素养的内涵和外显特征，丰富了地理学科的理论体系。学生对区域认知、地理实践力、地理综合思维、人地协调观在中学阶段的考察内容有了清晰的认识。

（2）厘清了高考评价体系“一核四层四翼”的深意，展开了如何利用地理景观图这一课程资源达成高考评价要求的理论研究。

（3）加深了对地理景观图的内涵、分类体系的研究，探索出地理景观图对地理学科核心素养的培养的意义。

（二）操作成果

1. 形成了利用地理景观图设计和开展新授课的基本思维模式

新授课中地理景观图可直观呈现人类活动中的多种情境，为新授课构建的“土壤”，学生通过观察、实践、分析在“土壤”中吸收养分，提出疑问。教师在新授课中不断地将情境分解、串连，用教科书中的知识和原理帮助学生，形成获得知识和技能的思维过程，最终帮助学生获得解决问题的能力。这里的解决问题包括：解答高考试题、用地理原理解释现象、对人地关系进行正确的分析和评价等。新授课在对此过程不断地重复中，培养学生根据实际情境提出问题、解决问题的思维习惯，经过长时间的培养，学生逐步提高地理核心素养。

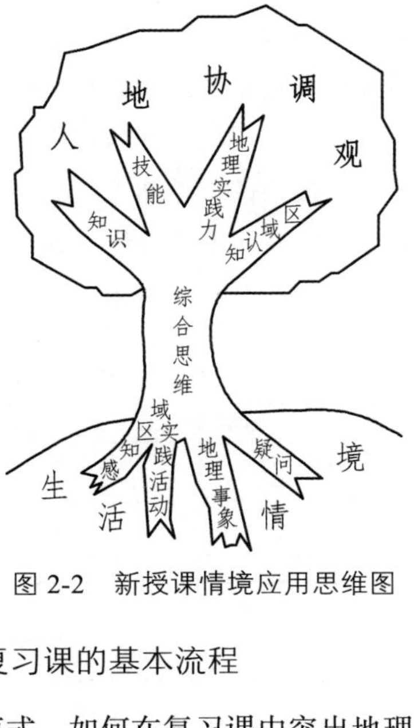

图 2-2　新授课情境应用思维图

2. 形成了利用地理景观图设计和开展复习课的基本流程

在复习课中，做题讲题成了课堂的循环模式，如何在复习课中突出地理学科的特色，关注学生地理学科核心素养的进一步养成呢？利用地理景观图在复习中探索引入适当的情境，将生活、教材、高考试题紧密地联系在一起，可以为枯燥的复习课注入新鲜的血液，引导学生思考更深层次的高考导向，感悟高考试题的出题意图。

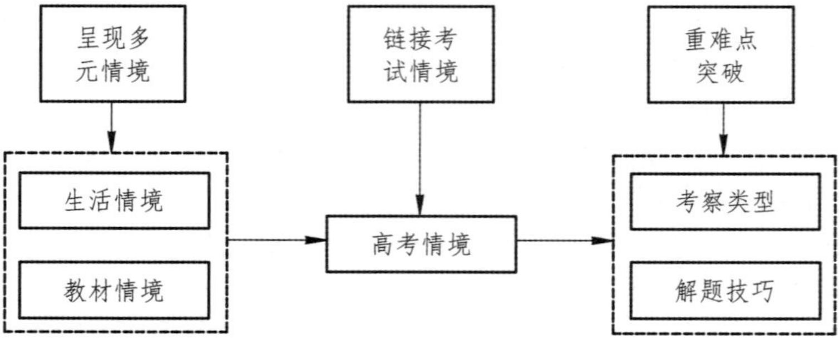

图 2-3　地理景观图情境教学在专题复习中的基本教学流程

3. 形成了基于培养地理思维能力的特色活动课思维训练模式

利用地理景观图创设特色活动课，可以让学生更充分地参与到地理学习中来。通过这一思维模式的训练和建立，让学生形成地理思维自觉。学生能通过训练自觉地从纷繁复杂的生活场景中发现地理问题，并用手机、相机等工具拍摄景观图。如旅行中遇到滑坡，学生观察并拍摄图片，并从当地的地形、植被条件，近期天气状况分析产生滑坡的原因；观察、发现家中阳光照射方位的变化（日变化、年变化），拍摄图片，分析家中各个房间的朝向、冬夏季采光的差异，思考家中植物、书桌等摆放是否合理。

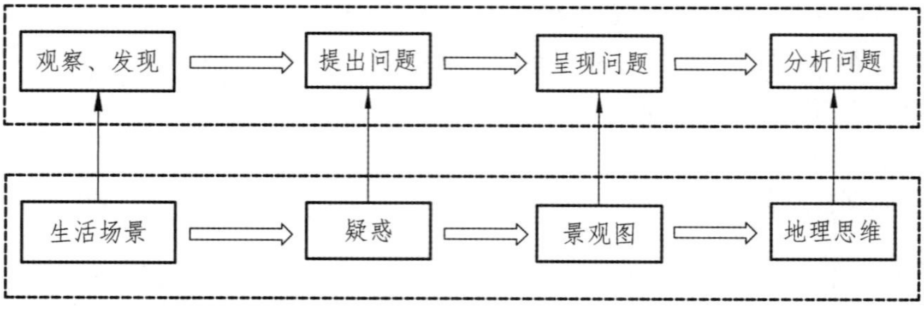

图 2-4　利用地理景观图创设活动课的思维训练图示

4. 探索出地理景观图的获取方式以及不同获取方式与核心素养培养间的关系

课题组通过长期的实践和研究，总结归纳出适用于学生具体情况的地理景观图获取方式（见表 2-1），这四类开发方式针对性强，操作性强，学生易接受，参与度高，且对学生地理实践力的提升有不同程度的帮助。

表 2-1　地理景观图获取与能力培养关系图

获取方式	适用范围	地理实践力的水平考查等级	具体培养目标
有感而拍	朋友圈、周末、寒暑假	水平 1	观察和欣赏地理事物，主动获取与处理地理信息，提高探究问题的兴趣
网络搜集	学习期间	水平 2～3	能独立且比较熟悉地使用地理信息技术和其他地理工具，进行分类观察与欣赏
书刊整理	阅读	水平 3～4	能够提出一定的创造性想法，表现出求真、求实的科学态度
专题拍摄	研学、专题活动	水平 4	能够独立且熟练地使用地理信息和其他地理工具，进行比较系统的观察与欣赏，获取与处理复杂的信息

五、成果应用及效果

（一）学生地理学科核心素养逐步提高，增强了地理学习的信心和兴趣，学习质量提高

展开课题研究后，龙泉二中和北大成都附校先后开展两届学生地理景观图解析大赛，收到 500 余件学生作品。学生利用地貌景观图、美食食材景观图、建筑景观图等进行地理视角的分析，制作手抄小报，挖掘地理景观图中包含的各种地理信息，并结合所学知识进行成因、变化、影响等分析。活动的开展大大提高了学生的地理实践力和综合思维能力，学生对人地协调的认

识也更加深入。2021 年 5 月组织学生参加了第十四届“地球小博士”全国地理科普知识大赛，其中获得全国一等奖 3 名、二等奖 4 名、三等奖 8 名。

课题自 2019 年 9 月立项以来开始以龙泉二中高 2017 级高三 2、3、4 班学生为研究对象，其中 2 班为体育生，3、4 班为美术生，通过三个班学生“一诊”与“三诊”成绩比较（表 2-2）可以看出地理成绩有所提升。

表 2-2　研究对象参加成都市“一诊”“三诊”成绩比较

考试名称	考试时间	参考人数	全区前 200 名	全区前 500
一诊	2019 年 12 月	165	2（1.21%）	13（7.87%）
三诊	2020 年 6 月	121	4（3.3%）	17（14.04%）

（二）教师专业水平提高

教师也在课题研究中经历了一个“学习—实践—反思—改进”的过程，这个过程就是教师专业发展的过程。伴随课题的开展，教师的理论水平和教学水平得到了提升。课题组成员在 2020 年疫情期间承担了市级线上讲座，向全市地理教师推广课题研究成果，2020 年 11 月课题组成功申办了成都市 2020 年秋季菜单培训“利用地理景观图提升高中生地理核心素养的探究”，组织公开课和讲座 8 次，全市 600 余教师进行了学习。2021 年 6 月在龙泉二中再次举办了市级菜单培训“地理景观图设计”的推广活动。课题组老师在中文核心期刊《地理教学》发表论文 1 篇、获市级二等奖以上论文 5 篇。一名教师在“一师一优课”评选活动中获成都市二等奖。一名教师遴选为成都市骨干教师，一名被评为龙泉驿区优秀青年教师，一名被评为龙泉驿区优秀教师，两名教师被授予“全国优秀科技辅导员”称号。

（本文为成都市龙泉驿区“十三五”教育科学规划课题研究内容，编号 1917。）

基于英语核心素养的高中语篇深度学习之思维可视化教学策略研究

——以思维导图为例

一、研究背景

《普通高中英语课程标准（2017 年版）》（以下简称《标准》）指出，“普通高中英语课程强调对学生语言能力、文化意识、思维品质和学习能力的综合培养”，使高中英语教学的方向性更为明确。而“思维品质”是比较抽象的概念，高中英语教师必须借助一些让隐性的思维显性化的工具来检测教学目标的达成度。于是，各种可视化技术手段在高中英语教学中越来越多地受到广泛关注。

二、研究现状

以思维导图为例，在内地，王功玲（2000）首次对思维导图教学法的理论和应用进行了阐释，她指出，思维导图教学法可以“使学生的大脑以越来越轻松的方式，愉快地吸取知识”。在思维可视化教学的过程中，通过对中小学学段其他学科教学中应用思维导图的教学方法的借鉴，思维导图在高中英语教学中的使用也逐渐增多。[①]

然而，笔者认为，以往关于思维导图教学法在高中英语教学中的使用的研究固然有其可取之处，但仍存在着一些不足。

首先，认识不足。这些借鉴和运用多集中在词汇和语法教学，甚至有的

① 王功玲. 浅析思维导图教学法[J]. 黑龙江科技信息，2000（4）：66.

老师对思维导图的理解是简单的“词汇头脑风暴图”或“语法层次分析图”，这是对思维导图的一种认识性偏差。

其次，操作性不足。对于思维导图在高中英语语篇阅读中的研究和使用多集中在对其理论基础、重要性、可行性等方面的论述以及文献综述，具体的实际操作流程容易浮于表面。

第三，主导性不足。在使用思维导图进行高中英语语篇阅读教学的案例中，文献作者多使用“让学生构建思维导图”“学生通过画思维导图进行独立思考”等类似的字眼，但对于具体的思维导图运用过程中老师的主导作用如何体现却并未详细描述，有语焉不详之感。

第四，整体性不足。就笔者目前进行文献整理所见的使用思维导图进行高中英语语篇阅读教学的案例而言，思维导图的运用多集中在一节课中，尚未发现对学生进行系统性思维导图训练的非单一化的案例，思维导图训练缺乏整体性、连贯性和前瞻性。

基于此，高中英语教师利用思维导图加强高中英语语篇阅读教学并指引学生进行系统性的思维可视化训练，还有很多可以发挥的空间。

三、核心概念界定

基于英语核心素养的高中语篇深度学习之思维可视化教学策略是指：以《标准》为指导纲要，引导学生充分发挥其作为学习主体的认知，运用思维导图、文字云图、简笔画、角色扮演等多种可视化技术手段，在对多媒介、多文体、多模态的语篇学习资料进行内容整合、结构重建、迁移创新的思维过程中所采取的教学策略。

四、研究目标

本研究旨在以外研版高中英语教材语篇及拓展新闻、名人演讲等素材阅读为蓝本，借助思维可视化工具和辅助手段，形象直观地展示阅读教学语篇，展示学生的思维过程和对语篇的理解程度。

五、研究内容

高中英语教师应以“思维导图”发明者东尼·博赞提出的 3A 阶段为参考，即 Accept（接受）——Apply（应用）——Adapt（改编），在利用思维导图加强高中英语语篇阅读思维可视化的教学过程中做到环环相扣，以此强化学生思维的训练，帮助学生学会深度阅读。

六、研究方法

（一）文献研究法

查阅知网数据库，搜索网络资源并认真梳理，对搜集到的相关文献资料进行分析、总结和归类，为本课题提供理论指导和实践基础。

（二）行动研究法

以教师的教学过程、学生的学习过程及教学语篇资源的开发及利用为研究对象，以英语核心素养中的思维品质培养为背景，进行观察、分析、比较和积累研究资料，准备研究分析。

（三）质化分析法

结合语篇逻辑结构和学生最终绘制的思维导图，比对分析其前后制图差异，对其思维能力有无提升进行评估，最后形成研究成果。

七、研究过程

（一）准备阶段：2019 年 11 月—2019 年 12 月

广泛收集并学习有关高中英语语篇深度学习及思维可视化教学方面的文献资料和论著，拟定课题实施操作方案，完成开题前的准备工作。

（二）实施阶段：2019 年 12 月—2020 年 2 月

以思维导图为例，开展思维可视化英语教学设计，完成课堂实录及课例分析，收集和处理资料信息，提出观点或对假设进行论证，定期对课题实施情况进行调研，撰写相关论文等。

（三）总结阶段：2020 年 2 月—2020 年 3 月

整理文本资料，汇编课题优秀论文、优秀课例和典型个案，整理教学资源、优秀课件、课堂实录等，撰写实验总结报告，申请结题。

八、研究成果

（一）认识成果

研读学生不同时期的思维导图作业可以明显看出：学生对语篇结构和细节的把握均有不同程度的提高。思维导图在高中英语语篇学习中使用，可以促使学生进行深度阅读，提升学生的思维品质，促进英语核心素养的形成。

（二）操作成果

根据 3A 阶段理论，高中英语教师可以在利用思维导图加强高中英语语篇阅读思维可视化的教学过程中把握操作流程的顺序性，循序渐进，助力学生深度阅读。

1. 加强方法指导，明确思维导图功能

针对学生对思维导图的运用不甚清楚的问题，笔者先利用 1 课时的时间，向学生重点介绍了美国教育改革家大卫·海勒（David Hyerle，2021）发明的 Thinking Map 八种思维导图基本模型，分别是：圆圈图、气泡图、双泡图、树状图、括号图、流程图、复流程图以及桥型图。结合教材内容，笔者进一步加强在思维导图绘制方法上对学生的指导，综合讲解了以上八种基本模型结合使用的方法，强化了学生对思维导图功能的学习和理解。

2. 加强过程辅导，打造思维导图范例

为加强过程辅导，笔者先后两次详尽绘制了思维导图范例供学生参考。一是针对学生在新闻稿思维导图中出现的结构性问题，教学生通过小标题进行同层次信息的识别和整合。二是针对学生在演讲稿思维导图中出现的知识性及结构性问题，教学生在长难语篇没有明显过渡词的情况下进行信息提取、加工和分类，避免学生绘制的思维导图范例中出现的知识性遗漏和结构性偏差问题。（图 2-5）

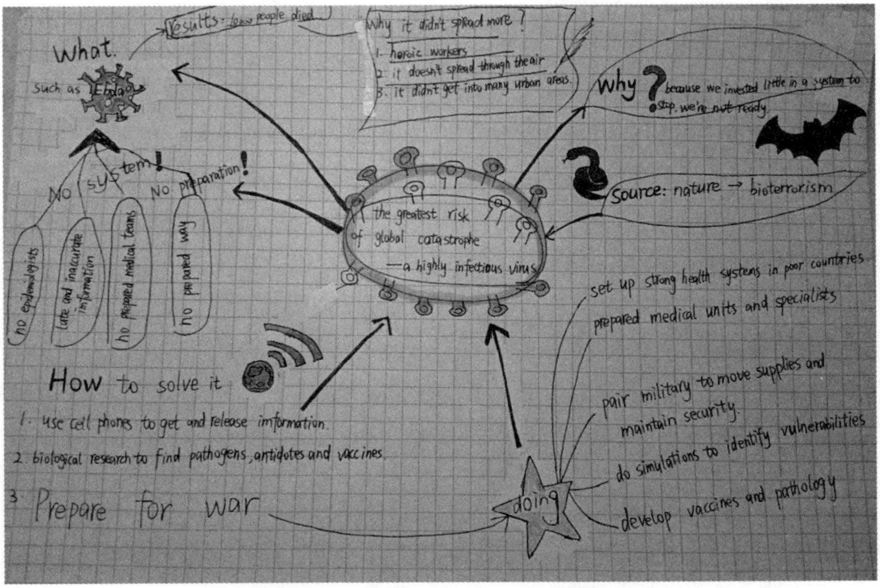

图 2-5　学生绘制的思维导图范例

3. 加强扩展引导，鼓励思维导图创新

利用教材语篇进行扩展引导，强化思维训练的效果，并鼓励学生不拘泥于既有形式，创造性地进行思维导图的自我内化后的综合运用。学生的思维导图精彩纷呈，部分同学已经能将八种基本模型创造性地整合使用（图 2-6）。

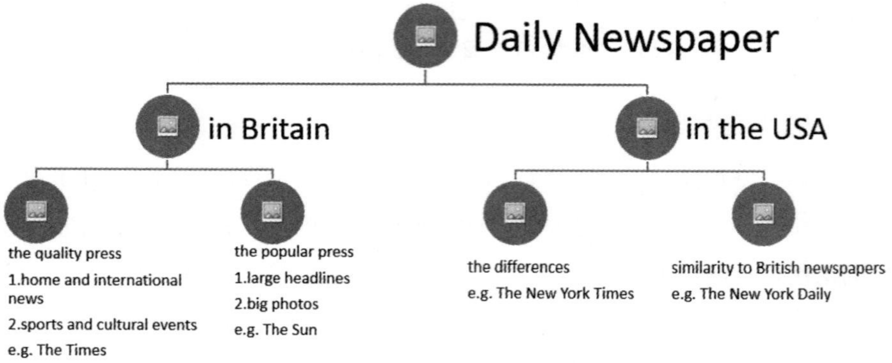

图 2-6　学生绘制的思维导图范例

九、研究反思

囿于投入时间和精力及个人水平，本次微课题研究聚焦在思维导图上，而对文字云图、简笔画、角色扮演等其他思维可视化技术手段的关注较少，对不同语篇类型进行阅读的思维可视化教学策略的探究还未深入。在后续的研究中，应有计划地推进这些方面的研究。

（本研究报告获 2020 年成都市教师小课题优秀研究成果三等奖，并在成都市教科院组织的成都市 2019 年未来名师和骨干教师研修微型课题成果评选中被评为最高的“优秀”等级。有删改。）

专题四

高中数学建模能力的培养与研究

一、课题研究的目标和方法

本课题主要针对如何结合高中教材开展数学建模实践活动，提高学生应用数学知识解决实际问题的能力，探索出一套符合中学实际，能有效开展的数学建模活动方案。本课题研究的主要目标有：

（1）在实践中培养学生的数学建模意识。

（2）选择适当的数学建模问题，学习数学建模方法。

（3）在实践中深化数学建模方法，培养学生数学建模能力，提高学生的数学成绩。

（4）编拟数学建模活动方案。

研究中，以行动研究法、实验研究法、个案研究法为主，辅之以文献法。

二、课题研究的内容

本课题主要研究内容包括：

（1）高中生学习水平、建模能力现状调查分析；

（2）高中生数学建模知识需求状况调查与分析；

（3）高中数学建模实践活动方案的开发与研究；

（4）高中生数学建模实践操作方式探索的研究。

三、课题研究的过程

（一）准备阶段：2016 年 11 月—2017 年 3 月

广泛收集并学习相关文献资料和论著，收集研究的相关素材，完成开题准备。

（二）实施阶段：2017 年 3 月—2018 年 3 月

以培养高中生数学建模能力为中心，结合高中数学教材，合理编排数学建模问题，开展建模活动，形成建模教学设计、建模题目集；同时，在建模教学活动不断反思总结，收集和处理资料信息，提出观点或对假设进行论证，定期调研，撰写相关论文等。

（三）总结阶段：2018 年 3 月—2019 年 4 月

整理文本资料，汇编课题优秀论文、优秀课例和典型个案，整理教学资源、优秀课件、课堂实录等，撰写实验总结报告，申请结题。

四、课题研究成果

（一）认识成果

近年来，我国高中数学教学改革虽取得了一些进展，但在升学考试的重压下，数学教学中长期存在的一些问题，如重书本知识传授，轻实践能力培养；重学习结果，轻学习过程等弊端依然在教学实践中普遍存在。数学建模活动就是让学生学数学、做数学、用数学，动手、动脑的实践过程。

（二）操作成果

以学生的自主学习、自我发展、自我探究为主体，教师充分利用教材挖掘建模材料，让学生掌握建模方法，在分析研究实际问题的过程中体验合作、交流、主动参与的快乐，从而培养学生的数学应用能力。

1. 介绍数学建模的理论知识

教师通过选修课向学生介绍数学建模的理论知识，结合中外数学建模竞赛的开展情况及新高考改革背景，说明开展数学建模活动的意义、价值，进而激发学生学习数学的兴趣。

2. 设计建模问题，开展建模活动

通过对数学建模理论知识的学习，学生对数学建模有一定的了解，能进入数学建模实践阶段。教师结合教材，精心设计建模问题。先将学生分成 3～5 人小组，再将题目布置给学生，让学生按要求合作完成。老师再根据各小组完成情况进行交流指导，力求培养学生按问题分析、模型建立、模型求解、检验论证规范结题的习惯。

3. 反思总结，形成物化成果

通过建模实践活动的开展，课题组对现行高中教材中的应用问题进行加工和提炼，形成学校自己的建模题集及学生优秀论文集，并在学校开设的选修课中实践应用。

五、结　语

数学建模是从学数学到用数学的必经之路，是“问题解决”的一种模式，是一种微型研究的过程，也是研究性学习的一种有效形式。因此，培养学生的数学建模能力对提高学生应用数学的能力有极大帮助。它不仅可以激发学生学习数学的兴趣；还可大大缩短理论学习到实践应用的周期。

专题五

“整体史数轴”激发深度学习、培养历史学科核心素养的探索

一、本研究成果主要解决的教育教学问题

2014 年 3 月 30 日，教育部《关于全面深化课程改革落实立德树人根本任务的意见》指出：各级各类学校要把核心素养和学业质量要求落实到各学科教学中。历史学科课程标准要求历史学科教学要“以培养和提高学生的历史学科核心素养为目标”。

本项目旨在在学科结构、深度学习和整体史史学等理论指导下，在时间轴和图示教学法基础上，构建一个纵横联系、范畴关联的知识结构数轴图，激发学生深度学习的兴趣，解决历史学科核心素养培养的三个问题。

（一）解决学生历史学科核心素养养成难的问题

对高一高二文科的“历史学习情况”调查和分析看：高一学生中能自主将历史放到整体角度去考虑的只有 9%，高二学生中“较少或从不注重构建知识的时空联系和整合知识”的达 80%，历史脉络不清的达到 76%。这反映历史学科核心素养养成难成为一个突出问题，亟待解决。

（二）解决学生难以利用历史学科素养解决问题的问题

调查发现，能在教材基础上总结与理顺相关知识结构和线索的学生只占 16%，能将政治、经济、文化按照阶段进行联系和整合来解决问题的只占 13%。在素养考查的考试中，实验年级的市内排名在 130 名以后。可见，学生学科核心素养水平低，利用核心素养解决问题的能力差。

（三）解决教师历史学科核心素养教学难的问题

对区域内部分高中历史教师进行的访谈式调查的结果表明：95%了解历史学科核心素养的内涵，但对于如何有效培养学生学科核心素养感到困惑，普遍希望通过实践研究找到行之有效的方法。

二、解决问题的过程和方法

本项目实践研究主要采取调查法、实验法和行动研究法，总体按照“文献学习提认识—调查研究定方向—课题研究为依托—继续教育推实施—日常教学促完善—总结评估增效能”的实践研究路径，脚踏实地，有序开展。坚持“研究为了师生成长、实践为了学生发展”的理念，聚焦核心素养的培养和学生的终生发展。

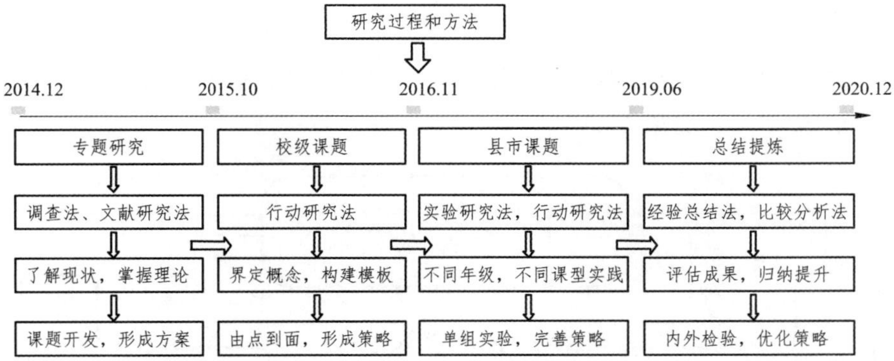

图 2-7　研究进程示意图

三、本成果的主要创新点

（1）将数学的数轴概念引入历史教学，首次提出“整体史数轴”概念，将“整体史数轴”作为工具，探究历史学科深度学习和核心素养培养的策略，体现了学科之间的渗透和交融，具有前瞻性和创新性。

（2）“整体史数轴”创新性地将历史时间、空间、政治、经济、文化不同范畴整合到一个数轴当中，通过有效地运用策略解决了师生教、学中时空和政治、经济、文化方面联系难的问题。

（3）初高中“整体史数轴”同课异构学科核心素养培养教学，体现了“整体史数轴”教学的阶段性和一贯性特点，也体现了国家核心素养体系化的顶层设计。

四、成果的主要内容

（一）认识成果

1.“整体史数轴”是在纲要信号图表法基础上深度学习的发展

纲要信号图表法为理论基础的时间轴和图示教学法，还主要停留在教师做好模型，“拿”给学生运用，这与目前深度学习——学生自主思考、整理、感悟、掌握不相符合。整体史数轴，在老师示范引领的基础上，落脚到学生自主构建和运用，能激发学生深度学习的兴趣，较好提升历史学科核心素养。

2.“整体史数轴”能有效激发深度学习的兴趣，培养以时空观念为核心的历史学科核心素养

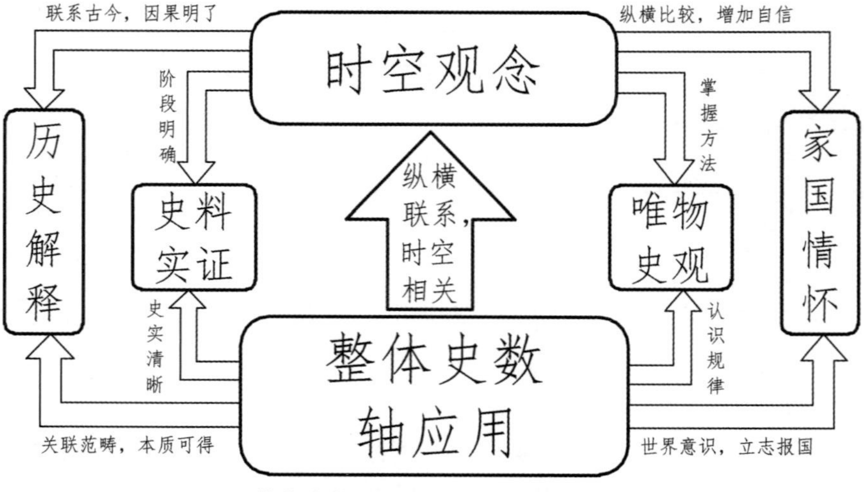

图 2-8　整体史数轴培养历史学科核心素养示意图

整体史数轴，是在学科结构、深度学习和整体史史学理论指导下，在时间轴、结构图示教学法的基础上，借鉴数学中的数轴概念，将通史的历史发

展时序——纵向联系、全球史观视野下的空间——横向联系、历史不同范畴（政治、经济、思想文化）的联系整合成一体的知识结构数轴图。它使历史中外关联、古今贯通，时空结合，融为一体，对培养时空观念事半功倍。学生通过整体史数轴展现的阶段性史实，能自主探索、归纳阶段特征，能用呈现的史实论证历史结论和解释历史现象，能通过古今、中外、各要素之间的对比、联系，培养世界意识和国家意识等，感悟历史学习和研究的方法，认识历史发展的规律。

可见，运用整体史数轴，能有效激发深度学习，培养历史学科核心素养。

3. 遵循基本原则是整体史数轴培养学科核心素养有效性的保证

（1）构建原则。

① 时空、范畴有效结合的原则；② 条目清晰的原则；③ 主题明确的原则；④ 延续性的原则。

（2）运用原则。

① 解决问题有效性原则；② 不同学段设置目标侧重性原则；③ 由外压到内化发展的原则。

（二）操作成果

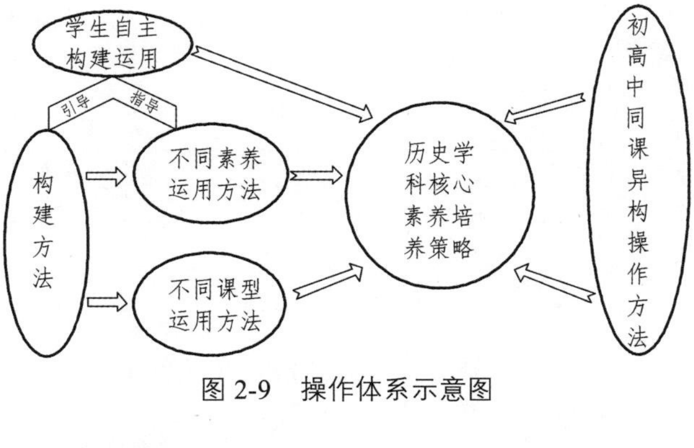

图 2-9　操作体系示意图

1. 形成了整体史数轴构建方法

构建整体史数轴，将横轴作为时间轴，有重点地展示历史事件的前后联系，展现历史的通史时序，形成通史感。用纵向的双向箭头图示展示同一时期政治、经济、思想文化的发展状况和相互关联；纵横相交，以横向时间轴为界，上下分别为中、外史。在选取的时间段内，按时间发展完善中外政治、经济和文化相关史实梗概，形成政治、经济、文化不同范畴的联系及中外历史的比较和关联。

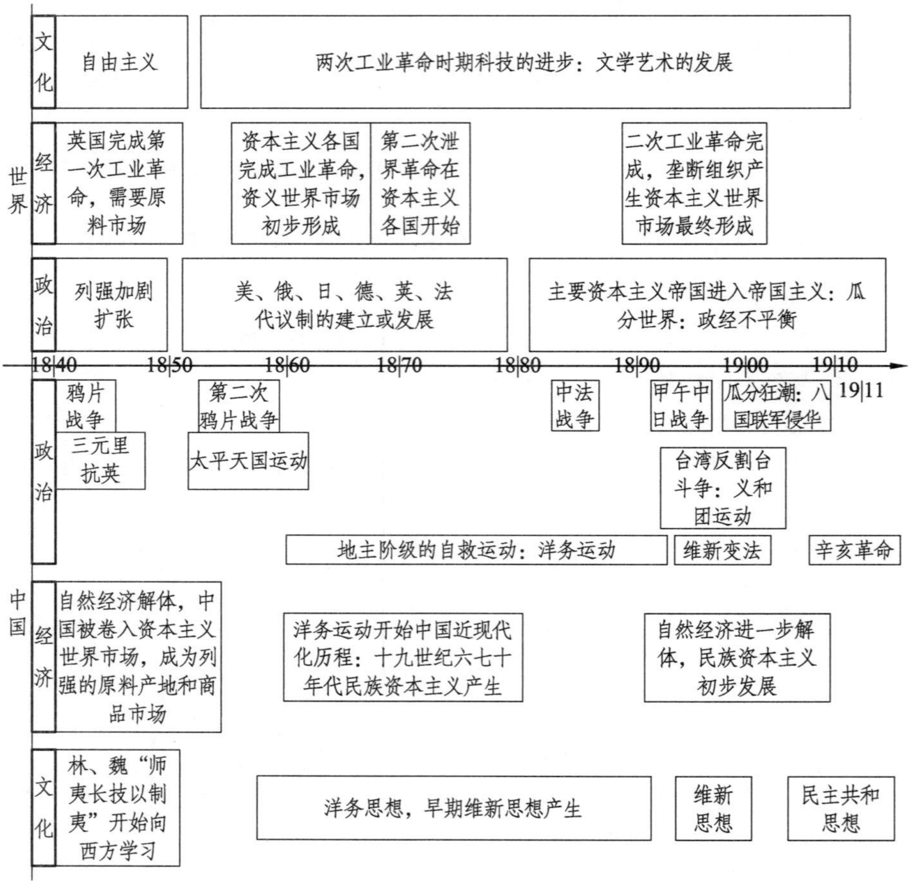

图 2-10　整体史数轴示例

整体史数轴让古今、中外和政治、经济、文化各要素连成整体，较清晰地呈现了历史的整体状况，易于认识历史发展规律。

2. 归纳出用整体史数轴培养历史学科核心素养的方法

（1）时空观念培养。

将中西方历史较为直观地呈现在整体史数轴上，引导学生站在横轴（时间轴）上看历史，理解不同范畴之间的关系以及历史阶段性特征。通过中西两侧对比寻找同时期中外历史发展的不同特点，学生较容易形成此时间段的历史时空观念。

（2）以时空观念为基础的其他素养培养。

构建整体史数轴，需要学生运用历史唯物主义，对史料进行搜集和整理，展现历史纵横联系和比较。根据整体史数轴，学生能够客观论述历史事件、历史人物和历史现象，能够以全面、客观、辩证、发展的眼光加以看待和评判。学生能通过纵横比较和联系分析，激发自身社会责任感和爱国情怀。

3. 提炼出整体史数轴在不同课型培养核心素养的方法

（1）新课教学中整体史数轴的应用：遵循基本原则和方法，从必修一到选修不断完善，逐步培养和提升历史学科核心素养。

① 教师示范展示，激发兴趣，掌握方法。

在平时教学过程中，我们在课堂教学中按照“教师展示—引导—自主构建”的路径来进行训练。高一上期教师示范展示，激发学生兴趣，指导学生掌握方法。实践中教会学生构建的方法和原则，当学生接受整体史数轴后，再在课堂上师生合作或生生合作一起构建。

② 学生自主构建，查漏补缺，整体提升。

高一下期和高二年级，要逐步指导学生自主构建整体史数轴，在构建的过程当中，对本时间段相关联的中外史和不同范畴史实的掌握情况进行自我检测。

但毕竟课堂时间有限，因此学生自主构建整体史数轴更多需要在课前预习、课后复习等环节中完成。

③ 积极主动运用，解决问题，提升素养。

引导学生做练习时习惯性运用整体史数轴，利用数轴优势解决问题。学生在运用中逐步感受它的魅力，从而由“外压”的强制运用到“内化”为主动需要，能借助问题所涉及时间段的整体史数轴展现的时空和范畴的关联，拓宽视野，轻松解决问题，提升学科核心素养。

（2）复习课教学中整体史数轴的应用：根据复习内容构建（或选取已有）整体史数轴，形成规律性认识，强化核心素养，提高解决问题的能力。

① 利用整体史数轴复习上节课内容，引出本节知识。

在历史复习教学中，每一节课前五分钟，展示上节课构建的整体史数轴

“骨架”，按照历史发展规律或针对性问题，补充完整上节课已构建好的整体史数轴，或是根据整体史数轴展示的知识获得规律性认识来解决问题。再利用历史发展脉络，延伸整体史数轴，引出本节课教学内容。

② 展示整体史数轴“骨架”，根据历史发展逐步呈现本节复习内容。

回顾上节课呈现的整体史数轴及延伸出的本节课内容的整体史数轴“骨架”，再根据需要进一步完善整体史数轴。高一复习课，我们则需要引导学生形成历史整体感，将经济、文化简略呈现在“骨架”上，引导学生回顾知识，完善整体史数轴。高三通史复习时，展示前一阶段历史基本史实，再利用规律性认识完善这一阶段中外政治、经济、文化相关内容，概括本阶段阶段性特征，进一步提升规律性认识。

③ 根据构建好的整体史数轴，升华历史认识，解决历史问题。

复习课中，在构建好整体史数轴、巩固了本阶段基本知识的前提下，我们需及时用高质量的习题（最好是高考真题）检验所学，查漏补缺，提升学生认识。学生做练习时引导他们利用好整体史数轴，让学生学以致用，提高练习效率，也培养了学科核心素养。

（3）练习讲评课中整体史数轴的应用策略。

根据习题所考察范围构建或选取整体史数轴，整合习题中涉及的相关历史知识，将碎片化、孤立的历史史实联系起来，加深对历史事件发生的原因、过程、结果、走向的思考与理解。通过选取或构建整体史数轴来解决历史问题，学生能感受到运用整体史数轴来解题思路更清晰、要点更全面、掌握历史知识更牢固，从而提高学生历史学习的兴趣，增强历史学习的信心，也培养了学生时空观念、史料实证、历史解释等核心素养。

4. 初高中整体史数轴同课异构提升培养效能的策略

（1）组织学习，转变观念。

组织教师学习相关文件，认识初高中教材上下相连、互相衔接，五大核心素养在初高中层级要求上下贯通、不可分割。

（2）搭建平台，同课异构。

以成都市继续教育课程为平台，探索整体史数轴在初高中历史学科核心素养立体培养中的作用。针对同一主干教学内容，设计不同的教学方案，彼此关照、上下贯通，构建核心素养立体培养体系。

（3）精选内容，案例典型。

选择“初高中都是主干知识，而具体内容和核心素养要求层级差异明显”，或是“初高中都是主干知识中的重要内容，阐释详略差异大和核心素养要求层级差异明显”作为课例。

（4）科学操作，成为典范。

初中教学中“整体史数轴”由时间轴逐步发展为“整体史数轴”，学生奠定五大核心素养的基础。构建时，仅展现主干知识并可增加趣味性的图片。高中发展为完整的“整体史数轴”，时空和范畴紧密联系。

（5）及时总结，提炼升华。

由“展示者说课——听课者评课、议课——升华、提炼”等环节组成，调动教师的参与积极性，集思广益，完善教学设计，将实践和研讨成果上升为规律性认识，推动初高中历史学科核心素养立体培养体系的形成。

五、所取得的教育教学改革效益

（一）学生历史学科核心素养明显提升

1. 时空观念素养明显提高

通过“整体史数轴”培养后测试学生历史学习情况，能自主通过整体史数轴理清历史发展的时间阶段的学生占91%，可以进行纵向（时间）和横向（中外）的历史联系及比较的学生占 94%，体现了深度学习下时空观念素养的提高。

2. 时空观念为基础的其他素养明显提高

通过整体史数轴的运用，学生能自主通过纵横联系和比较得出规律性认识的占70%。学生撰写历史小论文、调查报告、考察报告等，获得市级二等奖以上二十多项。策划和组织爱国系列活动、传统文化系列活动、传统节日等系列活动，展现了较高的史料实证、历史解释、唯物史观和家国情怀等素养水平。

3. 应对素养考查的能力提高，成绩明显提升

通过“整体史数轴”培养后测试学生历史学习情况，95%的学生自评运

用整体史数轴提高了解决问题的能力。历史成绩的明显提升一定程度上也证明了整体史数轴能提高学生解决历史问题的能力。（数据来源：乐培生系统）

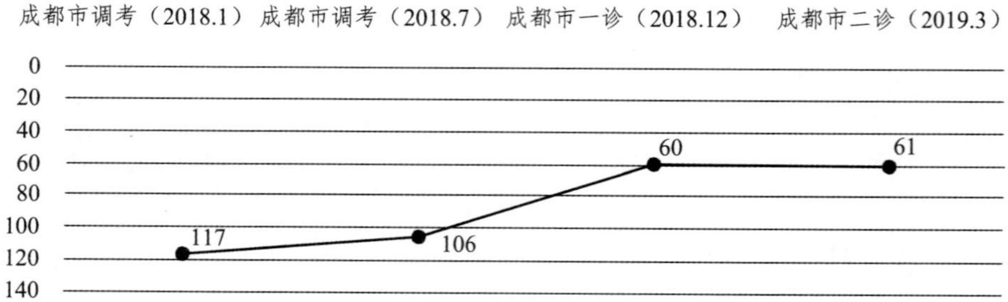

图 2-11　实验年级排名情况

图 2-12　实验班级排名情况

（二）教师学科素养培养能力明显提高

1. 学科素养培养认识水平提高，科研成果显著

（1）根据研究，教师撰写了一系列报告、论文和研究故事等，其中获国家级奖励一项，省级奖励和发表六项，市级奖励六项。

（2）开发课程，开展继续教育培训。先后开发五个成都市中小学教师继续教育高中历史课程，进行了十七个内容的培训活动。

（3）开展展示课活动，参加各类比赛获奖。利用研究成果承担整体史数轴教学展示课若干节；获得市级“一师一优课”三项奖励，县级赛课五项奖励。

（4）形成案例集。形成了教师、学生整体史数轴合集，教学设计案例集和论文集等。

2. 学科素养培养与教学能力提高，教育业绩突出

参研教师均获校、县、市级教学成绩表彰，获得四川省优秀教师、成都市优秀教师、区县工匠、区县优秀班主任、市县级名师等荣誉称号 19 项。

（三）学校教育科研发展，整体形象得到提升

课题组多次借助研究成果代表学校对外交流、展示、比赛，为学校赢得了荣誉；以课题研究为基础申报市继续教育课程五次，对学校有着正向宣传作用；营造科研氛围，推动学校核心素养培养的发展。

（四）区域内外推广成果，助力素养培养

2017 年以来，通过继续教育课程、交流展示等方式，从区域内到区域外推广研究成果，获得高度认可并被多次借鉴使用，为激发学生深度学习、培养历史学科核心素养做出了一定贡献。

专题六

新课改背景下中学英文报刊阅读教学探究

一、当前中学英语阅读教学中存在的主要问题

2022 年 4 月 21 日，教育部正式颁布《义务教育英语课程标准（2022 年版）》，其中对教师拓展课程资源及学生的语言技能均提出了更高要求。但目前的中学英语阅读教学现状还不容乐观。在教与学方面均存在许多问题。

（一）新课改对中学英语阅读教学提出了更高要求

1. 对教师拓展课程资源的要求更高

《义务教育英语课程标准（2022 年版）》指出："英语课程内容的选取，紧密联系现实生活，体现时代特征，反映社会新发展、科技新成果，聚焦人与自我、人与社会和人与自然等三大主体范畴……比较中外文化的异同，发展跨文化沟通与交流的能力。"《普通高中英语课程标准（2017 年版，2020 年修订）》也明确提出教师要："丰富课程资源，拓展学习渠道。"

因此，只使用教科书进行阅读教学，远不能满足学生的阅读需求。教师的当务之急是研究和寻找切合学习的拓展材料，课程资源的开发和利用已迫在眉睫。

2. 对学生提升阅读能力的要求更高

《义务教育英语课程标准（2022 年版）》中，对于学生理解性语言技能要求包括以下内容：（1）从书面语篇中判断和归纳作者的观点及语篇的主旨要义；（2）辨别语篇中的衔接手段，判断语篇中句子之间、段落之间的逻辑关系；（3）根据上下文和构词法推断书面语篇中生词的含义；（4）根据不同目的，运用各种阅读策略有效获取语篇信息；（5）阅读名人传记和报刊文章时，

整体理解和简要概括所读内容；（6）建立语篇与语篇、语篇与个人、语篇与世界的关联，探究和发现语篇的现实意义；（7）课外阅读量累计达到 15 万词以上。

实际上，有相当一部分的学生达不到以上要求。

（二）教师在阅读教学中存在的主要问题

1. 传统的教学模式比较局限

一些教师仍以中高考的要求为唯一标准，在进行阅读教学时，选择语言翻译法进行教学，也就是对学生进行逐句逐字的解释，并且要求学生重点记忆背诵篇章中出现的单词或短语，甚至由此展开语法教学，把阅读课上成了语法操练课。

2. 缺乏阅读策略与技巧的指导

由于阅读能力的培养是一项长期而又艰苦的工程，因此很多教师都选择走捷径，更喜欢让学生做大量与考试形式一致的选择型阅读理解题目，题海战术成了提高阅读能力的重要途径和教学手段。这种以测试为重的阅读训练，很难培养出有独立阅读能力的学生。

3. 对学生的主体性重视不够

受传统观念的影响，课堂教学中，教师往往习惯对学生进行单向知识“灌输”，课堂活动形式不够丰富多样，没有做到把课堂交给学生，变教学为导学，忽视了“学生为主体，教师为主导”的高效课堂理念。

（三）学生在阅读学习中存在的主要问题

在多年教学实践中，笔者将本校未经英文报刊阅读训练的高一新生，与经过长时间英文报刊阅读课程学习的高二学生进行对比发现：高一新生在开展英语阅读活动、参加阅读测试等方面，阅读能力差距较大，主要存在以下问题：

1. 英语阅读动机相对消极

学生的学习积极性主要是来自老师或家长的要求，或是考试的需要，少有学生出于自己的喜爱；受电视、网络等媒体因素的影响，学生对于阅读纸质材料感到厌倦，学习兴趣和热情不高；词汇量储备不足，又会导致学生阅读障碍重重，丧失阅读兴趣。

2. 缺乏有效的阅读策略与技巧

学生缺乏阅读策略和技巧，甚至根本不知道阅读策略和技巧是什么。他们在阅读时往往用相同的速度和方式理解不同文体的文章，而不是根据不同文体采取不同的方式获得主要信息，这样往往是事倍功半，吃力不讨好。也有许多学生在阅读过程中，试图记住所有的内容，习惯于逐字逐句地看，试图边读边翻译每个句子的意思，而不善于通过整体阅读去把握文章大意和框架，导致阅读时间增长，阅读效率降低。

3. 跨文化背景知识储备不足

在平时的学习中，学生接触的阅读材料主要就是教材和习题，阅读的输入量有限，加之巴中作为中国西部不够发达的地区，学生缺乏接触英语的真实语境，导致知识面狭窄，对宗教、政治、饮食、风俗习惯等方面的异国文化没有足够的了解，最终造成阅读理解上的障碍，即获取信息和知识的目标并没有实现。

针对以上问题，笔者认为，寻求更优的阅读教学方法以及更适合中学生学情的阅读材料作为教学补充已迫在眉睫。而英文报刊恰恰是这样一种理想的阅读材料。它具有时效性、真实性、趣味性等优势，既能丰富课堂教学的资源，又能调动学生学习英语的积极性，提升学生的英语阅读能力。

因此，2021 年 9 月至 2022 年 1 月，笔者选取了巴中市巴州区第六中学高 2021 级某班 48 名学生作为教学对象，以《二十一世纪学生英文报》（高一版）作为阅读材料，开展了为期一学期（每周 1 课时）的外刊阅读教学实践，以探究有效的教学方法，努力解决学生在阅读中遇到的三大难题：（1）词汇量不足，阅读学习兴趣不高；（2）阅读习惯、阅读策略的运用较差，综合运用能力较差；（3）跨文化背景知识欠缺，无法理解文字背后的信息。

二、开展英文报刊阅读教学实践的具体做法

（一）课外泛读，分层布置阅读任务

《二十一世纪学生英文报》每周出版一期新报纸，因此，英文报刊阅读教

学进度以周为单位。下发报纸后，笔者根据文章难度分级和学生水平分层，布置课外自主阅读任务。英语水平优秀的学生，阅读难度较大的文章；英语水平良好的学生，阅读难度适中的文章；而英语水平偏低的学生，阅读难度较小的文章。这样的分级阅读让学生有所适从，不会因为文章难以理解而自暴自弃，也不会因为文章太过简单而丧失兴趣。在学生熟悉报纸内容后，于下一星期的周五，本班固定设置一节报刊阅读课。

学生每天阅读至少一篇报纸上的文章，完成阅读后写出两句英语点评，并做好词句摘抄；每周摘抄好词好句不少于 20 条，并且要自己添加词性、词义、例句等相关说明；每周末完成一篇 60 词左右的文章概述或读后感写作。每周，笔者都会检查学生任务完成的进度和质量并打分，对其中的高质量习作在班里进行展示和分享。这样一来，“以读促写”的目的也得到了实现。学生从最初的模仿学习，慢慢地开始自主写作，所谓“熟读唐诗三百首，不会作诗也会吟”，学生阅读上的“厚积”也逐渐实现了写作上的“薄发”。

（二）课内精读，融入阅读策略训练

每周一节的阅读课上，笔者会有针对性地选择其中一篇典型文章进行精读教学，设计有针对性的阅读练习，帮助学生了解不同文体结构的文章特点，构建结构图式，以便他们日后更有效地阅读。课堂教学活动采用“读前活动”“阅读活动”和“读后活动”的“三段式”教学策略。

本次展示选用《二十一世纪学生英文报》（高一版）2021 年 11 月 22 日第 850 期文章 *Making space for females* 为例来具体呈现这三个阶段。

6 SCIENCE STUDY | 科技新知

Making space for females

女航天员完成太空出舱有什么独特之处？

On Nov 8, Wang Yaping, a female *taikonaut* (中国航天员) of Shenzhou XIII mission, became China's first and the world's 16th female spacewalker. The expected six-month journey in space has left many curious about the differences between male and female astronauts, especially in terms of performing *extravehicular* (舱外的) activities (EVAs). Despite physical challenges, female astronauts have unique advantages.

Mutual understanding between astronauts is very important for carrying out EVAs, which is based on excellent communication skills. Women are **superior** in communication and language expression, and this helps female astronauts **conduct** extravehicular activities, according to Yang Yuguang, vice chair of Space Transportation Committee of the International Astronautical Federation.

Female astronauts' strong communication skills and energy also help the **crew** maintain high *morale* (士气) throughout their stay, according to Pang Zhihao, a spaceflight researcher in Beijing.

Men and women are different in body size, which also gives women unique advantages for spacewalks.

加微信，听报纸

Taikonaut Wang Yaping has become China's first female spacewalker.

"Their generally smaller size is an advantage, as women will be able to control their weight better and thus perform a wider variety of tasks," Pang told China Daily.

Women in general weigh less, eat less food, consume less oxygen, and therefore required less fuel to get into space. A taikonaut must weigh between 55 kilograms and 70 kilograms to fit in the cabin of spacecraft and consume less fuel, according to CGTN.

A different body shape requires a different *spacesuit* (太空服). A tailor-made spacesuit was prepared for Wang's extravehicular activities, which was lighter than the male version. Designers *optimized* (优化) the pattern of this spacesuit in the *lower limb* (下肢) area to make it more suitable for astronauts with slimmer figures.

According to Pang, many studies have found that female astronauts are well adapted to *executing* (执行) space missions, and have advantages over male astronauts in qualities such as attention to detail and thinking *comprehensively* (全面地).

Men tend to **excel in** shorter-term, *goal-oriented* (目标导向的) situations, while women are better in longer-term, *habitation-type* (居住类) circumstances, according to National Geographic.

Women's participation in EVAs is an integral (不可缺少的) *part of space missions, and we are witnessing* (见证) history thanks to Wang's bravery, according to Yang.

TEENS

图 2-13 《二十一世纪学生英文报》文章示例

1. 读前活动（Pre-reading Activity）

在该阶段，为了让学生在短时间内了解材料的相关信息、激活相关背景知识、预测文中所要涉及的内容，可开展以下活动：主题词汇预习、课前演讲、小组讨论及分享。教师亦可自制 PPT，挑选精彩的报刊文章，用图片或视频向学生介绍文章的相关内容。

针对该篇文章，笔者要求学生提前查阅标题相关词汇，然后就 space 话题分组讨论，再进行小组陈述。有同学提到 weightless（失重的）、spacesuit（太空服）、spacewalk（太空行走）等词汇，还有同学谈到 Shenzhou XIII（神舟十三号）的相关报道，学生感觉学有用武之地，变得乐于学，乐于表达，课堂气氛非常活跃。

2. 阅读活动（While-reading Activity）

该阶段以训练学生的报刊阅读技能为目标。教师从报纸中挑选文章，设置形式多样的问题，如：是非题、表格题、单选题、问答题、讨论题等；并指导学生利用略读、寻读、预测阅读、猜测词义、识别指代关系等阅读策略来完成任务。

针对该篇文章，笔者设计了以下几个问题：

（1）What is the passage mainly about ?

（2）Who is the first Chinese female space walker?

（3）How long did she stay in space?

（4）What advantages do female astronauts have over the male?

（5）What can you learn from Shenzhou XIII?

文章共 340 词，速度最快的学生用了约 3 分 20 秒，慢的学生花了近 9 分钟。接下来，笔者公布答案，并在剖析难点的过程中，予以阅读策略的指导。学生们也开始发散思维，不断提问。例如：excel in 什么意思？taikonaut（中国航天员）和 astronaut（宇航员）的区别是什么？甚至有学生提出：既然女航天员更有优势，那么未来，是否会有更多的女航天员完成出舱任务呢？问题涉及词汇、语法、文化等方面，全班展开热烈的讨论。

3. 读后活动（Post-reading Activity）

该阶段要求学生：一、根据阅读内容进行思维活动；二、鼓励学生将所阅读的内容与自己的经历、兴趣和观点相联系，具体活动包括：对学生阅读表现进行评估（如：积极之星评比）；对学生的学习能力和语言运用能力进行培养（如词句摘抄、大意复述、整理剪报、角色扮演、采访活动等）；对阅读信息进行延伸（如介绍自己的类似经历、模仿写作等）。

针对本篇文章，笔者设置的读后活动有：文章大意复述、话题讨论“你是否愿意成为航天员？”课后好词好句摘抄（至少5条，包括单词、词义、词性、例句等要素）以及读后感写作（60词左右）。通过以上活动，学生对文章的主题有了更透彻的理解和更深入的思考。

整个教学过程中，笔者遵循“教师为主导，学生为主体”的原则，让课堂气氛轻松活泼，采用形式多样的教学活动，吸引学生积极参与，有效地完成了把教师的“授”内化为学生的“收”，再到“出”的学习过程，基本达到了预期的教学目标。

此外，每节阅读课，笔者都会针对某一阅读技巧进行教学设计，以3～4节课作为一个专题。例如，教授学生查读的技巧，笔者就会在一个月内，每节课上都留一个环节，让学生进行专门的查读训练。笔者取材于报纸，并编制需要运用查读技巧的问题，经过几节课的强化，加深学生印象。平均每周10～20分钟，长此以往，学生逐渐学会略读、查读、预测阅读、猜测词义、识别指代关系等基本阅读策略。有了阅读策略指导的教学设计，不仅能提高学生阅读成绩，更为其今后学习英语、运用英语打下坚实的基础。

三、开展英文报刊阅读教学的主要成效

（一）后期访谈结果描述

在教学实践后期，为了探究活动的有效性，了解学生对《二十一世纪学生英文报》的基本看法和真实感受，根据学生的阅读水平，笔者把该班学生分为三个层次，并从每个层次中随机抽取2名学生，共6名学生，进行了提纲式访谈（见附录）。访谈分为是否型和开放型两种形式，共4个问题。访谈

气氛轻松愉快，学生们畅所欲言。笔者对学生的访谈情况进行了认真的记录、整理和分析。

从访谈结果来看，本次读报教学实践较为成功，学生对英文报刊阅读的喜爱度和认可度较好，也自评在词汇量、知识面和阅读技巧上有所收获。虽然学生在阅读过程中遇到了不少困难，但大多数学生还是愿意继续阅读英文报刊。

（二）活动前后学生变化描述

结合本次教学实践，笔者也认真观察分析了活动前后学生的变化。

1. 学生阅读习惯的变化

经过了一学期的英文报刊学习，笔者发现很多学生已养成了良好的阅读习惯，比如坚持每天、每周都进行定量的英语阅读，并能做好摘抄好词好句等。这样的自主学习习惯，相比阅读教学的意义更为重要，学生将终身受益。

2. 学生阅读技巧的变化

相比实施英文报刊阅读之前，学生掌握的阅读技巧也有了质的飞跃。通过对比可知，活动实施之前，学生对于阅读策略的了解非常有限，甚至一片茫然。在持续的报刊阅读教学中，通过一系列的训练，学生慢慢对阅读策略有所了解，在之后的学习中，能将技巧和策略运用到真实自然的阅读过程中。这样的成长变化不是一朝一夕形成的，而是在长期阅读训练中练就的，笔者发现学生中指读、声读、反复阅读、边查字典边阅读的现象逐渐减少，取而代之的是阅读速度和效率都提高了，自信心也随之增强。对于这样的进步，笔者深感欣慰。因此，笔者相信，阅读策略和技巧是可以被传授的，而且这些知识对于学生阅读能力和信心的提高至关重要。

3. 学生阅读兴趣与态度的变化

在以往的阅读教学中，学生们的兴趣普遍不浓，少有学生出于自身喜爱，动机主要来源于老师和家长的要求或是考试的需要。

经过了一学期的英文报刊学习，学生的学习自主性大大提高，对于阅读的兴趣有了一定的提高，他们开始喜欢并期待阅读，每周总有同学一拿到报纸就迫不及待地看起来。学生的学习动力也有了转变，不再是一味地应付，而是真正希望能读懂报纸，想从报纸上获取广泛的信息和知识。每周的报刊阅读课上，活动丰富、内容有趣，课堂里有说有笑，学生乐于讨论，也乐于分享，因为讨论和分享的快乐，他们更乐于报刊阅读。

学生的态度变化不仅表现在阅读上，他们对于整体的英语学习都变得积极主动起来，最重要的是更自信了。

以上案例说明了利用英文报刊辅助中学英语阅读教学有一定的有效性。英文报刊阅读教学能激发学生英语阅读学习的兴趣、拓宽学生的知识面、帮助学生形成良好的阅读习惯、使学生掌握并运用阅读策略、促进教师教学方式和学生学习方式的改变。

四、开展英文报刊阅读教学的反思

“报刊文章作为一种真实材料，具有信息量大、更新率高、新颖词汇多、覆盖面广等特点，对于学生来讲具有一定挑战性。”[①]虽然本次英文报刊阅读教学实践取得了一定成效，对英语阅读教学起到补充作用。但通过后期访谈结果可知，学生依然存在不少困难，为此笔者收集了该班 48 名学生的反馈意见，并认真反思，在未来的教学中及时调整和改进。

（一）结合学情，精心选材

笔者的教学对象是高一学生，他们在初中阶段几乎未接触过外刊阅读，语言基础较薄弱，对英文阅读有着畏惧心理，因此影响了阅读课的效果。笔者应在后期教学中认真研究报刊，结合学情，精心选材，因材施教，逐步培养学生的阅读兴趣，帮助其树立学习信心。

（二）注重方法创新、监督评价

在实际教学中，部分学生不能有效完成阅读任务。课内阅读不积极；课外阅读自主性差。在后期教学中，笔者应根据学情，分层布置阅读任务，注

---

① 王雪梅，戴炜栋. 从网络环境角度整合英语报刊阅读教学策略[J]. 外语电化教学，2005（4）：13 -18.

重方法的创新，并进行及时的跟踪监督和有效的检查评价。

实践表明，英文报刊阅读对于提升中学生英语综合运用能力有着一定成效，但是，目前仍存在一定挑战，尤其是在新课改下，这无疑是个重要、严肃的话题。作为一线教师，在今后的报刊阅读教学实践中，除了关注学生知识的积累，更重要的是：丰富学生的文化底蕴，帮助其形成正确、积极的人生观；让学生学会学习，自主学习，为明确的人生目标而奋斗；培养学生的实践、创新精神，为社会主义建设贡献自己的力量。

选用英文报刊作为教学载体，以提升学生的英语综合能力，进而培养核心素养，我们仍需在探索中前进！

英文报刊阅读教学效果访谈问卷

问题 1：你认为阅读《二十一世纪学生英文报》怎么样？

A 同学：我觉得《二十一世纪报》很不错，阅读范围很广、话题新颖，拓宽了我的视野。

B 同学：以前学英语，很少关注异国风土人情、文化礼仪等，现在通过阅读这份报纸，我了解了很多。

C 同学：报纸图文并茂，很有趣，便于理解。

D 同学：没时间关注新闻，看报纸就可以帮助了解时事。

E 同学：这份报纸还行，就是平时时间太少了，没时间读。

F 同学：报纸的内容偏难，我看不懂。

问题 2：阅读英文报刊能提升你的阅读水平吗？

A 同学：能，它提高了我的阅读速度，也改变了我逐字逐句读的坏习惯，摘抄的好词好句，还能用在我的写作中。

B 同学：当然啦！阅读文章里的生词一直是我的绊脚石，现在我能结合语境大胆猜测词义了。

C 同学：我知道不同题材的文章，用不同的阅读方法，比如略读、寻读等。

D 同学：面对英语阅读，我一直头痛，因为《二十一世纪报》，让我不再畏惧阅读。

E 同学：提升不大，时间有限，不能按时按量完成老师布置的任务。

F 同学：没有提升，我基础差，词汇量少，基本读不懂。

问题 3：在报刊阅读中，你遇到的主要问题是什么？

A 同学：对于那些涉及西方文化的文章，我总是不能很好地理解。

B 同学：我还是觉得自己缺乏阅读技巧，阅读速度老是跟不上。

C 同学：那种长难句，我特别害怕。

D 同学：偶尔文章一长，生僻词一多，读着读着就没兴趣了。

E 同学：认识一些简单的词汇，但是对句子的理解还是很困难。

F 同学：生词太多，基本看不懂，像读甲骨文。

问题 4：未来，你还会继续阅读英文报刊吗？

A、B 同学表示会继续，F 同学说难以坚持，其他同学则认为要看情况，如果是特别感兴趣的，他们会继续读，总体要根据阅读材料的内容来决定。

第三部分

校园安全与德育

专题一

校园欺凌研究现状

人类的欺凌现象伴随“学校”产生而在学校出现时，人们便称它为校园欺凌。近几年，校园欺凌问题在基础教育阶段成为热点问题，校园欺凌的现状亦非常严峻，我们必须科学地研究这一特殊的社会现象，然后采取科学的方法进行有效防控。

同时，校园欺凌是世界教育的难题，各个国家均存在。早在 1983 年，挪威卑尔根大学的丹·奥维斯（Dan Olweus）教授就领导了学校欺凌问题调查研究和反欺凌运动，这是世界上最早的学校欺凌干预运动。欧美等发达国家和地区在治理校园欺凌问题上已有几十年的历史，积累了丰富的经验，立法治理体系健全，同时也取得了显著的成效。

本专题对校园欺凌的概念、表现形式及其分类、参与者、影响因素、危害、处置等内容进行了概述，并且介绍了几个研究和治理校园欺凌比较早、成效比较好的国家在这一领域所制定的法规和采取的策略、方法以及最近国际会议在这一问题上达成的一些新共识和推荐的一些新方法。

第一节　校园欺凌概述

一、校园欺凌

随着国家一系列防控校园欺凌文件的出台，防控校园欺凌成为学校一项重要的工作。我们有必要对校园欺凌概念进行分析。

（一）欺　凌

为了研究校园欺凌，我们首先有必要了解欺凌这一悠久的社会现象。

欺凌，欺：诈也，从欠，其声。《辞海》中有两种解释，第一，欺骗；欺诈。如《国策·秦策一》："苏秦欺寡人。"第二，凌辱；欺负。如"欺人太甚"。凌，《辞海》中有一种解释：通"陵"，侵犯；欺凌。《楚辞·九歌·国殇》："凌余阵兮躐余行。"《吕氏春秋·不侵》："立千乘之义而不可凌。"两字组合为欺凌，《现代汉语词典》将"欺凌"解释为"欺负、凌辱"的意思。黄成荣（2012）认为："欺凌是一种蓄意及持续性的欺压行为，是有意识的行动，透过言语或肢体暴力侵犯他人，并置他人于压力之下。"

我国历代著名文学作品中有关于欺凌的记载，如唐代孙鲂《柳》诗："颠狂絮落还堪恨，分外欺凌寂寞人。"宋代林逋《百舌》诗："欺凌红杏从头宿，讽刺黄鹂趁背飞。"《东周列国志》第三回："因卖桑木弓箕草袋的男子，舍取清水河边妖女，逃于褒国，此女即褒姒也，蛊惑君心，欺凌嫡母，害得幽王今日身亡国破。"《红楼梦》中第一百零二回："那些家人在外面招摇撞骗，欺凌属员。"这些地方的"欺凌"一词，都有欺压凌辱的意思。

全球卫生组织站在医学立场，将欺凌概念定为"欺凌即蓄谋已久通过躯干力量与手上职权，对自身、群众以及社会进行威胁和危害，形成身心损伤、伤亡以及权利被剥削的行为"。①

欺凌属于人类侵犯行为。所谓侵犯行为，它是一种有意违背社会规范的

① 石连海. 校园欺凌问题分析与预防对策[J]. 中国德育，2016（6）：36-38.

伤害行动。社会心理学研究的成果表明：第一，人类的侵犯行为具有普遍性和稳定性的特点；第二，对其成因有内因和外因两个方面的解释。本能理论和生物学理论认为侵犯的成因是人的内在因素；挫折-侵犯理论和社会学习理论则认为侵犯是外部因素在起作用。要彻底消灭人类侵犯行为是不可能的，但我们可以通过研究其发生的规律，制定相应的规则进行约束，以减少侵犯行为的发生。欺凌是人类侵犯行为的一个重要组成部分，校园欺凌是欺凌的组成部分，校园欺凌也自然不可能被彻底消灭。

（二）校园欺凌的定义

欺凌行为发生在校园里就被称为校园欺凌。可以说随着人类学校现象的出现，自然就有了学校行为规则的配套产生，那么不规则行为之一的校园欺凌现象也就伴随出现了。关于校园欺凌的定义众说纷纭，下面我们就一起来了解一下。

校园欺凌行为问题的讨论始于国外。在 1857 年《汤姆·布朗的学堂生活》这本小说中，托马斯·休斯首次提及校园欺凌这个问题，却没有得到广泛重视。

最早对校园欺凌进行研究的学者是 L. 伯克（L. Burk，1897），他于 1897 年在《教育学专刊》（Pedagogical Seminary）第 4 期上发表了最早关于欺负问题的专题论文：《嘲弄与欺负》（Teasing and Bullying）[①]。

20 世纪 70 年代，比较系统地研究校园欺凌的学者挪威卑尔根大学心理学教授丹·奥维斯（Dan Olweus）于 1978 年提出了欺凌一词，英文译为 Bullying，即欺凌、欺负的意思，他发表的《学校中的攻击：欺凌者与替罪羊》被认为是系统研究校园欺凌问题的开端，他将欺凌行为一词定义为："受欺凌者被一个或一个以上的学生反复、故意、持续性地施以暴力行为，从而对其身体或者心理造成伤害。"

莫里塔（1990）提出："所谓的欺凌行为应当属于攻击行为的一种，它指的是某人或某些人占领有利的地位，在团体的互动过程中，对团体中的另外一人或多人施加暴力，让其在身体或者心理上感受压力或者创伤。"

1991 年，英国伦敦大学歌德史密斯学院的史密斯教授在其出版的《沉默

① 刘蓝田，桑青松，舒首立. 大学生校园受欺负经历与网络欺负的关系：同情与成人依恋的作用[C]. 中国心理学会第二十二届全国心理学学术会议摘要集，2019.

的噩梦：学校同辈群体中的霸凌和受害》一书中认为欺凌行为是在没有受到激惹的前提下，力量相对较强一方对相对弱小一方重复实施的攻击行为。史密斯教授认为欺凌行为具有以下三个特点：第一，没有受到激惹的有意性，即欺凌者是在不曾受到激惹的前提下，仍然有意对受欺凌者实施的攻击行为；第二，发生的持续且重复性，即欺凌者会在相当长的一段时间内重复地对受欺凌者实施攻击；第三，欺凌双方实力的不平衡性和不对等性，表现的形式包括以众欺寡、恃强凌弱、以大欺小等。[①]

美国州立高中联合会（The National Federation of State High School Associations）在其网站上将欺侮定义为“任何在无视其本人意愿的情况下，将一个孩子归为某特殊群体的具有侮辱性的危险活动”。

瑞典立法（1993 年、2010 年两次修改《学校法》）将校园欺凌界定为学校的学生经常对其他学生实施排挤、暴力、侮辱、歧视、谐戏、嫌弃、破坏持有物品、诽谤、监禁等致使其身体或精神受到损害的行为。[②]

加拿大政府一直致力于改善基础教育的校园环境安全，2004 年 11 月 13 日，安大略省教育部委托安全校园行动小组（Safe Schools Action Team）制订《构建安全校园：欺凌预防行动计划》，此计划认为：“欺凌，是一种有害身心健康、动态的互动过程，是重复使用强势力量进行身体的、言语的或者社会侵犯的一种形式。”

2006 年之后，日本文部科学省将校园欺凌修正为：“当该未成年学生受到来自与之交往的人从心理上或是物理上的攻击而感受到了精神上的痛苦的不良行为。这类行为发生的场所可以是在校内，也可以是在校外。判断某一行为是否欺凌是从被欺凌对象的角度来进行。此外，还包括了一种新的欺凌行为，即未成年学生受到来自电脑网络和手机的辱骂、诽谤和中伤等。”[③]

2007 年，英国教育与技能部（DFES）将校园欺凌定义为：“个人或群体施加反复、有意与持续的意图导致伤害的行为，某些情况下偶发的事件也可被看作欺凌。个人或群体施加的有目的的有害行为，力量的失衡使得被欺凌的个体感觉失去抵抗。”[④]

---

① SMITH P K.，The SilentNightmare：bulling and victimization in schoolpeer groups[J]. British Psychological Society，1991（4）：243-248.

② 陶建国. 瑞典校园欺凌立法及其启示[J]. 江苏教育研究，2015（34）：3.

③ 贺江群，胡中锋. 日本中小学校园欺凌问题研究现状及防治对策[J]. 中小学德育，2016（4）：64.

④ 许明. 英国中小学校园欺凌现象及其解决对策[J]. 青年研究，2008（1）：44-48.

2010 年，美国新泽西州的《新泽西州反欺凌法》就将校园欺凌定义为："通过书面、口头、电子工具，或者是身体动作和姿势，造成对方身体或精神上的伤害，或财产上的损失，或是对方陷入人身伤害或财产损失的恐惧，或者为对方创造了不友好的环境，或者实质上影响到学校的教学和管理秩序。"①

2013 年 7 月，我国台湾地区制定的《校园霸凌防制准则》中用"校园霸凌"概念代替了我国大陆学界使用的"校园欺凌"概念。台湾地区《校园霸凌防制准则》第三条关于校园霸凌内容如下：霸凌，指个人或集体持续以言语、文字、图画、符号、肢体动作或其他方式，直接或间接对他人进行贬抑、排挤、欺负、骚扰或戏弄等行为，使他人处于具有敌意或不友善之校园学习环境，或难以抗拒，产生精神上、生理上或财产上之损害，或影响正常学习活动之进行。校园霸凌：指相同或不同学校学生与学生之间，于校园内、外所发生之霸凌行为。

2013 年，日本颁布了《防止欺凌对策促进法》，对校园欺凌做出了具有实践意义的法律定义，即"在籍学生对同学实施心理上和物理上的影响行为（含网络手段），从而使对方感受痛苦的事件"。

2014 年，我国香港地区学者黄成荣通过多年的实践以及对比国内外相关研究认为："欺凌是一种蓄意及持续性的欺压行为，是有意识的行动，透过言语或肢体暴力侵犯他人，并置他人于压力之下。"他认为欺凌包括以下四类：肢体欺凌、言语欺凌、关系欺凌和强索欺凌。②

2016 年，我国发布的《关于开展校园欺凌专项治理的通知》中将校园欺凌定义为"在学生之间蓄意和恶意通过肢体、语言及网络等手段，实施欺负和侮辱造成伤害的事件"。③

2017 年，中华人民共和国教育部等十一部门关于印发《加强中小学生欺凌综合治理方案》（教督〔2017〕10 号）的通知中，界定了校园欺凌的概念："中小学生欺凌是发生在校园（包括中小学校和中等职业学校）内外、学生之间，一方（个体或群体）单次或多次蓄意或恶意通过肢体、语言及网络等手

① 方海涛. 美国校园欺凌的法律规制及对我国的借鉴——以 2010 年《新泽西州反欺凌法》为研究视角[J]. 贵州警官职业学院学报，2016（2）：32.

② 黄成荣，欧阳芷柔，高云娇. 香港青少年越轨行为特点、成因及对策[J]. 广西大学学报（哲学社会科学版），2014（03）：84-92.

③ 国务院教育督导委员会办公室. 关于开展校园欺凌专项治理的通[EB/OL]. [2015-05-09]. http：//www. moe. gov. cn/jyb_xwtb/gzdt_gzdt/s5987/201605/t20160509_242514.html.

段实施欺负、侮辱，造成另一方（个体或群体）身体伤害、财产损失或精神损害等的事件。”[①]这是我国官方首次明确校园欺凌的定义。

（三）校园欺凌的要素

对于学生之间发生的各种矛盾冲突，怎么判定是校园欺凌还是一般打架斗殴，对解决问题非常关键。我们必须根据校园欺凌的定义，认识校园欺凌的特征。

从国际国内对校园欺凌的定义看，校园欺凌有以下基本特征：首先，是非法的攻击行为，校园欺凌是同学间一种非法的攻击行为，是违纪违规、违法、犯罪的攻击行为。其次，是以强凌弱的恶意或蓄意行为，力量上存在不均衡性，受攻击的一方处于弱势且没有过错；力量的不均衡性使得欺凌行为区别于其他攻击行为。再次，攻击行为具有长期性和反复性，欺凌者长期地和反复地攻击别人。最后，客观上造成了被攻击者的身体、心理伤害，或者财产损失，同时也会极大地威胁到校园的安全与和谐，造成恶劣影响，引发巨大舆情。

（四）校园欺凌与相关概念的区别

1. 校园欺凌与校园暴力

校园欺凌与校园暴力在学校有害行为中属于交叉并列关系。就二者的共同点而言：第一，都是一种非法的攻击行为；第二，行为发生的地方一般都是校园或者与校园相关的时空；第三，行为结果都会发生身心伤害或者财产损失。从二者的区别来看：第一，校园欺凌加害者和受害者都是学生，校园暴力加害者和受害者不一定都是学生；第二，校园欺凌行为中，加害者是蓄意或恶意的行为，这种行为有连续性和隐蔽性，而校园暴力中的加害者则有偶然性或者突发性，这种行为不具有连续性和隐蔽性，而有典型的外显性；第三，校园欺凌行为中加害者和受害者双方力量或者关系一定悬殊较大，受害者处于劣势地位，而校园暴力中的加害者和受害者双方力量或者关系不一定悬殊较大。

---

① 中华人民共和国教育部. 教育部等十一部门关于印发《加强中小学生欺凌综合治理方案》的通知[EB/OL]. [2017-11-23]. www. moe. gov. cn/srcsite/A11/moe_1789/201712/t20171226_322701. html.

2. 校园欺凌、校园霸凌、校园欺负、学校欺凌

这四者实质上是欺凌、霸凌、欺负的区别，虽然它们有一定的区别，但在研究校园欺凌的问题中可以被视为同义词，在这里就不再赘述。

二、校园欺凌的类型

校园欺凌事件外在表现形式种类繁多，如利用言语辱骂、恐吓、嘲弄等进行人身欺凌和攻击，或利用同学关系挑拨、孤立、攻击对方，还有互联网上利用邮件、短信、图片等方式对他人恶意攻击或散布隐私等；利用身体冲撞、利用手推搡、利用脚蹬踢、抢劫财物、抓头发等肢体方式进行欺辱；利用性别进行猥亵、强奸等性欺凌。总之欺凌的表现形式多样，五花八门，简要概括如图 3-1：

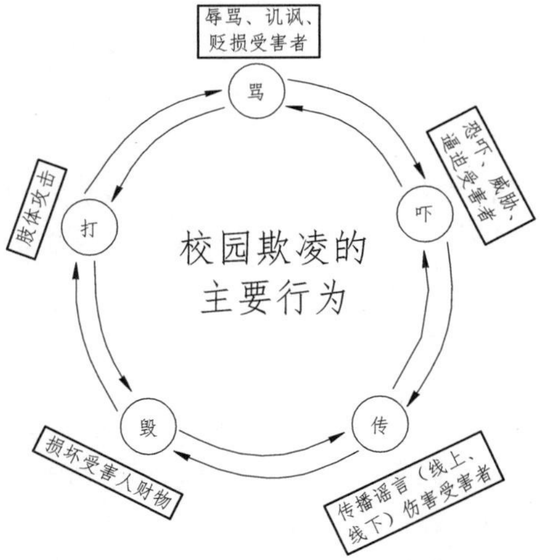

图 3-1　校园欺凌的主要表现形式

校园欺凌行为虽然表现形式多样，但要研究它必须科学分类，才有利于防控施策。校园欺凌行为按照被欺凌者受伤害对象划分，可分为身体伤害型、精神侮辱型、财产损失型；按照伤害结果严重程度分，可以划分为违纪行为、一般违法行为、严重违法犯罪行为；按照欺凌者实施手段划分，可分为言语欺凌、关系欺凌、网络欺凌、肢体欺凌、强索欺凌等；根据不同的标准可以

进行不同的划分。结合中小学防控工作的实际，本研究专题讨论采用第三种划分方法。

（一）言语欺凌

言语欺凌也可被称为言语冷暴力行为，是指恶意地利用语言工具对他人进行人身攻击的行为。言语欺凌包括讽刺挖苦、消极对比、贬损歧视、负向预测、诽谤侮辱、斥责谩骂、污蔑取名等对对方产生消极作用的直接言语行为。据有关统计数据分析，言语欺凌在校园欺凌中的占比最大，有将近一半的欺凌行为是通过言语方式进行的。言语欺凌不会造成外在痕迹，具有易实施、易逃逸、易抵赖的特点，且实施后不易被老师、同学发现，但同样会对受欺凌者产生精神上的伤害。

言语欺凌表现方式可以分为：讽刺嘲笑型、侮辱谩骂型、指责呵斥型、威胁恐吓型、妄言断定型、话语霸权型等。

2017 年 5 月发布的《中国校园欺凌调查报告》就指出，言语欺凌是校园欺凌的主要形式。言语欺凌行为发生率明显高于关系、身体以及网络等欺凌行为。

2018 年 5 月，“中国少年儿童平安行动”组委会发布一项调查结果也显示，“语言伤害”“同伴暴力”“运动伤害”是当前亟待解决的三大校园伤害问题。其中，81.45%的被访小学生认为，“语言伤害”是亟待解决的问题。

（二）关系欺凌

关系欺凌指欺凌者在同学中用挑拨或者恶意中伤的方式来孤立被欺凌者的行为。关系欺凌可以分成挑拨离间型、恶意污蔑型、编造谎言误导型等几种类型，主要表现为将被欺凌者排挤在同学圈之外，使其被孤立起来，造成被欺凌者精神上的痛苦，进而在人际关系上产生恐惧。这是欺凌方式中最隐蔽的方式，通常人们也许不会认为某人被欺凌，但严重时可能造成被欺凌者自杀或他杀。

据人民网报道，2018 年 4 月 27 日下午，陕西榆林市米脂县某中学门口一名男子持匕首行凶，导致 19 名学生伤亡，其中死亡学生为 9 名。犯罪嫌疑人已被警方控制。经法院审理查明，被告人赵某某因工作、生活不顺而心生怨恨。在他看来，是因为他在米脂县某中学就读初中时，受到同学嘲笑，才导致自己心理受挫，因此对初中同学产生报复泄愤恶念。2018 年 3 月底至 4 月初，赵某某先后在网上购买刀具五把，预谋作案。因未找寻到当年同学，赵某某将报复目标转为米脂某中学在读学生。2018 年 4 月 27 日 17 时许，被告人赵某某携带事先准备好的三把刀具，行至米脂县某中学等候学生放学。18 时 14 分，米脂县某中学学生放学后涌入北门洞东侧的城隍庙巷，被告人赵某某掏出事先准备的匕首，迎面冲入学生人流中，自西向东对途经的学生进行疯狂捅刺，致豆某某等九人死亡；姬某某等四人重伤；姜某某等七人轻伤；刘某在避险中致右足骨折为轻微伤。赵某某被闻讯赶来的教师、保安、学生制服，并移交给公安人员。

法院审理认为，被告人赵某某犯罪动机卑劣，犯罪目标明确，杀人手段特别凶残，犯罪后果极其严重，社会危害性巨大。依法判处死刑，剥夺政治权利终身。

上述案例中，赵某某初中时受到同学嘲笑，导致心理受挫，在心中埋下仇恨的种子。现实生活中的诸多不顺心，激起了他内心的报复因子，由于未找到当年嘲笑过他的同学，他将在读学生作为报复目标。现在虽无法还原赵某某曾经受到的心理伤害，但可以想象埋在他心底的仇恨有多大。赵某某“受到同学嘲笑”属于校园欺凌中的关系欺凌伤害，在受到挫折之后激起了他的攻击行为，是“挫折-攻击理论”的典型案例。

（三）网络欺凌

网络欺凌指欺凌者以网络为载体，通过电话、校园贴吧、论坛网页、QQ、微信、抖音等社交媒体，对被欺凌者实施骚扰、侮辱、诽谤、造谣、扩散隐私等伤害行为，主要形式有附和起哄、嘲讽挖苦、挑拨离间、诋毁贬损、谩骂侮辱、威胁恐吓、暴露隐私、侵犯骚扰、人肉搜索、盗用身份、网络跟踪等类型。

网络欺凌是一种新型欺凌现象，主要把现实生活空间中的言语欺凌和关系欺凌搬到虚拟世界中去，具有范围广、影响大、传播快、隐蔽性强等特点，从某种意义上讲，危害性远胜于传统欺凌形式。

2017 年 2 月 23 日，成都商报报道《成都女学生证件被同学顺走，要求发裸照才能换回》。报道称：2 月 15 日下午 5 点，某职高校女生小曾回到教室后，发现自己的身份证、户口簿和一些技能证件不翼而飞，装在包里的一百多块钱也不在了。就在当天晚上，她收到了陌生人发来的信息，对方索要裸照，并威胁称："你别无选择……技能证要去成都办，你别玩这些心机啦。"小曾发了一个苹果的照片缓和气氛，对方还提醒："你还想参加单招高考吗？"小曾最后通过找回密码的程序，看到了这个号码绑定的手机号最后几位数。小曾通过几个班级的手机号检索，最终找到了想要裸照的人："是隔壁班一男生。"

小曾于 2 月 18 日 13:30 由家长陪同到学校辖区派出所报案。辖区派出所与学校对该事件进行了妥善处理。

有学者认为言语欺凌、关系欺凌和网络欺凌是校园冷暴力行为，有些时候冷暴力也会转化为热暴力，因此校园冷暴力也是校园欺凌的重要组成部分。

（四）肢体欺凌

肢体欺凌指欺凌者恶意地利用肢体对被欺凌者身体进行攻击的行为，包括对被欺凌者进行吐口水、指手画脚、推搡、脚踢、殴打等恶劣行为。肢体欺凌一般是言语欺凌的升级，由言语欺凌转化为肢体欺凌，很容易给被欺凌者造成身体上的伤害，甚至使被欺凌者失去生命。这种欺凌行为是明显的，最容易被老师和同学发现，给事后处理留有明显的证据。

2016 年 12 月，凤凰网一篇名为《每对母子都是生死之交，我要陪他向校园霸凌说 NO!》的文章在网络上"疯传"。文章作者说自己的儿子在北京市海淀区某学校上学，长时间以来都受到同学的欺辱，在 11 月 24 日更是被同学用厕所的垃圾筐扣住头部，导致儿子自此之后出现从未有过的失眠、易怒等症状，去医院查看后医生认为这属于急性应激反应。随后，作者立即向学校反映了此事。然而校长却表示："我们不想去处罚任何一个孩子，教育者要从教育的角度、孩子的角度去解决问题。在孩子交往过程中发生偶发、突发非正常事件是难免的，作为学校教育，我们应当承担的应是一个协调者的责任，并非是惩罚者。”

2019 年 12 月 2 日，中国经济网报道《15 岁女生遭欺凌被扒光上衣扇耳光 警方已介入调查》。11 月 24 日，在某学校宿舍内，15 岁女生小小（化名）被扒光了上衣，遭其他女生扇耳光、揪头发、辱骂……如今，小小被接回家，已将自己封闭起来，晚上不敢入睡，口中还总是喊着：“妈妈，很疼很疼。”其母王女士曾接受采访时说：“小小在学校宿舍，连续两天被人扇耳光，还被逼脱了衣服，拍下视频进行凌辱，更有语言上的侮辱。”对于事件的起因，王女士说，是小小跟下铺的女生有点矛盾，因为小小会把衣服丢到下铺去，下铺的同学不满，便叫朋友帮她出气。直至 25 日晚上九点多，学校老师才知道这件事情，通知家长到校将小小接回家。

（五）强索欺凌

强索欺凌指欺凌者以粗暴和恐吓的方式将被欺凌者的钱物据为己有或者强行要求被欺凌者为自己服务的欺凌行为。本研究认为强索欺凌包含强索财产欺凌和性欺凌等行为。

2015 年 5 月 8 日，中安在线报道，蚌埠怀远县某小学 12 岁的小强，正上六年级。“五一”前，家长得知，小强经常从家里偷拿钱“进贡”给副班长小 J，这些年已有数千元。孩子说，小 J 被班主任授予检查作业和背书的权力，如果不给钱，就不能通过检查，甚至要被逼做一些非常过分的事情。

2016 年 3 月 5 日以来，黄山市某中学一名高三女生先后在“百度贴吧”和“新浪微博”发表帖文，称自己在学校被 3 名同班男同学“下药”，引起广泛关注，引发网络热议。事件发生以后，黄山市委、市政府高度重视，要求相关部门迅速查明事实真相，依法依规处理，及时做好解释回应，并以此为鉴，切实加强学生的思想道德教育，加强学校教学管理。市教育局、市公安局和该生所在中学积极配合，切实做好事件的处理工作。经查，所投“药品”为涉事男生 2015 年 4、5 月间在某成人保健品店所获赠品。今年 3 月 3 日在教室晚自习休息期间，该男生先将部分药品倒入某男同学水杯，被发现后其自行喝下，见无任何反应，遂将剩余部分倒入当事女生饮料瓶中，该女生在不知情的情况下将其喝下，次日经同学告知该“药品”外包装标有“18 岁以下女性慎用”字样，即向班主任作了反映。班主任立即约谈涉事男生及其家长。与此同时，公安部门也介入事件调查，认定不构成立案条件。随后，学校依校纪校规对 3 名涉事男生分别给予记过或警告处分。目前涉事双方已达成谅解。这个案例属于性欺凌案例。

一件欺凌事件很可能是几种欺凌类型的叠加，欺凌行为一般都是逐步升级的，由“言语欺凌”到“关系欺凌”或者“网络欺凌”再到“肢体欺凌”或者“强索欺凌”如图 3-2。言语欺凌是起点，肢体欺凌或者强索欺凌是终点。所以掌握欺凌行为的类型，对预防和解决欺凌事件很有帮助。

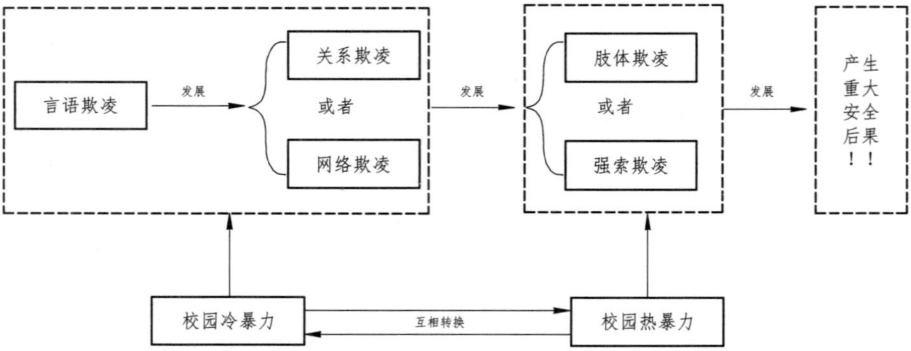

图 3-2　校园欺凌分类及发展

三、校园欺凌的参与者

校园欺凌是人类攻击行为的一种，攻击的双方自然是欺凌者和被欺凌者，除此之外，还有协助欺凌者、协助被欺凌者、旁观者或者局外人等。下面我们分别讨论这些个体或者群体的情况。

（一）欺凌者

欺凌者指实施欺凌行为的个体或者群体。欺凌者是欺凌事件的主要角色，也是大家非常愤恨的角色。根据校园欺凌的定义可以得知，欺凌者相对于被欺凌者各方面都占有绝对的优势，可从以下几个方面来理解。第一，欺凌者肢体力量大，在肢体欺凌方面被欺凌者处于劣势。第二，欺凌者权力大，一种是在正常组织体系中有支配别人的权力，如班团干部和学生会干部等，另一种是非正常组织体系中的帮派头目或者骨干成员。这些学生，他们在各自的范围内有一定的组织和号召能力，他们依仗这些权力，实施欺凌攻击行为。第三，欺凌者家庭实力大。欺凌者家庭社会关系和经济实力强大，这些学生不能正确认识自己，依仗家庭实力为所欲为。

具备了以上条件之一的学生就有了欺凌的能力，他们就一定是欺凌者吗？显然不是，触发欺凌行为是有一定条件的。社会心理学关于侵犯行为成因有"侵犯的本能论""侵犯的生物学理论""挫折-攻击理论""社会学习理论"等理论，认为具备攻击能力的学生在受到挫折时容易产生攻击行为。教育工作者、家长、学生知道了这个规律，可以为防控校园欺凌提供了一些线索。

挫折是人们在有目的的活动中，遇到阻碍达成目的的障碍。心理学研究表明，受到挫折会产生负面情绪反应，表现为失望、痛苦、沮丧、不安等现象，这种反应不仅会给自己带来伤害，还可能攻击他人。如学生遇到考试成绩下滑、评选先进落选等情况，在产生错误归因的时候就容易出现攻击他人的行为。

欺凌者也可能成为另一个欺凌行为的被欺凌者。

（二）被欺凌者

被欺凌者指承受欺凌行为的结果，其自身权益受到损失的个体或者群体。被欺凌者是欺凌事件的主要角色，也是大家非常关心的群体，因为他们是最大的受害者。大量的研究和调查表明拥有以下几种情况的人容易受到欺凌。第一，在身体方面有一些缺陷的。比如肢体缺陷残疾、身体矮小瘦弱，非常容易成为被欺凌的对象；又比如，语言缺陷导致沟通能力差，受到欺凌也不能很好表达等。第二，在学习成绩方面有困难的或者优秀的。学习有困难的容易受到成绩优异的学生的欺凌，成绩优秀的也容易被学习失败者欺凌，这是个别学习失败者找到成就感的方法。第三，在个人性格方面，有自卑倾向的或者举止张扬的等。第四，在家庭经济方面，家庭经济贫困者或者较富裕又喜欢炫耀财富的。第五，在日常行为中，行为举止怪异夸张、着装特别的学生容易使欺凌者“看不顺眼”而被欺凌。被欺凌者也有可能转化为欺凌者。

（三）协助欺凌者

协助欺凌指不直接参与欺凌行为而是以间接方式给欺凌者提供帮助的行为，包括对欺凌者言语上的支持或附和，如欺凌前提供被欺凌者信息，现场煽风点火、助威呐喊，事后包庇隐瞒等行为。协助欺凌者的参与行为使欺凌行为更加顺利，使受欺凌者处于更加不利的地位。在实施欺凌过程中，如果欺凌者弱于被欺凌者，协助欺凌者可能会直接上阵，由协助欺凌者转为直接欺凌者。

（四）协助被欺凌者

协助被欺凌者指保护被欺凌者，使其不受欺凌的个体或者群体，他们阻止欺凌行为的发生或发展，保护被欺凌者不受伤害或者使其损失降至最低。由于他们站在被欺凌者的立场，随着欺凌行为的延伸，他们也可能成为被欺凌者。

（五）欺凌事件的旁观者

欺凌事件的旁观者指在欺凌事件发生的过程中处于中立态度的个体或者群体。尽管他们在欺凌行为发生的现场，但没有干预欺凌事件，任欺凌事件发生，对欺凌事件进展几乎没有影响。他们表现出不偏向于欺凌者和被欺凌者任何一方的态度，完完全全地成了本次欺凌事件的中立者。欺凌发生现场绝对的中立者很少见，但在行为表现上确实发现这类人存在，所以称他们为欺凌事件的旁观者。

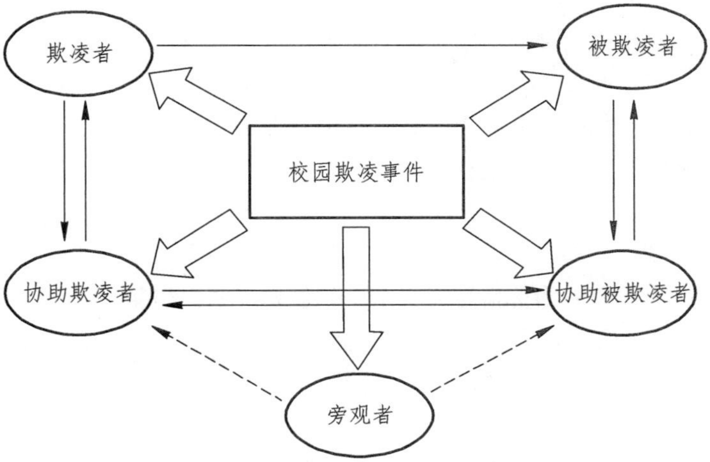

图 3-3　校园欺凌事件参与人员结构图

四、校园欺凌成因分析

校园欺凌成因非常复杂，不同的视角有不同的解释。这里我们从个人、家庭、学校及社会四个层面来讨论

（一）个人因素

从人类社会发展历史看，校园欺凌有其重要的社会历史原因，是一种深层次的文化现象，即崇尚武力征服、成王败寇的思想观念在现代依然存在着，人们理想的天赋人权、生而平等的意识的普及还任重而道远。

我们从社会心理学的视角去分析个人因素。“人是社会的动物”，人类社会从产生到现在始终充满了征服与被征服的行为，随着历史进程的发展，用于征服的工具也不断进步。征服与被征服何时终结？理论上有假设，实践上不知道。这种人与人之间的征服实质上也是一种侵犯行为，与我们讨论的校园欺凌行为有着本质的联系。

从社会心理学的视角来看，校园欺凌是一种典型的侵犯行为。所谓侵犯行为（也称侵犯/攻击行为/暴力行为）是社会心理学家非常关注的研究内容。侵犯行为是“由侵犯动机引起，个体有意伤害他人的行动”。侵犯动机是“个体有意伤害他人，以使自己获得平衡和满足的一种心理倾向”。[①]

关于侵犯行为的理论，比较早的有本能论、挫折-侵犯学说和社会学习论，随着认知心理学的兴起，后来又出现了社会信息加工理论。这四个关于侵犯行为的经典理论都能部分地说明和解释侵犯行为，并为我们更科学地、根本地防控校园欺凌提供理论依据。

1. 本能论

本能论的代表人物是精神分析学派的创始人弗洛伊德（S.Freud）和著名的奥地利习性学家、诺贝尔生物学奖的获得者洛伦兹（K.lorentz）。

弗洛伊德认为，侵犯是源于人类的死本能，是死本能以社会不允许的方式表现出来的伤害意图和冲动。若以社会认可的形式表现，则属于竞技、冒险等[②]。弗洛伊德认为侵犯冲动作为一种心理能量，必须宣泄出来，否则不利于身心健康。社会认可的宣泄方式，像体育比赛等，可视为替代性侵犯冲动的释放途径。

洛伦兹认为侵犯是一种本能，具有生物保护意义，侵犯同吃食、逃跑、生殖一起构成了人类的动物四大本能系统。[③]他认为侵犯是具有生物保护意义的生的本能的体现——人和动物通过侵犯保护其求食、生存的领地，使幼小的后代得以生存和发展，使物种得到承传。他根据动物习性的研究推论人类的侵犯，认为侵犯是人类生活中不可避免的，为了避免侵犯及其“升级”，应该采取耗散侵犯本能的办法，例如发展冒险性体育活动。

本能论是解释成因的一种理论。本能论认为人类之所以出现侵犯行为，是因为与生俱来就有这种本能。那么，校园欺凌作为人类的一种侵犯行为，只有采用耗散学生侵犯本能的办法使校园欺凌事件减少，如开展各种竞技比赛、社会实践活动等。

2. 挫折-侵犯学说

挫折-侵犯学说，也称挫折-攻击假说（frustration-aggression hypothesis），

---

① 中国就业培训技术指导中心，中国心理卫生协会. 心理咨询师（基础知识）[M]. 北京：中国社会劳动保障出版社，2017，95-96，132-134.

② 戴维·迈尔斯. 社会心理学[M]. 张智勇，乐国安，侯玉波，译. 北京：人民邮电出版社，2006：1-2.

③ 刘甲申. 西方攻击性行为理论的研究综述[J]. 才智，2014（4），287-288.

于1939年首次由美国耶鲁大学的心理学家多拉德（Dorad）、杜波（Bodo）、西尔斯（Sears）等在其发表的著作《挫折与侵犯》中提出。这个理论认为侵犯永远是挫折的一种后果，侵犯行为的发生总是以挫折的存在为条件。米勒（Miller）等人调整了他们的立场，他们提出了挫折有时导致一种间接表达的侵犯。挫折会引起攻击的激发或者退缩等其他反应，攻击激发可能导致外向攻击或者内向攻击，外向攻击又可能是直接攻击或间接攻击。

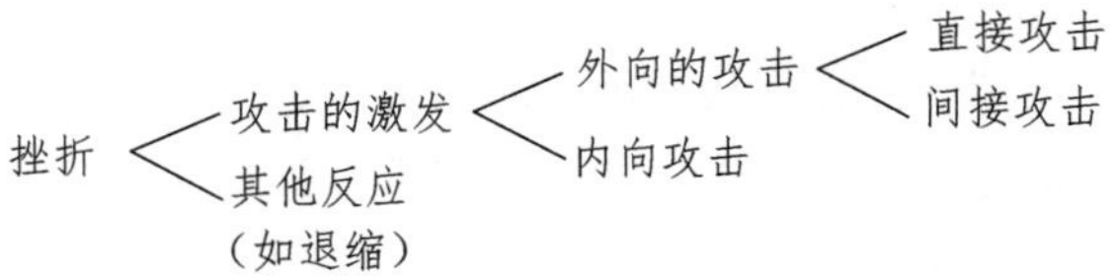

图 3-4　挫折间接导致侵犯

挫折-侵犯学说认为：（1）侵犯强度同目标受阻强度呈正比例关系；（2）抑制侵犯的力量与该侵犯可能受到的预期惩罚强度呈正比例关系；（3）如果挫折强度一定，预期惩罚越大，侵犯发生的可能性则越小；如果预期惩罚一定，则挫折越大，侵犯越可能发生。[①]

根据挫折-侵犯学说，校园欺凌行为是一种侵犯行为，学生受到挫折后容易产生校园欺凌行为，那么，我们只有减少学生挫折感来防控校园欺凌，如开展耐挫教育、运用多元智能理论评价学业成绩等方法。

3. 社会学习理论

社会学习理论也称模仿论，由著名心理学家班杜拉（A. Bandura）提出。他既不同意侵犯行为是由先天本能决定的，也不同意挫折-侵犯学说认为的行为由环境决定。他认为在现实生活中，人们常常通过对他人行为（实际生活中的，电视、书中的，口头的等）进行观察和模仿来学习和形成一种新的行为方式，这种学习方式被班杜拉称为观察学习，也叫社会学习。侵犯行为是对有侵犯行为表现的榜样进行观察和模仿习得的[②]，是后天习得的行为，侵犯学习是靠两种机制实现的，一种机制是强化，一种机制是模仿。[③]

① 戴维·迈尔斯. 社会心理学[M]. 张智勇，乐国安，侯玉波，译. 北京：人民邮电出版社，2006：1-2.

② 周晓虹. 现代社会心理学：多维视野中的社会行为研究[M]. 上海：上海人民出版社，1997.

③ 杨麟. 社会心理学[M]. 西安：陕西科学技术出版社，1990：275.

社会学习论认为侵犯行为是人后天习得的。校园欺凌是一种侵犯行为，学生发生的校园欺凌行为，主要是通过对他人行为进行观察、模仿来学习和形成的。因此，我们防控校园欺凌要靠减少家庭暴力、影视暴力、校园暴力等这些可供学生学习模仿的对象。

4. 认知加工理论

二十世纪五六十年代，认知心理学兴起，心理学家们更关注行为发生的内部心理机制，尤其重视心理认知因素对行为的影响，试图从人类心理活动的内部来诠释侵犯行为发生的规律和机制，因此提出了侵犯行为的社会信息加工理论。该理论以道奇（Dodge）为代表，他提出的模式最完整，认为从面临某一社会情境到做出行为反应的整个信息加工过程包括六个阶段，依次是线索译码（即输入情境中的信息）、线索解释和表征、澄清目标行为反应、搜寻或建构新反应、评估和决定行为反应、启动行为。如今认知加工理论对于侵犯行为的研究有一些重大发现：（1）攻击性个体对敌意性线索表现出有偏向的注意；（2）攻击性儿童对他人行为的解释中存在归因偏见；（3）攻击性儿童在行为反应搜索和问题解决策略上存在缺陷；（4）攻击性儿童对攻击行为的后果抱乐观的期待。

社会信息加工理论认为，儿童对收集到的信息归因的错误和解决策略的缺陷导致侵犯行为发生。校园欺凌行为是一种侵犯行为，学生发生的校园欺凌行为，是对信息的误判而采取的错误行为，那么，我们只有让同学之间加强合作，增进友谊，减少这种信息误判。

以上理论虽然也存在局限性，但还是很好地解释了个人产生欺凌行为的原因与规律。我们长期把校园欺凌行为归结于学生道德行为，这个同样不全面也不科学，至少没有从人类发展的本质上去认识校园欺凌行为发生发展的规律。外因是变化的条件，内因是变化的根据。个人是内因，家庭、学校、社会是外因。

（二）家庭因素

家庭生活和教育方式对学生产生校园欺凌行为是有重要影响的。家庭是孩子的第一所学校，父母是孩子的第一任老师，根据社会学习论，家长给孩子提供什么样的学习榜样和学习环境至关重要。如果家庭环境中存在市侩、嫉妒、虚荣、功利、消极、冷漠、撒谎、偏激、分裂、暴力等因素，孩子就容易模仿和学习这些行为，从而形成畸形的心理，那么，在学校产生欺凌行为的可能性也会增大；反之，如果家庭给孩子提供的是健康、乐观、和谐、温馨、积极、包容、上进的氛围，则更利于孩子健康成长。

（三）学校因素

学校是校园欺凌事件的发生地，那么学校有哪些因素影响校园欺凌事件的发生？首先，学校办学方向上出现了偏差容易引起校园欺凌事件的发生，主要表现是育分不育人，片面追求升学率。学校在对学生的学业评价上标准单一，实行简单的分数排列；学校在对老师绩效考核上，把学生分数作为重要考核依据，导致教师眼里有分无人，关注分数不关注人，分数高的学生认为自己的能力强，分数低的学生认为老师教得差，师生感情淡薄。这种现象导致教师和学生均受挫折，挫折导致侵犯的行为加剧。其次，学校对校园欺凌认识不够，防控意识不强。校园内发生欺凌事件，实践证明是学校教育不可避免的现象，只是发生的多少与危害严重程度不同的区别。有的学校一概否认此现象的存在，对问题的出现视而不见；有的学校归因简单，统统认为是德育问题，发生欺凌事件就是德育没有抓好，丝毫不从心理学、社会学方面去思考原因；有的学校管理只重结果不重过程，轻预防重处罚。最后，学校防控校园欺凌事件师资不足，设施不齐。校园欺凌现象既是教育学问题更是心理学问题，校园欺凌事件一般是由言语欺凌到网络、关系欺凌，最终发展到肢体欺凌，也就是由冷暴力到热暴力过程。要解决问题，心理学知识是不可或缺的，很多学校没有专业的心理学师资，更没有专业的设施，师生没有发泄和倾诉的机会与场所，不能耗散侵犯本能而缓解压力，最终导致看似平静的校园出现较严重的欺凌事件，引起社会舆论的关注。总之，学校的不当行为是校园欺凌事件发生的主要外因，学校是防控校园欺凌的主要阵地。

（四）社会因素

社会不良行为是校园欺凌事件发生的次要外因。社会不良行为影响家庭和学校，自然也要影响学生。首先，社会上存在各种违法行为，会对青少年造成影响。其次，大众传媒的不良示范，如影视作品中时有暴力、凶杀和色情等不适合未成年人的元素。再次，部分网络游戏中存在不良信息，部分青少年沉溺其中。最后，部分不法成年人利用未成年人违法犯罪，从中牟利。青少年学生尚处于明辨是非能力不强和心理防线薄弱的时期，根据社会学习理论和认知加工理论，他们耳闻目睹了这些现象，容易习得坏行为而养成坏习惯。

五、校园欺凌的危害

校园欺凌之所以长期大量存在，主要是人们对其危害性的认识严重不足。

（一）对于欺凌者的危害

人们在校园欺凌事件发生后，通常认为被欺凌者是受害者，而忽略了欺凌者同样是受害者，而不是受益者。

1. 对于欺凌者当下的危害

校园欺凌会影响欺凌者的学业与前程。校园欺凌事件发生后，欺凌者一定会受到相应的处罚。如果实施欺凌行为的后果只是违反校纪校规，就会受到学校纪律处分；如果是一般违法行为会受到治安处罚；如果是严重违法行为就会受到刑法处罚。无论是哪种行为，后果都会同时给家庭成员和自己造成心理阴影和压力，使正常的工作、学习和生活秩序被打乱。

2. 对于欺凌者长远的危害

对于欺凌者长远的危害是使其形成不良行为习惯和心理障碍。法国教育家卢梭在《爱弥儿：论教育》一书中写道："人生当中最危险的一段时间是从出生到十二岁。如果在这段时间中还不采取措施摧毁种种错误和恶习的话，那么它们就会发芽滋长，以后再采取手段去加以改正时，它们已经是扎下深根，难以拔除了。"卢梭的论断同样适合于欺凌者实施欺凌后对自己未来的影响。如果欺凌者长期沉溺在欺凌他人的快感中，也会养成欺凌他人的习性，逐渐放弃学习。如果在欺凌他人时成立了小帮派，甚至与社会不法人员相勾结，会导致学校管不了、家长放弃管理，最终不能融入社会，社会归属感长期得不到满足，甚至有些人走上犯罪道路。

（二）对于被欺凌者的危害

1. 对于被欺凌者当下的危害

对于被欺凌者当下最严重的危害是身体的伤害，被欺凌者会出现身体内外伤或者残疾，甚至危及生命安全。其次是心理上的伤害，欺凌会给他们留下阴影，通常伴随有精神无法集中、经常头晕头痛、失眠。他们对上学产生了畏惧感，每天都怀着沉重、沮丧的心情到学校，学习成绩迅速下降。严重时会心理长期处于恐慌、无助状态，甚至走上绝路。再次是财物损失。最后是对学业的危害，由于欺凌会给学生的精神和心理健康带来危害以及财物的损失，被欺凌者对自己遭遇过的“不堪回首”的痛苦常常心有余悸而忧心忡忡、耿耿于怀，难以专心学习，会导致学业成绩下降，甚至出现厌学逃学等问题。

2. 对于被欺凌者长远的危害

校园欺凌事件对被欺凌者长远伤害极大。首先影响被欺凌者的行为习惯，大多数遭受过校园欺凌的学生在行为表现上显得胆怯和恐惧，与人交往中表现得很不自信，在日常生活和学习中遇到困难不是知难而进而是知难而退。长久下去，他们失去了克服困难的勇气，宁愿承认自己是懦夫，也不愿勇往直前。其次，从心理角度看，可能会使他们产生人格障碍，一是自己以难为难，悲观厌世，苦难终其一生；二是心理扭曲变态，报复社会。如陕西米脂赵某某在初中时“受到同学嘲笑”，十几年后回校对现在的初中学生进行报复泄愤，导致 19 名学生（14 女 5 男）受伤，最后 9 名学生死亡。

（三）对于旁观学生的危害

校园欺凌事件对旁观学生来说也是有伤害的。首先，影响学业。旁观学生目睹了欺凌现场，他们会产生一种紧张、恐惧的心理，有不安全感，影响学业成绩。其次，引起不当行为产生。如果他们见到的欺凌事件没有得到学校很好地处理，他们会寻求其他的保护途径，可能产生更多的小团体，使欺凌事件增多。他们可能会选边站队支持受欺凌者或者被欺凌者，从而加速欺凌行为的产生和升级，最终也会变成欺凌者或者被欺凌者。

（四）对家庭、学校和社会的危害

校园欺凌事件发生后对家庭、学校和社会的影响是深远的、危害是巨大的。首先，对家庭的危害：轻则打破正常生活秩序，重则是灾难性的，不少家庭感到无助，有的甚至转学或举家搬迁。对学校的危害：影响学生身心健康，影响学校的正常教学秩序。对社会的危害：给社会带来不稳定因素，破坏社会和谐。

2020 年 6 月 1 日最高人民检察院网上发布厅《未成年人检察工作白皮书（2014—2019）》显示：自 2017 年纳入统计范围以来，检察机关批准逮捕、起诉校园欺凌和暴力犯罪的数据分别是：2017 年至 2019 年批准逮捕人数分别为 4157 人、2785 人、1667 人，提起公诉人数分别为 5926 人、4590 人、2914 人。从这组数据看，虽然校园欺凌和暴力犯罪人数逐年下降，防控取得了较大成绩，但数量还是不少。每一件案例都会给具体的家庭、学校带来不可估量的损失。我们的防控工作不但不能减弱，更要加大力度。

六、校园欺凌事件的处理

校园欺凌是当今全世界校园的一个难题，任何学校都不可能保证不发生，只是发生的频率和后果严重程度不同而已。所以发生校园欺凌事件后的处理是非常重要的，所谓“处理”就是处置和安排解决。各校在防控校园欺凌工作中都有处理预案，在处理过程中必然存在处理的主体、处理的依据、处理的行为三个维度。

（一）处理主体、依据、行为

1. 处理的主体

当校园欺凌事件发生以后，必须进行处理，那么处理的相关主体有哪些？一般有学校、学校的教职员工、与欺凌事件有关的学生、学生家庭成员、教育主管部门、司法部门等。

（1）学校

校园欺凌事件往往是与学校密切相关的，所以学校自然是处理的主体责任人，学校领导是第一责任人。一般欺凌事件，学校教师与学生双方就能够处理了，严重一点的，学校与学生家长双方也可能处理好。如果处理不好，事件升级，学校就只能配合政府或者司法部门处理，但学校仍然是处理主体之一，负有主体责任。

（2）家长

学生家长是孩子的法定监护人，当校园欺凌事件发生在自己孩子身上时，无论自己的孩子是欺凌者还是被欺凌者，同样是欺凌事件处理的主体，所以家长们不能把责任推给学校或者司法部门，更不能视而不见任其发展。家长作为法定监护人既有责任又有义务关注孩子的身心健康，处理好欺凌事件。

（3）教育主管部门

教育主管部门是政府管理教育的专门机构，当校园严重欺凌事件发生后，学校和家长没有能力处理的时候，教育主管部门必须承担处理责任而成为处理的主体，并负责协调有关部门一道解决。

（4）司法机关

国务院教育督导委员会办公室颁布的《关于开展校园欺凌专项治理的通知》明确规定，针对影响效果非常恶劣的校园欺凌事件，一定要予以通报、追责以及督促整改。如果校园欺凌事件事实上已经超出了前面三个责任主体的处理职能，则只有通过司法程序处理，所以司法机关就成了处理欺凌事件的责任主体。

2. 处理的依据

校园欺凌事件是一个敏感的话题，既然发生了，必须及时进行处理。在处理之前，我们必须强调处理的依据正确，处理的依据无非两个方面：一是政策依据，二是法律依据。无论处理的主体是谁，都必须以事实为根据，以政策和法律为依据，如果偏离了事实，不顾政策和法律的规定进行处理，处理的结论都是无效的。轻者推倒重来，重者处理者也会沦为被处理的对象。所以处理者必须做到事实清楚，政策和法律依据准确。必要的时候咨询律师。

处理的政策依据有：教育部等十一部门关于印发《加强中小学生欺凌综合治理方案》的通知、教育部等九部门《关于防治中小学生欺凌和暴力的指导意见》等，处理的法律依据有《未成年人保护法》《治安管理处罚法》《刑法》等。

3. 处理的行为

有了处理主体和依据，接下来就是处理行为。处理行为就是对校园欺凌事件处理的过程。处理过程及其结论应该具备以下特点。第一，经得起法律和政策的检验。校园欺凌事件就是一件违纪违法事件，我们的处理过程必须合法合规，绝对不允许用非法的手段来处理校园欺凌事件，如体罚、非法拘禁等。第二，经得起舆论的检验。往往校园欺凌事件处理不当就会引起舆情泛滥而伤及更多人。第三，经得起历史的检验，要达到欺凌事件的双方都要心悦诚服，不留下阴影而成为后患。

最使校园欺凌事件的受害者受到伤害的是处理主体的缺位、处理依据的缺失、处理结果的敷衍。如果是这样，很可能造成欺凌者和被欺凌者相互转换而轮番上演欺凌行为，使校园无宁日。

（二）一些对处理方式的规定

2017 年 11 月 22 日，国家教育体制改革领导小组会议通过，教育部、中央综治办、最高人民法院、最高人民检察院、公安部、民政部、司法部、人力资源和社会保障部、共青团中央、全国妇联、中国残联等十一部门印发了《加强中小学生欺凌综合治理方案》。文件对“依法依规处置”作出了如下规定。

> 1. 严格规范调查处理
>
> 学生欺凌事件的处置以学校为主。教职工发现、学生或者家长向学校举报的，应当按照学校的学生欺凌事件应急处置预案和处理流程对事件及时进行调查处理，由学校学生欺凌治理委员会对事件是否属于学生欺凌行为进行认定。原则上学校应在启动调查处理程序 10 日内完成调查，根据有关规定处置。
>
> 2. 妥善处理申诉请求
>
> 各地教育行政部门要明确具体负责防治学生欺凌工作的处（科）室并向社会公布。县级防治学生欺凌工作部门负责处理学生欺凌事件的申诉请求。学校学生欺凌治理委员会处理程序妥当、事件比较清晰的，应以学校学生欺凌治理委员会的处理结果为准；确

需复查的，由县级防治学生欺凌工作部门组织学校代表、家长代表和校外专家等组成调查小组启动复查。复查工作应在15日内完成，对事件是否属于学生欺凌进行认定，提出处置意见并通知学校和家长、学生。

县级防治学生欺凌工作部门接受申诉请求并启动复查程序的，应在复查工作结束后，及时将有关情况报上级防治学生欺凌工作部门备案。涉法涉诉案件等不宜由防治学生欺凌工作部门受理的，应明确告知当事人，引导其及时纳入相应法律程序办理。

3. 强化教育惩戒作用

对经调查认定实施欺凌的学生，学校学生欺凌治理委员会要根据实际情况，制定一定学时的专门教育方案并监督实施欺凌学生按要求接受教育，同时针对欺凌事件的不同情形予以相应惩戒。

情节轻微的一般欺凌事件，由学校对实施欺凌学生开展批评、教育。实施欺凌学生应向被欺凌学生当面或书面道歉，取得谅解。对于反复发生的一般欺凌事件，学校在对实施欺凌学生开展批评、教育的同时，可视具体情节和危害程度给予纪律处分。

情节比较恶劣、对被欺凌学生身体和心理造成明显伤害的严重欺凌事件，学校对实施欺凌学生开展批评、教育的同时，可邀请公安机关参与警示教育或对实施欺凌学生予以训诫，公安机关根据学校邀请及时安排人员，保证警示教育工作有效开展。学校可视具体情节和危害程度给予实施欺凌学生纪律处分，将其表现记入学生综合素质评价。

屡教不改或者情节恶劣的严重欺凌事件，必要时可将实施欺凌学生转送专门（工读）学校进行教育。未成年人送专门（工读）学校进行矫治和接受教育，应当按照《中华人民共和国预防未成年人犯罪法》有关规定，对构成有严重不良行为的，按专门（工读）学校招生入学程序报有关部门批准。

涉及违反治安管理或者涉嫌犯罪的学生欺凌事件，处置以公安机关、人民法院、人民检察院为主。教育行政部门和学校要及时联络公安机关依法处置。各级公安、人民法院、人民检察院依法办理学生欺凌犯罪案件，做好相关侦查、审查逮捕、审查起诉、诉讼监督和审判等工作。对有违法犯罪行为的学生，要区别不同情况，责令其父母或者其他监护人严加管教。对依法应承担行政、刑事责任的，要做好个别矫治和分类教育，依法利用拘留所、看守所、未成年犯管教所、社区矫正机构等场所开展必要的教育矫治；对依法不予行政、刑事处罚的学生，学校要给予纪律处分，非义务教育阶段学校可视具体情节和危害程度给予留校察看、勒令退学、开除等处分，必要时可按照有关规定将其送专门（工读）学校。对校外成年人采取教唆、胁迫、诱骗等方式利用在校学生实施欺凌进行违法犯罪行为的，要根据《中华人民共和国刑法》及有关法律规定，对教唆未成年人犯罪的依法从重处罚。

七、从通报数据分析校园欺凌事件相关因素

任何事物的产生和发展都有其规律性，那么校园欺凌事件也一样，有其自身发生和发展的规律，我们要充分利用校园欺凌事件发生和发展的规律来进行防控，构建无欺凌校园。如果将校园欺凌事件作为因变量，那么它的自变量无非就是发生时间、发生地点、事件人物（学段、性别、欺凌者因素、被欺凌者因素）、学校防控管理重视程度、事件严重程度等因素。

（一）校园欺凌事件发生的因素分析

我们分析校园欺凌事件发生的各种因素，数据来源有二，一是在 2017 年 5 月 20 日，中国应急管理学会校园安全专业委员会在中南大学举办的“社会风险与校园治理”高端论坛上发布的报告。此次会议集中讨论中国社会风险演化及其防控、校园安全治理现状与发展方向等内容并发布了《中国应急教育与校园安全发展报告 2017》《中国校园欺凌调查报告》。二是 2019 年 1 月 28 日国务院教育督导委员会办公室《关于各地中小学生欺凌防治落实年行动工作情况的通报》（国教督办函〔2019〕8 号）收录的 2018 年 4—12 月媒体报道的 80 起校园欺凌事件的分析数据。

1. 发生时间因素

调查显示：校园安全事件发生的时间存在明显的周期性、季节性。从整体上看，每年下半年校园安全事件的发生频率整体要高于上半年，节假日、

开学以及毕业季校园安全事件频发。校园欺凌事件属于校园安全事件的组成部分，它发生的时间规律与上述结论基本一致。

2. 发生地点因素

根据 2019 年 1 月发布的《国务院教育督导委员会办公室关于各地中小学生欺凌防治落实年行动工作情况的通报》，从宏观看，校园欺凌事件发生的省市：北京、天津、内蒙古、西藏、青海、宁夏、新疆 7 省（区、市）和兵团没有相关舆情；河北、广西、安徽 3 省（区）学生欺凌事件发生率较高，分别为 9 起、8 起、7 起；河南、湖南、四川、云南、陕西 5 省均发生 5 起。

从中观看，校园欺凌事件发生的城市类别：55%的学生欺凌事件发生在城市，其次是县城和乡镇。

从微观看，校园欺凌事件发生的具体地点：58.1%的欺凌事件发生在校内，高频发生地点包括学生宿舍、操场、教室、厕所。

3. 事件人物因素

欺凌者和被欺凌者是欺凌事件发生的核心因素，也是最复杂的因素。根据 2019 年 1 月发布的《国务院教育督导委员会办公室关于各地中小学生欺凌防治落实年行动工作情况的通报》，我们可得以下数据。

（1）发生学段因素（年龄）。

从学段看，校园欺凌多发生于初中阶段，占比 58.1%，其次是中职、小学、高中。

（2）发生性别因素。

从欺凌者性别看，女生占 43.9%，男生占 39.3%，男女生共同参与占 16.8%。

（3）欺凌者对欺凌后果的认识因素。

从欺凌者的情况看，半数以上欺凌者对自己的行为没有清晰认识，一些欺凌者甚至将拍摄的欺凌视频或照片传播至网络。个别欺凌者在事发后企图自杀，伤人伤己。

（4）被欺凌者自己的应对因素。

从被欺凌者的应对情况看，只有 8.8%的受害者在遭受欺凌后主动寻求老师或家长的帮助，91.2%的受害者并未主动求助。

（5）被欺凌者家庭关注因素。

从被欺凌者的家庭关注情况看，91.3%的家长并未及时关注孩子的精神状态，尽到监护责任，只有 8.7%的家长及时发现孩子遭受了欺凌。

4. 学校管控因素

从学校的应对情况看，56.1%的学校在校园日常安全管理和学生欺凌防治中存在明显的问题或疏漏，如监管不严、发生欺凌后处置不力等。

5. 事件危害程度因素

从事件严重程度看，一般欺凌事件（情节轻微）49 起，占 61.25%；严重欺凌事件（情节比较恶劣、对被欺凌学生身体和心理造成明显伤害，欺凌者屡教不改或者情节恶劣的）18 起，占 22.5%；涉嫌犯罪的欺凌 13 起，占 16.25%。

从伤害程度看，一般伤害事件（情节轻微）53 起，占 66.25%；严重伤害事件（被欺凌学生身体和心理受到明显伤害）10 起，占 12.5%；致死事件 17 起，占 21.25%。

（二）管控影响因素，减少校园欺凌事件发生

欺凌综合治理是中小学校安全工作的重点和难点，防控校园欺凌是学校重要的管理工作，是一项具有长期性、综合性、复杂性的系统工程，我们必须从以上因素着手，不断收集掌握本校和本地区校园欺凌事件发生和发展的数据，分析其发生和发展规律，利用这些规律实施有效防控策略。

一个校园欺凌事件由以下因素构成：时间因素、发生地点因素、事件人物（包括欺凌者、被欺凌者、旁观者）因素、学校防控重视程度因素、事件严重程度因素。这些因素之间必须满足乘法原理才能构成校园欺凌事件，如果任意一个因素等于零或者趋近于零，则构不成校园欺凌事件。下面我们就对每一个因素进行逐一讨论。

1. 欺凌发生时间因素

如果欺凌者没有欺凌时间，欺凌事件就不可能成立。根据调查统计：校

园欺凌事件具有周期性、季节性的特点。易发时间段为节假日、开学以及毕业离校，还有每年下半年要高于上半年。这一结论，为我们防控校园欺凌提供了时间方面的关键点，在这些时间段要重点防控，其他时间也不能松懈。

2. 欺凌发生地点因素

同理，没有地方可以允许校园欺凌行为发生，也就没有欺凌事件了。统计结论显示：58.1%的欺凌事件发生在校内，高频发生地点包括学生宿舍、操场、教室、厕所。所以，学校必须采取人防、技防等方法，把学生宿舍、操场、教室、厕所作为重点监控地段，让欺凌行为没有地方可以进行。

3. 欺凌事件人物因素

校园欺凌事件中人物因素是最复杂的因素，如果没有人员参与自然没有欺凌行为发生。调查显示：欺凌行为发生的学段中，初中阶段占比 58.1%，其次是中职、小学、高中；性别方面，女生占 43.9%，男生占 39.3%，男女生共同参与占 16.8%。这组数据给我们防控提供了年级参数和性别参数。同时，社会心理学认为人的侵犯行为的成因，一是本能理论，二是挫折-侵犯理论，三是后天习得相关理论。那么，除学习之外，学校还应多开展健康有益且丰富多彩的活动来消耗学生的过剩精力，增加其成就感，减少挫折失败感，尽量消除不良影响源，以免他们模仿欺凌行为。召开家长防控欺凌专题会议，家校共管，联合防控。

4. 学校管控因素

学校是校园欺凌事件诸多因素的载体，如果该因素控制得好，即使前面诸多因素都不为 0，学校认真履行职责，高度重视，严格管控，科学防控，也同样可以遏制校园欺凌事件的发生。统计显示：在 56.1%的校园欺凌事件中，学校重视不够、监管不严，这导致了校园欺凌事件的发生。

学生家庭对欺凌事件的管控相对较难，学校必须实行家校合作，与家庭共同完成管控任务。

5. 危害程度因素

校园欺凌事件危害程度如果为 0 的话，尽管前面所有因素都存在，那么仍然等于没有发生该事件。危害程度分为违纪、违法、犯罪等程度。

（三）科学防控，建无欺凌校园

教育部基础教育司编写的《防治中小学生欺凌和暴力指导手册》提出了建设无欺凌校园，指出："无欺凌校园"并非指在校园内能完全消除欺凌萌芽和标准欺凌行为，而是指此类行为发生的频率极低，所造成的伤害极小不会造成严重的后果；当发生了学生欺凌或暴力事件时，学校能积极采取措施，及时合理应对，将影响和伤害降至最低，稳定学校氛围和师生身心状态。"无欺凌校园"应具备以下特点：防治学生欺凌常态化，预防处置流程制度化，欺凌行为发生低频化，欺凌行为应对高质化，校园氛围营造和谐化。

在防控校园欺凌工作中，只要管控好发生校园欺凌事件的关键因素，就能建设无欺凌校园。

第二节　各国在防控校园欺凌方面的探索和成果

本节介绍几个研究和治理校园欺凌比较早、成效比较好的国家在这一领域所制定的法规和采取的策略、方法以及国际会议在这一问题上达成的一些新共识和推荐的一些新方法。

总的来看，建立从政府立法、地方保障、人员培训到家庭、社会和个人普遍参与的立体式、全方位的治理网络，并有效借助网络和大数据分析等现代手段来防控校园欺凌是一个被普遍采用而且成效较好的方法。但各国又有各自不同的国情和法治理念，在具体操作上有着较大的差异。英国的"转介学校"对离校欺凌者的后续教育是个很好的借鉴，美国在网络欺凌的治理上经验独到，法国在治理流程上有顶层设计，挪威的"OBPP 项目"成效显著，加拿大管办评分离的方式确保了治理效果的真实有效，澳大利亚结构和体系完善的《国家安全学校框架》很有价值，德国的无责备干预法视角独特、意义重大。

认真研究和学习各国根据实际情况而建立的法治体系和具体治理方法，能够集众家之长为己用。同时密切关注近期有关校园欺凌的国际会议可以让我们及时更新观念和优化方法，进而探索出适合我国实际的校园欺凌治理之路。

一、英国部分

相关文献显示，英国对校园欺凌这个问题的正式关注和治理大致始于20世纪90年代。[①]其标志性事件就是1986年颁布的《1986地方政府法案》（Local Government Act 1986），该法案就校园欺凌问题对地方政府提出法律要求：应支持学校教职员采取措施阻止任何形式的校园欺凌行为。[②]

（一）英国对校园欺凌的界定

长期以来，校园欺凌的定义有着不同的表述。在一些国家，校园欺凌曾被简单地界定为校园暴力，也有一些机构认为任何一种给受害者带来不快感受的多余注意均可被视为欺凌，有些界定则只是简单地罗列一些属于欺凌的行为。随着学术界对校园欺凌研究的不断深入，校园欺凌的定义在一般化和具体化之间取得某种平衡，慢慢成为共识。英国下议院教育与技能委员会（DFES）在《欺凌：2006-7第三季度报告》中指出："政府将欺凌定义为：那些旨在造成伤害的、重复的、故意的或持续的行为，在某些情况下只是一次性的事件也被看成是欺凌；由一个或一群人故意造成的伤害行为和由于力量失衡使受害者无力抵抗的行为。"[③]

（二）英国对校园欺凌的角色及类型的划分

在英国，早期欺凌行为中的角色曾被划分为四种类型：欺凌者、被欺凌者、既为欺凌者同时又是被欺凌者以及非参与者。20世纪90年代中期，又有学者将欺凌的参与角色划分为六种不同的类型，分别为发起者（欺凌的发起人）、追随者（随后参与欺凌的人）、强化者（鼓动欺凌或嘲笑被欺凌者的人）、护卫者（帮助被欺凌者的人）、旁观者以及被欺凌者。

校园欺凌的类型，基于不同的角度主要分为心理的、身体的和语言的三种，也有分为身体的、语言的和间接的（主要包括恶意传播谣言，告诉同伴不要与某人来往等）三种类型的。近年来，随着电子通信技术及网络的快速

① 乔东平 文娜. 国内外校园欺凌研究综述：概念、成因与干预[J]. 社会建设，2018（3）：5-15.

② 张宝书. 英国中小学反校园欺凌政策探析[J]. 比较教育研究，2016（11）：1-8.

③ 邓凡. "校园欺凌"治理：国际经验与本土探索[J]. 广州大学学报（社会科学版），2018（12）：33-39.

发展，出现了一种新的校园欺凌类型：电子网络欺凌。与传统的现实生活中的欺凌方式不一样，电子网络欺凌以虚拟的方式侵入被欺凌者的私人空间，具有隐蔽、迅速、传播广以及不易被他人察觉等特点。英国政府给电子网络欺凌下的定义是："电子网络欺凌是由某个群体或个人利用电子接触的方式持续针对无力保护自身的受害者实施的攻击性的和有意的行为。"据英国媒体《卫报》网站 2017 年报道，因受到电子网络欺凌而接受心理咨询的青少年数量在过去五年内已经翻番，非营利组织英国全国防止虐待儿童协会（NSPCC）督促政府相关部门对社交媒体网站施压，以阻止网络虐待，保护儿童。在 2017 年的一年内，NSPCC 收到了 5103 件关于网络欺凌的咨询，比上一年度的 4541 件上升了 12%。而在五年前，这一数字仅为 2410 件。其中，14%的咨询儿童不超过 11 岁，50%处于 12 至 15 岁之间，这个年龄段的女生是受害最严重的群体。英国政府在 2017 年 10 月发布了一份《互联网安全绿皮书》，建议向 Google、Facebook 等互联网公司征收志愿性税款，同时督促这些公司采取措施对抗网络欺凌。此外，NSPCC 呼吁推动相关立法，并对社交媒体用户建立网络暴力预警机制。①

（三）在英国，校园欺凌所产生的危害和影响

1. 英国校园欺凌状况简述

大量的研究表明，欺凌现象在英国所有学校都不同程度地存在着。1999 年，一项由伦敦大学戈尔斯密学院教授史密斯（P.K.Smith）等人组织的调查发现，在英格兰地区，大约有 10%～20%的学生在接受调查前的半年时间内受过欺凌，其中大多数欺凌持续的时间为一周或一个月，持续一个学期的占 13%，另有 9%持续了一年，甚至还有 13%持续了若干年。英国《卫报》称，英国政府公布的数据表明，在小学阶段，有四分之一的学生曾在游戏中被人欺凌，在初中阶段，该比例上升到了三分之一。受调查者中有 38%的学生表示曾被同学打，曾遭同学排挤的学生占到 50%。调查显示，在英国 10 岁至 12 岁儿童中，有 50 万人曾在学校内遭受欺凌。②在所有的受访学生中，有一

① 陈全. 校园暴力逐渐"上线" 英国网络霸凌案例五年内翻倍[EB/OL].（2017-11-20）. https：//m. huanqiu. com/article/ 9CaKrnK5Mdb

② 欧叶. 英国儿童幸福感极低：校内欺凌多、师生关系不睦[EB/OL].（2015-08-19）. http：//www. chinadaily. com. cn/ interface/toutiao/1138561/2015-8-19/ cd_21650400. html

半的学生认为校园欺凌事件是“一个大问题”。据英国《每日邮报》2018 年 9 月 3 日报道，一项民意调查显示，在英国有近半数青少年因为害怕遭欺凌而恐惧开学，校园欺凌已严重影响学生的出勤率、在校表现以及学习成绩。[①]

2. 英国校园欺凌给当事双方造成的主要影响

研究表明，欺凌给欺凌者和被欺凌者造成的影响主要包括以下四个方面。第一，当被欺凌者受欺凌后可能产生攻击、退缩和顺从等因应行为。他们对曾经遭受欺凌的校园产生畏惧和不安等情绪，为了避免再次受欺凌就可能为了远离这些地方而逃学或故意疏远他人。一份对经常逃学的 128 名学生的问卷调查表明，其中 14.8%的学生最初逃学就是因为遭受欺凌，18.8%因为遭受欺凌而持续逃学。第二，持续性的欺凌会削弱受害者的自信，从而导致其出现严重的心理和生理上的问题。2004 年，一项由英国学者开展的关于青少年情感和心理健康问题的调查发现，欺凌是对学生心理健康构成最大伤害的因素。这种心理健康上的伤害主要包括不愉快感、学习精力不集中、缺乏自信和焦虑等。第三，欺凌还有可能诱发青少年的自杀行为。研究表明，欺凌会让受害者产生自我压抑的情绪并进而产生自杀念头。据统计，英国每年至少有 16 名儿童由于受到欺凌而自杀。第四，欺凌也会对欺凌者本人造成危害。研究表明，如果欺凌者没有学习和掌握新的行为，儿童时期获得的欺凌行为会持续到成年阶段，特别是如果早期的欺凌行为没有得到矫正的话，儿童期经常欺凌他人的人在成年后往往也会欺凌其他成年人和儿童。这种人成年后往往心理不健全，人格上具有反社会的倾向，而且人际交往也会有困难。更为严重的是，这种人在成年后犯罪的概率往往很高。

（四）英国校园欺凌识别方法

在英国，在欺凌受害者中普遍存在一种所谓“沉默文化”（culture of silence），就是即便有事也不报告，这常常让校园欺凌难以被发现，再加之校园欺凌行为的准确界定本来就有难度，而且这种欺凌行为具有随意性和普遍性，无特定规律可循，这就给有效治理校园欺凌带来了困难。但英国心理学家研究后也发现了几种可以有效地帮助识别校园欺凌的方法。第一是来自教

① 曲艺. 开学季来临 英国半数青少年因霸凌惧怕返校[EB/OL].（2018-09-03）. https://lx. huanqiu. com/article/9CaKrn- KcawK

师与家长的报告。教师和家长平时多观察以及与孩子多交流，可以有效提高发现欺凌行为的概率。第二是来自学生的自我报告。学校可以通过匿名问卷调查的方式来了解情况。目前在英国中小学中使用的问卷主要包括挪威学者奥维斯设计的问卷调查工具和本国学者编制的学校生活问卷调查等。第三是来自同伴的举报。这种方法简便易行，只需教师询问某个班级学生什么人欺凌同学或被欺凌就可获取相关信息，英国研究者还编制了专门的测试量表来提高效率。第四是直接观察学生行为。教师通过观察学生在校表现来了解情况。近年来，监控录像等手段在许多学校被广泛使用，这也对欺凌行为的发生起到了明显的震慑作用。第五是对学生进行访谈。教师可以不定期、小范围地选择 4 ~ 8 个学生进行访谈，了解学生的基本情况。此外，对学校所发生的所有欺凌事件进行详细的事件报告记录，以便充分了解信息也是英国许多学校采取的一种识别校园欺凌行为的有效手段。由此可见，只有学校、教师、学生和家庭等多方面的共同努力才能让校园欺凌得到有效而及时的识别。①

（五）英国对校园欺凌行为的防范和治理

在英国，对校园欺凌行为的防范和治理主要是从以下几个方面进行的。

1. 国家政府制定法规和指导文件

1991 ~ 1994 年，英国中央政府教育与就业部（教育与技能部的前身）发表了反欺凌指南手册《别在沉默中容忍》（Don’t Suffer in Silence）。②1998 年颁布了将制定反欺凌措施当作对中小学的法定要求的《学校标准与框架法案》。1999 年起，英国政府又将欺凌问题当作中小学的优先关注的领域。同年，英国首次在法律上规定中小学必须制定反校园欺凌的相关政策。英国 2002 年的教育法要求中小学和地方教育当局要确保青少年在健康、安全和欺凌等方面的问题得到妥善解决。2003 年 11 月教育与技能部又出版了《反欺凌行动宪章》（Anti Bullying Charter for Action），同年，教育标准局（OFSTED）发表了《欺凌：中学的有效行动》，提出了应对校园欺凌现象的指导性意见。到 2003 年，已经有 67%的中小学制定了专门针对欺凌的相关

① 许明. 英国中小学校园欺凌现象及其解决对策[J]. 青年研究，2008（1）：44-49.
② 邓凡. “校园欺凌”治理：国际经验与本土探索[J]. 广州大学学报（社会科学版），2018（12）：33-39.

政策。2005 年 3 月，英国政府任命了首位独立专员来负责包括欺凌在内的青少年事务。次年，英国在展开了一项全国性的调查后，就如何解决校园欺凌问题提出了相关对策。2006 ~ 2007 年度，英国政府用于应对校园欺凌的专项经费达到 140 万英镑。此外，从 2005 年起，英国政府在每年的 11 月份都要举办全国性的反欺凌周活动，集中开展对校园欺凌危害性的各种宣传活动来提高全社会对校园欺凌危害性的认识，以减少校园欺凌的发生。[①]在 2012 年，英国教育部发布了《2012 教育（独立学校标准）法规》，详细规定了学校应该制定有效的策略来应对校园欺凌现象，该法规的 2014 年版本又进行了进一步的补充和完善，以确保校园欺凌治理有效并保障学生的身心健康。[②]2015 年英国政府又发布了适用于所有学校的名为《保持儿童在教育中的安全》（Keeping Children Safe in Education）和《共同努力安全保护儿童》（Working Together to Safeguard Children）的法规来进一步确保儿童和学生权益不受侵犯。

2. 地方政府对学校进行具体支持和指导

英国在 1986 年颁布的《地方政府法案》详细规定了支持各级学校为应对校园欺凌采取合理的措施是地方政府的义务。在英国，地方教育当局承担中小学教育中的教育资源分配、教育公平、儿童福祉等诸多职责。近年来，治理校园欺凌已经成为地方政府在教育领域优先解决的问题之一。以白金汉郡为例，2006 年，该地方政府制定了学校反欺凌战略的三个指导原则：第一，人人都有权利生活在免受歧视和欺凌的氛围中；第二，人人有责促进人与人之间的关心、尊重和合作；第三，人人有责尊重多样性，以便创设和维系安全和支持性的学校环境。再如，东苏塞克斯郡制定的 2005 ~ 2008 年度反欺凌战略中提出了有效利用信息、推广好经验、鼓励各方合作、内外各方沟通、学生积极参与五个重点。[③]

3. 培训师资，干预和解决校园欺凌问题

在英国，师资培训包括职前教师培训和在职教师培训两个方面。近年来，教师在纪律管理方面的知识和技能要求成为英国职前教师教育标准中的重

① 孙洁. 国外如何应对校园暴力[J]. 民主与法治周刊，2015（28）.

② 常淏婷. 各国“校园霸凌”行为的法律责任规定及反霸凌条文规定的对比分析[J]. 法制博览，2019（27）：192-193.

③ 许明. 英国中小学校园欺凌现象及其解决对策[J]. 青年研究，2008（1）：44-49.

点。2007 年 9 月起付诸实施的合格教师资格新标准就明确要求教师要做到构建有助于学习的、有目的的和安全的环境，构建清晰的课堂纪律框架以建设性地管理学生行为并鼓励学生自控和独立。在职教师培训方面涉及反校园欺凌方面的专业培训。为了帮助教师掌握识别校园欺凌并进行早期干预和行为矫正的方法，许多地方教育当局拨付专项经费用于教师的培训。学校不仅要关注学生的校内行为，还要关注他们校外的表现并对学生校外行为进行管理。如果学生家长发现在有关校园欺凌的问题上老师处理不当，就可以向校长乃至地方教育当局申诉来追究教师甚至学校管理疏漏的责任。

4. 构建学校、家庭和社会密切配合的校园欺凌治理网络

2006 年，英国颁布的《教育与督导法》赋予了学校更多的权力，允许学校对学生在校外进行纪律管理，同时也规定了校管会、校长、教职工在管教学生政策架构中的责任。在学校里，反校园欺凌的职责由教职员工承担。在家里，发现或捕捉孩子欺凌与被欺凌的迹象的任务由家长承担。一旦校园欺凌发生，家长需要和学校密切配合处理。英国 1996 年的教育法案就规定，监护人有改善被监护人偏差行为的协助义务，并在一定条件下承担连带责任。家长如果没有履行其义务，则可能被法院起诉并罚款。英国反校园欺凌法律体系规定了监护人以下几个方面的主要责任和需要尽到的义务：

第一，采取有效措施来预防被监护人的偏差行为。如果被监护人违反了法院对其做出的禁制命令，法院就可以依此向其监护人下达教养令，要求监护人对被监护人加以管教，以防止被监护人的偏差行为进一步发展成为校园欺凌行为。

第二，协助学校纠正欺凌者的偏差行为。英国法律明确规定，家长或监护人对其被监护人的偏差行为负有连带责任。如果学生因欺凌等偏差行为在一年内被定期停学两次以上或被永久停学，地方教育局或学校可向法院申请，对其家长发出“教养令”，要求家长共同负起改善学生偏差行为的责任。“教养令”要求家长参加最多三个月的教育辅导课程，并配合学校最多一年的特定教育要求，以改善学生行为。家长如果违反“教养令”，学校可移送治安法院裁决并处以每次最高一千英镑的罚金。[①]

① 滕志妍，阮亚林. 英国校园欺凌“防护网”咋织的？[N]. 中国教育报，2016-11-19（5）.

在英国，对欺凌者“零容忍”的惩戒措施与完善的辅导机制也是减少校园欺凌的一项重要措施。英国教育部明确表示，学校的首要任务就是防止校园欺凌并且保护学生安全，全社会对校园欺凌要采取“零容忍”的态度。[①]学校要订立明确的规范并严格执行，必须制止并严厉处罚明确禁止的行为。这些处罚包括：训诫、强制离班、禁止参与特定课程、禁止接触学校资讯网络、临时停学或永久停学等。同时，英国政府也要求学校提供相关的教学支持给那些有停学风险的学生，成立为其提供个性化课程的“学习辅导小组”（learning supporting units），协助其改善偏差行为。对于那些经过“学习辅导小组”学习后行为仍然没有改善的欺凌者，学校与当地教育主管部门就会为欺凌者及其家长提供咨询、心理医疗等服务来改善欺凌者的行为。如果欺凌者仍然不思悔改，他将面临永久的停学处罚。为防止此类学生流入社会走向犯罪，地方政府教育部门、社会非营利性机构等会为其提供相关的替代性教育服务。根据学生个体差异与需求提供全日或半日的教育服务的“转介学校”就是这种替代性教育类型之一。与普通学校相比，“转介学校”对国家课程内容进行了一定调整，将课程重心放在了基本学科能力和学生行为改善上，一段时间后对学生进行评估。符合标准的学生可转回普通学校，否则继续接受培训，直至达标。为应对各种不同类型的欺凌事件，英国各地政府还引入了一些其他的替代教育服务，比如聘用心理辅导师为学生提供心理辅导服务，招募执业心理咨询志愿者为家长提供咨询，协助教师了解学生的困境及问题并提供适合的教学及教育措施等。

由 NSPCC 和英国国家儿童局（National Children’s Bureau）于 2002 年建立的反欺凌联盟是一个由组织和个人共同组成的独特联盟，多方合作一起阻止校园欺凌并创造更安全的环境，让儿童和年轻人可以健康地成长，放心地学习。类似的社会资源及机构还有“英国欺凌”（Bullying UK）、“儿童热线”（Childline）、“戴安娜奖”（The Diana Award）、“孩子角”（Kidscape）等。[②]

除了传统的方式以外，近年来，互联网和高科技手段也为英国政府有效治理校园欺凌现象提供了更多的解决办法。2015 年，英国政府在全国的学校里推广了一个专门为欺凌行为的受害者提供 24 小时在线服务应用软件

① 王子江. 英国学校如何应对中小学生欺凌[EB/OL].（2016-09-20）. http://www.xinhuanet. com/world/2016-09/20/c_1119593390. htm

② 孔令帅 陈铭霞. 构建中小学校园欺凌综合治理机制——来自英国的启示[J]. 教育发展研究，2017（20）：54-59.

"tootoot"，举报者可以通过截图的方式把辱骂性的信息保存下来或者把欺凌者的照片拍下来，然后发送给平台的工作人员，举报结果只有被举报者学校里的教师可见。这个软件在手机、平板电脑以及电脑等多个平台上均可使用，这就使得青少年、家长和监护人更容易向学校报告欺凌事件，同时也能保证隐私性。[①]

此外，社会各非政府机构及有志于反校园欺凌的个人及团体也纷纷加入治理校园欺凌的行动中，通过创办网站、开通热线电话等方式配合政府及学校来解决校园欺凌问题，这就形成了政府、教育主管部门、学校、家庭以及社会团体和个人共同参与的综合治理网络，同时从法规制定、资金投入、人员培训以及方法指导等方面全方位保障治理成效。实践证明，这种方法在英国的校园欺凌的治理上成效显著，2015 年 12 月 15 日，英国教育部就曾在其官方网站上宣布：学校欺凌行为显著减少。[②]

二、美国部分

校园欺凌（school bullying）是世界各国校园安全治理的难点问题，也是普遍存在的社会热点问题。美国是校园欺凌、校园暴力事件比较常见的国家之一，也是世界上较早进行校园欺凌研究及其防治的国家之一。通过对校园欺凌进行形式分类，美国联邦教育部协同其他部门促成美国从政府、学校、社会、家庭四个层面实施校园欺凌防治措施，尤其加大了对网络欺凌防控的研究和干预，并取得了一定成效。

（一）美国对校园欺凌形式的分类

为了尽力解决校园欺凌这一问题，美国联邦教育部与其他部门一起，共同成立了反欺凌中心，对"校园欺凌"做了官方统一的定义，研究了美国校园欺凌存在的三种主要形式：言语欺凌、社交欺凌和物理欺凌。[③]言语欺凌，

---

① 梁希之. 英国多管齐下保护学生安全[N]. 参考消息，2016-12-13.
② 张宝书. 英国中小学反校园欺凌政策探析[J]. 比较教育研究，2016（11）：1-8.
③ What Is Bullying[EB/OL].（2020-07-21）. http：//www. stopbullying. gov/what-is-bullying/definition/index.html.

即通过说和写的言语方式，把一些刻薄的东西施加在校园欺凌受害者身上，主要包括戏弄、取绰号、对别人进行不适宜的评论、嘲弄和恐吓等。社交欺凌，也叫关系欺凌，即利用一些欺凌手段伤害别人的声誉、社会关系或人际交往，主要包括有目的地孤立某个孩子、告诉其他孩子不要和某孩子交朋友、传播某人的谣言和在公共场合让某人尴尬等。物理欺凌，即是通过物理损害的方式，伤害一个人的身体或个人财产，主要包括殴打、脚踢、摔打某人，向某人身上吐口水，推搡或故意绊倒某人，故意拿走或打坏某人的东西，做下流或粗鲁的手势。这些定义和解释都非常细致，能帮助教师、学生和家长很清楚地分辨哪些行为或举止属于校园欺凌，进而进一步规范自己或孩子的行为。

（二）美国防治校园欺凌的措施

美国国内的宗教、文化、种族等方面的情况比较复杂，其校园内的冲突一直存在，校园欺凌问题也较为严重。但是直到20世纪90年代末，美国发生多起校园枪击案后，民众才开始真正意识到校园欺凌问题的严重性。1999年，佐治亚州在美国率先通过了《校园反欺凌法》（School Anti-bullying Legislation），随后其他各州也相继出台相关法律和政策。到2015年4月，美国50个州全部通过了《校园反欺凌法》。[①]新泽西州实施了最严格的反欺凌法规，要求每所学校必须向州相关部门上报每一起欺凌案件，必须出台有效的欺凌处置方案，校长和教师有责任和义务处置任何上报或目击的欺凌案件，然后州里会根据欺凌程度、政策和案件等指标对学校进行定级考核。[②]

联邦制定和颁布法律，各州又结合自身实际进一步细化法规，通过层层立法，以法律、法规为指导的反校园欺凌的大网在美国铺开，政府、学校、社会和家庭等方面不断寻求合力，对校园欺凌现象进行遏制和管控。

---

① 邓凡.“校园欺凌”治理：国际经验与本土探索[J]. 广州大学学报（社会科学版），2018（12）：35.

② 钟玲. 美国“站起来反对霸凌”教育活动及我国校园霸凌预防策略[J]. 现代中小学教育，2016（5）：120.

1. 政府层面

2002 年，美国教育部颁布了《早期预警、及时应对：校园安全指南》，详细界定了校园欺凌的内涵，全面描述了校园欺凌行为早期异常迹象的类型，并针对这些迹象提供了切实可行的干预措施，制定了学校有效处理危机的一系列参考计划。[①]2011 年，美国教育部发布了《各州欺凌法律和政策分析报告》(Analysis of State Bullying Laws and Policies)。该报告指出，在 1999 年到 2010 年的 11 年间，美国各州针对“校园欺凌”问题拟定了 120 余部法案。[②]联邦政府以预防、保护为立法宗旨，为地方提供专项资金和技术支持，支持学区、学校采取有效措施应对校园欺凌问题，不断修订和完善《初等与中等教育法》《不让一个孩子掉队》等一系列法案，将有关校园安全部分的内容由禁枪、禁毒逐渐转变为对青少年品格教育的关注和不良行为的矫正。[③]这些法案法规的出台，为美国校园欺凌的治理提供了有力的法律依据，为美国校园安全环境的建设提供了有力的法律保障。

当校园欺凌行为涉嫌刑事犯罪而嫌疑人年龄又未满 18 岁时，将由美国专门的少年司法执法体系进行处理，执法程序大致可以分为以下几个阶段。一是原始处置阶段，即当发生性质较为恶劣、情节较为严重的校园欺凌行为时，被欺凌者或其监护人报警，警察对欺凌者进行训诫，并根据问题的严重程度进行处理，可能释放或移交给社区的服务机构进行教育或移交法院。二是请求阶段，法院工作人员接到校园欺凌案件后，做出是否受理的决定。三是预审初级阶段，被欺凌者、欺凌者及其双方父母、律师、法官等进行讨论，预测审理结果。四是司法意见听证会，听取相关多方意见。五是处置审理阶段，法院对违法的欺凌行为做出裁定。六是处置结果阶段，审理处置结果一般包括驳回、缓刑等。值得一提的是，美国有 33 个州没有设定最低刑事责任年龄，在理论上任何年龄的违法儿童或青少年都可能被判处刑事处罚。[④]

此外，美国卫生与公共服务部专门建立了“停止欺凌”的官方网站(http：//www.stopbullying.gov)，用于帮助和指导美国普通民众（含学校、家

---

① 周冰馨，唐智彬. 防治校园欺凌的国际经验及其启示[J]. 外国中小学教育，2017 (3)：40.

② Ziegler S，Rosenstein-Manner M. Bullying at School: Toronto in an international context[M]. Toronto: Toronto Board of Education，Research Services，1991.

③ 卜焕芳. 美国：层层立法，疏堵兼施[J]. 人民教育，2016 (7)：76-77.

④ 周晓晓. 美国中小学校园欺凌预防干预措施研究[D]. 上海：华东师范大学，2018.

庭、学生个人等）对校园欺凌、网络欺凌等案件的预防及应对。

虽然美国各州在立法内容上存在一些差异，但其立法初衷和目标都是保障学生的身心健康和安全，因此一系列的举措既强调预防和保护，又强调严格惩处，明确规定了对校园欺凌行为的处理和惩处措施等，尤其是加大了对校园欺凌行为的刑事惩罚力度。一方面，按照校园欺凌案件的严重程度以及对施暴者各方面情况的综合考察，法律对未成年人的校园欺凌违法案件处理绝不手软，对造成严重后果的且施暴者有违法前科的案件，未成年人也可依照成年人的刑事案件标准定罪和量刑。另一方面，针对有“同伙壮胆”的行为，案件在审判过程中将会采取“共犯连带”原则。[①]通过这些降低量刑年龄标准以及打击群体犯罪的举措，美国校园欺凌事件的数量在 2014 年实现了第一次明显下降，说明这些措施发挥了应有的威慑和惩戒作用。

2. 学校层面

除了联邦政府和州政府层面的立法举措，制定专门的学区政策也是美国反校园欺凌的一大特点。美国的学区政策主要涉及：发布声明，明确禁止校园欺凌行为，明确指出发生校园欺凌事件后的处置程序及其相应产生的后果，明确如何报告及调查有关的校园欺凌投诉，明确如何对涉事人员进行纪律处分。学区政策对校园欺凌的具体定义进行了阐释，对受暴者承受的不利因素进行了概述，对任何形式、任何类型、任何级别的欺凌进行了“零容忍”的表态，对每件校园欺凌事件发生后学校管理人员、教职员工、学生及其家庭等各方面的处理情况给出了相应的意见。[②]

2000 年，《保护我们的孩子：行动指南》出台，要求学校从预防、有针对性地早期干预和个别强化服务三个层面来系统全面地解决校园安全问题。自《不让一个孩子掉队》法案出台开始，美国开始将教育类课程纳入国家校园欺凌的法制化体系中，通过正规的道德教育课程和活动以及融入道德教育的学科课程等途径培养学生的规范意识和道德意识，提升学生的反欺凌意识。[③]美国学校对校园欺凌采取“零容忍”的态度主要表现在以下四个方面。

① 陈偲，陆继锋. 美国如何应对校园欺凌[N]. 学习时报，2015-10-15（2）.

② SAMARA M，SMITH P K. How Schools Tackle Bullying，and the Use of Whole School Policies：Changes over the Last Decade[J]. Educational Psychology，2018（10）：663-676.

③ 韩蕊，石艳. 国际校园欺凌防治：趋势与经验[J]. 当代教育科学，2019（10）：33.

第一，学校制定了预防欺凌的规章制度，制定了针对教职员工的培训方案，提供了快捷畅通的校园欺凌举报途径，积极调查和处理发现的校园欺凌行为。第二，多数学校设立了校警与保安，利用足够的专业人员来维护校园的正常教学秩序。第三，学校重视学生的心理健康教育，必要时会向社会第三方机构购买心理健康教育服务，对校园欺凌的施暴者和受暴者进行心理辅导和心理干预。第四，学校开设了初级生存教育等相关课程，以课堂为阵地，培养学生的自我保护意识和反对校园欺凌的意识。①

有了联邦及各州的法律法规支持，几乎每所美国学校都根据自身情况制定了相应的校内预防“校园欺凌”方案。这些方案有的以预先评估的方式来进行校园欺凌预防，比如对学生的暴力行为可能性进行预先评估，或者对学校校园欺凌发生概率进行预先评估，评估后再采取相应的防范措施；有的以行政干预的方式来进行校园欺凌预防，比如制定校园内部的政策和校规，对校园欺凌事件设定严格的惩处规程，或者建立校园安全委员会或工作小组，协同家长与社区的力量进行干预，或者对学校的教职员工进行预防校园欺凌的相关技能培训；有的以课程教育的方式来进行校园欺凌防控，比如安排专门的安全教育课程对学生进行教育；等等。

3. 社会层面

美国第三方社会机构对校园欺凌事件的关注程度也很高。早在 1987 年，美国国家学校安全中心就依靠哈佛大学的科研团队，推出了一个名为“校园欺凌实务工作坊”的项目，以期减轻校园欺凌给学校师生带来的不利影响。

在现实社会中，学校是社区的一部分，因此，社区或社会其他第三方机构也会共同参与“校园欺凌”的防治。美国的社区和学校的工作人员会共同去甄别校园欺凌受害者并对他们进行心理支持。社区会研究本社区的优势和需求，构建相关的防治校园欺凌策略。

此外，还有其他一些反对校园欺凌行为的社会个体或团体，他们会通过自己建立的网站、巡回演讲、实际操作训练等形式教会青少年遇到校园欺凌行为时应该如何应对。②例如，查韦斯·布朗创办了 Mojo Up 网站（http://mojoup.com）——一个帮助青少年反对校园欺凌的专业网站，目前其受众已

① 陈偲，陆继锋. 美国如何应对校园欺凌[N]. 学习时报，2015-10-15（2）.

② MA X, STEWIN L L, MAH D L. Bullying in School: Nature, Effects and Remedies[J]. Research Papers in Education，2001（3）：247-270.

超过百万。[①]再比如，自 2008 年以来，每年的 10 月或 11 月，印第安纳州波利斯儿童博物馆会举办为期一天的“站起来反对霸凌”教育活动，该活动在每年年初接受该市学生的网上报名（全程免费），每年约有 350 名学生参加，活动内容包括：博物馆参观前的辅导、活动当天的主旨演讲、青少年演出、课堂讨论和辅导、活动后的学校霸凌干预项目创建与实施等，现已成为印第安纳州预防学校霸凌活动的典范。[②]再比如，2006 年 10 月，“反霸凌月”活动在明尼苏达州的明尼阿波利斯市一经推出便引起了全国的强烈反响，很快从一个简单的区域性活动转变成一个一年一度的全国运动。

4. 家庭层面

在家庭教育方面，美国以法律的形式强调家长管教子女的义务。对于在学校实施校园欺凌的学生，学校一经发现会立即召开家长会进行协商处置。未成年施暴者被送到青少年法院，其家长也会因为监护不当，和子女一起进入司法程序。在案件审理过程中，若法官认定施暴者的欺凌行为与父母的不法行为有关，法院可能会剥夺施暴者父母的监护权，并将其转移到寄养家庭。此外，如果施暴者的欺凌行为造成他人身心伤害，其父母必须承担相应的民事责任并进行民事赔偿。[③]

通过以上各个层面的措施，美国的校园欺凌治理效果较为显著。芬克尔霍（Finkelhor，2009）等人在一项研究报告中指出，警察、儿童福利以及国家犯罪受害者等方面的调查数据显示，2003 年至 2008 年，美国青少年的欺凌行为发生率从 21.7%下降到 14.8%。[④]

（三）美国的网络欺凌防控研究及措施

针对网络通信十分发达的社会现状，美国还尤其重视网络欺凌的防控。

---

① 周冰馨，唐智彬. 防治校园欺凌的国际经验及其启示[J]. 外国中小学教育，2017（3）：41.

② 钟玲. 美国“站起来反对霸凌”教育活动及我国校园霸凌预防策略[J]. 现代中小学教育，2016（32）：120.

③ 周冰馨，唐智彬. 防治校园欺凌的国际经验及其启示[J]. 外国中小学教育，2017（3）：41.

④ FINKELHOR D，TURNER H，ORMROD R，et al. Trends in Childhood Violence and Abuse Exposure：Evidence from 2 national Surveys[J]. Archives of Pediatrics and Adolescent Medicine，2009（164）：238-242.

美国学者对网络欺凌的研究也一直没有停止过。约翰（John，2011）等人研究了通信技术的使用及其潜在的误用（见表 3-1），帮助青少年区分如何正确使用各种生活中常见的设备或技术，避免网络欺凌。

表 3-1　通信技术的使用和潜在的误用①

设备或技术	一般用途	潜在的误用
E-mail	用于向他人发送消息和评论	1. 发送带有骚扰性的评论或有害图片、视频等邮件 2. 将某人的私人电子邮件转发给其他人 3. 重复发送不需要的消息
手机	与他人交谈，发送短信和图片，拍照并访问互联网和发送电子邮件给他人	1. 骚扰或威胁性呼叫或发送不恰当的短信或电话图像给他人 2. 拍照或发送不恰当的照片
即时通信	允许用户使用文字直播与他人聊天	1. 发送威胁性或不恰当的消息 2. 窃取他人的账户或使用他们的网名骚扰他人
聊天室和留言板	与他人聊天直播（语音或文字），并为他人发布关于共同兴趣的消息	1. 发送威胁性或不恰当的消息 2. 网上诱骗或欺骗人们分享不适宜公开的私人信息 3. 反复无视某人，试图让他或她感到被排斥或拒绝
视频托管网站（例如 YouTube）	分享他人感兴趣的视频片段	发帖令人尴尬或产生不适
摄像头	允许用户发送照片或视频，并与他们有关的人在线聊天	1. 制作和分享不恰当或侮辱性的材料 2. 诱使某人在网络摄像头前表现不当
社交网站（例如 Facebook，Twitter）	在全球范围内发展友谊，保持联系并通过博客、主页等与他人分享信息	1. 发布不恰当的材料以及威胁性或羞辱性的文字或图像 2. 侵入他人的账户并改变内容以侮辱他人或使他人感到尴尬 3. 窃取他人的账户，向他人发送不恰当的内容 4. 使用他人的名字创造一个虚假的个人资料，试图羞辱或威胁他人
虚拟学习环境	通常建立一个学校网站来促进学生和学生之间、学生和老师之间的信息共享；作业、活动和小组项目通常会在网站上发布并积极开展工作	1. 发布不恰当的消息或图像 2. 窃取另一个学生的账户并发布不恰当的材料或删除他们的作品

① JOHN S，RICHARDVAN A，ROBERT A. Gable Cyberbullying：Prevention and Intervention to Protect Our Children and Youth[J]. Preventing School Failure，2011（2）：88-95.

克里斯琴（2013）等人研究了青少年遭遇网络欺凌时需要掌握的必要处理技巧，将其总结为包含停止、保存、阻止和告知四个步骤的基本程序，非常有实用价值和指导意义。[①]

首先，第一件事是不要以任何方式回应网络欺凌。如果用刻薄、伤人或者不合适的语言做出回应，那么事情看上去更像是争论或者吵架，可能不会被当作欺凌来对待和处理。任何不合理的回应或者报复通常只会加剧欺凌的情况。

其次，保存证据。网络欺凌与其他欺凌形式的一个最大区别是，它总会留下某种数字证据，包括短信、Facebook 评论、电子邮件、YouTube 视频，网络上的图片或者其他任何形式的网络活动。这些数字证据通过一定的技术手段都可以追溯到发布者，这有助于识别欺凌行为并让人们可以通过法律手段起诉网络欺凌。

第三，通过互联网或手机服务供应商提供的锁定服务来阻止受害者与施害者的进一步通信。许多计算机配置文件站点允许用户通过访问每个配置文件底部的链接来报告使用情况。通过联系互联网或者手机服务供应商，能够实现通过技术手段阻止该链接发送任何信息给受欺凌者。

最后，营造一种学生能够谈论欺凌事件的气氛。学生在遭遇网络欺凌时，无论是在学校或者家中，能够选择与家长、老师、教练、辅导员、兄长或者朋友交谈。这样青少年能够得到更多的心理支持和应对的建议。

其实，校园欺凌行为最初也只是被当作孩子间的恶作剧，但随着校园欺凌现象的加剧，美国联邦法院才认识到问题的严重性，在颁布了相关法律后，整个社会观念才开始随之转变。[②]2008 年，美国国会通过了 21 世纪保护儿童立法，其中就涵盖了网络欺凌。[③]目前，美国的 50 个州中，有 22 个州在立法中包含网络欺凌行为防控条款。由于大多数进行网络欺凌行为的学生利用的是家庭网络，还有 14 个州的法律将这样的校外行为也纳入其中。[④]北卡罗来纳州颁布了《保护我们的孩子——网络欺凌》，通过立法将网络欺凌定为一

---

① CHRISTIAN E. L., WILLIFORD A., BOULTON A. J. et al. Individual and Contextual Prediction of Cyberbullying: The Influence of Children's Provictim Attitudes and Teachers' Ability to Intervene[J]. Journal of Youth and Adolescence, 2013（42）: 698-710.

② 陈偲，陆继锋. 美国如何应对校园欺凌[N]. 学习时报，2015-10-15（2）.

③ 刘思硕，石阳，宋广文. 防治网络欺凌的国际经验及其启示[J]. 外国青年研究，2020（3）：107.

④ MICHELLE E. Combating Cyberbullying: When Legislation Goes Too Far[J]. Journal of Law & Education, 2016, 45（3）: 435-441.

项轻罪罪行。密苏里州将网络欺凌定为一种可能导致监禁、罚款或两者兼而有之的罪行。新泽西州新的《反欺凌权利法案》要求所有新泽西州的公立学校采取详细的反欺凌政策，给教职员工提供教育和培训，并要求人们严格遵守所有在线和离线要求报告欺凌事件的规定。①

美国的反诽谤联盟也制定了一个示范法规，以帮助各州和各市进行网络欺凌预防立法，在部分学校发展一些旨在解决网络欺凌的课程项目，比如“iSafe 互联网安全计划”“网络欺凌：一门预防课程”“棍棒和石头：网络欺凌”“让我们一起战斗：我们都可以做什么来防止网络欺凌”等，还为教育工作者、学校行政人员和家长制定了研讨会计划，提供课程指导，比如“诡计、驯化和威胁、理解”“解决网络欺凌”“青少年和网络欺凌：家人不知道会伤害他们”等课程项目。②

①“iSafe 互联网安全计划”：针对 K-12 年级学生的订阅式预防课程。学校工作人员、家长或社区领导者可以亲自或通过 DVD 所提供的专业发展计划，为开展综合课程做好准备。在 1～4 年级，课程让学生接触互联网的概念和词汇，并通过实践学习如何安全使用互联网。在 5～8 年级，学生参与有关如何预防和处理网络欺凌的活动和讨论。在 9～12 年级，学生将围绕网络直播视频材料开展活动和讨论。

②“网络欺凌：一门预防课程”：为 6～12 年级学生设计的八节课程。课程有助于学生理解网络欺凌的概念、参与此行为的后果以及抵制和干预网络欺凌的方式。该课程提供可复制的讲义、海报和母语材料（英文和西班牙文）的光盘，并提供视频短片以便于讨论，后来又增加了一个针对年轻学生的相应课程。

③“棍棒和石块：网络欺凌”：一部描述网络欺凌受害学生的电影。学生观看电影的同时，会接受教师的全面指导，并以电影内容作为促进小组讨论和扩大学习的方式。该计划是为高中课程而开发的。

④“让我们一起战斗：我们都可以做什么来防止网络欺凌”：专门面向 11～14 岁的学生，同时也可以适应 10～18 岁学生需求的一门课程。该课程

---

① HU W. Bullying Law Puts New Jersey Schools on Spot[N/OL].（2011-08-30）. http://www. nytimes. com/2011/08/31/nyregion/bullying-laws-puts-new-jersey-schools-on-spot.html? pagewanted=all.

② 刘思硕，石阳，宋广文. 防治网络欺凌的国际经验及其启示[J]. 外国青年研究，2020（3）：107-108.

的视频内容在集会或课堂环境中进行，同时提供了课程的计划和学习指南，方便有针对性地教学。

这些课程内容可以被独立用来帮助学校防止网络欺凌，也可以作为学校德育或者品格教育项目的一部分，与其他德育内容协同实施。其中，挪威奥维斯的“欺凌预防计划”被美国科罗拉多大学预防暴力研究中心确认为一种重要的预防项目实践模式。作为一项在全校范围实施的计划，该计划具有综合性的特点，旨在通过加深对欺凌的理解、对学生进行更仔细的监督、规定违反规则的后果以及对不适当或不可接受的行为施加限制等措施，创造一个安全和积极的教学环境，来解决欺凌问题。

（四）美国的校园欺凌防控成效

尽管政府相关部门投入了许多精力，校园欺凌问题仍然是美国校园内的一个沉疴痼疾，时有反弹。2011 年，美国约瑟夫森青少年伦理品格研究所发表了一份关于美国高中校园欺凌行为的研究报告，结果显示，50%的学生承认在过去的一年里欺负过别人，47%的学生在过去一年里被人以非常令人难过的方式欺负、取笑或者嘲弄过，10%的学生在过去一年里至少一次带武器到学校。2015 年美国最新调查数据报告显示，每年有 320 万以上的学生是校园欺凌行为的受害者，每天因校园欺凌行为而逃学的学生约为 16 万人，17%的美国学生在一个学期内每月被人欺负 2 ~ 3 次甚至更多,在 1/4 的老师眼中，校园欺凌行为并没有错，而且只有在 4%的情况下会给予干预，14 岁以下的未成年人中，所有的男孩和 40%的女孩会与他们的同龄人谈论校园欺凌，超过 67%的学生认为学校很少处理校园欺凌行为，而且绝大部分的学生认为成年人的帮助是不够和无效的，71%的学生认为校园欺凌行为已经成为他们所在学校的一大问题，90%的 4 ~ 8 年级学生称自己是校园欺凌行为的受害者，1/10 的学生因为反复受到校园欺凌而退学。随着男孩年龄的增加，他们对于被欺负的受害者的同情会逐渐减少,他们更有可能成为新的校园欺凌实行者，肉体欺凌呈上升趋势，之后达到顶峰，而在高中则有所下降，但是语言欺凌的恶劣程度依然保持不变。[①]

---

① 搜狐教育. 全球“校园欺凌”事件触目惊心，留学生如何应对？[EB/OL].（2016-12-12）. http：//www. sohu. com/a/121321036_413913.

总之，美国校园欺凌的防治有成效，也有波折。为青少年构建阳光安全的校园环境，各级相关部门及全美国社会仍然任重而道远。

三、法国部分

和英国、美国等世界上其他发达国家相比，法国在反对校园欺凌方面的研究起步较晚。直到 2010 年，法国才开始在政府层面使用“校园欺凌”这个词汇。虽然法国的行动起步较晚，但是很有特点，而且效果比较明显，对我国防控校园欺凌具有一定的借鉴意义。

（一）法国对校园欺凌的概念界定

法国教育部认为，校园欺凌是“在语言、肢体或心理层面的重复暴力行为”。[①]这一定义有三个层面的内涵：其一，校园欺凌的核心本质就是校园暴力；[②]其二，相比于一般意义上的校园暴力，校园欺凌涵盖了精神骚扰、人身骚扰、网络骚扰等多种类型，因而更具隐蔽性；[③]其三，校园欺凌的伤害行为是“重复”的，是长期存在的。

同时，法国中央政府对各个地方学区的反校园欺凌活动作出了要求和规定，推动各地中小学自主制定反校园欺凌政策。因此，各地中小学出于自主制定政策的需要，对校园欺凌概念又有各自不同的界定。

比如法国戴高乐学校认为：“欺凌是个人或者群体重复故意伤害另一个人或者组织的行为，并且给受欺凌者造成了身体上的伤害或者情感上的伤害。[④]其产生的原因，往往是出于对特定人群的偏见，例如种族、宗教、性别、性取向，或者个体存在的各种差异。”这一解释更加强调欺凌行为会造成伤害，也更加注重校园欺凌产生的原因。

---

① Ministère de l'éducation nationale et de la jeunesse. Le harcèlement en milieu scolaire[EB/OL].（2018-11-07）[2019-02-10].

② Debarbieux，E. Violence à l'école et politique：la France entre démagogie et méconnaissance[J]. Journal du droit des jeunes，2006，255（5）：22-26.

③ Romano，H. Harcèlement en milieu scolaire. Victimes，auteurs：que faire？[M]. Paris：Dunod，2015：24-34，79-86，46，47，54.

④ Department of Education（Indiana）. Anti-Bullying School Policy[EB/OL].（2013-08-12）. http：//www. doe. in. gov/student-services/anti-bullying-school-policy.

又如法国奥德学校将校园欺凌定义为："使用侵略的意图伤害另一个人，导致受害者痛苦和不幸的行为。"[①]这一解释更加强调欺凌者的主观恶意。

总而言之，在法国，校园欺凌和校园暴力存在明显差异。校园欺凌现象以不同的形式存在于法国校园当中，严重程度虽轻于校园暴力，但因其长期性、隐蔽性和社会性，日益成为法国教育工作者面临的巨大挑战。

（二）法国应对校园欺凌的相关举措

随着校园欺凌现象对社会影响的加剧，法国政府出台了一系列的政策文件，法国教育各界也采取了多种举措，全力应对校园欺凌。2011 年，法国召开了第一次关于校园欺凌的全国会议，这标志着法国真正开始从政府层面高度重视和应对校园欺凌。[②]而 2013 年 2 月，13 岁女孩玛丽昂自杀事件对整个法国社会造成了深远影响，成为法国反校园欺凌历史上的一座里程碑。从 2013 年起，法国明显加强了应对校园欺凌的治理举措，主要呈现出循证决策、依法治理、齐抓共管三方面特点。

1. 循证决策，充分运用网络信息技术手段

法国应对校园欺凌的一大特色是严密的网络防控制度，这主要得益于他们在世界范围内较早建立了校园环境监测系统。

早在 2001 年，法国政府就开发了名为 SIGNA 的软件，首次利用网络信息技术搭建平台，构建起校园暴力排查系统，并且对全法国公立中小学所发生的"严重事件"进行调查。

从 2005 年开始，SIVIS 系统逐渐取代了 SIGNA 软件。与原有软件相比，SIVIS 系统采用了新的测量指数、扩大了调查学校数量（每年有约 95%的法国公立中小学学校为 SIVIS 系统提供信息数据），统一了校园欺凌事件的定性与分类标准，将校园欺凌行为严格纳入监管范围。同时，在"严重事件"的认定上，SIVIS 系统给予学校负责人充分的自主研判权利，既有"以欺凌为目的严重事件"等典型校园欺凌或校园暴力案例，也包括了"因欺凌引起的严重事件"等非典型案例，在一定程度上探索了校园欺凌对受害者的事后

---

① The Old School：College-Lycé e. Anti-Bullying-Policy[EB/OL].（2016-12-17）. http：//www. oldschoolfrance. com/about-osf/anti-bullying-policy.

② Ministry of Education（France）. The national bullying conference[EB/OL].（2010-08-20）. http：//www. education. gouv. fr/ - pid 25496/etudes-statistiques-depp. html.

影响。通过这一系列的数据采集和调查监控，从学校负责人视角对校园氛围进行调查审视和持续改善，能够比较有效地消除校园欺凌行为的生存土壤。

但是，也正是因为 SIVIS 系统的数据主要依靠各学校负责人自主填报，在调查研究的准确性、科学性等方面仍然有待商榷。于是法国政府定期组织针对学生群体的全国性问卷调查，以更好地了解真实情况、掌握突出问题、指定针对性政策措施。

2. 依法治理，建立健全立法、用法和执法保障

近年来，法国围绕反对校园欺凌，持续建立和健全了一系列法规，主要从国家法律和学校纪律两个层面明确了事后惩戒措施，对各类校园欺凌行为进行震慑和遏制。

2013 年 7 月 8 日，法国政府出台《重建共和国学校的方法与规划法》，将“反对所有形式的欺凌行为”列为各学校的工作重点。2014 年 8 月，法国政府正式通过了反校园欺凌法，将校园中同学间的“软暴力”欺凌行为也列入刑法惩治范围，加强了法律法规的威慑力，较好地遏制了法国校园欺凌案件频发的形势。据统计，2014 至 2015 年度，法国校园欺凌案件发生率比 2007 至 2008 年度下降了 6.4%。[①]

除开法律刑罚威慑以外，针对一些程度较轻、不适用于刑法的校园欺凌行为，法国更多依靠各地学校发挥惩戒作用。法国教育部专门出台了《地方公共教育机构中欺凌情况的处理流程》，从调查取证、动机分析、采取措施、事后追踪等各个环节对校园欺凌事件中相关人员的责任以及事件的处理流程做出了明确规定。而在惩戒处罚方面，则由各学校参照《教育法》进行违纪处罚。根据欺凌行为后果的严重程度，处罚主要包括“口头警告”“正式书面警告”“课外责任教育”“暂时请出课堂”“剥夺一项校园附加服务”“永久开除当事人”六种不同方式。

当然，根据自身情况不同，在制定和实施违纪处罚的过程中，每个学校的具体处罚形式也各有差异。例如法国公立中学孔多塞悉尼的处罚措施从轻到重，主要分为“向受害者写一封内容明确的道歉信”“交给教育管理所或者警察进行处理”“留校察看或者取消学籍”“正式被学校开除”这四种。[②]

---

① 数据来源：http：//www. education. gouv. fr/pid25496/etudes-statistiques-depp. html.

② SHETGIRI R，ESPELAGE D L，CARROLL L. Anti-bullying Policies and Advocacy[M]//Practical Strategies for Clinical Management of Bullying. Springer International Publishing，2015：39-44.

3. 齐抓共管，大力推动多元主体协同共治

在反校园欺凌的过程中，法国对中央政府、地方学区、各学校乃至于老师、家长、学生各方的责任都有明确界定，形成了多元主体协同共治的工作体系。

在国家层面，法国政府从 2015 年起，将每年 11 月的第一个周四定为“全国反校园欺凌日”，同时以政府名义聘用了 500 名安全预防协助员，专门深入校园暴力和欺凌严重的地区帮助工作。此外，法国政府还为学生开设了欺凌救助热线和网站。近年来许多公益组织也纷纷建立，为校园欺凌事件当中的学生和家长提供咨询和帮助。

在地方层面，法国以行省区划设立学区，给予各学区一定的自主权，推动各学区自行出台《省级校内规范制定办法》，引导各学区以“学区长”为领导，设立安全巡视组，配备学区协调员，对需要协助的学校提供帮助。

在学校层面，如前文所述，各学校依据政府要求，提前做好“反对所有形式欺凌行为”的工作计划，参照《教育法》中相关要求制定校园欺凌行为违纪处罚措施，并按照《地方公共教育机构中欺凌情况的处理流程》做好预防和处置工作。在这个过程中，校长显然是校园欺凌治理的主要责任人，但许多学校也明确规定了教师、家长乃至学生的职责。

其中，校长需要“重视校园欺凌相关的调查和报道”“落实学校反欺凌政策”“普及校园欺凌的相关知识”“确保所有员工都能受到足够的素养训练”“营造相互支持和相互鼓励的校园氛围”。教师需要“重视学生间任何形式的欺凌并加以干预指导”“及时记录和报告事件”“保护受欺凌者并进行相应心理辅导”“教育学生欺凌的含义、危害以及相应的惩罚措施”“邀请欺凌者的父母到学校讨论相关情况”。①家长需要“关注孩子的异常行为迹象”“主动和班主任联系并鼓励孩子和班主任谈心”“支持学校的反欺凌政策”。

（三）法国防控校园欺凌行动的借鉴意义

通过对法国校园欺凌的治理进行概览和研判，我们可以看出，法国在防

---

① 冯帮．法国中小学反校园欺凌政策探析[J]．比较教育研究．2017（10）：33-39.

控校园欺凌方面至少具有以下特点：一是强调立法，用法律的强制手段彰显反校园欺凌的决心，能够较好地遏制校园欺凌行为。二是充分运用信息技术手段，建立全国性的网络来有效监管校园欺凌行为。三是政府高度重视，层层防控，层层落实，齐抓共管，效果比较明显。

法国的这些特点恰恰是我们缺失的。我国在防控校园欺凌行动中没有明确立法，缺少震慑力；缺乏专门针对校园欺凌进行管理的系统或者机制；政府的监管力度、学校的重视程度、社区和家庭的参与程度等都需要进一步提高。有鉴于此，我们可以参考如下方法。

1. 国家立法，刚性约束

校园欺凌行为相对于校园暴力更具有隐蔽性，对校园欺凌行为的定义越精确、归类越明晰，使其内涵和外延越明确，就越能够尽早识别校园欺凌，相应的反欺凌措施也能更好地生效。而从法国的法律法规对校园欺凌行为的震慑作用可以看出，法律法规的刚性约束是校园欺凌治理的兜底保障，我们应该将校园欺凌行为明确分类，按照严重程度分别纳入刑法、民法、教育法、未成年人保护法等相关的法律法规，必要时也应该参考他国经验、结合我国实情，针对校园欺凌行为设立专门的法律法规予以治理。

2. 完善机制，确保实施

通过法国案例可以看出，除了法律法规制度的震慑和约束之外，还应该针对校园欺凌问题配备丰富的监测和执行手段，充分利用现代化信息技术手段，整合各方资源要素，通过设立安全巡视专员、欺凌行为问卷调查、入户走访实地调研、定期校园文化评估等举措，使相关政策制度迅速落地落实，进一步消除校园欺凌的生存土壤。

3. 多方联动，形成合力

校园欺凌治理之难，主要难在校园欺凌行为往往不只发生在校园当中，一些“软暴力”行为也往往够不上严格惩处的标准，单凭政府、学校等任何一方都无法做到彻底治理校园欺凌现象。通过法国案例我们也能知道，从长远来看，需要根据实际情况明确政府、社区、学校和家庭应对校园欺凌行为的各自职责，充分调动各方的积极性，形成联动合作的治理机制，建立起多元主体协同共治的工作体系，在校园欺凌治理当中形成“目标一致、各尽其责、通力合作”的良好局面。

四、挪威部分

挪威对校园欺凌的研究开始于 20 世纪 70 年代末期，是目前世界上最早关注和研究校园欺凌行为和实施预防项目的国家之一。挪威政府通过立法规定学校有义务保护学生不受校园欺凌，大学和社会机构也积极参与开发和研究校园欺凌预防项目。挪威校园欺凌预防项目实施效果显著，受到世界各国的关注及借鉴。

（一）挪威对校园欺凌的概念界定

1978 年挪威著名学者丹・奥维斯（Dan Olweus）教授在世界范围内最先提出“校园欺凌”，他将校园欺凌界定为：“如果一个学生在一定时间内经常遭受一名或数名学生的消极行为，使其感到精神痛苦或不愉快，那么该学生就是受到了欺凌。”①

（二）挪威校园欺凌研究

1983 年，挪威发生了 3 名小学生因遭受严重的校园欺凌而自杀的事件。新闻媒体报道该事件后，校园欺凌现象在挪威社会引起了热议，成为重大的社会问题。挪威政府组织专家和学者在全国范围内针对校园欺凌问题展开调查，了解和把握中小学校园欺凌的具体状况。时任教育部部长奥维斯（Olweus）是调查项目的主要负责人。

奥维斯教授负责的这次调查活动，对挪威 13 万名学生进行了调查，结果表明有 9%的学生经常遭受欺凌，7%的学生经常对他人实施欺凌，5%的学生每周至少遭受一次欺凌。校园欺凌行为多为男生之间对身体的攻击，受欺凌学生年龄比实施欺凌者小②。

1990 年之后，奥维斯教授扩大研究范围，就间接性攻击欺凌现象展开全国性调查。间接性攻击欺凌，也称为关系型攻击，是指引起精神心理痛苦的非直接且经常实施的非暴力行为，经研究调查表明：造谣、恐吓、谩骂、排

---

① OLWEUS D. Bullying at school：what we know and what we can do[M]. Oxford：Blackwell Publishing. 1993.

② 陶建国，王冰. 挪威中小学校园欺凌预防项目研究[J]. 比较教育研究，2016（11）：10-11.

挤、蔑视、索要财物和在他人物品上乱涂乱画等这些现象非常严重。

为了实时了解和把握校园欺凌行为发生的场所、频率和学校采取的预防措施，挪威教育部门规定：每年都进行校园欺凌调查统计，在第 7 学年（小学最高年级）、第 10 学年（中等教育最高年级）、第 11 学年（后期中等教育的第一学年）的学生有义务接受调查，其他年级的学生可以自由选择。挪威每年大约有 40 万的学生接受调查。2010 年的调查结果显示，每周遭受 2 ~ 3 次以上欺凌行为的学生占所有被调查人数的 7.3%。2013 年此调查结果下降至 4.3%[①]。

挪威学校、警察局和很多机构都积极参与对校园欺凌的调查、解决和预防项目。对于较为严重的欺凌行为，有些学校和警察进行合作，由警察确定欺凌行为的严重性或传唤欺凌行为的实施者和其监护人共同教育和解决。相关教育机构将实际事例制成 DVD 进行宣传教育并制作校园欺凌宣传手册。教会、教育研究局也参与校园欺凌预防项目，制作预防校园欺凌的教材发放给学生。由此，挪威开启了防控校园欺凌的系统研究。

挪威校园欺凌预防项目最具有代表性的有奥维斯校园欺凌预防项目、斯塔万格大学“零容忍”欺凌预防项目、儿童行动中心的“全校积极行为支持”预防项目、挪威学校仲裁所制度项目等。

（三）挪威奥维斯校园欺凌预防项目（简称“OBPP 项目”）

1. 项目背景

1983 挪威政府高度重视 3 名学生因不堪校园欺凌而自杀这一校园事件，并委托卑尔根大学负责校园欺凌预防计划的调查、开发和实施，奥维斯教授为校园欺凌预防项目负责人，这一项目被称为“奥维斯校园欺凌预防项目”（Olweus Bullying Prevention Program），简称“OBPP 项目”。奥维斯校园欺凌预防项目经过 40 多年的评估、检验、修订和实践，被美国、英国、加拿大等十多个国家借鉴与应用，被认为是目前世界上影响力最大、效果最明显的校园欺凌预防项目[②]。

---

① 李峰，史东方. 挪威反校园欺凌零容忍方案研究[J]. 教育导刊，2015（2）：92-93.

② 黄明涛. 国外校园欺凌立法治理体系：现状、特点与借鉴[J]. 宁夏社会科学，2017（11）：57.

2. 项目内容与实施

奥维斯校园欺凌预防项目拥有成熟和完善、科学和严谨的防范校园欺凌的操作流程。该项目从学校、班级、教师、社区四个层面进行研究，并详细明确地设计了实施的步骤和过程，参与人员有具体的分工，任务内容安排如下：

（1）学校层面。

学校层面有 7 项任务：

① 组建校园欺凌预防"协调委员会"。学校内组建一个 8 ~ 15 人的欺凌预防"协调委员会"，主要讨论和计划该项目实施的各个阶段和步骤。

② 项目认证培训师培训教职工。全校教职工培训会必须由项目认证培训师担任主讲，组织教职工学习所有与该项目有关的预防校园欺凌的内容。认证培训师要在项目实施开始时与学校代表交流，组织培训会议，指导提供预防措施，在 10 个月内提供每月至少一个小时的专业指导。

③ 学校与认证培训师定期召开小组讨论会和咨询会。

④ 完成调查问卷《奥维斯欺凌自评问卷》。学校组织学生在项目实施后的每一年进行一次匿名问卷调查。问卷内容涉及对学校的喜欢、对学校环境的评估、与同学相处情况、是否有过欺凌或被欺凌、是否有目睹校园欺凌的经历和反应等。

⑤ 根据调查结果制定和介绍本校的防控校园欺凌规定。

⑥ 检测并修订学校监督系统。

⑦ 举行预防校园欺凌项目启动仪式。

（2）班级层面。

开展主题班会课，班级内学生讨论校园欺凌的行为、影响、措施等相关问题。每年组织 2 次家长会，邀请家长了解奥维斯校园欺凌预防项目的组织和实施过程，共同讨论校园欺凌预防措施。

（3）教师层面。

密切监管学生校园日常活动，如果欺凌事件发生，教师能够及时阻止和干预。与涉及校园欺凌的学生和家长沟通、交谈。若欺凌情况严重时，可及时与学校协调委员会联系，甚至报告警察。

阅读项目配套书籍，有两本《教师手册》《校园欺凌：我们知道什么，我们怎么做》和《奥维斯欺凌自评问卷》。这些资料可以帮助教师判断和识别校园欺凌，深入了解校园欺凌现象和校园欺凌干预措施。

（4）社区层面。

加强学校和社区的联系和合作，邀请社区人员加入学校协调委员会，协助防控校园欺凌计划的实施，社区定期宣传校园欺凌的行为、危害、干预措施等相关信息，提高社区居民对欺凌问题的重视程度和反校园欺凌的意识。

3. 实施效果

奥维斯校园欺凌预防项目自实施以来，通过不断进行调查、修改与评估，取得了良好的效果。抽查数据表明：2001 年 10 月 1 日～2002 年 10 月 2 日，受调查者中受害者比例从 15.2%下降到 10.2%，欺凌者比例从 5.7%下降到 3.6%。2002 年 5 月 2 日～2003 年 5 月 3 日，受害者比例从 14%下降到 9.2%，欺凌者比例从 5.9%下降到 3.1%。2002 年 10 月 2 日～2003 年 10 月 3 日，受害者比例从 13.2%下降到 8.7%，欺凌者比例从 5.1%下降到 2.6%[①]。学生逃学现象和反社会的行为减少，学生对学校的认可度、同学之间相处程度、对校园生活的满意度得到提升。[②]

（四）斯塔万格大学“零容忍”欺凌预防项目

1. 项目背景

2003 年，挪威斯塔万格大学的研究人员开发了“零容忍”欺凌预防项目，并在 146 所中小学展开校园欺凌预防实验。2001～2004 年的调查数据表明，在中小学横向比较中，“零容忍”欺凌预防项目效果显著，取得良好的干预效果，成为世界上较为成功的反校园欺凌方案[③]。

2. 项目内容与实施

“零容忍”欺凌预防项目主要包括组建项目团队、欺凌预警、欺凌干预三个阶段。“零容忍”项目注重培养教师识别校园欺凌、解决校园欺凌现象、预防校园欺凌发生和创造安全轻松班级环境的能力，并组织学生和家长共同积极参与预防校园欺凌的行动。

① 黄向阳，顾彬彬，赵东倩. 孩子心目中的欺负[J]. 教育科学研究，2016（2）：12-19.
② 张萌. 挪威奥维斯校园欺凌预防计划对我国的启示[J]. 现代中小学教育，2017（33）：87.
③ 李峰，史东方. 挪威反校园欺凌零容忍方案研究[J]. 教育导刊，2015（2）：92.

（1）组建学校“零容忍”项目团队。

参与“零容忍”项目的学校都要建立欺凌委员会，包括校长教师、学科教师、心理咨询教师、家长和学生。所有参与的学校都被混编进入一个由 3～5 个学校组成的项目组。项目实施前，项目专门人员会组织为期一天的专业知识培训。在项目实施中，项目组会召开研讨会，讨论、分析项目实施中的调查信息和反馈问题。团队成员可以通过电话、电子邮件、网站论坛和网络交流平台等进行信息分享和获得专业协助。

（2）欺凌预警。

① 运用“筛选标准”识别校园欺凌行为。

教师运用“零容忍”欺凌预防项目的“筛选标准”，识别学生的违规行为；建立匿名报告系统，鼓励学生直面欺凌并及时报告欺凌现象，学校会将欺凌现象及时录入欺凌报告系统；开设相关的反欺凌课程；增加校园主要观测点的摄像头数量，要求学校的一切活动尽可能可视化、公共化。

② 监控校园活动和强化教师的权威。

奥维斯（Olweus）教授的研究发现，课余时间监督的教师越多，攻击性行为发生率就越低[①]。教室活动中实行反欺凌教师负责制，并强化教师在教室领导中的权威模式。罗兰和加洛韦（Roland and Galloway）提出：权威的领导力会直接降低羞辱同龄人来实现权力的风险[②]。权威模式适合学校的所有领域，它不仅能增进团队凝聚力，还能增加人际关系的良好互动。在课间休息时间，值班教师和其他工作人员佩戴“零欺凌”的标志，并穿上黄色反光背心巡视校园，确保早发现和避免欺凌行为的发生。

（3）欺凌干预。

首先，当发现校园欺凌行为时，学校“零容忍”项目团队会召开 1～3 次会议来进行及时干预。学校专门的心理教师会跟进受害者，确保其得到及时的安慰，稳定其心理情绪，并传授其应对欺凌的具体步骤。

其次，学校“零容忍”欺凌委员会召开会议强化学校反欺凌的态度，进而实现惩戒欺凌者的目的。

---

① OLWEUS D. Bullying at school：what we know and what we can do [M]. Oxford：Blackwell，1993：59-61

② ROLAND E，GALLOWAY D. Classroom influence on bullying[J]. Educational Research，2002（44）：299-312

接着，欺凌委员会召开反欺凌座谈会，通过反复强化以终止学生的欺凌行为。

3. 实施效果

2001 年至 2004 年的调查数据表明，学校学生受欺凌的案例大大减少，该项目中的欺凌识别、欺凌预警和干预措施都取得良好的干预效果。“零容忍”方案实施前，超四分之三的学生希望校方能对校园欺凌行为采取必要干预措施。在“零容忍”实施后，超过一半的学生认为校园欺凌现象有所改善①。

（五）儿童行动中心的“全校积极行为支持”预防项目

1. 项目背景

儿童行动挪威中心针对校园欺凌问题，组织团队，设计出能预防欺凌的全校积极行为支持项目（School-Wide Positive Behavior Support），简称 SWPBS 预防项目。

2. 项目内容与实施

儿童行动挪威中心预防欺凌的“全校积极行为支持”项目的内容包括：根据对学校欺凌行为调查后的结果制定规则；经讨论分析情况后，采取灵活的措施；从全校层面建构校园欺凌预防措施框架；项目组专业团队培训，全部教师研修，提升教师的干预能力。

“全校积极行为支持”预防项目实施过程可分为三个阶段。在第一阶段，对全体学生进行调查，项目专业人员和教师根据调查结果，讨论预防和应对方面预期达到的效果，并制定适合的防控规则。在第二阶段，充分利用学校信息系统，根据学生受欺凌的状态，采取相应的干预措施和心理辅导。在第三阶段，集中开展社会关系训练和情绪控制训练，针对个别学生实际情况进行指导计划和支援②。

① PATRIZIO T K. The success rate of a Bullying Prevention Program at Betsy Ross Elementary School [D]. California：California State University，2006.

② 陶建国，王冰. 挪威中小学校园欺凌预防项目研究[J]. 比较教育研究，2016（11）：12.

3. 实施效果

2007 年，儿童行动挪威中心选择 28 所学校实施“全校积极行为支持”预防项目进行对比性调查①。调查结果表明：该项目的实施有助于构建安全和健康的学校环境。通过参加的一系列培训，教师惩罚学生现象减少，鼓励学生的情形增加，教师能够较好地防止和应对相关欺凌行为问题。

（六）学校仲裁所制度项目

1. 项目背景

学校仲裁所制度项目是由挪威学校仲裁所制度研究会开发的，仅在奥斯陆市就有 43 所中小学引入该项目，该市共有 170 所中小学校。在挪威，各学校是否引入这一项目必须由学校召开民众会议决定，教育行政机关和校长无权擅自决定引入这一项目。

2. 项目内容与实施

学校仲裁所项目是一种进行关系修复的应对方法，当学生之间发生争执时，由具有学生身份的仲裁员介入，促成彼此以协调或和解方式化解矛盾。这一项目对于预防校园欺凌具有重要意义。

首先，学校派出专门教师负责仲裁所的管理工作，并负责从学生中选任仲裁员。学生仲裁员应当具有良好的个人能力，不得有实施欺凌行为的表现。

其次，当发生争执或欺凌事件后，学生双方可以协商将纠纷提交学校仲裁所解决。学生仲裁员与当事人进行交谈，促成当事人进行和解。

最后，当学生达成和解时，制作和解协议书，并在其后的 1 ~ 2 周时间内，确认合意内容履行情况，若未履行合意内容，将再次与当事人进行交谈②。

3. 实施效果

在校园欺凌校内仲裁中，仲裁员积极引导学生之间进行和平交流，达成共识并找出解决问题的方案。学校仲裁所制度发挥了社会知识训练窗口的功

---

① 陶建国，王冰. 挪威中小学校园欺凌预防项目研究[J]. 比较教育研究，2016（11）：12.

② 周华珍，何子丹. 关于国外校园欺负行为的干预经验研究及其启示[J]. 中国青年研究，2009（8）：4-8.

能。学生通过参与仲裁，选择最佳的方法与他人建立关系，能够感受自己的责任和担当。这有利于增强学生的合作意识，还有利于修复学生之间的关系，预防新问题的发生，降低社会本身具有的各种风险。

（七）挪威校园欺凌预防项目对我国预防中小学校园欺凌的启示

挪威的这些预防项目在校园欺凌的防治措施上积累了很多成熟的经验，对于构建适合我国国情的预防干预机制，建设平安、文明的校园环境有如下启示。

1. 社会层面的防控

（1）建立综合治理体系。

2002 年 8 月，挪威政府通过立法发表了《反欺凌宣言》。2016 年 11 月 1 日，我国教育部联合其他八部委印发了《关于防治中小学生欺凌和暴力的指导意见》，就中小学生思想道德教育提出意见。校园欺凌防控需要各部门共同协调。

（2）构建多元共治模式。

校园欺凌是一个普遍性的社会问题，包含社会、家庭、学校、心理、法律等多方面的因素。挪威的奥维斯校园欺凌预防项目、斯塔万格大学“零容忍”欺凌预防项目、儿童行动挪威中心的预防项目、挪威学校仲裁所制度项目等的实施，都要借助社会各方的力量和支持。要有效预防校园欺凌，我们也需要借助高等院校、相关研究机构、媒体、社区、社会团体、志愿者组织等各方面工作的协调和配合。发挥新媒体作用，做好校园欺凌预防的宣传；利用 12355 青少年服务台，给学生提供有针对性的自我保护措施、心理辅导与法律咨询；鼓励孩子积极参与社区活动；社会团体和志愿者分担社区的宣传和治理工作。

（3）强化校园欺凌惩戒。

挪威的奥维斯校园欺凌预防项目研究发现，校园欺凌者成年后的犯罪率比普通人高出 37%，其他反社会行为也更为常见。[①]斯塔万格大学“零容忍”欺凌预防项目也强调加大惩罚力度，对校园欺凌行为“零容忍”，表明了反校园欺凌的坚决态度。面对校园欺凌，说教式处罚方式有时过于温和，难以起到震慑作用，应构建强有力的规则体系和惩戒体系。

---

① SMITH P K，MORITA Y，JUNGER-TAS J，OLWEUS D，et al. The Nature of School Bullying：A Cross-national Perspective [M]. Rouledge，1999：28-48.

2. 学校层面的防控

（1）保障防控制度。

学校坚持遵守相对权威、稳固的法律法规是防治校园欺凌的重要保障。挪威的奥维斯校园欺凌预防项目在广泛的调查研究后，成立了专门的机构，制定了具体的计划，出台了一系列的校园欺凌综合治理方案。目前我国许多中小学对校园欺凌关注度不够，缺乏对防控校园欺凌相关的制度的学习，缺乏专业人员对防控校园欺凌相关法规进行培训和指导。学校需要制订学习方案，加强对《中小学生守则》《中小学法制教育指导纲要》等相关法规的学习，引起师生对校园欺凌预防的重视。

（2）建设防控团队。

在挪威的校园欺凌预防项目中，首先都建立了学校的"协调委员会""欺凌委员会"或"学校仲裁所"进行预防工作的协调。我国也可以借鉴这种方式，组织教师、学校安保人员、家长、学生及社区组建"校园欺凌防控团队"，专门解决校园欺凌问题。防控团队对校园欺凌进行具体统一安排，做好预防、识别、督查和治理工作。各团队成员明确分工，组织学生进行《欺凌自评问卷》的回答与讨论并制定防控校园欺凌的工作步骤，组织学习相关规章制度，提供专业咨询、心理辅导等。

（3）强化教师权威。

"零容忍"预防项目中的欺凌预警中，"权威的班级领导"能大大降低儿童遭遇校园欺凌的风险。所以在校园欺凌防控方面，需要强化教师权威，增强班级凝聚力，提升教师对校园和班级的管理和控制力度。

还要加强课堂和课间活动安全的排查工作。奥维斯校园欺凌预防项目研究发现，"课余时间监督的教师越多，学生攻击率就越低，发生欺凌的概率减少"。这就要求在课间活动期间，落实教师或工作人员值班和巡查制度，并佩戴校园欺凌防控标志或穿着专门的制服，强化教师或工作人员的权威，对可能存在的欺凌行为做到早发现、早预防、早控制。

3. 班级层面的防控

（1）开设专题教育。

挪威的预防项目中，除了法律规定的学习内容，还包含一系列的问卷、书目、讲座、文本资料、视频资料。如组织自编的《欺凌自评问卷》的调查，对“零容忍”方案指导书的学习，对《校园欺凌：我们知道什么，我们怎么做》的专题系列学习。这些调查和学习详细介绍了防止校园欺凌的要求和原则、校园欺凌的判断和识别、预防校园欺凌相关措施等。

我们的班级除了重视平时的考试科目，也要重视道德教育和心理健康教育，还要重视结合典型案例，开展防控校园欺凌专题教育的学习。

（2）开展主题班会。

各班应定期举行与校园欺凌防控相关的主题班会。防治校园欺凌，外部因素通过内部因素起作用。只是采用制止、惩罚、威慑等方法不能从源头上解决问题，预防与减少校园欺凌还需要将校园欺凌预防的制度、规定等融入日常教学和管理过程中，这样才能真正发挥作用。

对可能面临校园欺凌的学生，通过座谈会行及时、有效进行沟通和引导，以便及时应对处理。对于有校园欺凌倾向的学生，要教育其自觉遵守校规校纪，遏制事态的发展，做到不实施欺凌和暴力行为。

4. 教师层面的防控

（1）学习防控资料。

任课教师、参与欺凌防治的教职工都必须参加学习有关校园欺凌防控的法律法规。如《青少年法治教育大纲》《刑法》《治安管理处罚法》《预防未成年人犯罪法》中关于校园欺凌的相关内容。

学校定期邀请专业人员，组织全体教师进行校园欺凌防控的讲座，了解校园欺凌的案例、学习校园欺凌的判断和识别知识、学习防治校园欺凌的措施等。全面提高全体教师及时识别欺凌现象的能力。

（2）监控校园活动。

教师应主动关注学生的课堂和课间的动态，是有效防控校园欺凌的重要措施之一。班主任利用主题班会课，以学生能够接受的方式探讨校园欺凌的现象、危害以及行之有效的预防措施。心理老师可以开设校园欺凌的专题学习和心理咨询。任课教师可将德育、心理健康教育融入课程教学中。

还要加强课间活动的监控。课间活动期间，值班老师或安保人员佩戴专门标记，巡视校园各个角落，做到无死角；进行系统登记，若有校园欺凌的苗头，报告给班主任或德育组长，及时干预处理，阻止事态的蔓延。

（3）加强家校联系。

通过家访、家长会，班级微信群、QQ 群等途径，推送防控校园欺凌宣传资料，帮助家长了解防治校园欺凌的知识，增强对孩子的监护责任意识。通过培训，教师与家长共同探讨家风建设、亲子关系、对孩子的管教，从源头上预防学生校园欺凌行为发生。

若教师发现学生思想情绪低落或异常时，可以及时与家长沟通，了解学生情绪变化的原因。加强家校沟通，有助于教师对欺凌事件线索和苗头的认真核实，也有助于对欺凌者或被欺凌者进行及时干预疏导，避免悲剧的发生。

五、加拿大部分

校园欺凌是每个国家都绕不开的话题，不同的国家会采取不同的措施防控校园欺凌，加拿大也不例外。加拿大政府一直致力于以校园环境安全为首要条件的基础教育的改革[①]，经过不断的实践，已经形成了预防校园欺凌的较为完善的体系。

加拿大政府将校园欺凌大致划分为物理欺凌、言语欺凌、社交欺凌和网络欺凌四种，并进行了明确定义，先后出台多项法律法规，将 9 项行为设立为反欺凌教育警醒，甚至将一些行为界定为刑事犯罪，同时追加无限追诉期限。加拿大国家预防犯罪中心还与各地方政府、社会机构和团体展开合作，成立相关专业机构，提供专业的测评工具和资源，整合社会资源，有力地推进校园欺凌防控工作。政府、学校、家庭、社会团体各司其职、相互合作，预防校园欺凌。

在营造反欺凌的环境方面，加拿大有粉红衬衫日、欺凌预防周、特定的反欺凌主题活动日等，为儿童营造安全的现实空间，开设预防网络欺凌的媒介素养教育课程，带领学生通过理解现实社会和网络虚拟社会的联系与区别以减少现实和虚拟两个社会中的欺凌现象。在网络欺凌的道德与法律层面的教育方面，通过对虚拟社会的形象审视和行为反思来规范和改善学生个体虚拟社会行为的目标。

---

① 杨廷乾，接园，高文涛. 加拿大安大略省校园预防欺凌计划研究[J]. 比较教育研究，2016（4）：77.

（一）细致划分，明确校园欺凌的定义

加拿大政府制订的《构建安全校园：欺凌预防行动计划》认为："欺凌，是一种动态的互动过程，是有害身心健康的一种形式，是重复使用强势力量，对受害者进行言语或者身体以及社会侵犯。"[①]在加拿大，校园欺凌被大致划分为物理欺凌、言语欺凌、社交欺凌和网络欺凌四种。物理欺凌是指盗窃或者破坏受害人物品、对其进行殴打、逼迫其做违背自身主观意愿的事情（包括性接触）等。言语欺凌是指给受害人乱取绰号、散布不实言论，戏弄、讥笑或者评论他人的性别、种族、性取向、信仰、家庭、文化喜好等。社交欺凌是指对受害人施以羞辱、驱赶、冤枉、孤立等伤害，其具体做法为群体羞辱、肢体及手势羞辱等。网络欺凌是指通过互联网发送短信或者邮件，威胁、羞辱、嘲弄他人，假冒他人发布消息，非法窃取他人信息等。[②]

（二）有法可依，制定及实施各项法律法规

加拿大政府认为欺凌会给实施欺凌者、受害者甚至旁观者都带来恶劣的心理影响。欺凌受害者可能会产生焦虑、孤独等社会性心理问题，而欺凌行为也会给实施者自身带来心理偏差，严重的可能导致其违反法律法规、滥用药品、犯罪甚至自残自杀等。对于旁观者而言，无论是偶遇旁观、帮助实施者恃强凌弱还是主动介入制止，这三种态度都会给旁观者带来不同的压力和恶劣的心理影响。因此，加拿大政府积极制定与实施各项法律法规，预防校园内外出现欺凌事件。

1. 校警计划，零距离预防，及时干预校园欺凌

因一起学生在校被枪击身亡案件，加拿大在 2008 年推出了校警计划（School Resource Officer Program），校警进驻校园，与学生"零距离融合"，及时了解治安状况，向学生传播法律知识和观念，预防及制止欺凌事件，大大改善学校的安全环境。

---

① Shaping Safer Schools：A Bullying Prevention Action Plan [EB/OL].（2015-12-14）. http：//www. edu. gov. on. ca/eng /healthysafeschools /actionTeam/shaping. html.

② Shaping Safer Schools：A Bullying Prevention Action Plan [EB/OL].（2015-12-14）. http：//www. edu. gov. on. ca/eng/healthysafeschools/actionTeam/shaping. html.

2. 多项联动，全面防控校园欺凌

加拿大政府先后出台、修订了包括《警局与教育局草案》《儿童暨家庭服务法案》《反种族主义和民族平等法案》《非暴力学校政策》《教育法》《安大略学校行为准则》《安全学校法》《安大略人权法案》《青少年犯罪法》等法律法规。[①]针对青少年违法有不予指控、口头警告、书面警告、社区服务和刑事指控五个等级的处理办法。加拿大青少年无论年龄大小，均应当遵守法律法规。

3. 法不容情，法律界定欺凌行为与刑事犯罪

加拿大国家刑事犯罪预防中心将 9 项行为设立为反欺凌教育警醒，同时将某种程度的行为界定为刑事犯罪，并追加无限追诉期限。这些行为包括：对人以任何形式发出死亡威胁；使受害人感到不安全以及严重的身体伤害；未经他人同意发布私密信息等；威胁、骚扰、伤害性的过激行为，包括推打、绊倒、拳打脚踢或朝人吐痰等；互联网上的欺凌等。以上这些行为均属刑事犯罪，均有可能受到刑事指控。

4. 国家干预，专业机构推进防欺凌工作

加拿大国家预防犯罪中心作为加拿大公共安全和紧急事务预防部门的一部分，旨在通过国家干预，为预防和减少犯罪提供有效的方法，针对校园欺凌问题开展了一系列校园欺凌预防项目。[②]通过与各地方政府、社会机构和团体展开合作，以成立相关专业机构、提供专业的测评工具和资源、举行专业研讨和推进活动、整合社会资源等方式为校园欺凌防控提供求强有力的支持，有力地推进校园欺凌防控工作。

（三）管办评分离，构建防控欺凌共同体

众所周知，第三方评价中立、专业与高效。加拿大政府引入安全校园行

---

① 王钰蕾. 我国反校园欺凌立法问题研究[D]. 长沙：湖南大学，2017.

② 孟佳妮. 加拿大校园欺凌预防项目述评——以国家预防犯罪中心项目为例[J]. 世界教育信息，2018（18）：66-71.

动小组，政府管、学校办、第三方机构安全校园行动小组评，三方成立相对分离又互相合作的共同体，更科学、客观评估与防控校园欺凌。

安全校园行动小组由矫正和安全部门领导、网络安全学校、成瘾和心理健康中心的研究人员及相关学科教授组成。小组享有资源优先使用权。通过参照不同国家与地区的经验与举措，咨询全省范围内不同人群，举行关于预防欺凌的介入策略讨论，最终形成咨询报告，由政府、学校、安全小组构成的共同体制定校园预防欺凌计划，可信度与可实施度都很高。

安全校园行动小组提出《学校安全政策与实践：一项行动议程》①与更加具体的《塑造尊重的校园文化：促进安全健康的人际关系》（Shaping A Culture of Respecting Our Schools：Promoting Safe），教育、评价、行动和政策是其中共同提出的预防欺凌计划四个重大要素，四个要素又细化为“预防、渐进性惩处、社会和家长参与、安全校园法的执行、停学或开除学生项目、教育培训和省级安全校园框架”等应优先行动的八大领域以及“课程、有效的伙伴关系、预防、提高认识和干预、响应、支持、报道、当地警局与教育局协议、领导力、家庭参与、培训、评估和问责制”等关键建议和要求。②

1. 政　府

根据加拿大相关规定，政府和各部门必须有良好的协作，配合教育部门及学校严格执行校园预防欺凌计划。预防欺凌计划规定将有关安全校园和校园预防欺凌的内容纳入教师职前培训以及警察训练课程中，其中包括《安全学校法》、校园调查方案、学校与警局的相关协议、确认警校联络员等内容；校园预防欺凌计划利用旅游和娱乐主管部门进行传播，鼓励利益相关者积极参与预防欺凌，社会福利事业、儿童和青少年服务机构、健康和护理部门都应当重点实施此计划③。

---

① Safe Schools Policy and Practice：An Agenda for Action. [EB/OL].（2015-12-14）. http：//edu. gov. on. ca/eng/ssareview/report0626. html.

② 杨廷乾，接园，高文涛. 加拿大安大略省校园预防欺凌计划研究[J]. 比较教育研究，2016，38（4）：62-65，77

③ 杨廷乾，接园，高文涛. 加拿大安大略省校园预防欺凌计划研究[J]. 比较教育研究，2016，38（4）：62-65，77.

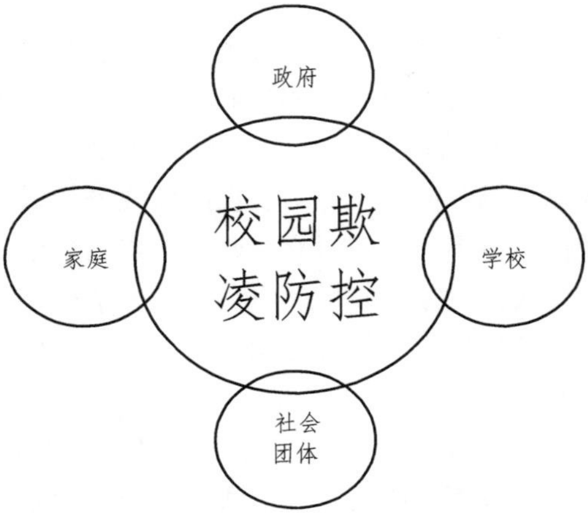

图 3-5　政府、家庭、学校和社会团体组成反欺凌共同体

《青少年犯罪法》规定，12 岁以上的孩子犯罪需要承担刑事责任。学校的反欺凌教育从入学就开始，由加拿大皇家骑警进行校园安全教育，六年级学生要接受基本法律常识、校园与网络欺凌、盗窃和帮派以及枪支毒品犯罪的法制和专项问题教育。

实施计划需要的资金由政府统筹管理，确保反欺凌经费充足。以安大略省政府为例，2004 年至 2009 年间，政府提供了至少 8170 万美元来支持校园欺凌预防计划的调查研究、校园欺凌预防计划的执行以及学生护卫所需要的津贴等。

2. 学　校

学校是预防校园欺凌主要场所，必须提高认识，重视防控欺凌，从完善措施、加强教职工培训、规范学生行为等方面保障学生安全。

（1）完善校内预防和干预计划。

一个完善合理的防控计划是有效实施校园欺凌预防和干预的前提。加拿大学校校园欺凌防控计划制定的主体是学校董事会。董事会结合学校教师和学生实际情况，当地经济、文化、民族情况以及校园欺凌的实际情况，制定出初步的实施方案，然后经政府、第三方机构、社会团体等合作方进行充分的论证，再结合多方信息进行评估改进，形成最终的预防和干预计划，并通过网站、宣传手册等多种形式向社会公布。

（2）加强教职工培训。

安全和友好的学习环境对每个人都很重要，加强对教师的培训能有效防止校园欺凌事件的发生，为所有学生和教职工提供安全和包容的学习和工作环境。[①]培训的对象包含教育管理人员、学校领导层、教师、志愿者等。培训的内容包括校园欺凌的预防措施，对发生的欺凌进行识别和应对以及报告等内容，使其对校园欺凌事件的应对有更确定的实施策略。

同时，教师应对校园欺凌的态度、方法等形成了良好的示范作用，对学生发展其社会技能、责任感有着积极作用，从而能进一步减少欺凌。

（3）规范学生行为。

学校是让学生安全学习、成长的环境，但面对日益严重的校园欺凌现象，许多学校的学生守则不仅有文明礼貌等价值引领，也特别强调学生不得“用手打人，用脚踢人，使用肮脏的语言对人”[②]，通过对学生肢体动作的明确规定来帮助其减少肢体上的欺凌。

同时，加拿大学校还设有心理健康课程，如情绪管理等。根据学生的行为，按照情绪变化的强弱，用学生喜欢的颜色，对情绪进行分区，在教室、公告栏等多处张贴，使学生对自我及他人的情绪状态有较为明显的认知，并能根据措施作出相应的自我调整和应对。为给学生提供一个安全、舒适的学习环境，加拿大学校注重对学生情绪表达方式的培养，制定并要求所有学生都应遵照“善良、安全、尊重”的准则，对自己的情绪和行为负责。[③]同时合理利用课内教学、户外实践、戏剧、综合实践基地等场所，提供给学生多种调控情绪的场域。

对于学生的教育重点在于通过准确的自我认知、良好的自我调节、友善和谐的人际关系建立、充分的社会情感学习等途径弱化其欺凌的意识，从而减少校园欺凌。

3. 社会团体

加拿大还设置专门的防欺凌机构，其在校园欺凌预防、干预、后期帮扶

---

① 杨梦飞. 加拿大萨省将培训学校教职工以建立安全包容的学习环境[J]. 世界教育信息，2019（24）：75.

② 陆玮红. 加拿大：学生守则从“小”入手[J]. 甘肃教育，2015（13）：126-127.

③ 徐琼，吴坚. 加拿大小学情绪管理实践策略探析——以U小学为例[J]. 中小学德育，2018（10）：68-70

等方面都发挥着积极作用。儿童帮助机构和网站对孩子如何避免遭受欺凌提供指导性建议，比如平时多交一些好朋友，经常与大家在一起，避免经常一个人，目光不要经常盯着地面（显得很孤僻和软弱）等。如果身边有类似的欺凌行为，或者曾是受害者，不要害怕、不要回避，及时离开现场，记录下受欺凌的细节，告知自己信任的成年人或者报警来努力保护自己。孩子们五岁起就要学习使用求助渠道。

这些专门机构和社会团体还会对经历了校园欺凌事件的学生进行专业的心理辅导，使其能更好地消除心理障碍，恢复正常生活并建立和培养起防欺凌的意识和行为能力。

同时，这些社会团体也通过专业的测评工具对校园欺凌的防治工作，从政府主体、教育主管主体、学校主体、家庭环境、社会环境等主体，教育、评价、行动策略等维度进行专业的评估，对防控工作和欺凌行为的认定进行专业鉴定。同时，安全校园行动小组通过《校园预防欺凌评估工具》持续追踪学校安全环境及预防欺凌计划的进行，用系列调查问卷关注不同人群对校园安全环境的看法，诊断实施效果。

4. 家　庭

在加拿大，人们普遍认为，当家长积极参与学校教育活动时，学生、家长、教师、学校和社区都能获益[①]。家长参与校园欺凌防控可从以下几个方面进行。

一是与学校交流学生生活习惯、兴趣爱好等，参与到学生学习规划中，并以此为基础为其提供适宜、温馨的家庭环境和丰富的家庭学习活动。这不仅能搭建更好的学习空间，更能通过和谐的人际关系（成人关系、亲子关系）来培养孩子健康的心理和行为，从而使其能远离和科学应对校园欺凌。二是参与学校防欺凌教育等活动。学校对家长的培训教育使其能有效预防和应对学生的欺凌事件，学校组织的亲子活动也能使学校、家长成为学生应对校园欺凌的支持力量。三是加强与老师多途径的沟通，参与相关会议。需要说明的是，与我国家长会的方式不同，在加拿大学校的家长教师组织（Parent Teacher Organization）中，家长可以主动组织召开相关会议、开展相关调研

① 姚林群，赵志琦．家长参与：加拿大安大略省的经验与启示[J]．世界教育信息，2017（22）：60-65.

活动，对校园欺凌等问题进行研究后，向教师、学校提交相关报告。四是参与学校防控校园欺凌相关政策的制定。家长不仅可以参加校董会或家长参与委员会（Parent Involvement Committee）的活动，同时在校园欺凌防控政策的制定方面享受充分的话语权。

（四）多措并举，营造安全的儿童成长空间

1. 营造安全的现实空间

在红十字会的倡议下，加拿大设定有积极参加反欺凌的“粉红衬衫日”。粉红衬衫上印有宣传反暴力、反欺凌的标语和图案，以纪念加拿大某中学一位因穿粉红衬衣而受到同学讥笑、欺侮的10年级男生。

加拿大政府每年都会设置欺凌预防周，人们设计防欺凌网站、海报，把计算机屏保设为与欺凌预防相关的信息，拍摄编辑反欺凌短片进行比赛，举办防欺凌艺术赛，发表关于欺凌预防的演讲、创作并播放以反欺凌为主题的歌曲，组织反欺凌主题的跑步或音乐会等集会[①]。

加拿大每年还会在特定的日子举办与反欺凌相关的主题活动，例如防止虐待儿童月、世界防止虐待儿童日、国家儿童日、“儿童权利公约”周年纪念日等。

政府提供翻译成不同语言的《我们可以帮助制止欺凌行为：家长手册》，帮助学生和家长识别和制止欺凌，儿童求助热线也会24小时提供免费的关于校园欺凌和其他相关问题的咨询。[②]

通过多种措施，让安全充满儿童成长的现实空间，充分发挥社会媒体、团体（志愿者）和社区的防控功能，有效地预防和干预校园欺凌。

2. 营造安全的虚拟空间

网络欺凌，是校园欺凌的新现象，因为其传播速度快、范围广，所以造成的影响和后果往往更为严重。网络虚拟空间中的欺凌因为欺凌者身份更加隐蔽、途径多样、干预难、传播广，防控难度更大。加拿大数字与媒介素养中心（Canada’s Center for Digital and Media Literacy，又称 Media Smarts）联

① 杨廷乾，接园，高文涛. 加拿大安大略省校园预防欺凌计划研究[J]. 比较教育研究，2016，38（4）：62-65，77.

② 杨廷乾，接园，高文涛. 加拿大安大略省校园预防欺凌计划研究[J]. 比较教育研究，2016，38（4）：62-65，77.

合加拿大政府和加拿大教师联盟共同开发了针对网络欺凌的媒介素养教育课程——“网络欺凌：鼓励道德的在线行为”。[①]

该课程根据学生不同的年龄层次，开展不同主题的授课内容，包括对虚拟社会及网络欺凌的认知、相关法律政策、个体行为规范三个方面。此外，该课程不仅对学生进行相关教育，还提供让家长也共同参与的父母指导手册。

在对虚拟社会及网络欺凌的认识方面，着重让学生理解现实社会和网络虚拟社会的联系与区别、现实社会身份和网络虚拟社会身份的联系与区别、现实社会人际交流和网络虚拟社会人际交流的联系与区别等,结合角色扮演、情景再现、案例分析交流等方式，让学生了解、体会遭受欺凌当事人的情绪状态。一方面让学生了解并意识到网络欺凌带来的巨大伤害，另一方面也建立和培养学生的同理心，让学生在现实和虚拟两个社会的人际交往中体验现实和虚拟两种身份角色，学会在现实和虚拟两个社会中尊重他人，从而减少现实和虚拟两个社会中的欺凌现象。

在网络欺凌的道德与法律层面的教育上，着重通过网络欺凌相关法律知识的介绍、相关案例的法律剖析、学生共同商定案件等对受众的法律常识和价值取向进行建设，并影响其行为模式。

在个体行为规范教育方面，着重通过个人网络形象塑造、对网络交流传播机制及私密性进行探讨、应对创设的网络欺凌三方面的教育来达到通过对虚拟社会的形象审视和行为反思来规范和改善学生个体虚拟社会行为的目标。

综上所述，加拿大政府对欺凌现象是“零容忍”的，其细致划分并明确界定校园欺凌的定义，制定及实施各项法律法规使预防和干预有法可依，管办评分离，政府、家庭、学校和社会团体各司其职，共同构建防控欺凌共同体，宣传、教育、管理等方式多措并举，尽力为儿童营造安全的成长空间。但不可否认的是，校园欺凌是一个全球普遍存在、屡禁不止的现象，就算是“零容忍”的加拿大，其“停止欺凌”网站上的调查显示，64%的学龄儿童和50%的高中生认为欺凌是学校日常的一部分，每周都会遭到欺凌的学生高达12%；平均每 7 分钟全国就会发生一起欺凌事件；85%的欺凌事件有旁观者[②]。

---

① 肖婉，张舒予. 加拿大反网络欺凌媒介素养课程个案研究与启示——基于“网络欺凌：鼓励道德的在线行为”课程的分析[J]. 外国中小学教育，2016（9）：5-10.

② KINS L H，PEPLER D J，CRAIG W M. Natura listic Observationsof Peer Interventionsin Bullying[J]. Social Development，2001，10（4）：512-527.

同时加拿大对校园欺凌事件的防控与处理仍有很多值得商榷和改进的地方。而这种改进需要的是政府、家庭、校园、社会多方的共同关注和高度重视。拒绝旁观，真正行动起来，才能杜绝校园欺凌。

六、澳大利亚部分

澳大利亚是一个具有多元文化的移民国家，现有人口中有超过 10%为移民，主要来自欧洲、南美洲、亚洲等近 200 个国家和地区。

巨大的文化差异给他们的校园欺凌治理工作带来了不少挑战。自 20 世纪 90 年代以来，澳大利亚的校园欺凌现象与日俱增，严重影响澳大利亚青少年的身心健康，也引发了社会各界的广泛关注和担忧。原本是孩子们快乐学习和安全成长的校园乐土，却因校园欺凌事件让孩子们充满了不安全感。欺凌者和被欺凌者生理、心理逐渐远离正常水平，频繁的恐慌、焦虑、抑郁、狂躁等消极情绪引发了逃学、攻击他人、封闭自我、自残、自杀等不良心理症状和行为，加上新型的网络欺凌随时随地、无孔不入地侵入，更加剧了欺凌事件的负面影响。一些伤害给受害者带来了持久的危害，令他们不能正常地在成年后立足社会，阻碍了社会的和谐发展。家庭、学校和社会强力呼吁政府出面治理校园欺凌事件，为广大青少年提供真正安全的成长环境。

为有效应对校园欺凌问题，澳大利亚从国家层面着手对校园欺凌进行预防干预。

其实，澳大利亚是世界上较早关注校园欺凌问题的发达国家之一。早在 1975 年，政府就颁布了《种族歧视法案》，提倡尊重民族差异、文化差异；1986 年，颁布《人权与平等机会委员会法案》，强调人权教育的重要性；1992 与 1995 年分别颁布《残疾人歧视法案》和《种族仇恨法案》等。这些法律文件的公布为接下来政府制定抵制校园欺凌的对策奠定了法律基础。[①]

澳大利亚政府建立了反校园欺凌的相关网站，规定每年的 3 月 15 日为“国家反欺凌及暴力行动日”。教育部官方网站对校园欺凌作了非常严格和明确的界定：一人或多人故意且超过一次有威胁、胁迫、侮辱、孤立、伤害他人的行为即为欺凌。欺凌行为包含言语上的，如骂人、戏弄、辱骂、贬低、

---

① 商雪敏. 澳大利亚校园欺凌预防和干预的对策及启示[D]. 曲阜：曲阜师范大学，2020.

嘲讽、羞辱、威胁；身体上的，如触摸、击打、殴打、踢、挠、绊、摔、吐口水；人际交往上的，如忽视、孤立、疏远他人，散布谣言，用轻蔑的目光、厌恶的脸色、不恰当的姿势对待他人、干扰或破坏他人财物以及在钱、财物、功课和安全方面进行勒索；还有网络媒体上的，如在社交媒体上谩骂，发恶意短信、邮件和聊天信息、未经允许拍照或共享他人照片。

澳大利亚政府于 2003 年出台了《国家安全学校框架》(以下简称《框架》)，制定全国统一的指导政策和方案，并不断进行修订和完善，有效破解了校园欺凌难题。

该政策是在充分研究国际国内校园暴力、霸凌问题现状及澳大利亚原相关法案政策执行情况后，在国家立法部门和专家学者指导下，综合考量各州、各自治领地和学校的治理需求制定的，是该国在反校园欺凌领域第一条比较完善全面的国家政策，对学生安全起到了重要的保障作用。

（一）《框架》六大指导原则

（1）保证学校师生员工安全利益不受侵犯，使他们在学校拥有安全感。

（2）明确学生身心健康和有效学习的重要前提是学校支持和安全保障。

（3）明确学校安全保障包含完善安全制度、维持安全环境、给师生员工提供必要支持、切实履行保护学生的职责。

（4）支持全体师生员工积极参加学校安全环境的建设和维护，为安全环境建设出谋献计。

（5）加强青少年自我保护和理解能力的教育，引导他们乐意帮助他人。

（6）重视学校安全氛围的营造，结合学校实际开展安全共同体的建设。

六大指导原则以安全、尊重、支持为主要理念，重点强调学生的身心健康是他们在校高效学习的前提和重要保障，学校应不遗余力进行安全环境建设，有效杜绝校园欺凌现象。

（二）以《框架》为指导的学校反校园欺凌具体实施方案

1. 明确学校职责

政府首先明确了在反校园欺凌方面学校的管理职能，确认学校领导和管理团队在反校园欺凌教育中担任重要职责，反校园欺凌的责任主体为学校。学校具体有以下职责：

（1）承担全校范围内人员安全，承担提供师生安全工作、安全学习的环境并进行维护的责任，确保支持并尊重成员的安全需求。

（2）制定学校安全建设的发展目标计划，并针对发展目标作出详细的工作规划。

（3）营造安全的学校氛围，鼓励支持学校教职员工参与安全建设，并设法提升他们的参与积极性，吸引他们参与实施过程。

（4）对学校的校舍、教学设施设备等基础设施进行定期评估和检查，确保师生员工的安全，随时针对检查情况进行加强和整改。

（5）整合资源，加强投入，保障安全建设目标的实现。

（6）有专人负责落实学生安全和健康工作。

（7）负责对校园欺凌相关数据和案例进行搜集整理，有针对性地开展政策、项目和程序的有效性评估。

（8）学校领导要做到全面了解学习环境，厘清学校安全管理的权利和职责，细化分工，校长要了解校内外涉及或影响师生安全的因素。

（9）学校要对儿童遭受侵犯和暴力等欺凌问题有全面了解和认识，普及相关法律条款，并强制性要求每位教职员工积极主动应对和回应学生的校园欺凌问题。

2. 制定政策程序

系统科学的政策程序可以保障问题得到有效解决。《框架》建立了全面规范的管理机制，对有效防控和治理校园欺凌起到了重要指导作用。

（1）每个学校要制定校园安全工作方案，明确维护校园健康安全环境的政策和计划，要有完善的安全风险管理计划，定期对校内外设施设备、环境和活动安全风险进行评估检查。

（2）学校要制定校园欺凌事件处置预案，明确教职员工在学生受到校园欺凌事件影响时应当遵循的沟通处理程序，有确定的校园欺凌事件投诉途径，教职员工、学生及家长等均能按照有效的程序秘密上报包括骚扰、暴力、攻击、恐吓或技术滥用在内的任何校园伤害事件。

（3）学校教师及员工要和学生提前签署有关互联网媒体技术的使用协议。

（4）有完善的关于成人在校园环境中的行为规范准则，特别是对有可能的接触和互动行为进行约束和规定。

（5）制定完善的保障教职员工关于安全和健康问题的有效沟通策略。

（6）有负责监督学校安全工作的领导小组或者福利计划代表小组。

（7）有适用于特殊群体享有学校安全与福利的政策，如新进教职员工、临时工、新生及其家庭等。

3. 营造校园文化

澳大利亚重视校园文化对人行为发展的正面影响，着重打造和谐尊重的校园文化。

（1）加强家校联系，包含学生与学校、家长与学校的联系，教职工要以正确的社会价值观在生活实践中示范以影响学生及家长。

（2）学校支持、尊重和包容多元的学生个体文化。

（3）营造和谐的师生关系、同学关系、教职员工间的关系。

（4）重视教职工身心健康和工作安全。

（5）定期了解学生安全问题，适当监测学生的保护问题并及时作出应对。

（6）关爱学校特殊儿童，特别照顾和支持土著居民、移民家庭、难民家庭等子女的安全需求。

4. 组织专业培训

学校教师和员工与学生密切接触，他们掌握专业的校园欺凌防治措施非常重要。因此，学校应定期安排有关校园欺凌的专业培训活动。

（1）对全校教师和职员对校园欺凌相关知识和技能的了解程度、学生的安全与健康情况进行专业评估，了解他们对可能发生的校园欺凌事件是否能采取有效措施。

（2）定期开展关于学生校园安全相关问题的研究和防止校园欺凌事件的专业培训。

（3）多渠道引进培训主讲，不限于校内教员。同时参加专业培训的人员尽量覆盖全面，可以包含非教学人员、学生家长、社区人员等。

5. 开设校本课程

校本课程（school-based curriculum）即以学校为本位、由学校自己制定的课程。学校应将安全教育纳入校本课程，以保障可以持久有效地开展安全教育，促使学生提升自我保护和保护他人的意识，学习和掌握自我保护技能，养成帮助他人的良好品质。《框架》对校本课程开设作了如下要求：

（1）关注学生学习参与程度。

（2）充分利用合作学习等教学策略。

（3）传授自我保护行为的基础知识和技能，提高学生安全意识及自我保护能力①，开展网络技术应用技能传授，使之能应对网络欺凌事件。

（4）在所有教育主题中渗透对倾听、协商、合作、共享、共情等社会和情感技能的教学②。

6. 优化管理方法

采用积极的行为暗示和管理方法处理校园欺凌行为，可以有效解决问题。

（1）在校园活动中，所有教职工员工均采用统一的执行方式。

（2）确保校园学习和活动区域覆盖有效监控。

（3）加强对积极行为管理方法的宣传。

（4）鼓励学生的积极行为。

（5）规范和管理学生校外活动行为，对相关课外活动进行风险评估，制定安全预案。

7. 规范干预措施

加强对校园欺凌问题的早期干预，规范早期干预细则，可以防患于未然。

（1）建立有特殊受益需求的学生及家庭数据库，必要时用于有效识别和额外支持。

（2）了解需要支持学生的经历及其面临的困难，有针对性地进行适当的早期干预。

（3）必要时对特需学生及其家庭进行持续关注和支持。

---

① 徐俊丽．初中校园欺凌现状调查及对策研究[D]．开封：河南大学，2019.

② 冯帮，何淑娟．澳大利亚中小学反校园欺凌政策研究——基于《国家安全学校框架》解读[J]．外国中小学教育，2017（11）：35-43.

8. 重视学生健康

学校要重视学生的健康发展指导，将学生的幸福感作为衡量学生是否发展健康的重要指标。《框架》对于学生健康发展的建议有：

（1）制定完整的提升学生幸福感的实施策略。

（2）加强学生生命教育，为学生提供全面发展和展示的平台。

（3）鼓励和协助学生学习，引导他们积极参加各种综合活动。

（4）积极听取学生意见，充分尊重学生的决策权和所有权，指导学生建立和发展良好的同伴关系。

9. 加强家校合作

学校、家庭和社会应该共同关注学生健康成长，就学生安全和健康问题特别是防欺凌工作形成密切的合作伙伴关系，建立三方联动的合作机制。

（1）学校主动联系家长和社区人员，成立相关工作组，积极合作探讨学生安全与健康教育问题，为家庭和社区提供学生健康安全教育帮助的最新信息和专业知识。

（2）与社区合作，为有需求学生和家庭共同提供帮助与支持。

（3）联系相关司法部门，建立预防欺凌事件的法律宣传和教育工作，请求司法系统协助处理儿童健康安全和权益遭受侵犯等问题。

澳大利亚悉尼博士蕾公园中学反校园欺凌行为实施方案制定情况介绍

悉尼博士蕾公园中学是位于澳大利亚悉尼西部的一所公立学校，设置7～12年级（相当于国内的初一年级到高三年级），有大约1500名在校学生，男女生各占一半。该校在《框架》指导下开展校园欺凌行为的预防和应对工作如下：

1. 制定学校反校园欺凌预防措施

（1）预防措施中明确要求将反欺凌教育列为学校课程，纳入日常教学活动。在“个人发展、健康和体育”学习领域中开展面向全体学生的教育引导，教授学生人际交往、情绪管理、自我保护、应对欺凌技巧等知识。同时开展丰富的主题校园活动，用大会讲座、校报宣传帮助学生认识欺凌事件，知道如何主动预防和阻止，形成全员反对校园欺凌的氛围；通过举办“和谐日”

活动、“小鱼大鱼”活动等帮助学生相互尊重对方的宗教信仰、文化背景等，建立同伴间的友谊，有效预防校园欺凌事件发生[①]。

（2）对教职员工和家长、社工等开展定期的反欺凌专业知识培训，提高他们处置校园欺凌事件的能力，完善相关应对方案。

（3）了解和掌握曾遭受欺凌的学生、校园弱势群体、每学年的新生名单等，单独介入，开展培训和辅导。学校家长和社区成员积极参与活动，为这部分学生设置了“岩石和水”项目及“一对一帮助”项目等，让学生在活动中提高社交信心，锻炼克服和解决困难的能力。

2. 制定校园欺凌行为应对措施

该校在研读《框架》的基础上，会同学生委员会、学校所在社区等收集整理相关校园信息，建立了有针对性的校园危机处理系统，应对可能发生的校园欺凌事件。明确了学校各职能部门、教职员工、社区工作者等在处置中的角色和任务，设立了学生福利委员会，专门研究学生健康安全问题，分析汇总校园欺凌情况并及时上报校长。

（三）以《框架》为指导规范教师干预策略

学校是反校园欺凌工作的主体，教育工作者则是反校园欺凌工作最重要的群体，不管是早期干预还是事后介入与处置，都直接影响着反校园欺凌工作的成效。《框架》非常重视对教师群体的行为规范，通过专业指导干预策略的实施，使教师有能力高效处理校园欺凌事件。教师处理校园欺凌事件最常用的方式见表 3-2。

表 3-2　教师常用校园欺凌干预策略分析表

处理方式	实施情况	处理结果或影响
视而不见	教师因缺乏专业素养和职业道德，对欺凌事件主观认识不强，不愿花精力介入烦琐的处理程序，对已知的欺凌事件忽视不管	这种做法实则是变相纵容欺凌者，让他们感觉教师的消极对待是对欺凌行为的默许，容易更肆无忌惮地实施欺凌行为

① 宋方. 基于儿童视角的校园欺凌对策的研究[J]. 人文之友，2019（14）：190.

续表

处理方式	实施情况	处理结果或影响
权威控制策略	教师利用角色与地位的权威来控制约束学生，带有某种强制性。教师建立严格的管理条例，制定各种惩罚措施，如管理失败，则对学生进行批评、处分或者责罚。多数教师经常采用这种方法开展反欺凌教育工作	缺乏有效性和持久性。严厉的惩罚可能对短期的欺凌行为有遏制作用，但对情节严重的欺凌和暴力行为作用不明显，而且惩罚容易触发实施欺凌者把受到的惩罚转嫁到被欺凌者身上的动机，使得欺凌行为更隐秘和不易控制
良性引导策略	对情节轻微和有悔改意向的欺凌者进行教育，纠正他们的行为，疏导他们的情绪，引导他们提升同情感和责任感，认识到自己的错误行为给别人带来的伤害	需要实施者有足够的耐心，细心引导欺凌者。如运用不当，将会导致欺凌者的行为变本加厉
受害者帮扶策略	对受害学生给予特别关注，多方面了解孩子的困难和受到的伤害，对他们开展心理辅导、生活关怀等，帮助他们走出阴霾，自信生活	受害学生多为日常学习生活中比较弱势且易被家人和师生同伴忽视的群体，适当的关爱和帮扶可以帮助他们消除欺凌行为造成的心理阴影
团队合作策略	校园欺凌事件往往涉及多方面的因素，个人单独处理比较困难，往往需要学校各领域的相关教职员工共同参与	采用团队合作，可以获得更多有效信息，更全面地对实施者和受害者进行有针对性的教育帮扶，提高欺凌事件处理效率

针对上述教师干预策略的实施现状，《框架》提出了规范性操作的指导性建议。

学校要求教师以职业的责任感、使命感面对反欺凌教育，引导和鼓励教师积极参与到反校园欺凌教育工作中，对反欺凌政策有共同的理解和目标，共同为反欺凌政策实施出力。大力营造积极向上的校园文化和团队精神，帮助教师消除消极对待行为和负面情绪，在预防和实施反欺凌工作上达成一致目标，齐心协力，高效应对。[①]

① 冯帮，何淑娟. 澳大利亚中小学反校园欺凌政策研究——基于《国家安全学校框架》解读[J]. 外国中小学教育，2017（11）：35-43.

重视师资队伍建设，规范教师教育行为，用制度化、系统化的管理方式完善教育系统体制，确保教师培养工作有制度、有资源。

强化对教师的专业培养，通过各种针对性训练提升教师应对校园欺凌事件的专业素养和专业技能，开展教师反校园欺凌经验互助交流，让教师群体有足够的信心和能力对校园欺凌事件进行干预。

（四）倡导家庭参与反校园欺凌行动

家庭在应对校园欺凌问题中扮演着至关重要的角色，父母的言传身教、家人的幸福指数以及家庭氛围都会成为影响校园欺凌问题的重要因素。因此，家长应该明确自己的地位和责任，努力为孩子创造良好的生活氛围，与学校合作形成系统的治理机制，共同应对校园欺凌问题。[①]

《框架》要求学校要和家长形成反校园欺凌合作伙伴关系，要求家长在发现学生出现异常时及时与学校沟通交流，并向自己的孩子传递自我保护的意识与观念。

澳大利亚的学生家长会在每学期开学初收到学校发送的关于预防欺凌的邮件，自行学习，配合学校在家里对孩子进行强化教育。邮件内容包括向家长讲解学校开展预防欺凌教育的初衷；告知家长欺凌行为如何界定以及欺凌行为对孩子心理、生理和一生的影响。学校会指导家长与孩子练习受到欺凌时应该采取什么行动，还会向家长告知在遇到校园欺凌事件时学校教职员工的上报处理机制。

（五）利用外部资源助力政策落实

《框架》明确提出，学生的健康成长应受到学校、家庭、社会的共同关注。社区组织、心理辅导机构、同伴、课外教育资源等均可以共同参与反校园欺凌工作，学校可以利用、整合这些校外资源。一是利用社会心理辅导机构充实学校心理咨询师队伍，扩展学生心理咨询和倾诉的渠道，及早掌握学生心理问题，正确引导和疏通，有效减少校园欺凌事件的发生。二是充分尊重学生年龄特点，引导学生利用社区同辈同龄群体组建学生校外人际关系网，构建

---

① 商雪敏. 澳大利亚校园欺凌预防和干预的对策及启示[D]. 曲阜：曲阜师范大学，2020.

和谐社区。通过同辈调解化解学生之间的个别冲突和矛盾，提前预判和处理可能引发的校园欺凌事件。三是在课外发放各种形式的反欺凌宣传资料。学生参与和接触的课外学习、社区活动等，都是开展反校园欺凌教育的平台，这些平台可以通过组织观看社会公益视频、开展团队辅导、组织学习安全手册等方式对学校教育进行有效补充，增强学生及社区人员对校园欺凌事件的认识和感悟，有力推动区域内反校园欺凌工作。

青少年的安全成长环境不是学校一个机构的责任，防治校园暴力也不是学校一方能完成的任务，学校、家庭、社会和司法机关等应共同努力。澳大利亚做到了多方维护，构建良好的外部环境，真正落实了反校园欺凌政策。

（六）《国家安全学校框架》实施的效果

表 3-3 《框架》出台后两次澳大利亚校园欺凌调查结果对比

调查年份	调查样本	调查结果（经常被欺凌学生比例）	调查结果（反欺凌政策宣传与制定）	数据出处
2007	学生：7418 教师：453 学校代表：106	26.7%	25%的教师不清楚学校的反欺凌政策	Cross，Epstein &Hearn，eral. 2011
2015	学生：1688 学校代表：26	15.5%	96%的学校有书面反欺凌政策，69%的学校将反欺凌政策放在学校网站	Rigby&Johnson，2016

澳大利亚政府除出台《框架》外，还相继出台了一系列配套文本，在全国范围内广泛宣传实施。实证调查数据显示，该政策实施以来，全国的校园暴力事件明显下降，学生、家长、教师及社会工作者对校园欺凌预防的知情率、参与率明显提升。作为一个面临诸多文化差异挑战的典型的移民国家，澳大利亚用实际行动为呼吁关注校园暴力的世人交上了漂亮的答卷，也为世界各国研究反校园暴力工作提供了很好的经验。

七、德国部分

德国对欺凌的定义用英文“mobbing”表达，指在特定场所如学校、工作地点、老人院甚至监狱等地对他人实施心理或生理上的持续性刁难或折磨。具体到校园欺凌，也是借用英语“bullying”一词。德国专家认为不管是显性的肢体冲突还是隐性的言语侮辱嘲笑、搞歧视孤立、传播流言蜚语，不管是网络的还是现实的，都属于校园欺凌，共性都是欺凌者的欺凌行为对受欺凌者造成了精神上的伤害，造成对方无法正常地学习，甚至恐惧去学校。

原联邦意外保险协会（现德国法定意外保险协会，DGUV）的一项调查显示，从 1993 年至 2003 年德国境内涉及人身伤害的暴力行为事实上呈下降趋势。2009 年以来，除小学暴力事件稍有上升外，校园暴力事件呈下降趋势。[①]依据世界卫生组织的调查，德国从未经历过肢体暴力的学生比例由 2002 年 63.4%提升到了 2014 年的 76.9%；从未实施过校园暴力的学生比例从 2002 年的 54.6%提升到了 2014 年的 73.2%。[②]

作为一个教育和法制强国，德国各界在校园暴力的问题上都积极应对，反对态度相当明确，防控起步早，积累了丰富的经验。德国从宏观和微观多角度建立多层次防控体系，整合个人、家庭、学校、社会组织、国家各个层级。总体上对校园欺凌的态度是预防重于控制，预防层面主要从国家立法、专业研究、生命教育、社会氛围营造上面着力；在控制层面，普遍采用的是社工和教师、学生共同协作的“无责备干预法”，近年来防控效果明显。本部分主要从国家政策、防控专业研究、德国生命教育、对校园欺凌采取“无责备干预法”和网络助力校园欺凌防控五个方面介绍德国对校园欺凌的防控。

（一）国家宏观政策为反对校园欺凌提供保障

德国是一个联邦制国家，其从国家和各州的层面高度重视校园欺凌，整合社会力量来共同防控，并在这一问题上坚持立法先行，提供相应的法律和政策保障。

《德意志联邦共和国基本法》明确规定“个人的尊严不可侵犯”，“人人都有人格自由发展的权利”，并禁止任何形式和出于任何动机的歧视。从这一法律出发，政府有义务禁止任何各种形式的攻击行为，有义务为儿童、青少年的成长创造和谐健康的环境。同时，德国各州的“学校法”对学校的精神有共同的阐述，那就是学校必须保护学生的精神和身体不受侵犯，对

① 冯一平，德国：治理校园暴力，预防措施必须到位[J]. 人民教育，2016（11）：26.
② 王世岳. 德国校园暴力的特征与治理[J]. 比较教育研究，2019（2）：105-112.

行为严重不端的学生有勒令其退学的规定。其中还有一个有关校园欺凌的重要内容，就是要求学校在州教育部的监管下，建立学校心理与全纳式教育咨询与支持中心（Schulpsychologischeund Inklusionspaedagoische Beratungs-und Unterstuetzungszentren，简称 SIBUZ）。SIBUZ 的任务就是为中小学校（包括职业学校）的学生提供心理咨询与帮助，并与青少年社会局和心理与精神治疗机构配合，构成一个覆盖全面的学生心理咨询与救助网络。①

2016 年 9 月德国教育工作者协会（VBE）主席在联邦内务部的一次活动上表示：学校是社会的一面镜子，但学校不是社会的修理厂，解决不了所有的社会问题。只有设施完善的学校才能有效防范暴力行为，对教师进行在职培训和进修，加强其对不同学生群体需求的深入了解，加深其对不同文化背景的成年人交际内容的了解；为学校相关人员及物资配置提供充足的资金保障；与可信赖的安全伙伴进行合作等。负责任的房屋管理员、能够及时到位的社会保障人员和社会工作人员以及警察等安全合作伙伴，众方共同合作，才能构建有效的保护网络。②

（二）针对校园欺凌进行专业研究，提高防控科学性

校园欺凌事件的频发与学生缺乏反欺凌的相关知识有关，通过专业研究，进行科学指导来丰富学生反校园欺凌的知识和提升反校园欺凌的能力是校园欺凌防控的重要部分。防控校园欺凌是融合社会学、心理学和教育学的复杂问题，需要整合多学科资源，开展跨学科的合作研究，学者们也一直在做这方面的尝试。德国主要通过大学研究所的反校园欺凌科学研究、中小学反欺凌课程、为班级提供反欺凌手册和为家长提供反欺凌指南等方式提供援助。③

在德国，无论是教师还是学生都会进行相应的“反欺凌课程”培训，培训者大多是欺凌研究的专家学者和积累了丰富的处理校园欺凌事件经验的社会工作者、教师。培训的内容主要涉及学生交往、师生交往、人际关系的处理以及对校园欺凌的预防和自我保护措施等。在中国也有相应的如“人际交

① 秦曙，何杰. 德国校园欺凌现象考察及其治理经验[J]. 淮阴师范学院学报（自然科学版），2020（3）：266.

② 冯一平，德国：治理校园暴力，预防措施必须到位[J]. 人民教育，2016（11）：26.

③ 刘云华. 德国校园欺凌治理经验与启示[J]. 世界教育信息，2019（23）：75-78.

往”“自我保护”方面的课程，但更多融入思想品德课和班会课中，没有明确作为校园培训课程，特别是没有明确的“反欺凌课程”的培训。

同时，专家们针对不同的群体编写不同的手册、书籍，把“反校园欺凌”常态化、生活化、具体化，引发学生、家长、教师、社会对校园欺凌行为的关注，强化多主体反欺凌和协作处理意识。针对学生编写了书籍《让学习没有恐惧：抵抗校园暴力妙招》，该书介绍了校园欺凌的相关理论知识，普及校园暴力的相关常识以及学生如遇校园欺凌行为可采用的自我保护法，着力提高学生对欺凌行为、危险情况的预判和基本处理能力。针对教师出版了《关注校园：校园暴力规避》教材，发放《反欺凌插图手册》《危机情况下的处置》手册，明确欺凌行为是教师在班级中需要明确禁止的行为，通过案例分析，给予教师处理校园欺凌事件的具体指导。[①]针对家长制定《校园反欺凌家长指南》，帮助家长从早期教育阶段就开始注重欺凌问题，指导家长辨别欺凌行为或当他们的孩子是欺凌者、受欺凌者、旁观者的时候应该如何科学地应对。特别强调家长信任和关心孩子的重要性，同时倡导家长与孩子讨论欺凌相关问题。[②]引导社会各方正视、重视校园欺凌，拥有对校园欺凌行为基本的防范、识别和处理能力。

（三）通过生命教育培养国民善良品质

德国的生命教育主要融入并体现于公民教育及道德教育，尤其是善良教育。在中国传统文化中，善与仁是紧密联系的，谈“仁者，爱人”“己所不欲，勿施于人”，仁和爱的对象主要是人。但在德国，教育者把仁和爱的对象扩大到所有的生命范畴，还包括所有非人的生命动物和植物，即爱护动物、保护环境、同情弱者、宽容待人、反对暴力等。

从心理学和教育学角度，之所以欺凌者会出现欺凌行为，与其对生命的心理认知发展偏差紧密联系，这种心理认知发展偏差集中体现在对生命缺乏共情能力，“善良”的生命品质没有得到激发，甚至向着相反的方向发展。简单说来，我们在新闻中看到的一些虐猫、虐狗等残忍行为，就是生命教育没

---

① 邓雪梅. 德国中小学校园暴力防范的体系及其经验[J]. 现代中小学育，2018（11）：85-88.

② 刘云华. 德国校园欺凌治理经验与启示[J]. 世界教育信息，2019（23）：75-78.

有做到位的体现。这样的意识和行为如不加以控制，在成长过程中可能会延伸到对他人进行欺凌、暴力，对社会的危害性大大上升。所以德国的善良教育可以说是德国反对校园欺凌的起点和源头，渗透于家庭教育、幼儿教育、学校教育、社会教育，贯穿学生的成长历程。

1. 在实践体验中感知生命

实践是认识的基础，是认识的唯一来源，只有在实践中人们才会获得更为真实、丰富、深刻的体验。德国的善良教育首先就是从孩子从小亲自参与饲养小动物的实践中做起。在德国家庭，孩子从蹒跚学步开始，家长就会为小朋友带回小鱼、小狗、小鸡、小兔等小动物，家长做示范如何对动物们进行喂养、清洁等照顾，和小动物们进行交流，形成对孩子潜移默化的影响。循序渐进地让孩子参与其中，让孩子体会到生命的变化、生长，感受动物的可爱，在孩子心中滋生温暖善良的种子。

在幼儿园和中小学同样会有相应的实践活动，且更为系统和细致。学校会饲养一些小动物，让孩子们照顾并记录动物们成长发育的进程，与身边的人分享、交流小动物们的成长状况。很多学校还鼓励学生用自己积攒的零花钱领养或捐助生病或者残疾的小动物，家长们也很支持孩子们的这些行为，让尊重、照顾、爱护弱小生命这件事情成为学生的重要生命感受、生活常态。在总结和反思层面，学校不定期地以班级、年级、学校乃至更大区域为范围组织开展关于爱护动物、善待生命之类的演讲、作文比赛等活动，让学生对“生命”这一问题进行深入的思考，把感受、体会变成文字和语言，传递、弘扬善良教育，以期影响更多的人参与到爱护动物、保护弱小的实践中，让善待生命的理念内化于心，外化于行。

在学校，学生若出现虐待小动物的情况，轻则受到校方的训导，重则被开除，甚至被送去相关机构接受专门的心理治疗。对这种行为“较真”的做法，校方及民众都不认为是小题大做，而认为这是需要重视并严肃对待的问题。他们认为孩子们对生命的态度相比学习成绩更应被关注，爱护、帮助弱小是一个人美好心灵品质的体现。一个爱护动物、帮助弱小的孩子，出现欺凌行为的概率是比较低的。[①]

① 华敏. 从德国的善良教育看我国儿童善良品性的养成[J]. 教育探索，2010（1）：2.

2. 在生活中融入生命价值观

文化对人的影响来自特定的文化环境和不同形式的文化活动，有着潜移默化和深远持久的特点。孩子善良价值观的形成跟家庭教育和早期的学校教育紧密联系。德国家庭教育的目标，一是培养孩子自立，二是培养孩子的善良。任何一项品质的达成都离不开家庭生活中的语言和行为，这时候成人的语言和行为示范、引导就显得特别重要。

爱护环境也是德国生命教育的重要内容。在人与自然的关系上，他们认为人本来就是自然界的孩子，爱护环境，热爱自然，就是爱护我们自己。不管是家庭的周末出游还是学校的活动，都会带孩子们到农场、郊外、森林公园游玩、休憩或劳动，陶醉在大自然的怀抱里，体会食物的来之不易，感恩大自然的馈赠。在德国的许多小学，学校在开学时都会向每一位学生发放封面装饰着绿色的田野、葱郁的森林或广阔草原的环保笔记本，让孩子们在环保笔记本上随时记录自己与大自然的互动和交流，参与环保的做法和体会。在与大家分享交流中升华对大自然的认知，树立孩子们友爱的自然观。

生命教育中的包容，更多体现在与他人的相处中，尊重一个人不应因民族、性别、职业、贫富以及社会阶层的不同而有所差别。尊重多样性，包容多样性。正是因为我们的不同，世界才如此的美好，这有些像我们“各美其美，美人之美，美美与共，天下大同”的观点。即使发生矛盾和冲突，也要学会换位思考，激发共情能力，反对简单用暴力解决问题。严于律己，宽以待人是德国家长的普遍共识，他们也把这样友善的生命价值观念传递给他们的孩子。

3. 在社会氛围中感受平和，反对暴力

学生在学校最密切接触的环境单位就是班级，在班级氛围的营造上，学校重视培养孩子的“班级精神”，让班级成员有归属感，教育孩子班级中每位成员都要为形成友爱互助的班级气候做贡献。比如，教室墙上会贴海报，提醒孩子如何用语言协商解决冲突，不诉诸暴力，也会开设专门的情商课程教育孩子不搞小团体，不孤立同学，不传播传流言蜚语，对欺凌的反对非常明确。①

德国的善良教育重要特征之一，是在德国人看来“善良品质”既是一项

① 李茜. 跟着德国妈妈学育儿[M]. 北京：现代出版社，2018.

培养人成长的系统工程，也是全民工程，需要全社会的共同参与，而不是只有家庭和学校。德国一项对校园欺凌和校园暴力的实施者的相关研究表明，现实生活中枪炮、坦克等玩具，网络中类似武斗的游戏，接触久了对感官的刺激上升，个人潜意识中的暴力倾向会增加，若不加以控制，这个倾向会不定时地被激发。所以即使制造武器水平精良的德国，也不赞同开发高科技“暴力玩具和游戏”，更不支持孩子（特别是男孩）与玩具枪炮、坦克为伴，并落实在政策规定中，禁止此类产品和服务在市面上出售。影视作品严格分级，传媒对暴力事件谨慎报道，都为孩子的成长营造了良好的氛围，让孩子感受到平和、朴素，长大成为一个爱好和平之人。

（四）多主体合力协作实施“无责备干预法”遏制校园欺凌

无责备干预法（No Blame Approach）起源于 20 世纪 90 年代的英格兰，后传到瑞士，实施的效果甚好。2002 年被教育家引入德国并在全国范围内广泛推进，现已被荷兰、比利时、卢森堡、新西兰、澳大利亚等国纷纷效仿采纳。截至 2019 年“无责备干预法”已被德国的 292 所中小学校广泛采纳。据德国一家“无责备干预法”专业培训机构的统计数据显示，2008 年到 2016 年期间，参与该方法的学校中，超过 85%的校园欺凌行为得到了有效遏制。该方法的干预效果几乎不受学校类型和学生年龄段的影响。①

“无责备干预法”的实施主体是社会工作者、教师和学生。社会工作者简称社工，是德国每所学校都配备的，主要工作职责就是帮助解决学生身上及家庭中出现的欺凌、家庭暴力、厌学、抑郁、焦虑等问题。“无责备干预法”的核心是不责备欺凌事件中的任何一方，取而代之的是成立相应的“支持小组”，鼓励支持身边同学主动帮助被欺凌学生改善处境。在“无责备干预法”具体操作前，学校的社工和老师会做大量的准备工作，如了解整个事情的原委、熟悉欺凌者和受欺凌者的性格特点、了解身边同学大致所扮演的角色、评估事件的危害和风险等。接着，就可以着手推进“无责备干预法”的三个步骤了。

第一步：学校老师/社工与受欺凌者接触。

“无责备干预法”的第一步选择与受欺凌者接触的原因有两个，一是表达

① 冯雪珺. 德国中小学采取“无责备干预法”处理校园欺凌[N]. 人民日报，2020-01-07（18）.

学校对欺凌行为的重视以及对受欺凌者的关心，及时安抚受欺凌者的情绪；二是从受欺凌者处确定第二步措施的组成成员。具体操作是通过学校老师/社工与受害者谈话沟通完成。

谈话目标：获得受欺凌者对老师提出的解决方案的信任，相信在学校的帮助和行动下，自己的处境会得到改善；征得受欺凌者的同意，询问欺凌者有无小团体和小团体成员名单以及与自己关系紧密的同学的名单，允许老师为她（他）做点什么。

谈话中需要向受欺凌者传达：老师对这件事件的反对态度非常坚定；学校采取的行动不会让他所处境地变得更糟；学校的处理行动一定会让欺凌行为有所改变。简要说明接下来将要采取的行动方案和步骤，让当事人清楚。谈话中需要注意，谈话的内容不适合涉及欺凌行为的细节，这不仅与解决欺凌无关，而且很可能会让受害者感到尴尬和难以启齿，为受欺凌者再次带来痛苦和伤害。老师需要在谈话最后给予受欺凌者安慰和鼓励，告诉她（他）这不是自己的错误，也不需要做任何事情，欺凌行为本身就是错误，需要改变的。

第二步：成立“支持小组”。

支持小组成员主要从参与欺凌行为的小团体（协助欺凌者、间接协助欺凌者）和同情支持受欺凌者（帮助者、默默帮助者）中挑选，共由 6 ~ 8 名学生组成，也就是从第一步中受欺凌者所提供的名单中选取。需要注意的是，支持小组的成员与指导行动的老师之间应该有良好的关系作为基础，这样更有利于整个行动的推进。

之所以会这样选择，是因为复盘整个欺凌事件，欺凌者只是一个人在欺凌（霸凌）事件中“扮演”的角色，但并不是全部，还有协助欺凌者、间接协助欺凌者、帮助者、默默帮助者、旁观者和局外人一系列角色。这些角色作用的发挥，在欺凌行为的防控中起着重要的作用。在“无责备干预法”中，他们就是化解欺凌行为的关键所在,老师要把支持小组作为整个行动的推手，借助支持小组的参与来化解欺凌行为。

第二步的实施通过老师与小组成员对象的谈话来实现。德国教育界普遍认为，解决校园欺凌不应纠结于过去的问题，而应着眼于未来，所以谈话内容的着眼点在未来问题解决，而不是对已经发生的事情问责。谈话中老师应该表达自己对欺凌行为的关注，对学生的信任，把他们作为控制欺凌行为的专业人员，并希望得到学生的支持，取得合作。可采取提问的方式鼓励成员表达自己的看法、提出解决之策。在谈话结束前，老师再次用充满信任的态度对支持小组委以重任，让他们去执行自己刚刚提出的建议，感谢支持小组所提供的帮助，并表达对所收集的想法将有助于改善欺凌情况的信心。最后与支持小组约好一到两周后的下一次会议，总结行动的执行情况。[①]

第三步：行动后的跟进、总结。

具体操作上是两次后续谈话。第一次是 1 ~ 2 周后，老师会先向受欺凌者了解处境是否有所好转。然后与支持小组的每个成员进行一对一的谈话，从他们口中了解受欺凌者的近况。老师会从谈话中对欺凌行为是否已停止作出相应的评估，对支持小组行动的有效性作出进一步判断、确认。

第二次是 3 ~ 4 周后再次与受欺凌者谈话，持续跟踪了解其境况，以防留下心理阴影。德国的长期实践表明校园欺凌通过“无责备干预法”可以得到有效的解决，且大部分在一周时间内。如果没有得到解决，老师可以再进行一次与支持小组的谈话，或者更换支持小组的部分成员再试一次。依然无效的话，就只能诉诸其他办法了。很可能的结果是受欺凌者转学。[②]

在整个“无责备干预法”的行动中，德国老师都没有指责欺凌者，研究发现如果对欺凌者采取强硬惩罚措施，反而会适得其反，甚至发生第二次欺凌。“无责备干预法”的精髓就是借助群众的力量，通过老师正面引导，调动起人性中善的一面，使学生群众采取集体行动维护善良，用多数人的正义压倒少数人的邪恶。当欺凌者缺少了协同者和附和者，会减弱其欺凌行为继续的兴趣，当班级正义氛围建立起来，欺凌行为也会得到遏制。

（五）网络助力反对校园欺凌

德国建立了多个的网络求助平台，其中“学生反对欺凌”（Schüler gegen Mobbing）组织是德国境内有关反欺凌的第一个公益性组织，也是规模最大的青少年互帮互助的组织平台。该组织的根本信条来自德国宪法：“人的尊严是不可侵犯的，尊重和保护人权是国家的责任。”这些求助平台开设不同的板块服务，有匿名聊天室和网络论坛，为受欺凌的学生提供倾诉和宣泄的空间；有针对校园欺凌的知识宣传，内容涵盖校园欺凌的特点，欺凌者和受欺凌者的角色特点、心理发展，如何识别校园欺凌，遭遇校园欺凌如何应对等；

① 悠悠妈. 处理霸凌事件，德国学校和老师这样做[J]. 中华家教，2019（12）：35-36.

② 悠悠妈. 处理霸凌事件，德国学校和老师这样做[J]. 中华家教，2019（12）：35-36.

有相应的服务热线，可为遭受欺凌的学生提供一些心理咨询和指导。有的还直接与学校、社会组织合作在社会的各领域开设反校园欺凌的讲座、研讨会等活动。

此外，在德国各州的教育文化网站上，都设有专门针对校园欺凌的专栏。这些专栏有效地宣传了校园欺凌对学生的影响，提高了公众对欺凌问题的关注度。①

总的来说，在德国，反对校园欺凌是全社会共同的态度以及集全社会力量共同协作应对的事情。前面谈到，德国针对校园欺凌主要以预防为主，在控制上主要采取"无责备干预法"，但无论是学校还是政府层面，都对校园欺凌有硬性约束。当"无责备干预"、说服教育、家校合力纠正、校规校纪惩罚都未奏效，则会将欺凌者送其到专门机构接受专门的纠治。根据德国法律，欺凌情节严重的，被欺凌者可要求赔偿，欺凌者可从 7 岁起承担责任，如签署禁令、对家长进行罚款等。14 岁及以上的青少年还可根据《德国刑法典》承担责任，被判处侮辱、诽谤和胁迫等罪行。德国校园欺凌防控做法也在启示我们，防控校园欺凌需要个人、家庭、学校、社会组织、国家各方面齐力协作，这样才能保障校园安全，保障更多的孩子健康成长。

八、校园欺凌相关国际会议介绍

（一）联合国教科文组织设立"反对校园暴力和欺凌国际日"

据联合国教科文组织（UNESCO）官网 2019 年 12 月 11 日消息，联合国教科文组织公布每年 11 月的首个星期四为"反对校园暴力和欺凌国际日"。这一举动展示了联合国对于目前国际校园欺凌形势严峻性的重视与积极治理的美好意愿。确立该国际日的建议由法国、墨西哥和摩洛哥共同提出，并在 2019 年 11 月 UNESCO 第 40 届大会上，由 193 个成员国表决通过。校园欺凌是目前世界各国面临的普遍问题，也是一个严重的社会问题，所以国际社会都对此予以高度重视。不论是发达国家还是发展中国家，都为反校园欺凌行动做出了不懈的努力。

---

① 刘云华. 德国校园欺凌治理经验与启示[J]. 世界教育信息，2019（23）：75-78.

（二）国际反校园欺凌会议

1. 欺凌预防和意识会议（BPAEC 2017）[①]

欺凌预防和意识 365（Bullying Prevention and Awareness 365）（以下简称“BPA365”）成立于 2016 年 12 月，是基于芝加哥的一项反学校中的欺凌行为以及反对青少年在课堂外的暴力行为的计划而成立的组织。

BPA365 每年都要召开一次预防欺凌的会议，2017 年 BPA365 与瑞文垂（Rivertree）教育部门一起在国立路易斯大学主持召开会议，负责该会议的芝加哥教育家和作家多萝西 · 汤普森（Dorothy Thompson）说，此次会议将“提高人们对如何识别、处理和干预欺凌情况的认知，促进学生安全”。

本次会议的负责人和主要演讲人多萝西 · 汤普森有着多年的教育经验和背景，她长期接触著名的教育者、行业专家和社区领导者，获得了大家的支持，担任过教师、业务经理、助理校长、区域管理员和校长，在完成 25 年的服务后于 2012 年退休。她于 2015 年开始在国立路易斯大学的教育领导学院攻读博士学位，学校欺凌是她最关心也是进行了长期研究的问题。她说：“我很清楚学校欺凌的邪恶影响。现在，这种现象在年轻人中间尤为严重，并且这很可能会导致学校暴力的产生。您现在听到的几乎每一个冲突都涉及某种程度或某种形式的欺凌。”在进行研究并撰写论文时，她反思了成年人的互动行为以及学生在学校的欺凌行为，为此她计划了此会议，主题是“成年人在预防欺凌和学生福利中的集体作用”，该会议概述了成年人如何一起努力以帮助确保学生安全。该会议帮助在各个领域工作的成年人和学生父母获得信息并为他们进行协作提供了理想的场所。

除此之外，会上还邀请到了其他著名学者对学校欺凌问题发表了看法，比如成立于 2000 年并为 5 至 18 岁的青少年服务的全球女性有限公司执行董事马维妮塔 · 乌德勒宾（Marvinetta Woodley-Penn）作了题为“欺负，故事背后的故事”的演讲，探讨了欺凌背后的故事，分享了她对于欺凌的看法。俄克拉何马州神经精神病学中心治疗和临床专家玛丽 · 凯里（Mary E. Carey）博士发表了题为“欺凌的后果：成年后的长期效应”的演讲。之后，与会专家还分享了许多与学校欺凌相关的事实性问题。

他们认为假定所有欺凌者都是由于孤独感或自卑感而采取欺凌行为是错

① 官网地址：https://bullyingprevention365. org/

误的。尽管有些欺凌者确实遭受自尊心的困扰，但也有一些欺凌者是因为他们认为这样做是正确的，是他们应有的权利。实际上，大部分欺凌者都是想统治学校并且平常是受欢迎的孩子，有些孩子成为欺凌者是因为他们也曾经是欺凌的受害者，而其他孩子则是为了攀登社交阶梯而受到欺凌。同时，其他孩子参加欺凌是因为他们将其视为控制和操纵学校社会等级制度的有效方法。①

他们还认为任何人都可能成为欺凌行为的受害者。尽管某些特征经常导致欺凌者以某人为目标，但实际上，即使是学校里最受欢迎的孩子也可能成为欺凌行为的受害者。并且任何年龄的人都可能发生欺凌行为。欺凌行为通常始于小学晚期，而中学阶段则屡见不鲜，但欺凌行为还可能始于学龄前。②一个人的年龄实际上并不重要，欺凌者会将注意力集中在那些不符合公认准则的人身上，并专注于这一点。他们还会欺负其他受到威胁的人或拥有自己想要的东西的人。

2. 2019 教育世界论坛（2019 Education World Forum）

联合国作为世界性的联合组织，对于校园欺凌一直都保持高度警觉与重视，它指出“校园欺凌和暴力是一个重大的全球性问题”。联合国教科文组织于 2019 年 7 月 15 日在纽约围绕“学生身心健康在教育中的核心位置”举行了高级别政治论坛，各国政府和联合国各机构高级领导人统一立场，重申了对于治理和解决校园暴力和欺凌的态度和决心。会后，联合国对全球校园欺凌问题的调查做出了报告和总结，发布了《数字背后：结束校园暴力和欺凌》（Behind the Numbers：Ending School Violence and Bullying）报告（以下简称《报告》）。③该报告是基于 144 个国家和地区的调查结果，对于校园暴力和欺凌的问题提出了充分的证据，并且分析了校园欺凌问题在全球各地区的发展态势、本质和影响，展示了一些有成效的国家应对的举措，这为世界其他国家在此方面的治理提出了行之有效的范本和借鉴。

---

① KEVORKIAN M，D'ANTONA R. 101 Facts About Bullying：What Everyone Should Know[J]. Rowman & Littlefield Education，2008.

② KEVORKIAN M，D'ANTONA R. 101 Facts About Bullying：What Everyone Should Know[J]. Rowman & Littlefield Education，2008.

③ 韩蕊，石艳. 联合国教科文组织基于循证实践的校园欺凌防治路径研究——以《数字背后：结束校园暴力和校园欺凌》为例[J]. 比较教育研究，2020（5）：78-84.

《报告》指出校园欺凌也是校园暴力的一种，它包括了身体上的攻击、口头上的辱骂和人际关系上的孤立，这些都会对受害人造成生理和心理的双重伤害。对此，一些国家已经在减少和控制校园暴力和欺凌方面取得了明显进展。该报告显示，在过去的一月中，全球有大约 1/3 的学生被学校同龄人欺负或至少一次受到过人身伤害。肢体欺凌是许多地区最常见的欺凌形式，其次是性骚扰。2014 年联合国儿童基金会的研究指出，男孩比女孩更可能欺凌别人；女孩更有可能使用人际关系形式的欺凌；男孩更有可能成为欺凌的受害者。[①]《报告》还指出，校园欺凌会导致受害者逃学、成绩下降、退学甚至自杀，这对学生的心理健康、生活质量、学业成绩均会造成较大的消极影响。经常遭受欺凌的学生与其他学生相比更容易产生局外人的感觉，更容易缺课。与同龄人相比，这些学生的学业成绩欠佳，往往在中学毕业后就不再接受正规教育。

对此，联合国教科文组织以及各国政府都采取了积极的措施和态度，还发表了题为"我们的权利、生活和未来"（Our Rights，Our Lives，Our Future）的新倡议，并且将终结校园暴力和欺凌定为此倡议的具体目标，这将惠及全球数百万儿童的生命和精神健康，为全球青少年的健康成长添砖加瓦、保驾护航。

3. 校园欺凌预防与干预国际学术会议暨中国校园欺凌预防与干预培训会[②]

2019 年 10 月 11 日至 10 月 14 日，首届校园欺凌预防与干预国际学术会议暨中国校园欺凌预防与干预培训会在山东师范大学成功举办。

此次会议由张文新教授和克里斯蒂娜·萨尔米瓦利（Christina Salmivalli）教授担任大会主席，彼得·史密斯（Peter Smith）教授、多萝西·埃斯皮莱奇（Dorothy Espelage）教授、户田有一教授、周宗奎教授、雷雳教授、卢沙琼妮·斯缇柴（Ruthaychonnee Sittichai）副教授等国内外顶级校园欺凌研究领域专家以及近 300 名来自全国各地的专家学者、教育工作者等各界人士出席会议。

① 熊岚. 联合国教科文组织发布《数字背后：结束校园暴力和欺凌》报告[J]. 世界教育信息，2019（4）：73.

② 官网地址：http://www. qlshx. sdnu. edu. cn/

专家和学者们就如何防治校园欺凌问题在会上都做了详细报告与解读，对世界防校园欺凌行动起了推动与促进作用。会上萨尔米瓦利作为大会主席进行了发言。她表示，校园欺凌的研究者需要联合起来，加强校园欺凌的基础研究，共同找寻预防治理校园欺凌的有效方法。萨尔米瓦利教授还介绍了她所领导的芬兰 KiVa 反欺凌项目的实施和效果。她介绍了 KiVa 项目的理论原理和构成框架，并呈现了一系列在 KiVa 项目实施过程中进行的实证研究结果，充分说明了项目的有效性。

彼得·史密斯教授作了题为“儿童青少年的欺凌与网络欺凌：英国的干预经验”的学术报告。史密斯教授曾任英国伦敦大学金史密斯学院学校与家庭研究中心主任，现为该校荣休教授，是英国社会科学院院士，全球校园反欺凌运动主要发起人之一。在报告中，史密斯教授先介绍了全球各地现有的反欺凌研究与项目，之后着重介绍了他领导的谢菲尔德校园欺凌干预项目，展示了该项目在英国取得的成果，分享了自己在校园反欺凌工作中的宝贵经验。

主旨报告涵盖芬兰、英国、美国、日本、泰国和中国多个国家和地区多种形式的欺凌研究，真正让参与的专家学者较为系统完善地认识到了不同文化背景下的校园欺凌问题。校园欺凌严重影响青少年的身心发展，家庭的幸福安康和国家的长远发展，是世界级的难题，各位专家的真知灼见给人以启迪与深思，必将为校园欺凌问题的解决提供良药。

4. 2019 国际防止欺凌协会会议（2019 International Bullying Prevention Association Conference）[①]

国际防止欺凌协会（International Bullying Prevention Association-IBPA）是一个成立于 2003 年的非营利性公益组织，该组织秉承着“多样包容、和平安全、自由人性、合作共赢以及尊重人权”的价值观，一直致力于实现一个“没有欺凌的世界”。在组织成立初期，一些基层从业者和研究人员聚集在一起，在美国召开了第一次专门讨论防止欺凌的会议。

2019 年 11 月 7 日至 9 日，第 16 届年度国际预防欺凌会议在伊利诺伊州芝加哥的市区壮丽大道万豪酒店举行。来自世界各地的 500 多名与会者互相学习和分享了在防止欺凌领域的策略，并且表示将全力支持 IBPA 的使命，即让国际社会参与到欺凌预防和干预中。会议于星期四开始，包括会前会议，

① 官网地址：https：//ibpaworld. org.

“欺凌预防最佳实践”（Bullying Prevention Best Practices）和“基于证据的欺凌预防计划展示”（Evidence Based bullying Prevention Programs Showcase）。参会人员除了开展报告、听取世界各地的专家所带来的反欺凌领域研究成果之外，在朱莉·麦加里（Julie McGarry）和杰西卡·霍夫曼（Jessica Hoffmann）的协助之下，一个以学生为主导的高中团队成立了一个学生实验室，他们评估了学校的氛围，集思广益，提出了改善校园欺凌的方案。最后，珍妮特·贝坦科尔特（Jeanette Betancourt）博士分享了 SSIC（Sesame Street in Communities）如何始终致力于发现对当今儿童产生影响的最重要问题的前沿，其中包括无家可归、寄养和毒瘾问题。SSIC 与父母、监护人和老师等成年人建立联系并授予他们权力，建立“照顾圈”（“circles of care”），以帮助儿童的健康成长。

5. 世界反欺凌论坛（World Anti-Bullying Forum 2019）[①]

国家反欺凌研究和资源中心（The National Anti-Bullying Research and Resource Centre-ABC，简称 ABC）是联合国教科文组织处理学校和社会欺凌问题的主导者，也是关于反欺凌的大学指定研究中心。

ABC 是一个多学科团队，由社会、教育和心理学等领域的专家组成。他们互相协作，研究欺凌问题的多种原因，兼顾了开发资源、进行研究以及解决欺凌的培训等任务。该中心还主办了《国际防止欺凌》杂志（*the International Journal of Bullying Prevention*），并与国际研究合作伙伴一起为减少学校和工作场所欺凌提供有效措施和解决办法。他们的目标是为了支持联合国的总体目标，即“到 2030 年确保包容和公平的优质教育，并为所有人提供终身学习机会”。

由该中心举办的世界反欺凌论坛已经进行到了第二届。第一届世界反欺凌论坛于 2017 年在瑞典斯德哥尔摩举行，来自全球 37 个不同国家的近 600 名参与者参加了会议，并在会议中对世界反欺凌工作提出了自己的研究和见解。

2019 年的第二届世界反欺凌论坛邀请了来自不同学科和领域的专家，例如心理学、社会心理学、社会人类学、教育学、性别研究、社会工作、卫生科学、儿童研究、政治学、哲学和犯罪学等。该论坛的目的是创建多学科和跨级别的对话及会议，以增进对欺凌行为的理解以及制止和预防欺凌行为。

① 官网地址：https：//antibullyingcentre. ie/

2019 年的论坛还将强调跨文化和跨国对话以及分享知识和经验的重要性，以便更深入地了解欺凌的复杂性。

该论坛扩大了世界对于欺凌、骚扰、歧视、排斥和其他形式的侮辱人格的待遇和暴力行为的理解，他们认为欺凌和其他形式的有辱人格的待遇都是个人、人际关系和背景因素之间的复杂相互作用。

6. 站起来反对欺凌会议（Stand Up to Bullying Conference）[①]

“站起来反对欺凌”是一个为时 4 小时的国际性预防欺凌会议，为公众介绍国际上最新的最前沿的防止欺凌的研究。会议根据参会者的需求，可以在线下举行也可以通过实时网络研讨会在线上进行探讨。该会议的受众是学校管理员、教育工作者、社会工作者、学校顾问、心理学家、执法人员以及其他经常关注儿童的人员，以期教会所有学校教职员工运用各种动手技能、工具、技巧和干预措施来识别、减少或消除学校的欺凌、暴力和自杀。这些工具、技巧等可以单独使用，也可以与任何现有的学校欺凌/暴力预防程序结合使用。

在会上，参加会议的人员学习了：

（1）关于学校欺凌和暴力行为的最新国际研究和统计数据。

（2）欺凌者、受害者和旁观者的特征和危险因素。

（3）网络欺凌的性质和特征。

（4）欺凌的心理和潜在后果。

（5）自杀、学校枪杀和大规模蓄意杀人的标志。

（6）预防自杀。

（7）如何帮助欺凌受害者。

（8）各种学校环境（中期和长期）中的学校欺凌和暴力预防策略。

（9）课堂行为管理技巧。

（10）非物理降级技术。

（11）自卫技术、欺凌/暴力预防程序。

本次会议的演讲者是马克·莱克伍德（Mark Lakewood），他是建设牢固家庭全国研讨会（Building Strong Families National Seminars）的首席执行官，也是一位杰出的欺凌预防专家、研究人员、作家和发言人，作为精神健康治

① 官网地址：https：//standuptobullying. net/

疗师具有数十年的临床经验。莱克伍德先生曾为儿童，青少年和成人提供心理健康治疗服务。他曾在 K-12 学校中担任学校社会工作者和学校心理健康临床医生，并在其中做出了巨大的成就。他还为众多学校管理员和教育工作者提供了咨询和专业发展人员培训，并为学生及其家庭提供了有关欺凌和行为管理问题的临床服务。目前，他还在继续进行有关学校欺凌/暴力和青少年侵略的广泛研究。

7. 第十届年度反欺凌和学校安全会议 （10th Annual Anti-Bullying & School Safety Conference）[①]

2020 年 5 月 20 日至 21 日，第十届年度反欺凌和学校安全会议在大西洋城召开，当年的主题是“支持边缘化学生的最佳实践”（Best Practices in Supporting Our Marginalized Students），重点是防止对最弱势的学生，包括特殊教育学生、性少数学生、移民学生和其他目标人群的虐待，以使所有学生在学校感到安全和快乐。

此次会议将为学者和从业人员提供一个交流会，以分享他们在防止欺凌以及创造安全、积极的学校氛围和文化方面的专业知识。会议邀请了许多学校人员参加，其中包括反欺凌协调员、反欺凌专家、学校心理学家、社会工作者、学校资源和公共安全官员以及来自与青年合作的其他组织的人员。

与去年相比，此次会议邀请了全新的研讨会和演讲者，并且组建了青年有效欺凌策略小组，采用圆桌会议讨论的模式，给予了与会者和演讲者联系的更多机会。会议邀请了国内外著名学者参会，其中包括了史蒂文·埃尔南德斯（Steven Hernandez）博士，他是妇女儿童和老年人委员会的执行主任，曾在州立法机关担任康涅狄格州儿童委员会的公共政策和研究主管；菲利斯·阿罗尼（Phyllis Alongi），预防青少年自杀协会的临床主任，也是获得许可的专业儿童问题顾问，多年以来为儿童、青少年和成人提供咨询经验，且拥有超过 10 年的教学经验；临床心理学家、作家和顾问杰瑞德·谢尔兹博士（Dr. Jared Scherz），他与教育工作者合作超过 25 年；宾夕法尼亚州切尼大学全日制教授本科和研究生心理学课程的教授丽塔·约翰逊（Rita Johnson）；朱迪思·斯普林格博士（Dr. Judith Springer），她的专业领域包括多元化教育、同伴领导调解培训、防止欺凌和预防青少年自杀等。

① 官网地址：http：//antibullyingconference. com/

专题二

国内校园欺凌防控行动概述

近年，随着网络媒体和智能技术的快速发展，校园欺凌事件频频曝光，已经成为社会各界高度关注的话题。

为做好中小学校园欺凌防治工作，建设阳光、安全校园，国务院教育督导委员会办公室致函各省、自治区、直辖市教育厅（教委）、人民政府教育督导部门、新疆生产建设兵团教育局、教育督导部门，要求通过建立工作体系、加强制度建设、开展业务培训、创新防治方法、健全长效机制等措施，责任到位、上下联动、齐抓共管，扎实有序地做好学生欺凌防治工作。

各省市地按要求建立了由教育部门牵头、有关部门参与的省、市、县各级学生欺凌防治协同工作体系，严格落实国务院教育督导委员会办公室关于学生欺凌防治工作的要求，建立健全防治校园欺凌工作协调机制，完善有关规章制度、明确工作岗位职责、规范预防处理措施，为学生欺凌防治提供制度保障。各地针对不同层级学生欺凌防治工作群体开展专业培训，积极探索、充分实践，利用优秀传统文化对学生进行品德教育、编写学生欺凌防治指导手册、挖掘信息网络优势搭建教育和处理平台、借助专业力量开展项目试验和专项调研、充分发挥人大常委会在提供建议和完善立法方面的重要作用等，这些方式方法形式新颖、主题鲜明、参与度高、防治效果好。大部分省份将学生欺凌防治纳入公安机关牵头的“护校安园”“平安校园”“护苗行动”“扫黑除恶”等校园安全治理工作，并且建立了具有长效性、稳定性和约束力的学生欺凌防治培训、考评、问责处理机制，促进学生欺凌防治工作科学、高效开展。

同时，社会各界人士也陆续加入校园欺凌的研究中。其中，山东师范大学心理学院教授张文新在 1999 年就开始对校园欺凌问题进行调查和研究，并于2017年主持建立了“山东师范大学校园欺凌研究中心”，同时创建了反校园欺凌专业网站——“中国反校园欺凌网”，以期进一步推进我国反校园欺凌的科研成果应用。

学校是学生教育的主阵地。各中小学通过开展思想道德教育、法治教育、心理健康教育、生命教育、自我保护教育以及专题讲座、班（团、队）会、主题活动、编发防控校园欺凌手册等形式开展校园欺凌防治，以立德树人，塑造学生美好心灵。教师是学生成长的引路人，必须增强法律意识，建立良好师生关系，积极做好家校沟通，将校园欺凌的不良苗头遏制在萌芽之中。

校园欺凌防治工作是一项长期、综合、复杂的系统工程，要从根本上解决这个问题，需要各级政府、有关部门、社会、学校、家长携手共创和谐校园，让每一个学生都能在健康、向上、向善的环境中成长。

第一节　校园欺凌防控国家政策概述

从 2016 年至今，教育部牵头协同多部门先后出台了若干有关防治中小学校园欺凌和暴力的政策法规，为防治校园欺凌、建设平安和谐校园提供了强有力的政策支撑。由此可见，校园欺凌防控工作的重要性和迫切性以及国家对校园欺凌问题的重视和治理决心。

一、国家防控校园欺凌的数据简析

在我国教育部官方网站上以“校园欺凌”以及“校园+欺凌”为“关键词”检索统计发现，从 2016 年 4 月起，截至 2020 年 7 月，共有 291 条相关信息。在标题中出现“校园欺凌”的信息有 24 条，出现“校园+欺凌”的信息有 1 条，在正文中出现检索关键词的信息有 290 条。从表 3-4 数据可以看出，近五年来，教育部针对“校园欺凌”现象发布的信息在 2017 年达到最高峰。校园欺凌现象频频出现，引起了国家的高度重视。

表 3-4　2016—2020 年中国教育部官方网站“校园欺凌”检索

年份	2016 年	2017 年	2018 年	2019 年	2020 年
条数	52	97	84	53	4

在中国知网上以“校园欺凌”为关键词检索，共有 3477 条文献。从 2007 年 7 月至 2019 年 12 月，每年发表的论文数如表 3-5 所示，国内学者对“校园欺凌”的研究于 2016 年激增，呈逐年递增的趋势，到 2019 年到达高峰，说明“校园欺凌”问题逐渐引起了我国学者的广泛关注，研究越来越深入。

表 3-5　2007—2019 年国内学者对“校园欺凌”的研究

年份	2007 年	2008 年	2009 年	2010 年	2011 年	2012 年	2013 年	2014 年	2015 年	2016 年	2017 年	2018 年	2019 年
篇数	1	7	8	7	5	7	16	11	55	437	851	823	898

二、国家防控校园欺凌的政策概述

（一）国务院发布《关于开展校园欺凌专项治理的通知》

近年来，中小学生欺凌和暴力事件频频见诸报端，引起了国家和社会的广泛关注。为了全面贯彻党的教育方针，落实立德树人的根本任务，切合实际防治学生欺凌和暴力，2016 年 4 月，国务院教育督导委员会发布了《关于开展校园欺凌专项治理的通知》①，要求从当年 4 月到 12 月在全国中小学校开展专项治理活动。其中 4 月至 7 月，主要是各校开展提高中小学生思想道德素质和培养良好行为习惯的专项教育，以期从源头上预防校园欺凌行为的发生。9 月至 12 月，按照“学校自查自纠总结、县级教育督导部门组织普查、市级教育督导部门组织复查、省级抽查”的程序开展专项督查活动，以巩固校园欺凌防控所取得的各项成果。

（二）教育部等九部门联合发布《关于防治中小学生欺凌和暴力的指导意见》②

2016 年 11 月 1 日，教育部等九部门联合向全国发布了《关于防治中小学生欺凌和暴力的指导意见》③（以下简称《指导意见》），表明了党和国家高度重视对未成年人的保护，对积极预防和处理中小学生欺凌和暴力行为提出了宏观性、原则性的指导意见和对欺凌者的教育惩戒方法，对防控校园欺凌行为的发生起到了积极的指导作用。

《指导意见》高屋建瓴，提出从以下十一个方面防控校园欺凌和暴力：第一，切实加强中小学生思想道德、法治和心理健康教育，从源头上预防欺凌和暴力事件的发生；第二，全国各地要不折不扣地开展以预防欺凌和暴力为主题的专题教育活动；第三，加强学校日常安全工作管理，制定防控工作制度，做到早发现、早预防、早控制；第四，强化校园周边地区综合治理工作；第五，保护受害学生和知情学生的身心安全；第六，强调教育惩戒威慑作用；

---

① 万向婷. 加强法制建设 让欺凌远离校园[J]. 法制博览，2018（25）：99-100.

② 张寒. 中小学校校园欺凌治理研究——基于学校思想政治教育视角[D]. 聊城：聊城大学，2019.

③ 付玉明，杨智宇. 论未成年人校园欺凌事件的综合治理[J]. 青少年犯罪问题，2018（1）：29-37.

第七，实施科学有效的追踪辅导；第八，加强部门统筹协调，形成政府统一领导、相关部门协同发力齐抓共管，学校、家庭、社会统一战线形成合力；第九，依法落实家长监护责任；第十，加强平安文明校园建设，使平安文明校园内无欺凌和暴力；第十一，全社会共同保护中小学生平安健康成长。

国务院教育督导委员会于2016年12月印发了《中小学（幼儿园）安全工作专项督导暂行办法》，将预防与应对学生欺凌和暴力行为纳入安全专项督导工作①。通过这些努力，一定程度上遏制了学生欺凌事件的发生，各地各校在提高防范意识、开展反欺凌专题教育和加强日常管理等方面取得了积极成效，积累了一些好方法和好经验。

（三）教育部等十一部门联合发布《关于加强中小学生欺凌综合治理方案》②

教育部等十一部门于2017年11月22日联合印发了《加强中小学生欺凌综合治理方案》（以下简称《治理方案》），明确了治理学生欺凌的新时代指导思想、原则、治理内容、具体措施、职责分工以及工作要求等内容。《治理方案》首次对"中小学生欺凌"提出了明确的概念界定："中小学生欺凌是发生在校园（包括中小学校和中等职业学校）内外、学生之间，一方（个体或群体）单次或多次蓄意或恶意通过肢体、语言及网络等手段实施欺负、侮辱，造成另一方（个体或群体）身体伤害、财产损失或精神损害等的事件。""中小学生欺凌"概念界定的提出，给全国各地各校提供了区分学生间嬉戏打闹与学生欺凌、暴力的依据，为预防和处理校园欺凌事件指明了方向。《治理方案》不仅明确了四项防治学生欺凌的措施（一是学校加强道德、法制等教育，定期开展形式多样的预防学生欺凌专题教育活动；二是学校或社区组织开展家长了解防治学生欺凌知识的培训，帮助他们了解相关知识；三是强化学校管理；四是定期开展排查，消除安全隐患），还明确了教育部等十一个部门及学校各自的职责，也明确了以学校为主的学生欺凌事件处置程序以及给出针对学生不同的欺凌行为要采用不同的教育惩戒的建议。这使得学校教育惩戒校园欺凌行为有章可循，为防控校园欺凌提供了政策支持。

① 谭笑珉. 中小学生欺凌行为立法规制刍议[J]. 南都学坛，2019（4）：79-81.

② 李雯. 让欺凌远离学生：《加强中小学生欺凌综合治理方案》内容解析与实践要点[J]. 中小学管理，2018（2）：26-30.

（四）国务院发布《关于开展中小学生欺凌防治落实年行动的通知》

2018 年 4 月 19 日，国务院教育督导委员会办公室印发《关于开展中小学生欺凌防治落实年行动的通知》（以下简称《行动》），把 2018 年定为防治中小学生欺凌落实年。《行动》指出，各级教育部门要明确防治学生欺凌的工作机构和防治工作负责人。学校要组建反校园欺凌委员会，建立健全五级学生欺凌防治工作责任体系和制度体系，基本形成学生欺凌防治部门齐抓共管、责任落实到位、管理制度健全、预防措施有效、处置程序规范的工作局面，建立健全防治学生欺凌长效工作机制，达到有效遏制学生欺凌的目的。学校要结合思想道德、法制和心理健康教育，每一学期最少要组织开展一次防校园欺凌专题教育活动，普及反校园欺凌的知识和技能。学校还要对全校学生开展有关校园欺凌问题的调查，及时发现问题、解决问题，防患于未然。各级教育部门要采用定期通报、事件督办、专项督导、评估总结、社会监督、宣传引导六个方面的督促措施，确保稳步开展中小学生欺凌防治落实年行动。

（五）国务院发布《关于各地中小学生欺凌防治落实年行动工作情况的通报》

2019 年 1 月 28 日，国务院教育督导委员会发布的《关于各地中小学生欺凌防治落实年行动工作情况的通报》（以下简称《通报》）中指出，各地扎实开展学生欺凌防治工作，总体进展良好，但各省工作也不平衡，并对工作进展明显较慢的省（区、市、县）进行了点名通报。该《通报》中通报有 30 个省（区、市）和新疆生产建设兵团已经确定了学生欺凌防治工作机构及办公电话，仅内蒙古仍未确定；全国已有 24 个省（区、市）和新疆生产建设兵团制定了学生欺凌综合治理实施方案，其他一些地方的方案还处在征求意见或起草过程之中。《通报》指出了当前防治中小学欺凌存在的五个方面的问题：工作落实不到位，思想认识有待提高，日常工作有欠缺，惩处力度仍不够，防治合力需加强。

（六）国务院发布《关于开展防治中小学生欺凌和暴力专项整治工作的通知》

继“2018 行动落实年”之后，2019 年 10 月 21 日，国务院教育督导委员会下发《关于开展防治中小学生欺凌和暴力专项整治工作的通知》，在全国开展防治中小学生欺凌和暴力专项整治工作。本次专项整治工作有三项主要内容：开展一次全面的隐患排查、会同有关部门强化督导检查、建立长效预防和处置机制。

（七）教育部、国务院发布近六年积极开展春季、秋季开学工作专项督导报告

教育部于 2015 年 11 月 26 日发布的《2015 年秋季开学工作暨“护校安园”行动落实情况专项督导报告》提到一些地区和学校校园安全形势依然严峻，校园欺凌、暴力事件时有发生。

教育部于 2016 年 11 月 1 日发布的《2016 年秋季开学暨年度重点工作落实情况专项督导报告》中要求：切实做好校园踩踏、欺凌等重点领域安全治理，千方百计杜绝可能发生的安全事故，维护校园安宁。

教育部于 2016 年 3 月 31 日发布的《2016 年春季开学工作专项督导报告》提出围绕防治中小学校人身伤害和校园暴力两个主要问题，进一步改进和完善学校安全风险防控体系构建，切实保障学生安全。

2017 年 5 月 9 日，教育部发布《2017 年春季开学工作专项督导报告》指出个别地区学校应对校园欺凌事件的应急处置预案仍有不足之处，并未得到完全落实等；督导意见要求切实做好防溺水、校园欺凌等重点领域安全治理工作。

2017 年 11 月 9 日，教育部发布的《2017 年秋季开学工作专项督导报告》中的督导意见包含了以抓学生安全为中心，强化对溺水、校园欺凌等热点、重点领域的专项治理整治的要求。

2018 年 8 月 28 日，教育部督导局发布《2018 年春季开学暨学校安全风险防控专项督导报告》，此次督导的重点之一是学生欺凌与暴力等问题的解决及部署落实情况。督导意见要求加强校园安全隐患排查，切实做好校园欺凌等重点领域安全专项治理，加强整改落实，努力降低学校安全防控风险。

2018年11月6日，教育部发布《2018年秋季开学工作专项督导报告》，重点督查学生资助、学生欺凌与暴力等社会热点，强化学生欺凌与暴力治理工作。各地各校高度重视学生欺凌与暴力专项治理工作，建立健全防范机制，强化法治教育与舆论宣传，加强矛盾纠纷排查，及时化解，有效防止学生欺凌与暴力行为的发生，各地防控成果显著。督导意见要求加大安全隐患排查整治力度，切实做好校园欺凌、性侵等重点领域安全治理，努力降低安全事故发生率。

2019年8月23日，国务院教育督导办发布5号预警《防治学生欺凌暴力 建设阳光安全校园》，要求重点做好以下工作：第一，完善协调机制；第二，做好隐患排查；第三，开展专题教育；第四，做好预防处置；第五，落实家长责任。

（八）教育部发布《关于举办全国学生“学宪法 讲宪法”活动的通知》

自2016年9月22日首次发布《关于举办全国学生“学宪法讲宪法”活动的通知》后，教育部办公厅连续五年举办全国学生“学宪法讲宪法”活动（发出通知时间分别为2017年5月25日、2018年5月10日、2019年4月23日和2020年6月2日）。其中前三届并未在通知中提到有关“校园欺凌”的内容，而第四届和第五届均提到“各地各校根据自身实际，围绕宪法，结合……校园欺凌……内容，自行组织开展知识竞赛”。

（九）教育部发布2016年、2017年、2018年工作要点

2016年1月11日，教育部基础教育一司印发关于《教育部基础教育一司2016年工作要点的通知》，明确提出的2016年工作要点之一是“开展预防中小学校园欺凌和校园暴力研究”。

2017年1月22日，教育部印发《教育部2017年工作要点的通知》，要求“研究制订《加强中小学校园欺凌综合治理方案》，加强对校园欺凌治理情况监管。完善全国各地中小学校发生校园欺凌事件信息月报和媒体报道情况核报制度”。

2017年4月10日，教育部基础教育司印发关于《教育部基础教育司2017

年工作要点的通知》，第一大点第一条提出“制订防治学生欺凌和暴力的指导手册”的要点要求。

2018 年 2 月 23 日，教育部基础教育司印发关于《教育部基础教育司 2018 年工作要点的通知》，文末要求做好防范学生欺凌和暴力的安全教育工作。

（十）教育部发布的其他与“校园欺凌”有关的通知

2016 年 1 月 7 日，教育部印发《关于依法治教实施纲要（2016-2020 年）的通知》，提出“对校园欺凌、性侵犯学生等违法犯罪行为建立‘零容忍’机制，加强部门合作，会同政法部门依法严肃查处”。

2016 年 12 月 27 日，教育部办公厅印发《关于做好全国教育科学“十三五”规划 2017 年度课题组织申报工作的通知》，把“预防中小学校园欺凌和校园暴力研究”列为重点招标课题。

2017 年 1 月 13 日，教育部部长陈宝生在“2017 年全国教育工作会议工作报告”会上指出：“校园欺凌问题时有发生，损害了学生身心健康，造成了不良影响。必须加强教育预防、依法惩戒和综合治理，促进家校联动，让孩子们健康成长。”

2017 年 3 月 14 日，教育部公布了“校园欺凌”的概念和特点。

2017 年 4 月 12 日，国务院李克强总理主持召开国务院常务会议指出：“建立防控校园欺凌的有效机制，及早发现、干预和制止欺凌、暴力行为，对情节恶劣、手段残忍、后果严重的必须坚决依法惩处……切实把校园建设成最阳光、最安全的地方。”

教育部基础教育司组织专家学者编写的《防治中小学生欺凌和暴力指导手册》（以下简称《指导手册》）一书，对我国的中小学生欺凌和暴力防治工作产生积极的作用，大有裨益。《指导手册》的内容设计注重应用性和实操性，书中对《关于防治中小学生欺凌和暴力的指导意见》及《加强中小学生欺凌综合治理方案》做了详细的解读与剖析，明确了学生欺凌和暴力的操作性定义。各地各校可参考《指导手册》，结合自身实际，制订应用性广、可操性强的防治措施，推动中小学防治学生欺凌和暴力工作有效开展。《指导手册》使中小学教师和家长在处理学生欺凌和暴力事件时能有章可循、有法可依。

第二节　我国校园欺凌学术研究概述

校园欺凌事件频频发生，已经成为一个不能回避的社会问题。为了促进学生的健康成长，给学生营造一个轻松舒适的学习生活环境，我国许多学者从研究领域、类型、危害、成因等方面对校园欺凌展开全方位的探究。

一、我国校园欺凌研究领域

校园欺凌并非新生事物。随着现代媒体的发展，越来越多的校园欺凌现象进入人们的视野。对此，我国学者的研究范围越来越广、内容越来越细，研究视角越来越多样化。从研究视角来看，国内学者的研究主要集中在心理学、教育学、社会学、法律学四大领域。

（一）心理学研究领域

在我国，相比较而言，校园欺凌现象在中小学最为严重。章恩友、陈胜认为校园欺凌现象与中小学生的社会心理状况有着直接的联系①，比如社交心理有障碍的学生，欺凌或被欺凌的可能性大于社交心理正常的学生。姚秀明在《心理学视角下中小学校园欺凌的成因及规避》中提到校园欺凌与学生自身的心理问题以及师长对心理健康教育的疏忽有关。还有学者从情绪宣泄角度进行研究：父母与孩子对事物的认知不同，彼此间难免会产生矛盾，如果孩子的情绪没有得到适当的发泄，他们将使用极端的行为来发泄，而这个宣泄的对象最大可能就是指向那些自卑、怯懦的同学②。可见，如果教师和家长唯成绩至上，忽略其心理疏导，学生的消极情绪得不到合理释放，就容易以欺凌行为来宣泄内心的压抑，从而引起欺凌事件的发生。因此，从心理学角度研究校园欺凌，具有非常重要的现实指导意义。

---

① 章恩友，陈胜. 中小学校园欺凌现象的心理学思考[J]. 中国教育学刊，2016（11）.

② 李琪. 社会学视角下校园欺凌的现象分析[J]. 教育现代化杂志，2016（21）：310.

（二）教育学研究领域

素质教育虽然已经开展多年，但受高考制度影响，许多中小学校依然存在重分数轻德育的现象。校园里成绩优异的学生往往是老师关注的焦点，备受青睐；而学困生则可能长期感受不到被重视和认可，加之学业上没有起色，逐渐变成与老师相对立的群体。紧张的师生关系影响教育功能的发挥，学困生最后沦为“问题学生”[①]。往往“问题学生”很大程度上会成为校园欺凌事件中的欺凌者。

随着现代媒体的发展，一些影视剧、网络游戏中的暴力角色强烈冲击着学生的感官和心理，“问题学生”会在不自觉中进行模仿，他们一旦遇到合适的机会就容易堕落，他们身边的亚文化或“反学校文化”群体的存在更是怂恿或助长其越轨行为的发生[②]。学者李琪谈到，不少学生埋头苦读，忽略了交际能力的提升，受到欺凌后，无法进行正常的倾诉，而学校往往扮演的是“和事佬”，惩戒不痛不痒，大多是以息事宁人为主[③]。从某种意义上来讲，这种治标不治本的做法，助长了一部分欺凌行为的发生。

（三）社会学研究领域

不少学者认为校园欺凌不仅仅是校园问题。一些“问题学生”之所以会成为欺凌者，与家庭、社会的影响是分不开的。芮雪萍提到，“问题学生”往往有着家庭变故、不幸、经济贫困等窘境，又或者在竞争的过程中遭受各种“冷眼”和“歧视”，由于得不到及时、正确的帮助和引导，最后陷入绝望，不得不采用极端的方式来处理问题。因此，他们可能会因为无法达到学习上的目标，而使用超常规或不法手段来达成其他方面的目标或表现对文化目标的反对[④]。徐淑慧和苏春在《中小学校园欺凌现象的教育学思考》中也提到，校园欺凌已经不只是单纯的个人问题，而是社会的产物，具有社会危害性，

① 高中建，杨月．青少年网络欺凌的历史回放及现实预防[J]．青年发展论坛，2017（27）：65.

② 魏叶美，范国睿．社会学理论视域下的校园欺凌现象分析[J]．教育科学研究，2016（2）：22.

③ 李琪．社会学视角下校园欺凌的现象分析[J]．教育现代化杂志，2016（21）：310.

④ 芮雪萍．校园欺凌问题的社会学分析[J]．教育导刊，2018（2）：63.

需要全体社会成员共同参与进来才能找到最佳解决方案[①]。可见，校园欺凌也是社会问题。

（四）法律学研究领域

校园欺凌行为会造成他人身心、财产的损伤，可以定性为侵权行为，即违法行为。韩瑞将校园欺凌与校园暴力进行对比：校园暴力一般直接由司法机关介入，而校园欺凌则在程度上要轻一些，主要是发生在学生之间的人际交往方面的欺凌行为[②]。二者虽有区别，但实际上都是一种恶意行为，都对他人的身心造成了不同程度的伤害。徐淑慧、苏春认为，校园欺凌行为符合侵权行为构成的四个必要条件[③]，可见，校园欺凌其实已经违反了民法，只是大部分学生作为未成年人，属于限制民事行为能力人和无民事行为能力人。通常对其以批评教育为主。但是如果情节严重，一旦触犯刑法，要追究其法律责任。所以，有校园欺凌行为的同学如不悬崖勒马，就将断送前程，毁掉一生。

二、我国校园欺凌类型及危害研究

（一）校园欺凌的分类研究

综合我国众多学者对校园欺凌的研究成果，可以从宏观上把校园欺凌分成直接欺凌和间接欺凌两大类。

1. 直接欺凌研究

直接欺凌主要表现为一种面对面的伤害行为，如肢体（身体）欺凌、言

① 徐淑慧，苏春景. 中小学校园欺凌现象的教育学思考[J]. 鲁东大学学报（哲学社会科学版），2017（2）：77.

② 韩瑞. 中学校园欺凌的社会工作介入——以 L 市 Z 中学为例[D]. 南昌：江西师范大学，2018.

③ 徐淑慧，苏春景. 中小学校园欺凌现象的教育学思考[J]. 鲁东大学学报（哲学社会科学版），2017（2）：77.

语欺凌、强索（财物）欺凌、性欺凌等。张文新等人认为，通过动作或器物进行直接攻击的身体欺凌和利用话语进行直接攻击的言语欺凌属于直接欺凌。①

2. 间接欺凌研究

间接欺凌是借用了中间媒介实施的一种比较隐蔽的攻击行为，主要表现为欺凌者蓄意传播谣言、故意误导他人对被欺凌者进行排斥或孤立、中伤或侵犯同学名誉和权利等②。关系欺凌和网络欺凌可归属为间接欺凌。

另外，我国还有学者以身份为视角，把校园欺凌分为学生对学生欺凌、教师对学生欺凌、学生对教师欺凌三类。

（二）校园欺凌的危害研究

校园欺凌行为会对人的身体、心理、财产甚至生命构成严重威胁。关于校园欺凌的危害，多数学者是从欺凌者、被欺凌者、旁观者三个角度进行研究的。

1. 对欺凌者的危害研究

校园欺凌者大多学习成绩或行为习惯不太好，相对于学习成绩好的同学来说受到的责备、批评要多很多，这就可能破坏与老师同学的和谐关系。为了消散内心的“怨气”，他们只能去找比自己还弱的同学作为发泄对象，从而走上欺凌者之路。他们不思进取自我放弃，长此以往形成恶性循环，在欺凌者的路上越走越远。就那些长期实施欺凌行为的欺凌者而言，他们可能会出现道德滑坡乃至于人格扭曲，甚至还可能形成反社会人格。若欺凌者欺凌他人但自身却没有受到及时的批评教育甚至是惩罚，就会产生错误的认知，增大将来违法行为发生的可能性③，进而断送掉自己的整个人生。

---

① 张文新，王益文，鞠玉翠，林崇德. 儿童欺负行为的类型及其相关因素[J]. 心理发展与教育，2001（1）：12-17.

② 黄颂懿. 高中校园欺凌现象的成因分析与对策建议——以广西壮族自治区 H 市某高中为例[J]. 青年时代，2016（22）：233.

③ 苏雪燕. 中学校园欺凌行为预防策略研究[D]. 新乡：河南师范大学，2017：16.

2. 对被欺凌者的危害研究

被欺凌者是欺凌事件中最大、最直接的受害者，不仅生命、身体健康和财产会受到损伤，还会有心理伤害，甚至人格发展也会受影响。欺凌不仅会伤害被欺凌者的自尊，还会使其逐渐丧失自信心，降低自我评价和自我存在感[①]。学者韩玲认为，被欺凌者的防备心比较强，或者有明显的敌对情绪，这就可能激起其逆反心理，出现情感失控，从而做出一些极端行为，甚至走上违法犯罪道路[②]。长期被欺凌的同学迫于欺凌者的威吓会越发怯懦、自卑，严重时则可能变得焦虑、抑郁，甚至人格扭曲，极端情况下还可能做出自残、自杀或他杀行为，严重影响正常的学习和生活。

3. 对旁观者的危害研究

旁观者作为欺凌事件的目击者，也可能面临来自欺凌者和被欺凌者的双重压力，学习生活受到影响。史慧静认为，旁观者由于目睹了校园欺凌的发生，往往会产生紧张、害怕、内疚等复杂情绪，既担心自己也被欺凌，又对自己没有帮助被欺凌者而感到愧疚，双重压力使得他们在学习上难以集中注意力，从而影响学习成绩。[③]徐玉斌、郭艳艳认为：一些旁观者可能会效仿欺凌者的行为而成为新的欺凌者，也可能成为被欺凌的对象，产生恐惧、无助感，甚至精神恍惚。[④]可见，欺凌行为并非只简单地涉及欺凌者和被欺凌者双方，对旁观者的影响也是很大的。

4. 对家庭、学校、社会等方面的危害研究

校园欺凌在给被欺凌者、欺凌者和旁观者带来危害的同时，也会对家庭、学校和社会造成负面影响。芮雪萍认为校园欺凌除了会伤害欺凌者、被欺凌

---

① 朱瑾. 校园受欺负学生的心理分析与干预策略[J]. 现代中小学教育，2009（3）：48-51.

② 韩玲. “校园欺凌”对中职生身心健康影响的初步研究[J]. 山西青年，2017（21）：33.

③ 史慧静. 基于社会生态学理论的反校园欺负综合干预策略研究[J]. 中国学校卫生，2015（2）：166.

④ 徐玉斌，郭艳艳. 校园欺凌的原因与对策分析[J]. 河南教育学院学报（哲学社会科学版），2016（6）：54.

者、旁观者个体外，还会影响校园风气，给学校名声带来负面影响。[1]卜建华等人认为校园欺凌不仅会打乱学校的正常教学秩序，影响校园安定，还可能影响家庭和睦，更严重的还会引发社会矛盾。[2]

不管是哪种类型的欺凌，它对青少年的伤害都是巨大的。不仅伤害青少年的身心健康，还会影响家庭、学校、社会的正常发展。所以，全社会都要携起手来共同防控校园欺凌行为，为青少年健康成长、构建安全校园、社会和谐发展提供良好环境。

三、我国校园欺凌成因分析

无论是农村学校还是城镇学校，都有校园欺凌现象。造成校园欺凌的原因是多方面的，相关学者通过对个体因素、家庭因素、学校因素、同伴关系、社会因素等对不同年龄段的学生的影响进行研究，或是从某一学段的某一因素或几个因素来分析，或是从某一视角或某一领域进行探讨，以便有针对性地进行教育和防控。

（一）幼儿校园欺凌成因分析

有学者研究发现，预防和治理校园欺凌应该从幼儿园抓起，做到早发觉、早矫正。曾春燕、康钊在其研究中揭示了家庭环境的不和谐、幼儿园教师教育引导部分缺失、伙伴的不良示范、社会不良环境的干扰等，都可能催生幼儿间欺凌现象。[3]在幼儿园出现的幼儿欺凌中，幼儿的行为是无意识、无目的的本能行为，但是，如果教师或家长不能及时察觉并引起重视、加以正确引导，就会固化成一种欺负别人的习惯。随着年级的升高，到了小学、中学时，这类孩子的欺凌行为也已逐渐成熟，他们就会成为令老师、家长头痛的校园欺凌的主角，那时再来教导，事倍功半。

---

① 芮雪萍. 校园欺凌问题的社会学分析[J]. 教育导刊，2018（2）：63.

② 卜建华，潘云梦，张宗伟. 校园欺凌现象与学生行为心理分析及对策研究[J]. 中国成人教育，2017（23）：94-95.

③ 曾春燕，康钊. 幼儿园校园欺凌现象的成因及对策探讨[J]. 教育科学论坛，2019（4）：69-72.

幼儿园出现教师欺凌幼儿的现象更要引起全社会的警觉。曾春燕、康钊认为由于幼儿教师自身的原因或者外因对幼儿教师的影响，引起的幼儿教师师德失范也会诱发教师欺凌幼儿的欺凌事件。[①]如果这类事件不立即制止，将会给幼儿身心健康造成严重的影响，甚至影响幼儿的一生，并可能造成不良的社会影响甚至发生危害社会的事件。所以我们要加强教师的师德师风建设，科学干预幼儿园校园欺凌事件的产生。

（二）小学校园欺凌成因分析

面对校园欺凌低龄化现象，研究者展开全面而深入的分析。曹科彦、葛林波[②]及成蕊[③]等研究者从自身、家庭、学校、社会因素四个方面探寻小学校园欺凌的成因（见表 3-6），以期做到对症下药，做好小学校园欺凌防控。

表 3-6　我国小学校园欺凌成因的研究

研究者	研究内容			
	自身因素	家庭因素	学校因素	社会因素
曹科彦、葛林波	自身所处的环境因素以及自身心理因素、同伴的态度	家长素质较低、教养方法不当、家庭关系不和谐、家长不重视	学校管理不当、教师教育方法欠妥、校园生活趣味下降	不良风气、社会立法惩戒不强、宣传不够
成蕊	自身心理因素	不同家庭类型和教育方式、家庭教育责任的缺失、家长应对校园欺凌问题时的做法不科学	学生与教师缺乏沟通、重智育轻德育、安全教育形式简单化、忽视法制教育、校园欺凌治理仍停留在道德层面	社会压力过大、社会不良风气、媒体网络对暴力的美化及渲染

小学生是祖国的花朵，正处在身心发展的关键期，学生自身、家庭、学

① 曾春燕，康钊. 幼儿校园欺凌问题成因及规避策略——基于师德失范视角[J]. 教师教育论坛，2018（12）：25-27.

② 曹科彦，葛林波. 农村小学校园欺凌现象分析与对策研究——以浙江省欠发达地区为例[J]. 产业与科技论坛，2019（15）：103-105.

③ 成蕊. 小学校园欺凌行为现状、问题及对策研究——以四川省 G 市为例[D]. 南充：西华师范大学，2018.

校、社会等方面造成的校园欺凌严重地影响了儿童的身心健康，制约着儿童的发展，所以，必须要采用多方联动措施，全方位覆盖，才能有效预防校园欺凌。

（三）初中校园欺凌成因分析

随着年龄的增长，校园欺凌具有更大伤害力和影响力，我国学者对初中校园欺凌的研究也明显增多。

郭润的研究显示校园欺凌除了与欺凌者、被欺凌者以及旁观者自身解决问题的能力、个体的“情绪”有关，也与学校的校风、学校或老师对于欺凌行为的态度以及学校在性别教育方面的缺位等有关，还与家庭教育中亲子沟通不畅有关，甚至与网络的引导、处理欺凌事件的建设缺失有关。①

刘溪认为引发校园欺凌有四大因素。其一是社会因素，指不良的社会风气和暴力文化的传播暗示以及文化市场的开放和文化市场监管不力。其二是学校因素，指学校教育内容失衡、教师消极的教育方式、不良校风。其三是家庭因素，指家庭结构的残缺和家庭教育的失当。其四是个人因素，指自身的生理、心理和行为习惯等。②

宣海宁的研究阐述了受自身、家庭、学校、社会影响的农村寄宿制中学学生同伴关系对校园欺凌行为有影响。③

冯帅恒认为初中女生之间发生校园欺凌不仅与女生个人性格有关，也与学校重智育、轻德育的错误教育观念和对欺凌事件处理方式的不当有关，也与家长的教养方式不当和安全意识不强有关，还与社会的不良信息以及当事人与素质低下的社会人员亲密交往有关。④

可见，初中阶段的校园欺凌绝不是偶然，它是多种要素综合作用的产物。寄宿制学校产生的校园欺凌与消极的同伴关系也应该受到关注。校园欺凌的对象不仅是男生，女生中的欺凌现象也开始出现，性质也越来越恶劣。应对校园欺凌的问题，同样要关注未成年女生的身心健康。

---

① 郭润. 初中校园欺凌行为之个案研究[D]. 兰州：兰州大学，2015.

② 刘溪. 中学生校园欺凌行为成因、特点及其对策研究：来自湘潭九华 A 中学实证调查[D]. 湘潭：湖南科技大学，2017.

③ 宣海宁. 农村寄宿制学校初中生同伴关系与校园欺凌的调查研究——以河南省4乡5校为例[D]. 信阳：信阳师范学院，2018.

④ 冯帅恒. 初中女生校园欺凌现状及防治对策研究[D]. 烟台：鲁东大学，2018.

（四）普高校园欺凌成因分析

在我国，普通高中发生校园欺凌的概率比初中和小学阶段小，但高中阶段的学生更容易受到外界的诱惑和不良思想的侵蚀。一旦发生校园欺凌，构成犯罪的概率比较高，这对高中生的影响是不可估量的。学者黄颂懿对普通高中校园欺凌成因做了详细的研究（见表 3-7）。[①]

表 3-7　普通高中校园欺凌成因的研究

学者	研究内容			
	个人因素	家庭因素	学校因素	社会因素
黄颂懿	个人性格、人际关系、家庭情况和经济状况、身材、长相、学习成绩、心理等因素	重智育轻德育、不良的家庭环境和不正确的教养	惩罚功能的弱化、重视智育忽视德育、缺乏适当的心理咨询辅导、对欺凌行为的敏感度和重视程度不足	不良风气以及黑色暴力题材的影视作品和文学作品、缺乏严格的校园欺凌防治法

普通高中阶段欺凌现象出现的原因是多方面的，我们特别要关注学生的内在心理因素。因此，做好学生的心理疏导、健全法律法规是有效预防普通高中校园欺凌的关键。

（五）中职校园欺凌成因分析

在我国，中职校园欺凌行为较普通高中更为普遍且较为严重。滕家华[②]、谭晓鸣[③]、曹洁[④]等学者从个人、家庭、校园、社会四个层面积极探索中职校园欺凌发生的原因，为后续中职校园欺凌治理提供了翔实依据（见表 3-8）。

---

① 黄颂懿. 高中校园欺凌现象的成因分析与对策建议——以广西壮族自治区 H 市某高中为例[J]. 2016（28）.

② 滕家华. 中职生校园欺凌行为现状与对策研究[D]. 烟台：鲁东大学，2017.

③ 谭晓鸣. 中职生校园欺凌现状及预防研究——基于学校视角[D]. 烟台：鲁东大学，2017.

④ 曹洁. 中职校园欺凌现象及对策研究——以苏州 s 中专为例[D]. 苏州：苏州大学，2017.

表 3-8　中职校园欺凌成因的研究

研究者	研究内容			
	个人层面	家庭层面	学校层面	社会层面
滕家华	受情感体验、行为习惯和道德观念几方面因素的影响	家庭教育方式、家庭结构、父母文化修养	重技能，轻人格养成；重课业，轻心理教育；重教师技能提升，轻素养培训	娱乐场所监管不严、校外环境的诱惑、社会负面舆论和相关法律法规的不健全
谭晓鸣	对校园欺凌认知、应对能力不足	家长缺乏与学校联防联控校园欺凌的意识和能力	缺乏校园欺凌综合性防治措施，缺乏教育学生认知、应对校园欺凌的意识和能力	—
曹洁	个人素质普遍偏低、法治观念淡薄	家庭结构不合理、家庭教养方式不当、父母行为方式不当、家庭经济状况	德育工作存在缺位、对于欺凌行为应对处置不当、与家长沟通交流不足	“社会失范”浸染校园、“反校园文化”渗透校园、社会规则缺失导致“监管盲区”

只有充分了解造成中职生校园欺凌产生的原因，才能在预防、应对校园欺凌行为中采取一些积极、有益的措施及做法。

（六）特殊学生校园欺凌成因分析

近年来校园安全问题频频受到社会关注，部分学者对我国特殊学生校园欺凌情况进行了研究。

全纳教育理念下的“随班就读”，使残疾学生能够在普通学校就读。但“随班就读”的残疾学生因为生理或心理功能不健全，很容易成为校园欺凌事件中的被欺凌者。陈奕桦、谭蕾在其研究中不仅从欺凌行为方面分析残疾学生因身心功能缺陷容易遭受同伴侵害，还从宏观与微观两方面提出残疾学生容易遭受校园欺凌的原因。宏观上由于残疾学生在普通学校接受教育，增加了他们遭受同伴侵害的机会；微观上残疾学生缺乏足够的社会能力，无法正确判读他人行为，导致自己遭受同伴的侵害。①

① 陈奕桦，谭蕾. 残疾学生校园欺凌研究现状[J]. 中国学校卫生，2018(2): 314-317.

留守儿童在面临压力和困惑时，跟同龄人相比劣势更明显，更容易变为校园欺凌的受害者。张杰在其研究中指出自身、家庭、学校、社会、法律等因素导致了初中留守儿童校园欺凌问题严重。自身因素包括自身情商较低、规范意识差；家庭因素包括交流机会较少、亲子矛盾突出；学校因素包括学校管理不严格、教师教育不全面；社会因素包括社会重视不足、媒体引导不力；法律因素包括法律颁布迟缓、惩治力度不够等。①

与完整家庭儿童相比，单亲家庭儿童不利的家庭环境增大了他们卷入校园欺凌的风险。单亲家庭儿童可能会承受更多的欺凌或有更高的受欺凌的风险。李光程在其研究中发现单亲家庭儿童受亲子关系、父母教养方式、家庭环境等影响，自立行为难以得到有效培养，因此可能被卷入校园欺凌。单亲家庭儿童的欺凌大都是反应型欺凌，欺凌别人的单亲家庭儿童，也越可能遭受到他人的欺凌；或者越是蒙受他人欺凌的儿童，也越可能去欺凌别人。②

国内在探寻特殊学生群体校园欺凌方面的研究太少，期望有更多研究者加入特殊学生群体校园欺凌行为研究的行列，并能够为这一特殊群体的校园欺凌问题的解决提供可行性的干预对策。

综上所述，我国校园欺凌研究多集中于普通中小学生，较少涉及幼儿园、中职生以及特殊学生群体。无论是农村学校还是城镇学校，发生校园欺凌的因素是多方面的。因此为切实保护青少年合法权益，必须调动个人、家长、老师、学校以及社会等力量形成反校园欺凌的强大合力，让欺凌者再也不愿欺凌、不想欺凌、不敢欺凌。

第三节　我国校园欺凌防控行动概述

校园欺凌现象的频繁发生，严重影响一部分儿童、青少年的身心健康发展。为了给儿童、青少年提供一个健康和谐的成长环境，我国一些学者根据实际情况，提出了一些防控校园欺凌的策略和建议。

---

① 张杰. 初中留守儿童校园欺凌现状及对策研究[D]. 烟台：鲁东大学，2018.

② 李光程. 单亲家庭儿童亲子关系、自立行为与校园欺凌的关系[D]. 长沙：湖南师范大学，2019.

一、建立校园欺凌防控预案机制

校园欺凌防控机制应该包括两个方面的内容，即校园欺凌防控责任主体构成以及各责任主体建立的校园欺凌防控机制。

（一）校园欺凌防控责任主体构成（图 3-6）

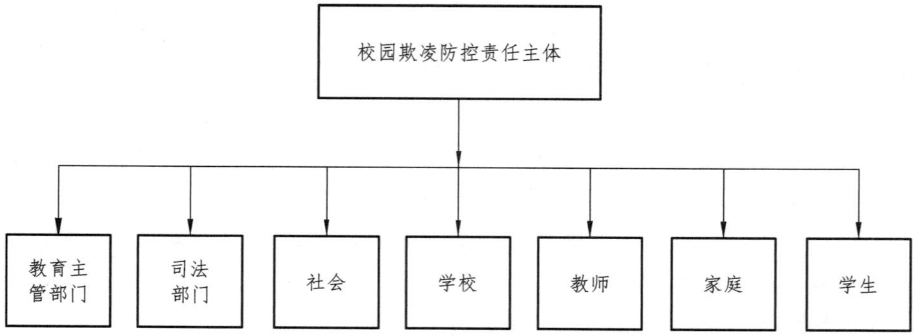

图 3-6　校园欺凌防控责任主体结构图

（二）各责任主体建立校园欺凌防控机制

1. 教育主管部门防控

教育主管部门防控要从宏观上制定相应的法规来约束教师和学生行为，并指导学校、社区开展防控校园欺凌培训。本专题第一节《校园欺凌防控国家政策概述》已对其进行具体概述，在此不再赘述。

2. 司法防控

校园欺凌不仅仅是道德问题，还是法律问题。单从道德层面约束并不治本，司法防控才是解决校园欺凌问题的最后一道防线。一些学生、家长法律意识淡薄，认为未成年人不管做什么事都不用承担法律责任，从某种程度来说起到了推波助澜的作用，导致校园欺凌愈演愈烈。所以，司法部门要联合社区和学校开展系列普法活动，通过形式多样的宣传教育活动，提升教师、家长、学生的法律意识，树立他们对法律的敬畏之心，知法、懂法、守法、用法，以便更好地解决校园欺凌问题。

3. 社会防控

（1）社区防控。

社区是学生生活成长的地方，社区应该为学生打造一个积极、健康的居住环境，如社区宣传栏张贴有关中华优秀传统文化的海报、居委会塑造和谐友爱的邻里关系等。文明和谐的社会环境有助于学生积极心态的养成。刘皓颖认为要合理整治学校周边环境，学校周围不允许开设网吧、洗浴场、歌舞厅等娱乐场所①。而社会传媒应该通过电视、网络平台向公众和未成年人播放反校园欺凌的公益短片，宣传正能量文化。还有的学者建议把社工服务也纳入校园欺凌防控体系中，提出“一校一社工”理念，为校园欺凌提供专业技巧和方法。如学者黄颂懿提出：“社工服务介入校园欺凌，通过访谈、绘画、沙盘、小组行为矫正等专业方法，为欺凌者和被欺凌者进行心理疏导，缓解负面情绪，发泄学生多余精力，杜绝冲突产生。”②

（2）网络防控。

网络欺凌是一种新型欺凌方式。信息化的今天，网络和电子产品的普及，一方面让信息交流变得方便和快捷，另一方面，如果使用不当，也会衍生出很多问题。一些青少年正是通过 QQ、微信、微博等聊天工具对他人进行骚扰、诽谤、造谣、诋毁、谩骂等，给他人带来巨大的精神压力。

众多学者对大陆地区网络欺凌防控进行了全面和深入的研究。张千一提出：净化网络环境；对电影、电视、报刊等文化产品进行分级管理制度；开设反校园欺凌网站；加强网络运营商社会责任感；家校合作共同干预，防控网络欺凌。学者程莹也提出：开展各种各样的反网络欺凌宣传教育；拓展多种治理方式；要求网络运营商保障干净、健康的网络社交环境③。

社会防控对校园欺凌防控有着不可或缺的作用。网络、广播、电视、电台等大众传媒等要对信息进行筛选、过滤不良信息，发布正能量文化作品，给学生营造一个健康、绿色的大环境，引导学生树立正确的道德观、人生观、价值观。所以，国家、社会、学校、家庭要携手共建网络共同体，引导青少年绿色、健康上网，使之远离网络欺凌。

① 刘皓颖. 中小学校园欺凌问题及其对策研究[D]. 桂林：广西师范大学，2014.

② 黄颂懿. 高中校园欺凌现象的成因分析及对策建议[J]. 基础教育，2016（22）：235.

③ 程莹. 校园网络欺凌治理的路径：以共青团为中心[J]. 现代中小学教育，2017（2）：84-86.

4. 学校防控

学校是预防校园欺凌的主体，也是落实防控措施的关键。经过文献梳理我们发现，学校防控主要通过以下几个方面（见表 3-9）来实施。

表 3-9　校园欺凌防控措施和实施途径

责任主体	防控措施	具体实施途径
学校	创设优美、文明、和谐、安全的校园环境	1. 校园宣传栏张贴积极向上的名言、警句。 2. 校园橱窗张贴渗透道德、法治、文明的宣传图册。 3. 教学楼走廊墙壁张贴学生之间团结友爱、互帮互助照片。 4. 校园文化墙张贴校园欺凌防控标语，如“校园欺凌毁掉的不只是他人还有你自己”。 5. 加强校园文化建设，早日建成文明和谐校园
	制定校园欺凌防控规章制度	1. 组建学校防治校园欺凌与暴力领导小组，明确管理责任。 2. 制定《反校园欺凌方案》。 3. 根据校情编制《反校园欺凌手册》。 4. 建立一套有效的应对校园欺凌与暴力的应急处理流程
学校	成立校园欺凌防控监控系统	1. 完善校园全覆盖电子监控系统、实时对讲机、监控屏幕、一键式报警设施，对学校进行全方位的监控。 2. 加强学校行政值班、学校保安、班主任、辅导人员、任课教师、班干部巡视
	加强道德教育，增强法治教育	1. 培养学生优良的道德品质：如① 良好行为习惯的养成教育；② 规则意识；③ 责任意识；④ 尊重生命意识；⑤ 互帮互助、团结友爱精神；⑥ 平等、尊重、公正等道德价值；⑦ 正确的人生观和世界观；⑧ 校园欺凌的防范意识。 2. 开展必要的法制宣传教育活动：① 利用班会、黑板报、手抄报等方式宣传法律知识；② 开展法律专题讲座；③ 进行法律知识竞赛；④ 开展模拟法庭和情景短剧；⑤ 参观少管所。 3. 通过多种形式的学习活动，引导中小学生树立社会主义核心价值观
	加强学生心理健康教育	1. 开设心理健康课程。 2. 设置专门的心理咨询室和配备专业的心理咨询人员。 3. 开展多种形式心理活动：趣味心理测试、团体心理辅导、印制心理知识宣传册、学校广播心理知识、学校网站开辟心理健康教育专栏、设立心理健康活动月等活动。 4. 采用专业心理治疗模式如厌恶疗法、空椅子疗法等对学生进行心理干预和矫正

续表

责任主体	防控措施	具体实施途径
教师	制定班规	1. 以“民主、平等、公正”为原则，制定班级管理的日常行为规范以及操行分评分细则等明确的处理措施。 2. 专门制定针对校园欺凌的班规、班纪、班级反欺凌守则
	开展日常教育	1. 日常关注和引导：关注班级日常小事，及时公正处理；对班级潜在的欺凌者和被欺凌者给予更多的关爱和教育；关注和正确引导班级不良小团体的发展；利用榜样作用，引导学生树立积极生命观，学会采用积极方式应对问题；丰富班级文化建设；鼓励学生积极参加学校社团和课外活动；鼓励学生结成反欺凌互助关系。 2. 开展反欺凌活动：召开校园欺凌主题班会；开展反欺凌主题的小报制作、作文、绘画、讨论等活动
家校	联合家长形成家校预防合力	1. 召开反欺凌主题家长会，学习相关法律法规和反欺凌知识，明确各方的责任和义务、了解如何预防校园欺凌的发生、应对欺凌发生的影响。 2. 定期与家长交流，了解孩子身边是否有欺凌或被欺凌现象。 3. 组织家长成立反欺凌联盟

学校是孩子的第二个家，也是最容易发生欺凌的场所。学校首先从宏观层面对校园欺凌防控进行系统规划安排，把校园欺凌防控作为校规制定、校园文化建设的重点内容，然后将其落实到班主任和科任教师的日常管理工作中，力争净化可能滋生校园欺凌的土壤。

5. 家庭防控

在校园欺凌防控中，家庭防控至关重要。家庭是孩子的第一所学校，孩子的品德、习惯大多都是在家庭环境中养成的。良好的家庭教育能保障孩子形成良好的人格并顺利完成社会化，孩子的健康成长需要全面发挥家庭功能。我国学者通常从欺凌者的家庭和被欺凌者的家庭来研究家庭防控。

（1）欺凌者的家庭防控。

家庭教育中，应该用我国传统文化中积极向上、向善的思想对孩子进行引导，如倡导“仁爱”精神以培养孩子友善的品格。刘雪可、闫巧认为父母要以身作则、对孩子进行言传身教，帮助孩子建立正确的人生观和价值观，形成同理心和尊重个体差异，培养健康积极的爱好，学会用正当的方式发泄旺盛的精力。当发现孩子成为欺凌者时，父母首先要制止，然后耐心开导孩子，让孩子明白，每个人都要为自己的行为负责；而不是一味指责、训斥孩子。[①]在家庭教育中，要特别注意监控孩子的网络使用，避免孩子受到暴力、恶俗等不良的信息或视频的影响，教会孩子明辨是非。

（2）被欺凌者的家庭防控。

家庭氛围和父母的教育方式都会直接影响孩子，所以营造和谐温馨的家庭氛围、积极乐观的教育方式很有必要。父母对校园欺凌要保持该有的敏锐性，当发现孩子出现伤痕或行为、情绪异常时，要积极关注孩子是否受到欺凌。仔细聆听，耐心安抚，让孩子在心理上有所依靠，降低其内心的不安与惶恐，巧妙引导、鼓励孩子说出真相，并教会孩子正确的处理方式。同时，在第一时间做好家校联系，与学校配合，形成强有力的预防和制止校园欺凌家校联盟。还可以联合其他父母成立反欺凌同盟，交流探讨反欺凌的方法。在家庭教育过程中，母亲对孩子的影响更大，同样，在反欺凌行动中也起着关键性的作用。单亲家庭的家长更应该注重对孩子的三观教育，并在日常生活中树立良好的榜样。所以，家校合力，是预防和制止校园欺凌最直接最有效的途径。

6. 个人行动防控

在个人行动防控研究方面，通常从欺凌者、被欺凌者及旁观者三方面研究。

（1）欺凌者的防控。

欺凌者虽然是对别人实施欺凌，但同样会受到欺凌行为带来的不利影响：不被同伴所容纳，转变为更为暴力的行为；被不断禁止、不断受到处罚，容易产生抑郁；欺凌行为还可能传给下一代。因此，欺凌者要学会控制自己的情绪，理性做事；学会对自己的行为负责；学会与家长、老师积极沟通，遇事懂得寻求帮助；远离不良群体；学会换位思考。

---

① 刘雪可，闫巧．农村中小学校园欺凌现状及规避策略研究[J]．当代教育与科学，2017（11）．

（2）被欺凌者的防控。

被欺凌者需要掌握一些有效的防范和应对措施。如：培养开朗豁达的性格，建立良好的人际关系；积极参与集体活动树立自信心；多与同龄人在一起，避免落单，避开欺凌多发地；谨慎交友；参加自我防御课程，提高自我防范意识；遭遇欺凌时，在保证自己安全的前提下奋力反抗，并且敢于向老师或家长报告，以此对欺凌者产生威慑作用。如果忍气吞声或只敢在背后对欺凌者用语言进行攻击报复，则容易招致欺凌者更严重的欺凌[①]。

（3）旁观者的防控。

一些旁观者的起哄、看热闹在一定程度上加剧了校园欺凌行为的发展，所以我们应考虑如何将那些“吃瓜群众”转化为勇敢的反抗者[②]。旁观者可以做到：不要加入或取笑；制止欺凌；求助家人、老师或其他成年人；打电话或者发短信寻求帮助；保障自身安全；不要泄气；与被欺凌者沟通交流等。

在校园欺凌行动防控中，不仅司法部门起着重要作用，家庭、个人的作用也是不可替代的。只要全社会都联合起来、携手共拒欺凌，还校园一个安宁和谐的环境就指日可待。

二、建立校园欺凌防控工作机制

通过一系列的防控措施，把校园欺凌消灭在萌芽状态。但是校园欺凌事件往往突然发生，让人防不胜防，如何妥善处置校园欺凌事件并对其进行后续的追踪和辅导也是十分重要和关键的，所以需要有一个完整的处置和应对机制。马雷军提出应采取复合式方法来预防与应对校园欺凌，完善针对校园欺凌的预防、应对、善后三级工作体系。[③]下文将从提前预防、及时干预、持续关注三方面来阐述校园欺凌防控工作机制。

① 姜永平. 小学校园欺凌行为的研究——以济南市小学为例[D]. 济南：山东师范大学，2016.

② 黄颂懿. 高中校园欺凌现象的成因分析与对策建议——以广西壮族自治区 H 市某高中为例[J]. 青年时代，2006 （22）.

③ 马雷军. 让每个学生都安全：校园欺凌相关问题及对策研究[J]. 中小学管理，2016（8）：4-8.

（一）提前预防

陈晓认为要有意识地防患于未然，积极关注班级中日常发生的小事，及时公平地处理[①]。除了制定明确有效的班规，还可以利用集体教育或个人交流等方式给予学生正向引导，帮助学生明辨是非、平复叛逆情绪，自主抵制不良行为；与家长联系，形成预防合力，根治校园欺凌；还可以邀请学校心理学家、心理咨询师等提供科学性的意见和指导。

（二）及时干预

班主任承担着事件紧急处理人的角色，应第一时间赶赴欺凌现场制止事件，检查受害学生受伤情况，稳定学生情绪，了解欺凌详情；及时通知涉事学生家长，稳定家长情绪，为事发双方提供一个和谐的沟通环境；向学校领导反映，召集有经验的教师共同参与解决，立场要公平公正客观。

（三）持续关注

安慰、关心被欺凌者，对其进行心理疏导，使其尽快恢复正常学习。对欺凌者进行长期的关注和教育，纠正其错误的价值观，引导其学会正确处理同学关系；引导旁观者，帮助其转化为反校园欺凌的生力军。这一过程中，可以积极调动家庭力量，比如召开家长会，听取家长的合理建议，充分发挥家长的有利条件，做好共同关注。

校园欺凌行动防控是一个连续性的过程，每一个步骤都应得到妥善处理，以免出现一些不必要的问题，给防控带来意想不到的不利影响。

三、建立校园欺凌防控培训机制

目前，很多师生和家长对于校园欺凌意识认识不够，很容易把校园欺凌理解为是普通的同学矛盾，所以学校要定期召开针对教师、学生和家长的防控校园欺凌培训，让他们了解校园欺凌的概念、类型和危害；知道各

---

① 陈晓．班主任应对校园欺凌事件的举措探讨[J]．教育观察，2017（8）：2-16.

种关于校园欺凌防控的法律法规；懂得如何应对和处理校园欺凌。培训形式有专题讲座、研讨会、案例分析、角色扮演等。具体培训内容见表 3-10。

表 3-10　防控校园欺凌培训内容

培训对象	培训内容
教师	① 开展校园欺凌防控班级活动 ② 善于发现班级中隐藏的欺凌事件 ③ 积极处理校园欺凌事件 ④ 如何了解学生心理、如何和学生有效沟通 ⑤ 如何和家长协调沟通共同教育学生、如何寻求支持
家长	① 父母要树立榜样作用，良好的家庭氛围有助于抵制校园欺凌的发生 ② 注重从细节上培养孩子的良好品德 ③ 教育方式要科学 ④ 发现孩子有欺凌行为或被欺凌情况，要理性处理 ⑤ 做好家校沟通，配合学校开展反欺凌教育
学生	① 强大自己的内心，不做被欺凌者，也不做旁观者，更不做欺凌者 ② 了解哪些法律和法规可以保护自己 ③ 知道欺凌发生时，应该向谁求助

通过各种各样的校园欺凌防控培训，教师、家长、学生对校园欺凌行为有了清楚的认识，大家能够更清楚地了解校园欺凌的危害性，懂得怎样去应对和处理校园欺凌行为，增强防范意识。

第四节　我国港澳台地区防控校园欺凌的研究概述

一、香港特别行政区校园欺凌防控概述

在香港，黄成荣等学者 2000 年起就开始进行与欺凌相关的调查研究。[①] 之后相继有社工机构进行开展预防及处理欺凌问题研究。2003 至 2005 年间，

① 黄成荣，袁志文. 穗港澳三地青少年欺凌行为比较与社群福祉观辅导应对[J]. 青年探索，2010（6）：22.

有李文辉，江耀华，陈颖珊[①]等学者和香港小童群益会、教统局专业人士开展有关生命教育及和谐校园的研究并撰写相关教材。

表 3-11　香港地区校园欺凌行为情况[②]

发生次数	肢体欺凌		言语欺凌		孤立欺凌		强索欺凌	
年份	2003	2008	2003	2008	2003	2008	2003	2008
没有	82.8%	51.8%	54.6%	23.0%	77.4%	53.4%	93.4%	51.3%
1～5 次	12.6%	37.2%	32.4%	50.9%	18.0%	36.7%	4.0%	38.6%
6～10 次	1.3%	4.7%	4.35%	10.2%	1.9%	4.4%	0.9%	5.1%
10 次以上	3.3%	6.4%	8.85%	15.8%	2.7%	5.5%	1.7%	5.0%

从表 3-11 可以看出，学生遭受的欺凌行为有言语欺凌、强索欺凌、肢体欺凌及孤立欺凌。其中，言语欺凌情况最为严重。

不少学者认为，今日香港学校中的欺凌问题，可以归结于欺凌者缺乏社群福祉观，未能关心和尊重他人造成的。社群福祉观，就是重视人与人之间的联系，能有同理心、关怀人的感受、愿意与别人分享个人福祉的态度。[③]

预防和介入校园欺凌的计划必须尽早实施。所以香港学者认为，在制定政策时，要从改善校园文化、提升学生的同理心及生命质素出发，使学生能发展其抗逆力，以预防欺凌事件，降低其发生概率。具体措施有：在学校倡导社群福祉观和为欺凌者专设社群福祉观训练。无论是何种形式的介入，都必须让学生、父母和教师们能树立“社群福祉观”，并掌握有效的非暴力解决问题的方法。当老师和家长对欺凌行为有足够的认识时，就可以对其进行共同防范和制止。

① 黄成荣，郑汉光，马勤. 香港学童欺凌行为与全校总动员手法[J]. 预防青少年犯罪研究，2012（7）：11.

② 黄成荣，袁志文. 穗港澳三地青少年欺凌行为比较与社群福祉观辅导应对[J]. 青年探索，2010（6）：22.

③ 黄成荣，袁志文. 穗港澳三地青少年欺凌行为比较与社群福祉观辅导应对[J]. 青年探索，2010（6）：26.

二、澳门特别行政区校园欺凌防控概述

澳门特别行政区政府和学者十分关注校园欺凌事件，除了从宏观层面制定政策来防治，还通过各种途径进行防控欺凌的宣讲活动。

澳门特别行政区教育暨青年局（以下简称“教青局”）在 2005 年 1 月与治安警察局（以下简称“治警局”）、司法警察局（以下简称“司警局”）及卫生局建立“学生严重事件通报机制”，对有学生参与的严重事件（如校园欺凌等）作出通报。教青局 2008 年开展了“偏差行为领域青年服务蓝图”的构建工作（“偏差行为”中包含部分校园欺凌内容），着手制定适合澳门实际且具前瞻性的“德育政策”。法务局青少年普法中心于 2016 年 7 月 31 日下午对小学生举行开放日，涉及澳门基本法、欺凌行为等六大主题，旨在通过体验式的活动向学生传递青少年相关的法律知识，培养守法守规精神。2019 年法务局推出了《小学普法讲座教材套》，编写小学六节教案，教材按年级分为六个主题，其中包含“预防欺凌”主题。

自 1996 年起，澳门法律推广厅开始派出法律人员到澳门各中学举办讲座，进行法律普及教育。据不完全统计，从 1996 年至 2013 年，普法讲座达 1605 次，参与学生累计 212 200 余人。2009 年至 2020 年，澳门法务局、教青局、司警局在中小学开展校园欺凌培训，共培训了 1384 场，培训人数约 75 230 人，培训内容主要涉及澳门基本法、预防青少年犯罪、预防网络欺凌等方面。

学者们从多角度、多维度对澳门地区校园欺凌事件进行研究。学者陈桂敏研究发现，澳门中小学生网络欺凌问题较为严重，并从教育、辅导、法律、社会多维度提出教育和防治措施。[①]高丽茹研究中发现，澳门学生遭受欺凌中程度最严重的是言语欺凌，提出要以学校为主导，制定干预措施。[②]

澳门地区校园欺凌防控任重道远，不论发生欺凌的原因是什么，都需要社会、学校、家庭、学生携手干预，降低校园欺凌发生频率，大家和谐共处。

---

① 陈桂敏. 澳门青少年网络欺凌状况研究[D]. 武汉：华中科技大学，2013.

② 高丽茹. 我国中学生校园欺凌现状和影响因素[J]. 中国青年研究，2020（10）：70-71.

三、台湾省校园欺凌防控概述

台湾省早在1983年就开始对校园暴力、霸凌（台湾省习惯将“欺凌”称为“霸凌”）问题进行研究，周泰顺在《如何防范校园暴力事件》中针对校园暴力提出了防控校园欺凌的应对策略。随后，众多学者为了解决台湾省的校园暴力、霸凌问题，进行详尽研究并提出了防控思路和方向。

在“友善环境”政策背景下，台湾省先后颁布了《校园霸凌防制准则》《各级学校防制校园霸凌执行计划》，并明确台湾 “校园霸凌”的定义。“校园霸凌是指相同或不同学校学生与学生之间，于校园内、外发生之个人或集体持续以言语、文字、图画、符号、肢体动作或其他方式，直接或间接对他人贬抑、排挤、欺凌、骚扰或戏弄等行为，使他人处于具有敌意或不友善之校园学习环境，或难以抗拒，产生精神上、生理上或财产上之伤害，或影响正常学习活动之进行。”校园霸凌的界定为台湾省政府制定校园霸凌防治政策提供基础。

黄琦综合诸多学者的论述，在其《台湾校园霸凌研究述评》中将校园霸凌分为两大类：主动霸凌和反击型霸凌[①]，并将它们的表现形式归纳为言语霸凌、肢体霸凌、财务霸凌、关系霸凌、网络霸凌、性霸凌六种[②]。如此细化的分类，为识别校园霸凌及提出防治措施提供了依据。

大多数台湾学者认为，校园霸凌的产生是多层面、多种因素交互导致的。邬佩丽、洪俪瑜[③]等人认为校园霸凌产生原因涉及情景、认知以及生理三个层面。沈彦君、[④]林育升[⑤]等多数学者认为是个人、家庭、学校和社会等方面的原因，并从个人、家庭、学校、社区等层面提出防治策略。

台湾省针对校园霸凌的成因，提出了科学、系统的防止措施并形成了体系，在各级校园执行。台湾省校园霸凌防治政策主要涉及欺凌的预防、发现、处理、追踪四个环节，并辅之保障防治工作的各项配套政策。[⑥]除此之外，台湾省还明确了培训、经费、质控、评价等系列配套支持政策。

---

① 黄琦. 台湾校园霸凌研究述评[J]. 南京晓庄学院书报，2019（5）：76.

② 黄琦. 台湾校园霸凌研究述评[J]. 南京晓庄学院书报，2019（5）：76.

③ 邬佩丽，洪俪瑜. 校园暴力行为之诊断与处理策略研究[J]. 教育心理学报，1997（29）：177-214.

④ 沈彦君. 校园霸凌事件之探究[J]. 家庭教育双月刊，2011（31）：58-65.

⑤ 林育升. 从系统观谈校园霸凌处遇与策略[J]. 谘商与辅导，2016（369）：2-7.

⑥ 王飞飞. 台湾地区青少年校园欺凌防治政策研究[J]. 当代青年研究，2018（6）：75.

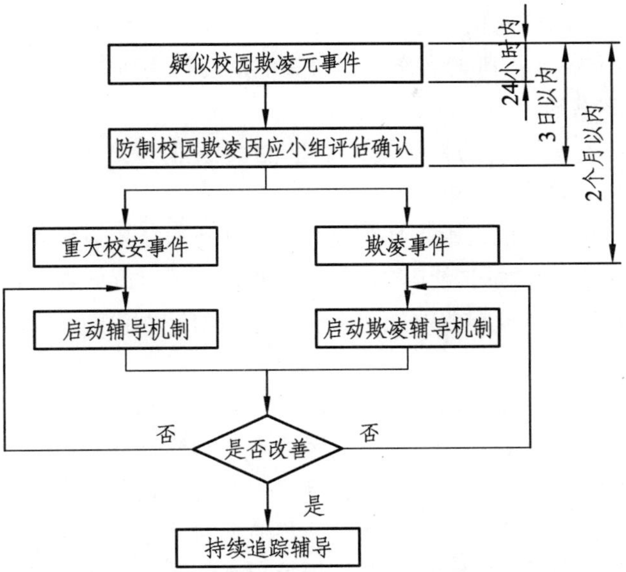

图 3-7　台湾校园欺凌事件处理流程图

总体而言，台湾省校园霸凌的防治策略依据社会控制理论以及生态系统理论设计和推行较为系统的三级预防措施，以期可以预防并及时发现校园霸凌，以学校为核心，从学生、家庭、社区多层面着手解决校园霸凌问题。

开展防控校园欺凌活动在保障学生的身心健康发展、培养学生文明友善的社会主义核心价值观、构建和谐安全的校园环境、维护社会安宁稳定等方面都具有重要且深远的意义。2020 年 10 月 17 日，十三届全国人大常委会第二十二次会议表决通过新修订的未成年人保护法，对关爱“留守儿童”、加强网络监控、强化报告义务、杜绝性侵和性欺凌四大方面的内容进行修改和完善。可见，在防治校园欺凌问题上，国家正在进一步织密法治之网，提升对未成年人保护的法治化水平，旨在给孩子们一个更安全、温馨的成长环境。

校园欺凌防控工作任重道远，只要国家、社会、学校、家庭、个人携起手来形成合力，就一定可以减少甚至杜绝校园欺凌的发生，让学生在温暖阳光、友爱互助、健康安全的环境中茁壮成长。

第五节　校园欺凌调查问卷的研究进展

一、校园欺凌研究中欺凌测量的内容与意义

尽管校园欺凌这一社会现象已经成为大家关注的话题，但关于校园欺凌

问题的较为系统的研究也不过几十年时间。挪威奥维斯教授致力于研究攻击行为，他于 1973 年出版的著作，对儿童的欺凌行为进行了科学、系统的研究。1978 年该书的英文译本 *Aggression in Schools : Bullies and Whipping Boys*（学校中的攻击：欺凌者与替罪羊）出现在大众视野并产生广泛影响，引发了西方国家对这一问题的高度关注。

20 世纪 90 年代末，山东师范大学的张文新教授、天津师范大学的陈世平教授等人开始关注国外校园欺凌研究，并进行了欺凌问卷引进与修订，开启了我国研究校园欺凌问题的先河。至今，国内外学者已对校园欺凌问题进行了大量研究。

校园欺凌研究主要包括现状调查、成因探究、危害影响调查、干预策略、其他因素的相关探究等方面。有效地区分和测定校园欺凌相关的行为是校园欺凌研究的前提和基础。通过搜集欺凌行为的测量数据，能较为全面地了解校园欺凌的普遍性，欺凌行为在性别、年龄上的差异，欺凌行为频发的地点等，呈现校园欺凌的现状；通过欺凌行为的测量数据与其他因素相关分析研究，能更全面地反映出校园欺凌的影响因素和危害；通过对目标学生进行定期测量能检验防治欺凌的干预措施的是否有效。因此可靠有效地测量校园欺凌具有重要的理论意义和现实意义。

校园欺凌研究中一般通过三种途径来测量欺凌行为：直接询问儿童、询问教师和在特定情境下通过实际观察记录某些类型的事件[①]。国内外研究者最常用的测量工具是问卷调查法，其次在研究中往往会用到访谈法，深入了解个案情况，收集更加广泛的信息。另外也有研究者使用同伴提名法或教师提名法来测查群体中被觉察到的欺凌行为。针对年龄较小或不能准确理解欺凌行为和表达自己的学生，一般采用观察法测查欺凌行为。

二、国内修订的国外校园欺凌问卷简介

（一）张文新等修订 Olweus 儿童欺负问卷

挪威奥维斯教授（Dan Olweus）编制了儿童欺负问卷（英文名：Bully/

① 陈世平、乐国安. 国外关于学校情境中欺负行为的研究进展[J]. 天津师范学报（社会科学版），1999（4），32-37.

Victim Questionnaire，简称 OBVQ），该问卷在国内外研究中被广泛使用，被认为是最好的欺凌测量工具。OBVQ 儿童欺负问卷有小学、初中两个版本。问卷测量的欺凌行为分为 3 个维度，分别是身体欺凌、言语欺凌和关系欺凌。问卷包括 5 个分量表，分别是关于朋友、受欺负/伤害、欺负其他学生、对欺负的态度、对教师的欺负。

Olweus 儿童欺负问卷用来测量儿童欺负行为发生的频率、欺负的方式、地点、人口学差异（性别与年龄）、儿童对欺负的态度和反应，他们对受欺负者的情感态度、他们向谁诉说或求助等问题。该问卷也可以考察相关学生的孤独感和同伴接纳度。Olweus 儿童欺负问卷测量方式一般为团体施测，要求被试儿童明确欺负的含义，答卷时遵循自愿原则，匿名作答。

Olweus 儿童欺负问卷的指导语中对欺负的定义做了解释，强调欺凌发生双方的力量不均等，受欺负的一方难以自我保护。

张文新、武建芬①两位学者 1999 年从国外引进 Olweus 儿童欺负问卷，并开展了本土化的修订工作，利用该测量工具较早地开展了欺凌相关研究，随后该问卷在我国欺凌研究中被广泛使用。问卷修订过程如下。

1. 翻　译

修订工作首先是准确翻译英文版 Olweus 儿童欺负问卷，分别由熟悉儿童欺负领域的研究人员进行英译汉，再由不熟悉儿童欺凌领域的研究人员进行回译，即将中文回译为英文。通过对问卷原版的英文和回译的英文相互比较，讨论修改，尽量保证中文修订版中项目的意思与原版相同。

2. Olweus 儿童欺负问卷的本土化修订

（1）根据我国实际情况，对项目进行增减。

小学和初中两个版本都增加了开放性项目，分别是“对你来说，‘欺负’意味着什么？”和“你有一些帮助我们制止欺负行为的好主意吗？”。

① 张文新、武建芬. Olweus 儿童欺负问卷中文版的修订[J]. 心理发展与教育，1999（2）：7-11，37.

儿童对欺负的态度影响着儿童欺负行为是否能被接受，是一个很重要的维度。“对欺负的态度”量表中增加了更多项目。虽然奥维斯教授在1997年修订版（初中）增加了关于儿童对欺负态度的项目：“当你看到一个同龄人在学校受欺负时，你通常会怎么做？”但原版中关于该问题的题目仍然很少，中文修订版增加了一些题目，丰富了该分量表的内容。

修订版问卷删除了原版中关于“欺负老师”的分量表，在我国学生欺负教师的情况很少发生。同时删除了调查班级男女生人数的两个项目。

（2）调整与我国实际情况不符的项目。

原初中版（1997年）第11题“某些同学因为我的肤色和种族与他们不同而给我起难听的外号伤害我”，因我国国情，修订版将其中的“肤色和种族”改为“说话口音”。原版中与此相对应的题目，也做了同样修改。原版中涉及时间参照的解释不符合我国情况，如“从暑假开学后到圣诞节这段时间”。根据我国实际，将“圣诞节”对应地改为“寒假”。类似的“参照时期”都作了相应的变动。因东西方文化的不同，人们对语言的表述方式和语义理解存在差异，对某些原有答案选项及表述方式作了适当的调整，以符合我国儿童的表达习惯，如原版中某些表示欺负/被欺负发生频率条目的答案选项过多，在汉语中难以区分。如“now and then（时常有）；often（经常有）”，这两个选择项在英语中比较容易区分，但在汉语中儿童很难区分，这两个选项合并改为“经常有”，相应的编码也作了变动。

在人格测验中，要保证被试能完全客观地反映自己的实际情况比较困难。该问卷中“欺负”具有消极含义，被试在回答时或多或少会产生不同程度的顾虑和焦虑。为此，中文修订版采取了相关措施尽力避免消极含义对测验的影响，如匿名让被试进行自我报告，指导语中强调对学生回答保密，承诺数据分析不针对单个同学等，以保证测验结果尽可能客观真实。

通过试测，删除、修改问卷中让被试儿童产生理解偏差和表达不清的项目，最终中文修订版的小学版为39个题目，初中版56个题目。问卷中文修订版简介见表3-12。

表 3-12 Olweus 问卷中文修订版简介

4个分量表	题目数量		测量目的	条目举例
	小学版	初中版		
关于朋友	4题	4题	测量被试朋友数量、间接受欺负与社会排斥的情况	课余时间，因其他同学不愿跟你玩，你只好自己一个人玩，这种情况经常发生吗？ 1. 本学期没发生过 2. 发生过一两次 3. 时常发生 4. 约一周一次 5. 一周好几次
关于直接受欺负	4题	11题	测量儿童直接受欺负与受伤害的情况	本学期你在学校经常受欺负吗？ 1. 本学期我在学校没受过欺负 2. 发生过一两次 3. 时常发生 4. 约一周一次 5. 约一周好几次
关于欺负他人	4题	9题	测量儿童欺负其他学生的情况	本学期你在学校经常欺负别的同学吗？选项的设置方式同分量表 2 的例题
对待欺负的态度	5题	9题	测量儿童对欺负者及其行为的看法、对受欺负者的情感与行为倾向	当你看到一个同龄人在学校受欺负时，你通常怎么做？ 1. 什么也不做，因为不关我的事 2. 什么也不做，但我认为应该去帮助他（她） 3. 会设法帮助他（她） 分别按 0、1、2 计分，分数越高，表明儿童对欺负问题的态度越积极，越反对欺负行为；反之则越消极，越支持欺负行为

问卷中除 4 个分量表外，还包括用于测量欺负类型、欺负发生的地点、欺负行为中不同角色个体的年龄与性别、成人对欺负的干预等其他独立问题。

小学版和初中版 4 个分量表的 Cronbach 系数分别在 0.59 ~ 0.78 和 0.61 ~ 0.82 之间，分半信度分别为 0.56 ~ 0.79 和 0.62 ~ 0.80，间隔两周的重测信度系数分别为 0.64 ~ 0.77 和 0.55 ~ 0.78。

经张文新、武建芬修订的 Olweus 儿童欺负问卷在结构、表述、计分与编码等方面比较符合我国儿童欺负问题的实际。问卷的各分量表的内部一致性系数较高，具有较高的信度，能比较稳定地测量我国儿童欺负问题，是一个较可靠的儿童欺负测量工具。

（二）陈世平修订史密斯欺负行为问卷

史密斯欺负行为问卷是英国史密斯教授在 Olweus 儿童欺负问卷的基础上精简修订而成，在西方被广大研究者所使用。陈世平（2001）翻译并修订了史密斯欺负行为问卷小学版和中学版，使其适合我国欺凌研究使用。该问卷与 Olweus 儿童欺负问卷结构一致，分为“关于朋友”“关于被欺负”“关于欺负”“关于对欺负的态度”四个维度。主要是测量欺负发生的频率、方式与儿童对欺负的态度和反应等。史密斯欺负行为问卷中文版共含有 20 个项目，由于题目更加精简，使用也更加方便，在国内欺凌研究中被广泛使用。

史密斯欺负行为问卷的中文版信度和效度在研究中得到了检验。小学版四个分量表的 Cronbach's（克朗巴哈）系数在 0.59 ~ 0.78，分半信度在 0.56 ~ 0.78，四个分量表的内部一致性系数分别为 0.7943、0.5619、0.5103、0.7618[①]。中学版 4 个分量表的内部一致性系数分别为 0.5951、0.5274、0.6183、0.7805。卫欣在研究中将史密斯儿童欺负问卷中“被欺负”和“欺负”的测量数据与同伴提名法得到的数据进行一致性程度分析，作为史密斯问卷的参照效标。结果表明问卷与同伴提名的结果存在一定的一致性[②]。这表明史密斯问卷能较好测量到儿童欺负行为，有较好的效度。

（三）谢家树修订特拉华欺负受害量表

2011 年，贝尔（Bear）及其团队研制的学校氛围系列量表引入欺凌受害问卷，在美国 29 个州特别是特拉华州大量施测，为学校氛围的评估提供了有价值的参照。特拉华欺负受害量表（学生卷）（Delaware Bullying Victimization Scale-Student，DBVS-S）也在使用过程中得到了验证和完善。2013 年，湖南

① 王令. 学生欺负发生状况与自我概念水平间的相关进行研究[D]. 上海：上海师范大学，2004.

② 卫欣. 农村初中生校园欺凌与生命态度的现状、关系及干预研究[D]. 重庆：重庆师范大学，2018.

师范大学谢家树[1]等取得原作者授权，对量表进行中文修订。

2016 年，贝尔及其团队对原量表进行了修订。谢家树也对相应的中文版进行了对应的再修订[2]。为保证修订后的中文版量表与原量表具有高度的一致性，研究者将原版量表翻译成中文后，再回译为英文。特别由贝尔研究团队中的杨（Yang）博士对英文原版和回译的英文版进行校对，对中文版本的文字进行相应调整，使量表表述准确、清晰且易于被儿童、青少年理解。小范围试测后再进行修订调整，形成正式的 DBVS-S 中文版量表。特拉华欺凌受害量表（DBVS-S）包含 17 个题目，共有 4 个维度：言语欺凌（4 个题目）；身体欺凌（4 个题目）；社会/关系欺凌（4 个题目）；网络欺凌（4 个题目）。还有 1 条不计入维度分的题目“我在这所学校被欺凌了”，该题目主要是用来考察个体遭受了上述的欺凌行为时，个体是否感知到自己遭受了欺凌。这个条目能最直观地考察到学生主观是否感受到了欺凌，快速考察学校学生中欺凌行为的普遍性。该量表采用 Likert 6 点计分法，每个题目的答题选项为不同的频率表述，其中“从来没有”1 分、“偶尔”2 分、“一个月一两次”3 分、“一个星期一次”4 分、“一个星期多次”5 分、“每天都有”6 分，得分越高，表明被欺负情况越严重。

总量表的内部一致性系数为 0.906，各因子内部一致性系数在 0.763 至 0.851 之间，总量表的再测信度为 0.783，各分量表再测信度在 0.639 至 0.829 之间，这些指标均符合测量学要求。DBVS-S 中文版参与计分的 16 个题目均与其维度总分显著相关，高分组与低分组在各题目上的得分有显著差异，各题目的鉴别力良好。

（四）伊利诺斯欺凌量表

埃斯皮莱奇（Espelage）编制的伊利诺斯欺凌量表（The Illinois Bullying Scale，IBS，2001 年）[3] 被美国许多研究者所使用。该量表可用于考察中小学生校园中欺凌的现状、欺凌行为的特点，也用于考察欺凌与其他因素的关

① 谢家树、吕永晓. 特拉华欺负受害量表（学生卷）中文版信、效度研究[J]. 中国临床心理学杂志，2015（4）.

② 谢家树、魏宇民. 特拉华欺凌受害量表（学生卷）中文版再修订及初步应用[J]. 中国临床心理学杂志，2018（2）.

③ ESPELAGE D L，HOLT M K. Bullying and victimization during early adolescence：Peer influences and psychosocial correlates[J]. Journal of Emotional Abuse，2001（2）：123-142.

系。该量表有 3 个分量表，分别是欺负分量表，9 个条目，分数在 0 ~ 36 之间；打架分量表，5 个条目，分数在 0 ~ 20 之间；受欺负分量表，4 个条目，分数在 0 ~ 16 之间。分数越高，分别代表欺负频度越高、打架频度越高、受欺负频度越高。三个分量表的 Cronbach 系数分别为 0.87、0.83、0.88，有良好的信效度[①]。

（五）冯丽姝修订多维朋辈受欺凌量表

多维朋辈受欺凌量表（Multidimensional Peer Victimization Scale，MPVS）是由约瑟夫（Joseph）[②]编制，由香港城市大学冯丽姝教授进行中文修订的量表。量表包括四个维度，分别是身体受欺凌、关系受欺凌、言语受欺凌以及财物受欺凌，共 16 个题目。每个题目采用 Likert 5 点计分，分别为“从不”1 分、“1 ~ 2 次”2 分、“2 ~ 3 次/月”3 分、“1 次/周”4 分、“一周好几次”5 分。被试在问卷中只要一项或一项以上选择“2 ~ 3 次/月”及以上选项，则认为该被试遭受了校园欺凌。量表内部一致性检验中，Cronbach 系数分别为 0.844、0.847、0.777、0.712。探索性因子分析，KMO 值为 0.909，Bartlett's（巴特利球状）检验 P 值小于 0.001，累计贡献率为 66.25%。

（六）Betts 多维朋辈欺凌量表

多维朋辈欺凌量表是贝茨（Betts）[③]根据多维朋辈受欺凌量表修订而来。量表包括四个维度，分别是身体受欺凌、关系受欺凌、言语受欺凌以及财物受欺凌，共 16 个题目。题目的计分方式与多维朋辈受欺凌量表一致。量表内部一致性检验中，Cronbach 系数分别为 0.846、0.811、0.806 以及 0.827。探索性因子分析，KMO 值为 0.923，Bartlett's 检验 P 值小于 0.001，累计贡献率为 70.92%。

---

① 梁教宁，等. 中学生校园欺凌与情绪行为问题的关系[J]. 中华行为医学与脑科学杂志，2019，28（12）：6.

② JOSEPH S，MYNARD H. Development of the multidimensional peer-victimization scale[J]. Aggressive Behavior，2000，26（2）：169-178.

③ BETTS L R，HOUSTON J E，STEER O L. Development of the Multidimensional Peer Victimization Scale-Revised（MPVS-R）and the Multidimensional Peer Bullying Scale（MPVS-RB）[J]. J Genet Psychol，2015（1-2）：93-109.

（七）龙阳修订 Bayram Cetin 等的受网络欺凌量表

龙阳在其研究中翻译修订了贝拉姆·塞金（Bayram Cetin，2011）等编制的受网络欺凌量表。在原量表的翻译基础上进行修订，对文字措辞及一些文化背景问题进行了改编。修订版问卷包括三个测量维度，分别是网络言语欺凌、隐匿身份、网络伪造欺诈，共 12 个题目。问卷采用 Likert 5 点计分，选项分别是“从未发生”1 分、“很少发生”2 分、“偶尔发生”3 分、“时常发生”4 分、“总是发生”5 分，总分数越高，则表示被试遭遇到的网络欺凌越严重。量表的内部一致性信度系数为 0.825，量表的分半信度为 0.747，问卷的各维度符合测量学指标，结构良好，可以作为测量个体遭受网络欺凌的工具[①]。

（八）黄泽鹏等修订 Salmivalli 的校园欺凌旁观量表

校园欺凌旁观量表由萨米瓦利（Salmivalli）制定，黄泽鹏等精简修订。量表包括 3 个维度，分别是煽风点火者（6 个题目）、置身事外者（4 个题目）、保护者（6 个题目）。量表共 16 个题目，采用 Likert 3 点计分法，分别为“从不”1 分、“有时”2 分、“经常”3 分。某个维度得分更高，则表示面对他人被欺凌时，被试更倾向采取这类态度和行为。量表各维度的 Cronbach 系数分别为 0.687、0.799、0.740。探索性因子分 KMO 值为 0.786，Bartlett’s 检验 P 值小于 0.001，累计贡献率为 49.68%。[②]

三、国内自编的校园欺凌问卷简介

在使用国外研究者编制的欺凌问卷进行研究时，研究者是将西方的“bullying”概念和中文的“欺负”或“欺凌”的概念对等来看的。但有研究者分析了“bullying”“欺凌”“欺负”的概念，它们存在内涵和外延上的差异。

---

① 龙阳. 受网络欺凌行为问卷的修订及其影响因素的分析[D]. 杭州：浙江师范大学，2013.

② SALMIVALLI C.，LAGERSPETZ K.，BJÖRKQVIST K.，et al. Bullying as a group process：Participant roles and their relations to social status within the group[J]. Aggressive behavior，1996，22（1）：1-15.

因此我国研究者利用外国测量“bullying”的欺负问卷中文版进行本土欺凌研究时，很可能会出现我们默认为测量的是欺凌，但实际上并没有测量到中国人心目中的欺凌行为的现象。陈光辉（2010）在研究中考察了我国儿童青少年对国外 bullying 测量题目的欺负确认率，他选择了被我国研究者使用较多三个测量“bullying”的问卷（Olweus 儿童欺负问卷、史密斯欺负问卷以及伊利诺斯欺凌量表），从中抽取测量“bullying”形式的若干题目组合在一起，让中小学生来判断这些测量“bullying”的题目中表述的情形是否是他们心目中认为的欺凌。被试可以选择的答案有三个：是、否、不知道。结果发现奥维斯、史密斯、埃斯皮莱奇所编制的三种“bullying”测查问卷的欺凌确认率依次降低，Olweus 儿童欺负问卷中的题目欺负确认率最高，在 80%上下，伊利诺斯欺凌量表中的题目欺负确认率最低，在 60%左右。而对研究者自编欺凌问卷题目的欺凌确认率进行考察，发现自编欺凌问卷题目的欺负确认率高达 95%左右，能更加准确地测量我国的欺凌行为。这证实了西方的“bullying”测量题目在中国的适应性有很大限制。且上述外国问卷距今时间较久远，随着时代与科技的发展，现在校园欺凌现状已有较大不同，并不是理想的校园欺凌测量工具。因此在我国进行欺凌相关研究时，除了使用国外信效度较好的 bullying 问卷中文修订版外，越来越多的研究者尝试在前人基础上编制本土化欺凌相关问卷，为我国校园欺凌的研究提供测量工具，孙锦露、陈光辉的博士论文等均对欺凌测量工具进行了相关研究。

（一）孙锦露编制初中生校园欺凌行为问卷

该问卷包括五个维度，分别是身体欺凌、关系欺凌、财物欺凌、性欺凌、网络欺凌，共 35 个项目。问卷编制的相关素材来自结构化访谈“同学之间通过什么方式或手段来欺负人？”的答案，收录 216 条表示欺凌他人的行为表述。

该问卷对五个维度进行了定义：身体欺凌指对他人用肢体或工具进行攻击，导致被欺凌者的身体留下明显的伤痕或者破坏等；关系欺凌不仅指切断他人的社会交往或刻意排挤、忽视，更强调的是在关系中控制操作的目的，如强迫他人做不愿意做的事情，刻意控制别人等；财物欺凌主要包括对他人书本、衣物、钱财、饭卡等个人物品或者常用公共物品的故意藏匿、破坏以及掠夺；性欺凌并非指代情节严重的性侵、强奸等，在初中生阶段，性欺凌包括有意无意地碰触、偷摸某人身上的敏感部位等，以性征取绰号和对性发育的取笑，散播性相关谣言或者对同性恋或者性取向不明确学生的嘲笑等；网络欺凌指通过网络媒介，利用手机、电脑等工具在社交平台等对他人进行攻击，如散播对别人不好的谣言、匿名骚扰别人或者未经允许发布或者转载别人的照片或者视频等。

问卷以“这个学期”（上一次假期到现在为止的一个学期，过去半年间之间）作为考察欺凌情形的时间区间。量表采用 Likert 5 点计分法，“没有发生过” 1 分、“共 1 ~ 2 次” 2 分、“1 ~ 2 次/月” 3 分、“1 次/一星期” 4 分、“几次/一星期” 5 分。分数越高，表明欺凌或被欺凌行为越严重。

该问卷总问卷的 Cronbach 系数为 0.84，各分量表的信度系数分别为：身体欺凌 0.71、财物欺凌 0.73、性欺凌 0.74、关系欺凌 0.63、网络欺凌 0.82，说明问卷的内部一致性较好。总问卷间隔三周的重测信度为 0.61，各量表的重测信度分别为：身体欺凌 0.86、财物欺凌 0.62、性欺凌 0.73、关系欺凌 0.55、网络欺凌 0.58，说明该问卷前后测一致性相对理想，较为稳健，问卷可靠性较好。①

（二）陈光辉编制同伴提名欺凌问卷

陈光辉在研究中发现，西方的“bullying”概念与中文的“欺负”或“欺凌”的内涵与外延存在一定的差异性，不能完全对等看待。因此有必要对我国“欺凌”“欺负”概念进行本土化内涵和外延考察，重新考察已有欺负行为测量问卷的适应性，修订或编制更合我国本土的欺凌问卷。

陈光辉在研究中对欺负行为发生过程中扮演不同角色的学生以及班主任教师进行访谈。根据访谈结果，总结了 29 种公认的具体欺负行为。分别采用多维尺度分析和分层聚类分析发现，身体接触性、非身体接触性维度或敌意性、工具性维度才是我国中小学生在分类不同欺负行为时普遍持有的内在标准。欺负行为倾向于被分为三类：造成生理伤害的欺负、造成心理伤害或关系损害的欺负、威胁。访谈累积的 29 种具体欺负行为被分为以下三类：造成明显身体伤害的欺负行为、造成心理伤害的欺负行为、威胁的欺负行为。该问卷采用同伴提名法进行调查，让被试在班级名单中提名班内同学在 29 种

① 孙锦露. 初中生校园欺凌的影响因素研究[D]. 北京：中国人民公安大学，2018.

欺负行为中扮演的角色（欺负者或受欺负者），最多提三个，匿名作答。同伴提名的方式可以更客观地测量班级群体中已存在欺凌行为的现状。[①]

（三）黄泽鹏编制网络欺凌/受欺凌量表

1. 网络欺凌量表

网络欺凌量表包括 3 个维度，分别是网络言语欺凌、网络骚扰或扮演欺凌、网络关系欺凌。量表共 16 个题目，采用 Likert5 点计分法，分别是“从不”1 分、“1～2 次”2 分、“2～3 次/月”3 分、“1 次/周”4 分、“一周好几次”5 分。总分越高则表示被试实施的网络欺凌越严重。各分量表的 Cronbach 系数分别为 0.866、0.907、0.705。探索性因子分析，KMO 值为 0.943，Bartlett's 检验 P 值小于 0.001，累计贡献率为 65.306%[②]。

2. 网络受欺凌量表

网络受欺凌量表包括“网络言语受欺凌”“网络骚扰受欺凌”“网络排斥或扮演受欺凌”三个维度，共 16 题，计分方式与网络欺凌量表相同，总分数越高代表被试遭受到的网络欺凌越严重。量表内部一致性系数分别为 0.808、0.714、0.818。探索性因子分析，KMO 值为 0.894，Bartlett's 检验 P 值小于 0.001，累计贡献率为 56.59%。

（四）蒋屹林编制初中生校园霸凌态度量表

蒋屹林在查阅文献的基础上，设计实施开放式问卷与访谈收集问卷编制信息，同时结合相关领域专家的建议对霸凌态度量表的理论维度进行了构建，并整理了各维度下具体题目内容。通过对问卷进行项目分析与探索性因素分析，最后形成了有良好信效度的初中生校园霸凌态度量表。量表包括共情理解、后果预估、行为实施三个维度，共 31 道题目。问卷采用 Likert 5 点计分法，选项分别为“对本题目非常不同意”1 分、“对本题目比较不同意”2 分、

---

① 陈光辉. 中小学生欺负/受欺负的本土化内涵、基本特点及其与同伴背景的关系[D]. 济南：山东师范大学，2010.

② 黄泽鹏. 中小学生自我报告欺凌行为流行现状及其影响因素研究[D]. 汕头：汕头大学，2017.

“对本题目一般同意”3 分、“对本题目比较同意”4 分、“对本题目非常同意”5 分。被试在各维度得分与总分分值越高，表明该被试的校园欺凌态度越积极与正向，越容易制止欺凌者和帮助被欺凌者。该态度量表的总量表及各分量表的 Cronbach 系数分别为 0.965、0.927、0.945、0.950；总量表及各分量表分半信度分别为 0.866、0.909、0.934、0.919①。该问卷具有良好的信效度，是测量初中生对校园霸凌态度的合适工具。

（五）大数据跟踪调查欺凌现状——以中国教育追踪调查（CEPS）为例

中国人民大学中国调查与数据中心（NSRC）设计、实施了大型的长期追踪项目“中国教育追踪调查”。该项目主要采用问卷调查形式对学生、家长、班主任、校领导进行调查，旨在探究家庭、学校以及社会等多方面因素对个人及其教育的影响，为国家教育管理和决策提供数据参考，也为教育相关问题的多学科研究提供有力的数据支持。

2014 年起，该项目每年开展一次。根据时事变化，NSRC 在 2016 年的学生问卷部分新增了社会行为发展相关内容，其中包含了遭受欺凌情况的调查，体现在学生问卷中的 D4 题，包含了 11 个小题。②其中 8 个题目借鉴 Olweus 儿童欺负问卷（中学版）中“受欺负”分量表的内容，包括肢体欺凌、言语欺凌、关系欺凌三个维度，另外 3 个题目是针对网络媒介欺凌设置的。调查将欺凌行为调查时间设定在近一年时间内，采用 5 点评分，选项设置为不同程度的频率，分别为“从来没有”“有过一两次”“每个月一次”“每个月两三次”“每周一次及以上”。11 个题分别是：1. 被同学推搡或被打、被踢；2. 被同学孤立、排斥；3. 有同学骂我或对我说难听的话；4. 遭到同学的当众嘲笑；5. 有同学用不好听的外号称呼我；6. 有同学传播关于我的八卦、小道消息；7. 有同学威胁、恐吓我，声称要欺负我；8. 同学敲诈、勒索或抢走属于我的东西；9. 手机或网络上收到同学的嘲笑或难听的话；10. 网上被同学骂、被欺负；11. 我的隐私、个人信息被同学发布到网上。

---

① 蒋屹林. 初中生校园霸凌态度问卷编制与调查及干预研究[D]. 重庆：重庆师范大学，2018.

② 林董怡. 初中生遭受校园欺凌影响因素及对策研究——基于 2016 年中国教育追踪调查江浙沪地区数据[D]. 杭州：浙江大学，2018.

（六）王友强等编制教育行为调查问卷

国家高度重视防控中小学校园欺凌问题，已从行政管理、法律等层面给出了框架性文件。研究表明，校园欺凌表现为校园热暴力和校园冷暴力两种形式。蓄意的教育行为冷暴力属于校园欺凌，且极易转化为校园热暴力事件，所以大多数校园欺凌事件是由教育行为冷暴力组成或引起的。防控教育行为冷暴力，可以预防绝大多数校园欺凌的发生。因此如何判断教育行为冷暴力的倾向以及诊断学校教育行为冷暴力的程度就成了研究的重点和急需解决的问题之一。

王友强、代淑红、胡同文、卢兰平、陈晓玲、史静等问卷编制者通过开放式问卷调查、学生个别访谈并结合文献确定了教育行为冷暴力问卷的结构维度并编制了教育行为冷暴力调查问卷的初始问卷，经过初测结果的分析，修订并形成正式问卷。通过因子分析和主成分分析，最终确定了教育行为冷暴力的维度。

本问卷共分为“师对生教育制度行为冷暴力、师对生教育言语行为冷暴力、师对生教育肢体语言行为冷暴力、师对生教育网络行为冷暴力、生对生教育言语行为冷暴力、生对生教育肢体语言行为冷暴力、生对生教育网络行为冷暴力、生对师教育言语行为冷暴力、生对师教育肢体语言行为冷暴力、生对师教育网络行为冷暴力”十个维度，共 50 道题目。问卷采用 Likert 5 点计分法，选项分别为“从不” 1 分、“很少” 2 分、“有时” 3 分、“经常” 4 分、“总是” 5 分。被试在各维度得分与总分分值越高，表明该被试在学校内遭遇教育行为冷暴力的情况越多。总量表及各维度分量表的 Cronbach 系数分别是 0.958、0.844、0.921、0.887、0.764、0.901、0.802、0.915、0.749、0.842、0.823。通过对问卷进行项目分析与探索性因素分析，表明教育行为冷暴力调查问卷具有良好的信效度，可以作为检测和筛查教育行为冷暴力倾向性的工具，为一线防控工作提供参考和借鉴。

四、部分校园欺凌调查问卷

（一）《初中生校园欺凌行为问卷》——孙锦露（2018）

1. 吐唾沫到别人身上
2. 推搡别人身体或者扭、掐、拽别人

3. 用脚踹别人的臀、腿等部位

4. 扇别人耳光

5. 群殴或者围殴别人

6. 用木棒或者棍子等硬物打别人

7. 故意藏别人的凳子、书本、文具等，让某人找不到

8. 在别人的书本、文具或桌椅等上面乱写乱画

9. 撕别人的书本、作业或者衣服等物品

10. 乱扔别人的书本、文具或者衣服等物品

11. 向别人强制要钱、饭卡或者其他有价值的物品

12. 偷拿别人的钱或饭卡或文具等

13. 向他人收取保护费

14. 偷摸或者碰触别人的隐私部位

15. 背地里用不雅或者淫秽的词语形容别人

16. 对别人比下流的手势或者做下流表情

17. 说某个人性别模糊或是同性恋，叫其娘娘腔、搞基（男生）、百合、蕾丝（女生）等

18. 给别人或者他/她的父母起侮辱性的绰号

19. 强迫别人和某个异性表白或者写情书

20. 强迫别人看色情文字、照片或者视频等信息

21. 拿有关性的话题或者图片跟别人开恶意玩笑

22. 强迫别人和自己发生亲密行为（拉手、拥抱、接吻等）

23. 曾故意用身体挡住别人的去处或者压住、控制他/她

24. 曾故意挑拨是非，让某人和他/她的朋友产生矛盾

25. 曾和朋友一起不理别人，排挤别人

26. 曾经故意不让某人参加集体活动、群体游戏或分组讨论

27. 曾经强迫别人做不愿意做的事情

28. 曾经故意把自己绊倒或者丢东西嫁祸到别人身上

29. 在网络上用不雅的言辞说别人坏话

30. 在网络上散播对某个人不好的谣言

31. 在网络上说一些话使别人难堪

32. 在网络上匿名骚扰别人

33. 在网络上使用使别人不快的方式修改别人的照片

34. 在网络上，未经别人允许就分享或使用其照片或视频
35. 在网络上，对别人的日志或论坛的留言进行攻击性评论

（二）初中生校园霸凌态度问卷——蒋屹林（2018）

A. 对被校园霸凌者的共情

1. 我觉得被校园霸凌者很可怜
2. 我对校园霸凌别人的人感到愤怒
3. 我觉得被霸凌的人事出有因（反向计分）
4. 我觉得被校园霸凌者与我无关（反向计分）
5. 我会对袖手旁观的人感到愤怒

B. 对校园霸凌的感知、定义与后果预估

6. 我认为用同学身体缺陷取绰号属于校园霸凌
7. 我认为团体活动时排挤某同学属于校园霸凌
8. 我认为在 QQ 空间或朋友圈发布同学未许可照片属于校园霸凌
9. 我认为在网络上匿名发布某同学的私人信息属于校园霸凌
10. 我认为将某同学带进密闭空间引起其恐慌属于校园霸凌
11. 我认为欺骗或者给予某同学错误信息属于校园霸凌
12. 我认为受到校园霸凌的同学受到了严重的心理伤害
13. 我认为未经许可给某同学的食物中添加其他东西属于校园霸凌
14. 我认为拍摄某同学的照片并且通过应用程序修改属于校园霸凌
15. 我认为受到校园霸凌的同学可能会结束其生命
16. 我认为受到校园霸凌的同学可能成绩会下降
17. 我认为推搡打闹属于校园霸凌
18. 我认为受到校园霸凌的同学可能会变得沉默寡言

C. 对校园霸凌事件采取的行为

19. 我会观察校园霸凌的严重程度再做决定是否给予帮助（反向计分）
20. 我会及时告知老师或其他成年人
21. 事后，我会提醒校园霸凌的参与者不再进行校园霸凌行为
22. 我会在一旁观察不采取任何行动（反向计分）

23. 我会视校园霸凌者和我的关系再决定行为（反向计分）
24. 我会视被校园霸凌者和我的关系再决定行为（反向计分）
25. 事后，我会安慰被校园霸凌的同学
26. 事后，我会告诉家长或者老师
27. 我会制止校园霸凌
28. 我会观察校园霸凌者人数的多少
29. 我会观察了解事件的原因再做决定（反向计分）
30. 我会观察校园霸凌的形式决定是否制止（反向计分）
31. 我会视被校园霸凌者的性别再决定是否帮助（反向计分）

D. 还有什么想要表达？请尽情地叙述。

（三）网络欺凌量表和网络受欺凌量表——黄泽鹏（2017）

网络欺凌量表：

1. 在网络上辱骂某个同学
2. 在网络上给某个同学起外号
3. 在网络上对某个同学进行造谣
4. 在网络上对某个同学使用攻击性的文字或符号
5. 未经某个同学的允许，上传他/她的照片或视频
6. 未经某个同学的允许，修改或“恶搞”他/她的照片
7. 未经某个同学的允许，使用他/她的账户
8. 匿名骚扰其他同学
9. 盗用某个同学的账户
10. 给某个同学发不良信息
11. 让别人在网上不跟某个同学聊天
12. 踢掉或不允许某个同学进群（QQ 群等）
13. 在社交媒体上无视某个同学
14. 创建新账号扮演某个同学，并羞辱他/她
15. 在网上扮演某个同学，用他/她的名字去评论
16. 在网上扮演其他人，并羞辱某个同学

网络受欺凌量表：

1. 在网络上辱骂我

2. 在网络上给我起外号
3. 在网络上对我进行造谣
4. 在网络上对我使用攻击性的文字或符号
5. 未经我的允许，上传我的照片或视频
6. 未经我的允许，修改或恶搞我的照片
7. 未经我的允许，使用我的账户
8. 匿名骚扰我
9. 盗用我的账户
10. 给我发不良信息
11. 让其他人在网上不跟我聊天
12. 踢掉我或不允许我进群（QQ 群等）
13. 在社交媒体上无视我
14. 创建新账号扮演我，并羞辱我
15. 在网上扮演我，用我的名字去评论
16. 在网上扮演其他人，并羞辱我

（四）关于学校教育行为的调查问卷——王友强等（2018）

亲爱的同学，你好！

这是一份调查学校教育行为的问卷，希望得到你的支持和帮助！本问卷不记名、不公开，其结果仅作研究使用，请你不要有顾虑，据实作答。本问卷均为单选题，请根据所见、所感及校园内发生的教育事件客观真实地完成问卷，将所选答案画“√”，最后填涂在答题卡上。你的真实回答将为我们建设快乐校园起到积极作用，谢谢你的支持！

第一部分

1. 你的性别：A 男　　B 女
2. 是否独生子女：A 是　　B 不是
3. 你是住校生还是通校生：A 通校生　　B 住校生
4. 是否学生干部（含学生会、社团、少先队、团委、班干部等）：

A. 是　　B 不是

5. 你的家庭所在地：

A 省会城市　B 市县　C 乡镇　D 农村

6. 父亲的最后学历：

A 初中及初中以下 B 高中/中专　C 本科/大专　D 硕士　E 博士

7. 母亲的最后学历：

A 初中及初中以下 B 高中/中专　C 本科/大专　D 硕士　E 博士

8. 你日常回家与谁住在一起：

A 父母　B 爷爷奶奶/外公外婆　C 父母和爷爷奶奶/外公外婆　D 其他亲戚　E 独自居住　F 其他

9. 就读年级：

A 小四 B 小五 C 小六 D 初一 E 初二 F 初三 G 高一 H 高二 I 高三

10. 你的年龄：

A 不到 9　B 9　C10　D11　E12　F13　G 14　H15　I16　J17　K 18　L 大于 18

第二部分

你在学校看到或受到过来自学校或者老师的以下有意或者无意的不当行为没有?	从不	很少	有时	经常	总是
11. 老师在学校、班级、家长会等公共场合将同学们划分为不同等级，如：公开发布考试成绩并排名	A	B	C	D	E
12. 班级里存在类似“违规违纪的学生被罚款，罚款被用来奖励学习较好或进步的学生”的奖罚制度	A	B	C	D	E
13. 老师安排座位不是按身高和视力而是按成绩或其他原因优先选择	A	B	C	D	E
14. 助学金发放给成绩好的学生，而不考虑家庭贫困学生	A	B	C	D	E
15. 老师拒绝某些犯错的学生听课，如：教室外罚站、办公室反省等	A	B	C	D	E
16. 给违规违纪的学生长期安排特殊位置，如教室角落、讲台两边	A	B	C	D	E
17. 老师用过度罚抄写或者罚跑等方式惩罚犯错学生	A	B	C	D	E
18. 成绩较好的班级享有更好的教育教学设施和资源	A	B	C	D	E
19. 老师讽刺嘲笑学生，如“考这么点成绩，也不嫌丢人!”	A	B	C	D	E

续表

你在学校看到或受到过来自学校或者老师的以下有意或者无意的不当行为没有？	从不	很少	有时	经常	总是
20. 老师语言侮辱学生，如“笨蛋、白痴、傻瓜、神经病”等	A	B	C	D	E
21. 老师指责呵斥学生，如“滚出教室去”“你给班级丢脸、拉后腿”等	A	B	C	D	E
22. 老师采用言语冷漠孤立学生，如“我再也不管你了”“像某某这样的学生，大家都不要搭理他”等	A	B	C	D	E
23. 老师用语言威胁学生，如 “让学校开除你”	A	B	C	D	E
24. 老师妄言断定学生说：“你成绩这么差、你这辈子完蛋了！”	A	B	C	D	E
25. 老师使用语言霸权，说“你是老师还是我是老师”“敢跟我顶嘴，反了你了！”等	A	B	C	D	E
26. 老师暗示基础差的同学不要经常提问，甚至回避他们提问	A	B	C	D	E
27. 为了单纯追求分数，老师暗示成绩差的同学不参加统一的考试	A	B	C	D	E
28. 老师对某些学生采取翻白眼、皱鼻子等方式表达厌恶、嘲讽	A	B	C	D	E
29. 老师发试卷或作业本时，故意扔到地上或者学生身上、脸上	A	B	C	D	E
30. 老师忽视、疏远某些学生，对其不理睬、不作为	A	B	C	D	E
31. 老师通过面部表情、肢体语言等暗示自己不喜欢某些学生，不让其他学生与其接触，从精神上把他们孤立起来	A	B	C	D	E
32. 在某些学生多次求助后，老师依然不回应，学生感到无助	A	B	C	D	E
33. 老师通过网络表达出对某同学和某些同学孤立冷漠的信息，如“大家都不要和某某在一起”、无视某某同学发的信息和不接该同学的电话	A	B	C	D	E
34. 老师通过网络对学生表达过挖苦、讽刺、侮辱性的信息	A	B	C	D	E
35. 老师通过网络暴露过学生的隐私信息，如“全班考试最后几名的同学有谁谁谁”“个人卫生习惯不好的有谁谁谁”	A	B	C	D	E
36. 老师通过网络发布过威胁恐吓学生的信息，如“作业要是补不齐，你就不要来学校了”	A	B	C	D	E

第三部分

你在学校看到或受过来自同学的以下有意或者无意不当行为没有?	从不	很少	有时	经常	总是
37. 有同学讽刺嘲笑其他同学，如“考这么点分，不嫌丢人。还与我比!”	A	B	C	D	E
38. 有同学侮辱其他同学，如“笨蛋、白痴、傻瓜、神经病、弱智”等	A	B	C	D	E
39. 有同学指责呵斥其他同学，如“滚出去、讨厌”“尽给小组丢脸”等	A	B	C	D	E
40. 有同学用语言冷漠孤立其他同学，如“我们不要你和我们在一起了”“像某某这样的同学，大家都不要搭理他”等	A	B	C	D	E
41. 有同学用语言威胁恐吓其他同学,如“不按我要求办，等着瞧”	A	B	C	D	E
42. 有同学用语言妄言断定其他同学，如“天生就是个蠢才”	A	B	C	D	E
43. 某些同学具有话语霸权，常说“我是班委我说了算”	A	B	C	D	E
44. 有同学恶意模仿身体有缺陷的同学行为，故意嘲讽其身体的缺陷	A	B	C	D	E
45. 有同学对某同学采取摇头、翻白眼、皱眉头等方式表达厌恶、嘲讽	A	B	C	D	E
46. 有同学看不起某些同学，公开场合无视这些同学的存在	A	B	C	D	E
47. 有同学拉帮结派，暗示孤立疏远某些同学	A	B	C	D	E
48. 有同学将某同学排除在班级微信群、QQ 群之外	A	B	C	D	E
49. 有同学通过网络呵斥指责过某些同学	A	B	C	D	5
50. 有同学通过网络对某些同学表达过挖苦、讽刺、侮辱性的信息	A	B	C	D	E
51. 有同学通过网络暴露过某些同学的隐私或者发布不实信息	A	B	C	D	E
52. 有同学通过网络威胁恐吓过某些同学	A	B	C	D	E

第四部分

你在学校观察到同学有意无意对老师或者学校有以下不当行为的表现没有?	从不	很少	有时	经常	总是
53. 有同学根据老师的缺点或身体缺陷取绰号以嘲笑、侮辱老师	A	B	C	D	E
54. 有同学威胁老师,例如:"你不就是个教书匠嘛,有什么了不起的""我的亲戚管得到你,等着瞧!"	A	B	C	D	E
55. 有同学在某位教师的课堂上哗众取宠、高声喧哗、故意顶撞老师	A	B	C	D	E
56. 有同学无视某些教师的存在,在课堂上经常看小说、睡觉等	A	B	C	D	E
57. 有同学恶意模仿教师动作,侮辱老师	A	B	C	D	E
58. 有同学采取敲桌凳、跺脚等方式表达厌恶、嘲讽老师	A	B	C	D	E
59. 有同学在学校贴吧或者其他网站上丑化攻击班集体、学校和教师	A	B	C	D	E
60. 有同学学习成绩不好或者表现不好,将原因归结于老师,利用网络向学校、教育管理部门甚至新闻媒体恶意投诉老师	A	B	C	D	E

61. 你觉得校内还有哪些让你身心受到伤害的不当行为?

再次感谢你的帮助!

五、校园欺凌调查工具的展望

前面介绍的校园欺凌测查工具主要采用自我报告的问卷调查方式来收集有关信息。问卷调查便于大范围测试,操作相对简单,能快速收集数据信息,因此大多数校园欺凌研究均使用问卷调查的方式来收集数据。通过匿名的自我报告的方式一般来说可以减少数据收集中欺负者、受欺负者的顾虑,能较为真实地反映被试的真实情况,当然这依赖于施测时的科学指导和被试对研究团队、对施测氛围和环境的信任等。

自我报告获得的信息无法完全避免被试的主观倾向性,可能会影响结论的科学性。欺凌是一种消极不道德的行为,儿童尤其是青少年会有意掩饰自己实施的欺凌行为,以保护自己不被批评、指责或惩罚,同时受欺凌者也可能出于自尊、羞耻感而不敢承认自己遭受了欺凌。

国外研究发现，同伴报告更加客观，但很难确定同伴报告和自我报告哪个更有效（索尔伯格和奥维斯，Solberg & Olweus，2003），针对国内青少年问题行为的研究发现，同伴主体在收集问题行为的数据信息时具有独特的优势（陈光辉等，2009）。

对于成年人报告欺凌行为而言，往往因受到较多限制而降低报告的效度。首先欺负行为不太会直接暴露在成人（教师）在场的情况下，更多可能出现在课间休息时或者上下学的时间段里；其次欺负行为更多发生在教室之外的操场、食堂、寝室、厕所、上学或放学的路上等隐蔽或人少的场所，这些是没有教师、家长等成年人监管的地方，往往是学校教师、领导和学生家长管理的盲区；再者欺负行为是不道德行为，欺凌者实施欺凌时会刻意避开成年人的视线，或伪装成无害行为，避免被惩罚；最后很多成年人会不自觉地忽略学生间的欺凌行为，低估受欺凌学生的被伤害程度，教师可能会将欺凌行为理解为学生间不知轻重的玩笑、打闹或普通的学生冲突。故成年人作为报告者，会漏报大量欺凌事件。

公共记录，即媒体及教育主管部门记录的欺凌行为作为校园欺凌数据来源时，只能记载因校园欺凌引发严重伤害甚至死亡的行为事件，只能考察正在遭受严重侵害或实施严重欺负行为的个体（伯杰，Berger，2007）。

因此，采用“多方法和多报告主体的研究策略（佩列格里尼，Pellegrini，2001；莱德，Ladd，2005）”是测量校园欺凌等问题行为的最好办法。结合自我报告、同伴报告、成年人报告、公共记录、个别访谈、自然观察记录来完成对学生的欺凌行为测量。多方法、多主体报告可以从多个角度来获取目标行为信息，从而能更加全面和可靠地探究欺凌行为。

随着校园欺凌问题越来越受到社会各界和教育主管部门重视，对校园欺凌测量工具的研究必将进一步深化和完善，必将陆续开发更多本土化的调查校园欺凌的工具。

专题三

校园欺凌防控策略的理论研究

校园欺凌是发生在隐蔽空间且形式多样的一个持续性互动的过程。欺凌行为双方存在力量不平衡性，行为程度难以判断性。因为个体性格、社会支持、社会认知等个人因素，学校管理不足、教师处理不当、家庭功能失衡与家庭责任缺失等家校因素，社会不良风气、大众传媒影响、法律法规不健全等社会因素，校园欺凌事件屡禁不止并产生很多负面影响。校园欺凌现象已然成为一个严峻的社会问题，亟须我们解决。本章从心理学、教育学、法学、神经生物学、新闻传播学等不同领域多种理论视角入手，探索校园欺凌产生的机制，提出校园欺凌防控策略，以期改善校园欺凌现象，助力青少年健康成长。

第一节　基于一般攻击模型理论的校园欺凌防控

一、一般攻击模型（GAM）理论

2002 年，美国心理学家安德森（Anderson）与布什曼（Bushman）综合以往相关理论形成一个单独的理论框架，提出了一般攻击模型理论（the general aggression model，GAM）。GAM 提出攻击是由很多因素共同引发的，并提出了减少攻击行为的措施以及如何适时地抑制攻击倾向的发展。[①]

该模型包含了输入变量、途径和行为结果的输出，如图 3-8。输入变量由个体因素和情境因素两部分组成；途径则处于输入变量与输出行为结果的中部地带，即输入变量通过当前个体内部状况（情绪特征、认知方式和生理唤醒）共同影响最终产生的行为结果；而行为结果则包括从冲动性的行为到经过深思熟虑的行为等一系列复杂的过程。[②]

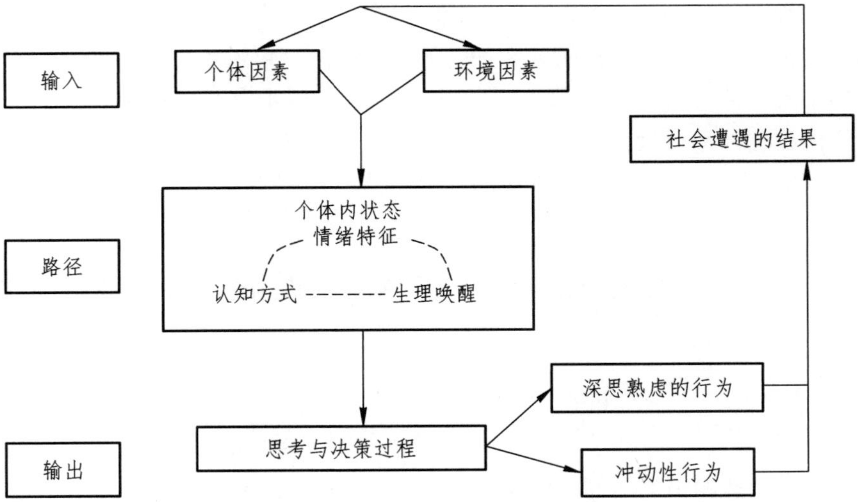

图 3-8　一般攻击模型

① 李文辉，吕博，李婵，蒋重清. 一般攻击模型理论的拓展：群体暴力[J]. 辽宁师范大学学报（社会科学版），2013（4）：525-529.

② 武梦梅. 高一学生宽恕与攻击行为的关系及干预研究[D]. 芜湖：安徽师范大学，2018.

在理解一个单独偶发的攻击行为时，GAM 强调三个关键的阶段：（1）人和情境的输入；（2）当前内部状态（认知、唤醒、情感）；（3）判断和评价加工的结果。[①]

二、一般攻击模型（GAM）与校园欺凌的关系

在 GAM 模式的输入变量中，个人的因素包括人格特质、态度、动机、性别、信仰、价值观、长期目标等；情境因素是其周围环境的特性，既包括环境中关于攻击的暗示、挑衅的暗示和挫折的来源等因素，还包括限制行动或提供机会采取行动的因素。上述个人和环境因素都有可能影响个人情感和认知的兴奋程度，诱发过激的行为。[②]

联系 GAM 三阶段来看：首先，学校在“五育并举”理念的指导下，系统进行情感、态度、价值观的教育，结合家庭教育和社区教育，不断优化育人环境，减少负性变量的输入。这样在源头上加以控制，可减少个体内部的压力。其次，通过心理健康教育改变学生原有的不合理认识方式，使其掌握情绪管理方法，不让消极情绪有生长的机会，避免大脑杏仁核被劫持后大脑无法理性思考的状态，抵制大脑冲动的生理唤醒，可避免青少年期因心智不成熟出现的冲动行为。最后，学生经过第二阶段逐步学习“三思而后行”，最终作出改变冲动行为的决策。以上三阶段，层层深入，不断循环，达到干预暴力、减少暴力，防控校园欺凌的目的。

三、基于一般攻击模型（GAM）理论的校园欺凌防控策略

1. 学校优化育人环境

（1）营造积极融洽的校园氛围，增加学生对母校的归属感。

“今天我以学校为荣，明天学校以我为荣”。学校根据学生身心发展规律

① 李文辉，吕博，李婵，蒋重清. 一般攻击模型理论的拓展：群体暴力[J]. 辽宁师范大学学报（社会科学版），2013（4）：525-529.

② 杨坤玉. 青少年网络欺凌行为介入模式的 GAM 探索[D]. 兰州：兰州大学，2017.

和教育原则，创造性地开展各种教育活动，关注学生心理需求，促进学生的自我实现。

（2）完善各种评优制度，优化师生、生生、师师关系。

通过激活奖励机制，建设竞争与合作并存的环境，打造良性发展的学校生态环境。

（3）健全学校管理规范，惩戒校园欺凌行为。

学校结合学生行为守则，制定规章制度惩戒校园欺凌，让学生为自己的行为承担责任。但是，学校不能以“换一个环境”为由让其转学，以免产生不被接纳的抛弃感。

2. 教师率先行为示范

（1）教师注重言传身教，春风化雨，润物无声。关心、尊重学生，是建立良好师生关系的基础。

（2）从“经师”到“人师”。经师易得，人师难求。除了过硬的学科教学能力，教师更要以深沉的人格魅力感染学生，给予其人生的指引。

（3）平等、公正对待每一个孩子，杜绝教师对学生的教育行为冷暴力。从言语、肢体语言、班级制度和网络平台等方面加强注意，避免无意或有意对学生产生伤害。

3. 塑造学生健全人格

（1）优化心理过程。

帮助学生提高认知水平；丰富情感体验，正确看待问题，形成适宜的情绪状态；培养其意志品质及耐挫力，以达到知情意的协调统一。

（2）塑造积极心理品质。

践行积极心理学理论（美国心理学家马丁·塞利格曼提出），培养学生24项积极心理品质。有调查显示，常出现欺凌行为的学生，在班级中大多学习上相对落后，因此要激发其学习兴趣，提高其自尊水平。

（3）发展学生的自我意识。

随着年龄的增长，学生的自我意识增强。教师在活动中引导学生探索自我，不断深化自我认识；通过自我体验，激发其自豪感和自我价值感；培养自我控制能力，如情绪管理、时间管理能力等。

（4）建立积极的同伴关系。

同伴关系是青少年重要的人际关系之一，其认知、行为、性格、价值观等方面都受到同伴的影响。教师和家长要引导学生结交“诤友”，学会交往，在分享互动中发展高质量友谊，以获得良性的朋辈支持。

4. 引导科学的家庭教育

作为孩子的第一任老师，父母的性格、教养方式直接影响着孩子的成长。有学者认为，一个人受到最多的伤害和影响往往源于启蒙阶段的原生家庭。因此，学校要重视家庭教育工作，建立家校共育机制，引导家长学习先进的家庭教育理论，提高教育孩子的实操技能。可通过举办初、中、高级家长培训班，家长沙龙，开展亲子活动，参加家长团体辅导或是系统家庭治疗等途径，使家长树立与孩子共同成长的理念，从而给孩子创建安全温暖的家庭环境。

（1）父母避免性格缺陷。

现实生活中我们常常看到，父母自私、挑剔，孩子亦自私；父母刻薄，孩子就不懂宽容；父母暴戾，孩子也显得张狂；丈夫对妻子家庭暴力，孩子也学会暴力。“性格决定命运”，所以父母也要不断认识自己，修炼身心，让乐观向上、宽容大度、谦逊坚强的性格引领孩子的成长。

（2）选择适当的家庭教养方式。

由于工作繁忙、生活压力、不重视家庭教育等原因，有的父母对孩子缺乏恰当的教养方式，他们有些溺爱，毫无原则；有些专制，不懂得尊重孩子；有些放任不管，无力教育。这些家庭的孩子不同程度上有着冷漠、自私、自卑、缺乏安全感等心理，自我控制力差，常以自我为中心，欺凌行为的发生率更高。大量研究和实例告诉我们，宽严相济、放管结合、平等尊重的民主型教养方式，可促进孩子健全人格的形成。

（3）建立亲密和谐的亲子关系。

家长尝试将非暴力沟通作为搭建亲子关系的桥梁，学会倾听孩子的心声，了解其认知情绪和行为的变化；多陪伴，让孩子感到强大的支持；常鼓励，增加孩子自信心；多欣赏，避免与“别人家”孩子作比较，创造条件让孩子发挥自己的潜能和优势，让孩子体验价值感和自我效能感，成为独特的那一个。

（4）营造良好家庭氛围。

家是孕育和生长爱的地方，是温暖和安全的港湾。夫妻关系是一个家庭的首要关系，要形成健康的亲子关系，父母首先要经营好双方关系和情感，建立良好的家庭互动模式，尽量避免在孩子面前发生冲突。

5. 协助做好社区教育

社区教育是对单一学校教育的突破、拓展和延伸，能推动各类教育发展，实现学校、社会、家庭的教育一体化。因此，学校可结合实际，适时开展“走进社区”的活动，发挥社区教育优势，形成多方教育的合力。

第二节　基于责任扩散效应的校园欺凌防控

校园欺凌和校园暴力等行为严重影响着青少年的健康成长和心理发展，近年来充斥着暴力的校园欺凌视频时常在网络传播，视频中施暴者都是未成年的学生，但施暴的手段残忍恶劣，侮辱性极强，引起了社会各界的热切讨论与关注。责任扩散效应将旁观者作为主要研究对象，分析其在校园欺凌事件中释放的正负面信息对欺凌事件发展、欺凌程度产生的影响，可以更多元、更全面地掌握欺凌事件发生、发展过程及危害程度。

一、责任扩散效应的概念解读

心理学家进行了大量的实验和调查后发现：当一个人遇到紧急情境时，如果有许多人在场的话，帮助求助者的责任就由大家来分担，造成责任扩散，从而产生一种“我不去救，由别人去救”的心理。由此人们开始接触“责任扩散效应”这一个新词。

责任扩散效应中的主体人是指某一事件发生时，除当事方之外的见证此事件发生的冷眼旁观者。某种意义上来说在校园欺凌案件发生时，冷眼旁观的见证人，无异于欺凌者。对邪恶势力的纵容，会给被欺凌者造成极大的伤害。

二、基于责任扩散效应的成因分析

1. 围观人数与责任扩散时间成正相关

当一件事情发生的时候，由于个体在生理和心理上的差异，旁观者需要一个正常的反应时间，去判断眼前发生的事件中的人物之间的关系、事件发生的缘由、事件中双方各自的对错。围观人数越多，信息量越大，个体反应的周期更长，正面参与到制止事件发生中的时间增加，对制止欺凌事件的积极作用降低。

2. 自我保护意识增强责任扩散效应

作为旁观者，一旦插手一场本不该由自己承担风险的事件，也许会受到伤害，产生身体或心理上的损失。尤其是旁观者本身力量弱小（弱小包括性格、体格、语言、能力等各个方面），为求自保，难以伸出援手，甚至希望更快置身事外，尽早远离，免受伤害，难以选择站出来发声或采取行动。

3. 冷漠气质个体数量增加

人类个体具有一定的气质，罗马著名生物学和心理学家盖伦，将人类气质分为四种类型：多血质、黏液质、胆汁质、抑郁质。例如：抑郁质的人性格较温和，相对内向，也不爱抛头露面，在遇到有校园欺凌的事件时，难以及时参与到对校园欺凌事件的制止中。信息化时代的来临，人和人之间的社交距离在网络上拉近，在现实生活中逐步扩大，现实生活中气质偏冷漠的人越来越多。

4. 校园中“嬉闹”与“欺凌”两者边缘模糊化

校园环境中，青少年正处于未成年阶段，对玩笑、朋友和距离的界定还处于模糊边缘的状态，在同学间发生摩擦的时候，旁观者无法判断该同学是否在遭受欺凌。所以欺凌事件最初发生的时候会被旁观者当作双方在嬉闹，而未加制止，最后发展到不可收拾的地步，产生校园欺凌事件。

5. 时间成本的核算

校园欺凌事件在中学阶段发生的概率最高，个别学生身体的发育显著早于心理的发育，对某些特定事件的处理单一鲁莽。而中学阶段的学生学业任务繁重，学习压力较大，时间紧张，可能会觉得自己插手到“与己无关”的欺凌事件中将花费很多时间，影响学业和原本正常的作息，时间成本太高，消耗不起。

6. 中学生认知局限性

中学阶段学生正处于青春期，心理、情绪、认知都处于叛逆期，尤其倾向于叛逆权威和正面教育。该年龄段学生心理上已具备独立自主的意识，但缺乏分辨是非的能力，追求特立独行，容易被物质和所谓的个性吸引，崇尚力量权威。追从心中所谓的“权威者”，甚至认为被欺凌的同学“咎由自取”。

三、责任扩散效应放大校园欺凌的危害

1. 放大直接的危害

（1）助长欺凌者的嚣张气焰。

旁观者不能意识到自己的责任或逃避责任，在围观到校园欺凌时，产生“我不去救，由别人去救”的心理。这种冷漠将助长欺凌者的气焰，施暴者对弱者的欺凌更加肆无忌惮，为所欲为。这导致校园欺凌的施暴者增加，校园欺凌的事件增多。

（2）加深受欺凌者身心伤害。

责任扩散效应中冷漠的旁观者会使受欺凌者感到更加的孤立无助，旁观者为了降低自己参与的风险责任而不作为，无疑会使受欺凌者的身体和心理都遭受更大的创伤。受欺凌者对欺凌者的仇恨也会蔓延到更大的社会群体，更容易走向极端，自暴自弃或产生强烈的报复心或反社会心理。

（3）对旁观者的伤害，长久而深重。

旁观不语，也可能是内心的懦弱，懦弱不等同邪恶，大部分校园欺凌事件中旁观者，都会有很长的时间遭受内心的谴责，性格的懦弱与内心的正义相互矛盾，冲击心灵。若不幸成为被欺凌者，会更容易多愁善感，找不到正确的处理方式，甚至走向极端。

2. 放大间接的危害

社会不良风气的养成，从众效应的产生，屈从邪恶势力，导致人与人之间情感纽带的断裂，人心逐渐冷漠，逐步演化成全社会趋向冷漠。人与人之间的情感距离增加，人心空洞化，进而延伸到对家人、对公共事务、对社会责任担当的缺失，对经济进步和思想进步都将造成巨大的阻碍。

四、基于责任扩散效应的防控策略的探究

1. 社会层面

（1）完善奖惩制度。

举措一：严防欺凌，降低发生概率。

我国《中华人民共和国未成年人保护法》对校园欺凌有相关规定，应更完善这些法律规定，以严肃处理校园欺凌事件。

举措二：表彰好人好事。

根据助人的影响力和对事件本身的正面作用，制定对应匹配的奖励机制，例如：信誉度的提升；在升学时，适当加分；在就业时，同条件下优先录取等相关激励措施。

（2）加大正面宣传，各级宣传部门正面引导。

电视媒体、网络媒体、多方位的宣传渠道应广泛宣扬正能量。让社会中更多内心有阳光的人多一点力量，敢于、乐于在遇见校园欺凌事件时站出来发声，或者主动积极寻求权威力量介入。开放更多举报校园欺凌事件的渠道，例如微信公众号、市长热线等。使反校园欺凌成为社会共识，做到人人都知道举报途径，人人都能及时反应到位。让校园欺凌事件的发生概率减小，或尽量降低伤害。

2. 学校层面

青少年学生还未形成完善的人生观和世界观，学校应加强规章制度的制定，开设相关课程，以预防为主，宣扬正气，优化校园氛围，降低责任扩散效应，让有可能成为欺凌者的人，打消欺凌弱小的念头，让人心善良，正义常在。

（1）针对校园欺凌制定校纪校规，班纪班规。

采取惩处措施和奖励措施并行的方式，对施暴者视情节严重情况处以取消一切评优评先资格等相关处罚措施，严重的可以开除学籍；对乐于助人者优先评优评先，有条件的学校可以在下一教学段提前录取这类同学或者在年度综合素质评价中对其加分。

（2）开设防控校园欺凌的相关课程。

学校利用国旗下讲话等主题活动，聘请法律、治安等专业人士开设专题讲座等，针对校园欺凌进行宣讲，有效区分打闹与欺凌，让学生对校园欺凌的表现、危害、防控等有更清晰的认识。另外也可以增设校园欺凌相关课程，开展校园欺凌防控的主题班会课。

（3）张贴有关校园欺凌的宣传标语警示。

统一在楼道、学校公告栏、宣传处等地张贴禁止校园欺凌的宣传语和宣传画，张贴校园欺凌求助电话，学校公众号推送相关推文。

（4）学校加强对校园欺凌的精细化管理。

加强校园巡逻，德育处设专人负责校园欺凌事件的防治和处理，有效发挥学生会学生干部的作用，让同学们自主建立责任意识，保证校园内摄像头全方位覆盖，无管理死角和视线盲区。

3. 家庭层面

家长素质层次的差异、受教育程度的高低、人生观世界观的差别、家庭构成、家庭氛围的区别，都会导致青少年认知能力和行为习惯个体差异十分巨大，学校可以利用家长课堂、家访、家长会等形式，培养家长对孩子公民意识、责任意识的教育优化，共同携手，达成家校共育促成长的美好愿景。

第三节　基于旁观者效应的校园欺凌防控

一、旁观者效应

旁观者效应（Bystander Effect），由美国心理学家约翰·达利（John Darley）和比伯·拉塔尼（Bibb Latane）首先在实验室进行研究并提出，实验说明了人群在面对紧急事件时，表现出冷漠的原因。1968 年 5 月他们在《人格与社会心理学杂志》中提出：当一个人面对紧急情况时，他就成了这个情况的主要负责人，一言一行，只需要对自己负责；而当一群人面对紧急情况时，这种责任没有明确的责任分配，没人愿意去承担这份责任。[①]《心理学辞典》中，旁观者效应的定义是：他人在场的情况下助人行为受到抑制的现象。旁观者越多，助人行为越难以发生。[②]救助行为发生的概率与在场旁观者的人数成反比，即旁观人数越多，救助行为发生的概率就越低。

1. 旁观者

“旁观者”在《韦氏词典》中被定义为“在现场，但未参与事件的个体”。我国学者黄岩在《旁观者道德研究》中阐述：所谓旁观者就是指在特定的时空环境中，当他人或者社会公共生活领域遇到困难或者危机需要帮助时，一味地消极观望或等待，而没有积极地行动起来，协助受助者摆脱困境的某种个人或群体。[③]蔡唱则偏重从道德伦理角度界定，认为旁观者是指紧急事件发生时现场临时聚集起的众多围观者，他们与事件本身并无联系，但从社会的伦理角度看，他们具有某种不可推卸的道德义务、责任，因而具有某种精神联系。[④]

2. 旁观者的角色

芬兰学者克里斯提娜·萨尔米瓦利将旁观者分为：协助者、强化者、置身事外者和保护者。

二、基于旁观者效应的校园欺凌心理机制

1. 旁观者效应产生的原因

（1）社会抑制作用。

每一个人对当前发生的事情，都有着自己的看法和相应的行动。但是，

---

① DARLEY J M，LATANE B. Bystander intervention in emergencies：Diffusion of responsibility[J]. Journal of Personality and Social Psychology. 1968（8）：377-383.

② 杨治良，郝兴昌. 心理学辞典[M]. 上海：上海辞书出版社，2016.

③ 黄岩. 旁观者道德研究[M]. 北京：人民出版社，2010.

④ 蔡唱. 论旁观者的不作为侵权行为[J]. 湖南师范大学学报（社会科学版），2007（8）.

一旦有旁人在场，就会影响我们个体对整体情境的认知、判断和解释，尤其是在紧急情况下对陌生情况的判断，个体缺乏心理准备，也搞不清楚这个事情的来龙去脉，都希望能够获得更多的信息来还原真相，在采取行动前就会更加谨慎地评价和预估自己的行为，往往会先看别人如何处置，再把自己准备做出的行为和他人行为反应进行比较，避免出现尴尬难堪的局面。这就是社会抑制作用。

（2）从众心理。

个人不仅会从他人看法来评估某一行为，在行为举止上也会受到外界人群行为的影响，选择符合大多数人的行为方式。这种现象在校园欺凌这种特殊场景下更为突出。事实上，只有小部分人能够保持独立性，不从众。因此当个体在面对欺凌危急情形时，即使意识到有责任上前帮助，但如果周围的人都没有行动的话，个体也不会贸然行动，而是遵从大家的表现。

（3）责任扩散。

在紧急情况下，如果现场只有我们自己，我们会感到对处于困境中的人提供帮助是自己不可推卸的责任，采取行动是责无旁贷的。但是，如果还有其他人在场，现场的每个人就都不清楚到底该由谁领头来组织大家行动。由“见死不救”产生的罪恶感、羞耻感，自然会分散到所有人身上，而个人承担的责任会相应减少。现场的人越多，个体感受的责任就越小。

（4）自保心理。

旁观者绝大多数都由个体构成，在突发紧急危险行为时，本能反应为自保。在校园欺凌这种特殊场景下，欺凌者往往是强势、人多势众一方，旁观者往往担心自己会卷入事件或成为下一个校园欺凌的对象而选择自我保护。正如反映校园欺凌题材的电影《少年的你》中所描述的那样：周冬雨饰演的陈念因为帮助饱受欺凌的同学而卷入校园欺凌事件中，成为被欺凌的对象。所以绝大多数个体在面临校园欺凌时选择沉默。

2. 旁观者角色分析

旁观者的构成较为复杂，可以分为：协助者、强化者、置身事外者和保护者。

（1）协助者。

协助者并没有参与校园欺凌事件本身，但在欺凌事件发生的前后起着强化的作用，在心态上，协助者往往站在欺凌者的一边，行为上也起到了推波助澜的作用。他们往往会挑唆欺凌事件的发生，并在事发过程中协助欺凌者一起折磨受欺凌者。

（2）强化者。

他们往往事先并不知情，没有直接帮助欺凌者对被欺凌者进行欺凌，但是却在一边煽风点火、做出一些姿势或行为来鼓动欺凌者，如在旁边起哄甚至鼓掌。在心态上，强化者往往不站在任何一方，抱着看热闹的心理希望事件越演越烈，从心理上和行动上刺激着欺凌者的欺凌行为。

（3）置身事外者。

此类旁观者是校园欺凌事件旁观者的绝大部分,在面对校园欺凌事件时，往往保持着事不关己高高挂起的消极态度，对欺凌行为视而不见。置身事外者往往也同样属于较弱势群体，在心理上往往担心惹事上身，抱着多一事不如少一事的心态冷漠旁观。

（4）保护者。

此类旁观者在校园欺凌事件中比例最小，往往行为积极，主动保护、帮助受害者，并用各种方式试图制止欺凌行为。保护者往往正义感强，内心较为强大，性格较为开朗外向。保护者的出现往往能及时制止校园欺凌行为。

心理学家研究得出，欺凌者欺凌他人很大程度上是为了在同伴中展示地位，满足统治欲。这一目的的实现就需要有同伴的围观。如果大多数旁观者站在受欺凌者一边，欺凌者就无法达成以上目的，欺凌者就会放弃欺凌行为。另外，旁观者还可以声援或者安慰受欺凌者，减轻欺凌行为对被欺凌者的伤害。只要旁观者积极干预，在大多数情况下是能够有效制止校园欺凌行为的。但是，如果旁观者起哄，甚至追捧欺凌者，他们实际上是刺激了欺凌者的表现欲，强化了欺凌行为，客观上助长了欺凌行为，有可能使欺凌行为强度增大、持续的时间更长或发生频率变高。这种反馈对被欺凌者同样造成了巨大的心理伤害。

另外有一部分旁观者我们称为置身事外者，他们对欺凌行为视若不见，让欺凌者旁若无人地实施欺凌，使得欺凌者更加嚣张，本质上也是给欺凌者提供了正面反馈。这些人的无视、冷漠，实际上是默认了欺凌行为，强化了欺凌者的行为，也会伤害到被欺凌者，使被欺凌者抑郁。旁观者的行为和态度对班级甚至学校氛围都会带来很大的影响。

三、基于旁观者效应的校园欺凌防控策略

正是因为责任扩散等因素导致了旁观者效应，并且旁观者的行为很大程度上可以影响欺凌事件的发展，所以学校可以采取相应的措施来降低旁观者效应对校园欺凌行为的影响。

1. 学校层面的主动干预

（1）学校建立旁观者保护机制。

学校要对提供帮助的保护者进行保护、为提供线索的旁观者保守秘密以及对欺凌者进行惩戒教育等。学校德育工作者和班主任要主动关心学生身心健康，对学生反映或者投诉的校园欺凌现象高度重视，对被欺凌者要加强保护，对欺凌者给予提醒，对旁观者给予正向引导，及时主动将校园欺凌事件的苗头扼杀住。

（2）对孩子进行移情训练。

即利用班会课的时间对校园欺凌案例进行剖析，就被欺凌者的感受进行团体交流，让学生群体中占有最高比例的“置身事外者”能够体会到受欺负者的情感，学会换位思考。这样当他们再次看到欺凌行为发生时，他们也许就会变成“保护者”，对欺凌行为进行制止。另外学校也可以以情景剧的形式让学生扮演被欺凌者的角色，更加深刻地体会被欺凌的感受，激起更多旁观者的干预动机和行为。

（3）主动传授受欺凌时的解决方法。

学校教育要让学生知道，旁观者当中是有相当比例的个体愿意提供帮助的，但是由于责任分散导致旁观者效应，所以，被欺凌者要直接将责任集中，降低旁观者效应。具体的做法就是指明需要某某同学帮助你，这样一来，责任就集中在该同学身上，让他知道现在为你提供帮助是他的责任。他提供帮助的动机会更强，被欺凌者得到帮助的概率会增加。

（4）主动弘扬正能量。

学校有义务在校园、学生之间弘扬团结友爱的正能量，让学生能正确分辨出善与恶、是与非，在面对校园欺凌时都能积极主动站出来成为帮助者，让校园更加纯净安全。

2. 家庭层面的主动参与

（1）家长对学生情绪的关注。

研究发现，在校园欺凌的背后，被欺凌者和欺凌者的家庭教育往往都存在缺陷，家长对学生的关注度不够。当家长发现学生的情绪发生变化时，首先要考虑是不是在学校与同学的关系交恶，要主动关心学生的心理，当学生向家长反映受到校园欺凌时，家长要及时与学校沟通，与学生交流，必要时要主动接送学生上学放学，避免校园欺凌事件的发生。

（2）加强家校沟通。

家长要及时与学校加强沟通，了解学生在校的学习生活情况。研究显示，家校沟通良好的学生，学习状态也很好，遇到校园欺凌的现象也比较少。

第四节　基于破窗效应的校园欺凌防控

一、破窗效应理论的概念

破窗效应（Broken windows theory）是犯罪学的一个理论，该理论由美国政治学家詹姆士·威尔逊（James Q. Wilson）和美国犯罪心理学家乔治·凯林（George L. Kelling）提出，并于 *The Atlantic Monthly* 1982 年 3 月版发表了一篇题为 *Broken Windows* 的文章。此理论认为环境中的不良现象如果被放任存在，会诱使人们仿效，甚至变本加厉。以一幢有少许破窗的建筑为例，如果那些窗不被修理好，可能将会有破坏者破坏更多的窗户。他们甚至会闯入建筑内。如果他们发现建筑无人居住，也许就在那里定居或者纵火。同样，一个学校或者一个班级中出现一例欺凌事件，如果不及时干预、应对，那么就会诱发越来越多的欺凌现象，也可能引发犯罪行为。这不仅会给青少年的健康成长带来消极、恶劣的影响，也会导致班级和学校教育教学工作无法正常进行。长此以往，也会给社会管理带来沉重的负担。

二、破窗效应在防控校园欺凌中的不良影响

校园欺凌为什么近年来愈演愈烈，俨然到了触犯法律法规，甚至危及未

成年人生命财产安全的程度呢？其中就有犯罪心理学理论中“破窗效应”的影响。破窗效应在校园欺凌现象中的不良影响具体有以下几个方面。

1. 破窗效应易使个别欺凌演变成群体欺凌事件

在初中阶段，学生处在荷尔蒙旺盛的青春期，生理的快速发育裹挟着不断膨胀的独立意识，他们处处想要彰显自己的个性。不知不觉，欺凌成了他们一种显示个性和优越感的手段。

我们不难发现，不论性别，初、高中的欺凌现象往往是围绕在一个核心人物周围，人们会去欺凌一些“老大”看不顺眼的同龄或低年级学生。所以在破窗效应的影响下，一对一的欺凌现象极容易演变成多人对一个人的群体欺凌事件。

2. 破窗效应易引发盲目效仿的欺凌行为

苏霍姆林斯基说：“儿童的孤独，是学校生活最可怕的不幸之一，如同怕火那样可怕。”[①]然而，校园欺凌中，最普遍的一种欺凌现象就是孤立某位同学。实际上，破窗效应可能让本来没有欺凌主观性的孩子，为了合群、自保等，不知不觉站入了孤立同学的队伍里，变得冷漠、残忍，成为冷暴力施暴者、旁观者，给同学、好友带来了巨大的伤害。

在破窗效应的影响下，一些看似细微的欺凌行为没有得到遏制，就会有一些本来不敢欺凌他人的学生，也盲目地效仿起来，最终欺凌行为就会越来越多，越发不可收拾。

3. 破窗效应下的校园欺凌可能伤害孩子一生

阿德勒说：“幸福的人一生被童年治愈；不幸的人一生都在治愈童年。”[②]很多孩子的痛苦体验正是来自破窗效应下的校园欺凌。破窗效应会使校园欺凌现象犹如滚雪球，越滚越大，严重地影响被欺凌者身心健康，使其留下一生的心理阴影，影响其未来的发展，甚至危及他们的生命安全。而欺凌者因为自身行为没有及时被遏制，久而久之，为所欲为，最终触犯法律底线，自己的人生也肯定会遭遇沉重的打击。

---

① B. A. 苏霍姆林斯基. 怎样培养真正的人[M]. 蔡汀，译. 北京：教育科学出版社，1992：10.

② 阿尔弗雷德·阿德勒. 儿童的人格教育[M]. 彭正梅，彭莉莉，译. 上海：上海人民出版社，2006：96.

三、如何减少破窗效应在预防校园欺凌中的不良影响

1. 树立破窗效应的危害意识

如果想最大程度减少破窗效应给预防校园欺凌带来的不良影响，那么广大教育工作者，包括学校管理者、老师以及家长要从思想上筑起一道坚固的防线，要正确、科学认识破窗效应，树立破窗效应带来的危害意识，了解在这种效应之下细微的欺凌行为会带来怎样的后果。

2. 防患于未然，拒绝“破窗”

若要减少破窗效应在防控校园欺凌中带来的不良影响，防患于未然，就必须保护好这一扇“窗”，不让任何人肆意打破它。只要“窗户”是好的，就能最大限度地让孩子获得安全感、归属感。

在学校，从校长到老师都必须有防控校园欺凌的意识，对这类事件要有警觉性，能够敏锐地觉察到学生在各个年龄段、在各种环境中可能会受到哪些类型的欺凌。学校要拿出对校园欺凌现象零容忍的态度以及打击和治理各种类型的校园欺凌现象的决心。保护好这扇“窗”，比去修补要有意义得多。

3. 重视校园欺凌，“窗破”即补

从某种意义上来说，校园欺凌现象防不胜防，屡禁不止，要是“窗”被打破了，得及时修补。具体可以尝试从以下这些方面采取行动。

（1）老师对校园欺凌零容忍的态度是“补窗”的关键。

一些孩子在遭遇了校园欺凌之后会选择隐瞒，因为许多有过被欺凌经历的孩子表示自己曾经跟老师反映过，老师一句“一个巴掌拍不响”，就要让受害者先想想自己有什么问题。有些时候可是成绩好、长得不好看、穿得太土、手里有零花钱、太懦弱胆怯……都有可能成为被欺凌的原因。这些孩子有可能遭遇被扇耳光、被嘲笑、被孤立、被烟头烫、被侮辱下体等欺凌，这怎么能简单地用“一个巴掌拍不响”来解释呢？所以老师面对上述欺凌事件时，必须立即站出来，帮助被欺凌的孩子找回自尊和安全感。

（2）老师要善于明察秋毫，将欺凌遏制在萌发初期。

老师在日常的班级管理中，要善于观察，尤其是课间休息、体育活动、出游等特殊时段和情景中，最能看出一些欺凌现象或欺凌萌芽的状态。随着

年龄增大，迫于欺凌者的威胁以及对老师的不信任等，有的被欺凌者不会倾诉自己的遭遇。这就需要教育者明察秋毫，把欺凌遏制在萌芽状态，也就是当窗出现一点小裂痕的时候，就需要拿出对策。绝不能听之任之，以免酿成严重后果。

（3）班级要多搞活动，老师要多和孩子谈心。

班级要多搞丰富精神生活的活动，老师要多与孩子谈心，营造一种互相帮助、互相尊重的班级氛围。一起出游、一起去图书馆看书、一起运动、写信互动等活动都能够拉近同学间的距离，增进彼此的了解，建立真诚的友谊。

（4）可以鼓励孩子坚持写日记。

日记管理法，是笔者在小学中高段班级管理中使用的行之有效的“文治”策略。很多孩子可能不会选择当面对老师说自己遭遇了校园欺凌，可是当打开日记本，一个人独处时，他们就会敞开心扉。这对小学中高段的孩子是比较适用的。到了初高中阶段则可能比较适合从学生的作文、笔记、学习成绩波动中发现问题，从而寻找对策。

（5）家长也要客观认识校园欺凌。

现如今家长对校园欺凌的态度是两种极端，要么敏感多疑，要么放任自流，这都不可取。当孩子情绪低落、寡言少语时，家长要及时与孩子沟通，了解原因。家长要及时和老师沟通，了解孩子在学校的具体情况，以便更好地解决问题。一般来说，当孩子说自己遭遇了校园欺凌，家长可以问孩子三个问题：“告诉老师了吗？老师怎么解决的？你对老师的处理态度和结果满意吗？”如果不满意，那么家长则可以进一步疏导孩子，解决问题。

孩子的事无小事，因为他们都是身心发育尚未健全、经历尚浅、承受能力相对较弱的未成年人，必须获得大人的帮助，才能勇敢应对校园欺凌。

（6）对校园欺凌者的心理疏导也至关重要。

防控破窗效应下的校园欺凌现象，简单地说理、以暴制暴，都可能收效甚微。因为这些习惯欺凌者大多都是“问题少年”，其家庭生活环境复杂，少有家长陪伴，缺乏爱、关注和正面引导，有时还会有隔代教育过分溺爱等因素。有些少年仅是为找存在感和优越感而成为欺凌者。这些心智发育不成熟的未成年人都需要心理辅导。

苏霍姆林斯基说："一个人在你看来不管多么不可救药，你也要善于在他身上看到善良点、光荣点。"[①]也正是基于这"两点"，很多欺凌者成人后会为自己曾经的欺凌行为而愧疚。

预防破窗效应在防控校园欺凌中的不良影响，利用"两点"控制欺凌源头，关注到人，关怀学生的处境和内心世界。要通过各种方式来充分了解和分析欺凌者言行背后的深层次原因，包括环境、心理等因素，要利用好家庭、学校和社会的力量，树立破窗效应的危害意识，随时护"窗"，防止破"窗"，"窗"破即补，才会避免校园欺凌现象愈演愈烈，给个人、家庭、学校和社会带来负面深远的影响。

总之，防控校园欺凌本已不易，提防破窗效应给防控校园欺凌现象带来的不良影响，需要教育良知，更需要教育智慧。

第五节　基于从众正效应的校园欺凌防控

近年来，国内外高度重视校园欺凌问题，针对其防控措施进行了大量的研究和实践，虽取得了一定成效，但就目前形势来看并不乐观，需要进一步探索。研究发现，很多欺凌事件与"从众效应"有密切关系。实践证明，激发学生从众正效应能有效防治控校园欺凌。

一、从众效应与从众正效应

（一）从众效应

从众效应（Bandwagon Effect），也被称为花车乐队效应，是社会心理学名词。对从众的研究，我们可以追溯到20世纪30年代美国心理学家谢里夫

① B. A. 苏霍姆林斯基. 怎样培养真正的人[M]. 蔡汀，译. 北京：教育科学出版社，1992：187.

的规范形成研究，50年代有多位美国心理学家对其进行了深入的实验研究，探讨其产生的原因以及其形式、影响等。

从众（conformity），是指受他人的影响，根据他人而做出行为或信念上的改变[①]，这种改变是真实的或想象的群体压力的结果，群体压力使得个体改变其行为，并以某种方式来行动。[②]它是在群体压力下，个体自觉或不自觉地以群体多数人的意见为准则，作出判断、形成印象的心理变化过程，它是一种普遍的、正常的社会心理现象，包括思想上和行为上的从众。[③]

从众可以表现为许多形式，主要为顺从和接纳。靠外在力量表现出的从众行为叫顺从，如果我们的顺从行为是由明确的命令所引起的就叫服从；真诚的、内在的从众行为叫接纳[④]（心服口服）。

（二）从众正效应

从众正效应是指从众效应发挥其积极作用。“从众是好还是坏？”对这个问题，没有固定的答案，但“文化是最有力的塑造者，即时的环境力量也同样强有力”[⑤]。从众效应的作用主要取决于其产生的文化氛围和环境，积极向上的氛围、环境会产生积极作用（正效应），消极颓废的氛围、场合则会产生消极作用（负效应）。因此，将学生放到优良的文化氛围和环境中，以正能量作引导，形成群体的正向压力，也就更容易激发从众正效应。

除了氛围、环境之外，影响从众效应发展方向的还有：情感距离、权威的接近性和合法性、权威的机构性、群体影响的释放效应、群体规模、凝聚力和公开反应等。[⑥]

---

① 戴维·迈尔斯. 社会心理学[M]. 张智勇，乐国安，侯玉波，译. 北京：人民邮电出版社，2006：153.

② 俞国良. 社会心理学[M]. 北京：北京师范大学出版社，2006.

③ 马丽近. 从众效应在班级管理中的有效应用[J]. 小学时代（教育研究）. 2014（20）：25.

④ 戴维·迈尔斯. 社会心理学[M]. 张智勇，乐国安，侯玉波，译. 北京：人民邮电出版社，2006：153.

⑤ 戴维·迈尔斯. 社会心理学[M]. 张智勇，乐国安，侯玉波，译. 北京：人民邮电出版社，2006：152.

⑥ 戴维·迈尔斯. 社会心理学[M]. 张智勇，乐国安，侯玉波，译. 北京：人民邮电出版社，2006：160-173.

二、激发从众正效应与防控校园欺凌的关系

校园欺凌的发生，很大一部分源于从众“负效应”。“面对欺凌现象，旁观者还可能有样学样，在是非善恶之间产生迷惘，存在成为下一个欺凌者的危险性。”[①]这就是从众负效应的体现。在从众效应中，“群体压力”是个体成员从众的决定性因素。校园欺凌事件中，学生旁观者心智尚未成熟，还未形成稳定的人生观和价值观，极易受周围环境的影响，他们迫于群体压力，可能逐渐屈服于欺凌者，转变为下一个欺凌事件的欺凌者。当这种欺凌事件以一种亚文化的形态存在于学习生活的环境中,就会产生很大的从众负效应，会加剧校园欺凌现象。

如果大多数群体成员有正向的价值观念和行为准则，这时的从众行为在群体压力下就能产生从众正效应，拒绝校园欺凌会成为群体行为准则，正面应对校园欺凌则成为共同的方向。因此，采取措施激发从众正效应，可以防控校园欺凌。

三、激发从众正效应，防控校园欺凌

“顺从、服从”和“接纳”是从众的主要表现形式。为了使从众效应朝“正”方向发展，达到防控校园欺凌的目的，我们有必要用外在“压力”让他们“顺从或服从”，引导从众正效应。通过开展活动，触及学生心灵，使之“接纳”，激发从众正效应，就能较好防控校园欺凌。

（一）建立激发从众正效应、防控校园欺凌的机制

1. 学校防控机制的建立

（1）优化校园文化机制。

从众效应的“正负”走向，环境和氛围起决定作用，校园文化是构成校园氛围的主要因素。校园文化从构成的内容来说，包括教职工群体文化、学

---

① 肖学平，林日红. 避免校园欺凌事件 使学生健康快乐成长[J]. 福建基础教育研究，2017（2）：36.

生群体文化、班级群体文化等。[①]根据马卡连柯的平行教育理论，集体与个人、大群体与小群体，会互相教育和影响。因此在防控校园欺凌问题上，大群体、小群体和个人需密切配合，达到“一致性”，营造出“规模性”的积极文化环境，在“润物无声”中对学生进行引导和渗透，形成正向应对校园欺凌的从众压力，实现“接纳”，激发从众正效应，防控校园欺凌。

首先，学校有针对防控校园欺凌进行优化校园文化的顶层设计，并指导各小群体针对校园欺凌的具体现象设计文化目标和具体活动操作方案。

其次，物质、制度、精神三大内涵有机结合。比如：设置校园欺凌防治专栏并实时更新内容；制定打击校园欺凌的校规校纪；表扬团结友爱优秀人物等。

再次，科学规划、有效开展、落到实处。如：学校根据实际情况做科学规划、统筹安排，各群体设计活动方案，交学校备案，以保证活动的有序开展；学校派专人指导各群体活动，既要兼顾不同群体之间的配合和衔接，也要考虑内容上的系统性和可行性；学校对各项活动进行检查评比，设置奖项，促使活动落到实处。

（2）设置校园欺凌防控课程。

学校根据实际需要设置防控校园欺凌的课程内容：认识校园欺凌；防控校园欺凌的方法；欺凌发生后应对措施；校园欺凌相关的法律法规；防控校园欺凌我们在行动。

学校开设课程，用“权威的接近性和机构的权威性”引导学生“顺从”于校园欺凌的正向认识，促进从众正效应，让正能量不断扩散，营造防控校园欺凌的良好氛围，形成正向“压力”，形成从众正效应。

（3）设置奖惩制度。

学校对校园欺凌防控加大奖惩力度，对个体造成避恶趋善的“压力”，促使学生“服从”；借助榜样力量，让学生接纳正确导向，引导从众正效应的形成。

（4）建立心理干预机制。

校园欺凌不仅影响受害学生的心理健康水平，也会使受害学生由于受到

① 毕进杰，彭虹斌. 学校群体文化：内涵、构成及其和谐发展[J]. 广东广播电视大学学报，2010（12）：98.

暴力伤害形成投射反应，出现各种违纪和越轨行为，甚至会在欺凌上从众，欺负其他弱小。因此，建立心理干预机制，对受欺凌者进行心理疏导，拉近“情感距离”，使受害者避免负向从众，让学生接纳正向引导，形成从众正效应。

2. 班级防控机制的建立

（1）制定班规班纪。

制定校园欺凌防治的班规班纪，加大奖惩力度，用“权威的合法性”外压促使学生服从正向引导，形成从众正效应。

（2）建立榜样引领制度。

榜样即是“权威”，用权威来引导从众正效应。班级开展“每周友善之星”评比并上墙，树立榜样。

（3）建立小组互助和评比机制。

“群体的一致性”和“凝聚力”形成的压力对从众效应的发展方向影响较大，因此群体的建设对形成从众正效应、防控校园欺凌有非常重要的作用。建立防控校园欺凌小组评比机制，小组之间的竞争会促进小组内互助关系的发展，并能增强小组的凝聚力。班级内每个小组都形成从众正效应，“群体影响的释放”就会使整个班级形成从众正效应，从而有效防控班级内校园欺凌，进而防控整个学校的校园欺凌。

（4）建立小群体监管机制。

同样源于“群体一致性”原理，如果校园欺凌问题中的“欺凌团体”凝聚力较强，则会带领整个团体朝从众负效应方向发展，校园欺凌会越演越烈。因此，建立小团体监管机制，跟踪成员思想发展动态，必要时采取措施分化瓦解，防止出现“欺凌团体”的欺凌从众压力，防控校园欺凌。

（二）开展各类活动，激发从众正效应，防控校园欺凌

开展各类防控校园欺凌的活动，触动学生心灵，拉近“情感距离”，形成“群体释放”和“公开反应”，增强集体的“凝聚力”，形成积极的“文化氛围”，从而形成正向的“压力”，使学生“接纳”，激发从众正效应，推动校园欺凌防控的良性发展。

可开展的活动有：主题班会、演讲比赛、辩论赛、话剧表演、新闻舆论展播、案例剖析、校园欺凌影视剧评析、学生大讲堂、传统文化研讨等。

（三）家校合力，激发从众正效应，防控校园欺凌

教育是家庭、学校和社会的一体化工程，激发从众正效应，防控校园欺凌也需要家庭的参与。学生在家庭中养成良好的个性，也有利于从众正效应的形成，有效防控校园欺凌。

（1）指导家长建立拒绝校园欺凌的“家庭公约”，建立奖惩制度等，以使学生在“群体权威和合法”的压力下“服从”、在家庭榜样引领下接纳针对校园欺凌的正确原则和方法，形成家庭中的从众正效应。

（2）指导家长优化家庭文化，形成良好的家庭文化氛围，让学生接纳“拒绝校园欺凌”的正向引导。

对家长的指导和引导可采取的形式有：家长会、家长学校、家长沙龙、家长论坛、推送家庭教育公众号文章等。

由于不同学校和学段具体情况有差异，我们还可以根据实际情况制定切实可行的措施。相信通过家庭和学校的共同努力，加上社会环境的不断优化、法律法规的不断完善，一定能充分激发学生的从众正效应，使其拒绝消极诱导，较好地防控校园欺凌。

第六节　基于自我效能感理论的校园欺凌防控

一、自我效能感理论

自我效能感（self-efficacy）是由美国心理学家班杜拉（Bandura，1977）提出的一个重要概念，指对自己能力与效率的乐观信念及据此相信可以在行动之后获得很大的回报，即个体的自我效能是指个体在多大程度上感觉自己有能力去做些事。①

较高的自我效能感可以减轻消极体验对个体带来的负面影响。当个体的自我效能感水平较高时，自我意识会更加清晰客观，在学习和生活中更容易获得自信和满足感，他们会以更积极的态度面对压力或挫折，因此他们的生

① 戴维·迈尔斯. 社会心理学[M]. 张智勇，乐国安，侯玉波，译. 北京：人民邮电出版社，2006：41.

活满意度也较高。同时，自我效能感较高的个体不仅会积极看待自己，而且会从发展的角度看待外部环境。当外部环境带来冲突或挫折时，更能激发其士气与斗志，从而提高生活热情。

二、自我效能感理论对校园欺凌事件中受害者和旁观者的影响

从班杜拉自我效能感理论可以看出，校园欺凌中各个角色（如受害者、旁观者）的自我效能感水平直接影响他们的身心发展，其中包括受害者的心理健康受损程度和旁观者面对校园欺凌时的态度及其会采取的行动。受害者的高自我效能感可以在一定程度上缓冲校园欺凌对其产生的负面影响，低自我效能感的个体更容易遭到伤害且更难进行合理的自我调节。较高的自我效能感在个体面临校园欺凌时有着积极的调节和预防作用。自我效能感可通过个体选择、认知、动机和情绪四个中介因子发挥作用。

1. 个体选择过程

自我效能感影响个体对环境和行为的选择，进而影响其某些能力的发展。自我效能水平高的个体，面对校园欺凌事件时有自己主动的选择。相信自己有能力对校园欺凌进行合理的反抗，在遭遇欺凌事件时，不会听之任之，即使自己暂时不能解决，也愿意去向老师、家长、同学、朋友或者社会相关机构寻求帮助。这些敢于反抗欺凌的孩子自我效能感较高，社会竞争力较强。他们可以更好地保护自己免受伤害，心理健康问题更少。同时，在发现他人遭受欺凌时，会主动提供适当帮助，而不会选择冷漠旁观。

2. 认知过程

自我效能感以不同的方式影响认知过程，如目标设定、归因方式等。自我效能水平高的个体，面对校园欺凌时，能较客观地进行内外部归因，而不是一味地负性归因；能从积极发展的角度面对和解决问题，对自身评价客观积极，不会轻易被消极事件或情绪捆绑。同时，在发现他人遭遇欺凌时，他们相信自己有帮助他人的能力，会主动积极地伸出援手，可以和同学一起抵抗欺凌。

3. 动机过程

自我效能感也影响个体在活动过程中的努力程度和面对困难时的坚持、忍耐能力。自我效能水平高的个体，面对校园欺凌带来的各种压力时，更相信自己有韧劲可以坚持下来，可以顶住压力解决问题。同时，在发现他人遭受欺凌时，提供适时帮助。这一行为会不断得到强化，也将感染到周围其他同学，这种带动作用也能降低欺凌事件的发生率，营造更包容的学习生活环境。

4. 情感过程

自我效能感影响个体面对压力事件时的压力状态、焦虑和抑郁程度。自我效能水平高的个体，面对校园欺凌事件所引发的不良情绪，可合理、及时地进行自我调整，防止自身陷进消极情绪的漩涡，更能客观地面对现实情况并及时寻求方法解决问题。同时，在发现他人遭受欺凌且陷入消极情绪时，可给同学带去面对问题的积极角度，给受欺凌的同学做好积极榜样，提供积极的精神支持和情感安慰，有助于同学较快缓解消极情绪，积极面对问题。

三、提高自我效能感，防控校园欺凌

由于自我效能感对校园欺凌事件中个体的影响，提高个体自我效能水平对防控校园欺凌有着积极的作用。同时，它可以从对个体的积极影响不断扩大到群体间的相互积极影响，在面对欺凌事件时，自我效能感能给更多的群体带去鼓励，使其相信自我的价值，勇敢面对和解决欺凌事件。进而让更多的个体加入防控校园欺凌的队伍，不做冷漠的旁观者。

1. 通过增加个体成功体验提高自我效能

受害者要学会适当与自己“绝对化”的想法辩论，自己并不是完全不能做任何改变。鼓励其在面对校园欺凌事件时，从细微处开始改变，从学会说“不”开始，从压力较小的事情开始，不断尝试，增加个体在面临校园欺凌事件时的成功体验，相信自身价值。对于旁观者，教师应正面强化其帮助行为，给予积极的奖励和正向宣传，使其相信自己的行为是正确的，增加成就感，可增加旁观者提供援助的概率。

2. 通过替代学习和模仿提高自我效能感

对于受害者，教师可树立班级、校园正面榜样且合理宣传，通过列举与学生相似且积极改变的例子潜移默化地感染学生，使其相信自身能力。对于旁观者，教师可通过影视作品中和同学之间相似的正面形象来树立榜样，使其相信自己也可以并且有能力给他人提供帮助。

3. 通过社会说服和积极反馈提高自我效能感

对于受害者，教师通过言语鼓励，使其看到积极的一面，用发展的眼光看待问题。让学生开始相信自身价值，相信自己可以做到。对于旁观者，教师要正面关注学生，积极强化学生的正向行为。教师可利用心理课、团体心理辅导、班会课等，引导学生去发现自己、他人的闪光点，通过自我、他人的肯定再次强化自身的优势和正面、积极行为，营造友善、向上的团体氛围。

4. 通过改善个体的身心健康来提高自我效能感

对于受害者，教师要做好心理健康知识普及工作，开展丰富的心理健康活动，帮助学生掌握更多的心理调适方法，提高心理健康水平，提高学生预防、控制校园欺凌的能力。对于旁观者，教师要增强其集体感，向其普及“自己是团队中的一员”的概念，当团队中出现问题时可主动帮助他人，预防校园欺凌行为的发生。

第七节　基于多元智能理论的校园欺凌防控

一、多元智能理论的概念

多元智能理论是美国哈佛大学著名心理学家霍华德·加德纳在其 1983 年出版的《心智的架构》一书中提出来的。基于多年来对人类潜能的大量实验研究，加德纳提出：人的智能并非一元，而是多元的，包括语言智能、逻辑数学智能、空间智能、音乐智能、肌体动觉智能、人际关系智能、自我反省智能以及自然观察者智能八种智能，每个人在各种智能水平上存在差异。[①]后来，他又增加了“存在智能”。加德纳的多元智能理论强调人的智能

① 岳训涛. 多元智能理论与教师智能观念的转变[J]. 山西教育，2003（5）：13.

无高低之分，只有智能倾向的不同和强弱的差别，它所关注的核心问题是：你的智能类型是什么？[①]（如图 3-9、3-10 所示[②]）。

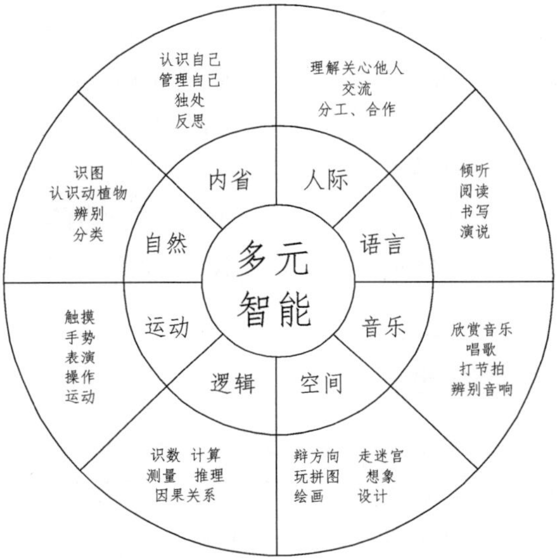

图 3-9 多元智能理论（八大智能）

图 3-10 多元智能理论（九大智能）

① 陈治云. 多元智能理论视角下教师对学生的量化形成性评价[J]. 长春理工大学学报（高教版），2009（5）：60.

② 图片来自网络。

二、多元智能理论与校园欺凌的关系

传统智力理论认为语言能力和数理逻辑能力是智力的核心，智力是以这两者整合而存在的一种能力。受“一元智能”观的影响，学校、教师、家长及学生本人常以学习成绩好坏论“英雄”。研究表明，校园欺凌事件中的欺凌者、被欺凌者、旁观者绝大多数学习较差。一些成绩好的学生因为被嫉妒也可能被欺凌。产生校园欺凌的原因是多方面的，而没有运用多元智能理论客观、公正、全面地去看待学生的智力和发展，也是产生“问题学生”、引发校园欺凌的一个因素。

1. 学校教育重智轻德

受“一元论”智力观和应试教育影响，部分学校和教师重智育轻德育，忽视立德树人与因材施教。尤其在初高中阶段，学习、品德“双差”的学生易被老师忽视和放弃，被班级边缘化，导致师生关系、同学关系不和谐。“双差生”自暴自弃，惹乱子，寻衅滋事，成为校园欺凌事件中的欺凌者。他们想成为“刺头”“老大”，从而获得存在感、成就感，让同学怕他、老师和学校管不了他，让追随者崇拜他。而这些追随者很可能就成为校园欺凌事件中的旁观者或参与者。

2. 家庭教育出现偏差

不可否认，问题孩子的背后必然有着问题家长。有的家长看到孩子学习成绩差或表现差就火冒三丈，采取极端、粗暴的方式责骂孩子、惩罚孩子，全然看不到孩子的一丝优点。有的家庭本身缺乏和睦，夫妻关系紧张，争吵不断，孩子长期生活在缺乏爱和安全感的环境中，其性格会改变，要么变得胆小、抑郁，要么变得偏执、暴躁，前者很可能发展成为被欺凌者，后者很可能发展成为欺凌者。

另外，我国法律对未成年人犯罪从轻或者减轻处罚的规定、社会对“问题孩子”缺乏包容、网络环境的负面影响、孩子缺乏正确的自我教育等因素，也是产生校园欺凌的原因。毋庸置疑，教育中多元智能理论的缺位或运用不到位是导致校园欺凌产生的一个因素。为有效实施校园欺凌的防控，我们要将多元智能理论运用到教育教学实践中，学校、家庭、社会都需要改变对学生智能单一、不客观的评价方式。

三、多元智能理论在校园欺凌防控中的运用策略

多元智能理论是对传统的“一元智能”观的强有力挑战。多元智能理论对人类智能及其发展的见解是非常明确的、容易了解的，在教育教学上也是非常有用的。[①]我们认为，把多元智能理论运用到学校教育、家庭教育、学生自我教育中很有必要，对促进孩子成长成才大有裨益。在防控校园欺凌方面，运用多元智能理论能减少校园欺凌。

1. 在学校教育中运用多元智能理论

（1）运用多元智能理论，改变评价方式。

学校和教师运用多元智能理论，改变过去单一的评价方式，着力发现和培养学生的多种智能，培养多方面的人才。事实上，每个学生拥有的智能不止一种，如果教育者只是根据“一元智能”论来评价学生，势必看不到学生其他潜在的能力，从而影响学生全面发展。比如，数理逻辑智能不好的学生可能空间智能好，语言智能差的学生也许音乐智能不错，如果创造条件强化学生所擅长的这些智能，他们今后也就可能成为这方面的专业人才。用多元智能理论来看待每一个学生，教师就会真正去因势利导、因材施教，针对每一个孩子的具体情况实施教育，尽力帮助每一个孩子发挥专长、开发潜能，促进其身心健康发展。

（2）运用多元智能理论，建设良好的班级文化。

多元智能理论可帮助教师和学生建立一个互敬、互信、积极向上的学校文化环境。[②]班主任可以充分发挥学生的多元智能建设富有特色的班级文化。“学霸”不一定能歌善舞，“学渣”却可能多才多艺，代表班级在文艺表演或体育运动比赛中获奖。老师应充分尊重和鼓励每个学生，通过举办丰富多彩的活动让学生展示自己，增强班级凝聚力，加强友善教育，形成团结友爱的同学关系，一定程度上可避免欺凌的发生。

---

① 岳训涛. 多元智能理论与教师智能观念的转变[J]. 山西教育，2003（5）：14.
② 岳训涛. 多元智能理论与教师智能观念的转变[J]. 山西教育，2003（5）：15.

（3）运用多元智能理论，改变师生关系。

用多元智能理论去评价学生，师生关系会变得和谐，即使成绩不好的学生也会感受到老师的关心和重视，自信心会因此增强，从而端正学习态度，努力提高学习成绩，不违规违纪，校园欺凌现象必然减少。如果不幸遭遇欺凌，良好的师生关系也会让学生选择相信老师，主动求助老师。

2. 在家庭教育中运用多元智能理论

（1）发现孩子的优点和长处，助力孩子健康成长。

家长运用多元智能理论去认识孩子、了解孩子、理解孩子，对孩子的特点、优点和缺点等有客观的认识，就会冷静、理智、客观地对待孩子的成长。家长相信“天生我材必有用”，就能发现孩子的优点和长处，培养孩子的特长，尽力给孩子创造良好的学习环境，给孩子提供适当的学习机会，让孩子学有所长、学有所成，明智地进行教育投资，给孩子的未来贮备更多的选择机会。

（2）改善亲子关系，营造良好的家庭氛围。

有了多元智能理论的支持，家长看待孩子的眼光和心态会发生积极的改变。不再以学习成绩这个单一角度给孩子下定论，他们会从多方面去发现孩子的优点。比如，孩子虽然学习成绩平平，但人品好、孝敬父母、有爱心、懂事……家长就不会再用学习成绩来逼迫孩子、责骂孩子，这样，亲子关系就会得到改善。孩子感受到来自父母的爱和家庭的温暖，就会产生健康的心理，认真对待学习和生活，学习为人处世。“考好考坏，爸妈都等你回家吃饭。”这句话温暖了多少学子！良好的家庭氛围，也是减少或消除校园欺凌的一个重要因素。孩子遭遇校园欺凌会主动向家长和老师寻求帮助。

3. 在自我教育中运用多元智能理论

利用内省智能，欺凌者要反省自己自负、张扬的性格和欺凌行为所带来的严重后果；被欺凌者要尝试走出被欺凌后的心理阴影，树立自信心；旁观者要反思自己旁观而不正确作为所起的副作用。利用多元智能理论，学生能够全面客观地分析自己，认识自己，了解自己的优势和劣势，扬长避短；培养阳光心态，加强自我教育，提高辨别是非和自律的能力；培养积极的兴趣爱好，发掘自己的潜能，发展自己。

综上，运用多元智能理论，学校、家庭、社会才能以全面、客观的眼光去看待每一个学生，发展学生，成就学生，让每个孩子都成长、成才，这对防控校园欺凌，建设平安阳光校园也会起到积极的作用。

第八节　基于挫折-侵犯理论的校园欺凌防控

从社会心理学的视角来看，校园欺凌是一种典型的侵犯行为，挫折-侵犯理论是关于侵犯行为的经典理论。本节基于挫折-侵犯理论分析校园欺凌背后的心理机制，从而更深刻地理解校园欺凌发生原因。为预防和控制校园欺凌的发生提供必要的心理学理论基础和具体实施策略。探讨基于挫折-侵犯理论如何削弱校园欺凌的侵犯动机，对校园欺凌进行有效防控。

一、挫折-侵犯理论

挫折-侵犯理论，也称挫折-攻击假说（frustration-aggression hypothesis），首次于1939年由美国耶鲁大学的心理学家多拉德（Dorad）、杜波（Bodo）、西尔斯（Sears）等在其发表的著作《挫折与侵犯》中提出。

挫折就是阻碍、干扰或阻断个体向某一目标行进的动作以及这些动作引起的情绪状态。挫折一词包括两层含义：一是指妨碍自身达到期望值的外部环境；二是指自身行为受阻时的心理状态。虽然人们对“挫折”一词的理解更多停留在“心理紧张状态”的认识上，但是挫折-侵犯理论中的“挫折”一词其指向的是第一层含义。[①]

这个理论认为侵犯是挫折的一种后果，侵犯行为的发生总是以挫折的存在为先决条件。为证实这一假说，他们于1940年做了“剥夺睡眠”的实验，实验结果证实了假说的成立。但是生活中确实存在很多个体遭遇挫折后没有表现出攻击行为的情况，对此，很多人质疑挫折-侵犯理论。1941年，米勒提出“挫折引起的攻击性行为分为不同的形式，通过不同的形式直接或间接表达攻击”。

米勒等人（1941）调整了他们的立场，他们提出了挫折可能会诱发各种

① 袁希. 挫折教育与大学生犯罪原因探析[J]. 重庆大学学报，2017（23）：4.

反应，攻击行为是其中的一种可能，有时导致一种间接表达的侵犯。挫折会引起攻击的激发或者退缩等其他反应，攻击激发可能导致外向攻击或者内向攻击，外向攻击又可能是直接攻击或间接攻击。比如老板使我们受挫，我们不能直接攻击老板，却可能在工作中作梗或者回家后攻击家人，这种“踢猫效应”就是一种典型的外向间接攻击。但是有的人受挫后被激发的攻击不向外，而是向内，就会攻击自己，出现自残、自杀等情况。还有的人受挫后没有激发攻击，产生了诸如退缩等其他反应。

这个理论模型如图 3-11：

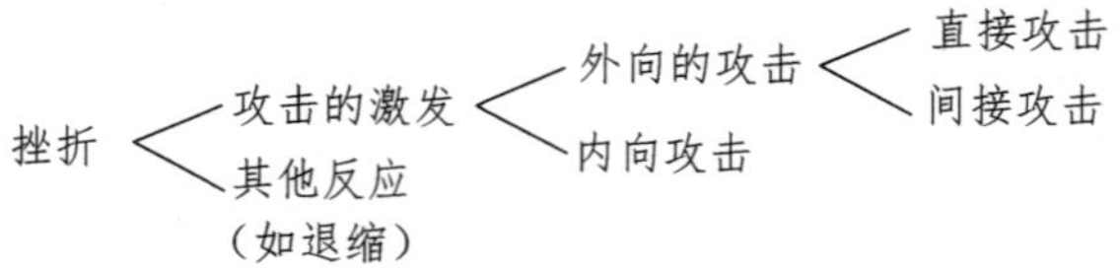

图 3-11　挫折-侵犯理论模型

但是挫折-侵犯理论并没有向人们解释为什么受到挫折会导致攻击行为的产生。伯克威兹（Berkowitz，1969）发展了这个观点，引入了“情绪唤醒”这一中介变量。他认为挫折所引起的仅仅是个体内部的一种进行侵犯行为的“准备状态”，而不是外在的侵犯行为。伯克威兹认为，挫折导致的不是侵犯本身，而是侵犯的情绪准备状态，即愤怒。侵犯的发生还与情境中的侵犯线索有关，与侵犯有关的刺激物可能使侵犯得以加强。[①]

挫折-侵犯学说认为：① 侵犯强度同目标受阻强度呈正比例关系；② 抑制侵犯的力量与该侵犯可能受到的预期惩罚强度呈正比例关系；③ 如果挫折强度一定，预期惩罚越大，侵犯发生的可能性则越小；如果预期惩罚一定，则挫折越大，侵犯越可能发生。[②]

二、基于挫折-侵犯理论的校园欺凌心理机制

侵犯行为（也称侵犯/攻击行为/暴力行为）一直都是社会心理学家非常

---

① 中国就业培训技术指导中心，中国心理卫生协会. 心理咨询师（基础知识）[M]. 北京：中国社会劳动保障出版社，2017，95-96，132-134.

② 戴维 · 迈尔斯. 社会心理学[M]. 张智勇，乐国安，侯玉波，译. 北京：人民邮电出版社，2006：1-2.

关注的研究内容。侵犯动机是“个体有意伤害他人，以使自己获得平衡和满足的一种心理倾向”。侵犯行为是“由侵犯动机引起，个体有意伤害他人的行动”。从社会心理学的视角来看，校园欺凌就是一种典型的侵犯行为。

基于挫折-侵犯理论的解释，校园欺凌这种侵犯行为发生的心理机制是个体受到挫折后可能出现的一种后果。在校园中，教师、学生都有可能经历各种各样的挫折——教师教学业绩落后、职称评优评先失利、师生交往矛盾、家庭关系的紧张等都可能导致教师受到挫折；学生学业成绩不佳、同学交往摩擦、师生交往矛盾、亲子关系冲突等都有可能导致学生经历挫折体验。在受到挫折后，缺乏有效的应对策略，没有有力的社会支持系统，持久的负面情绪、恶劣的心境容易诱发暴力行为。同时学生还可能受到一些“误导”，以为校园暴力不会有相应的惩罚，个别学生无所顾忌，实施校园欺凌。

三、基于挫折-侵犯理论的校园欺凌防控策略

基于挫折-侵犯学说对于侵犯行为的理论解释，国家、社会、家庭、学校可以共同关注以下方面，以对校园欺凌进行有效防控。

1. 创设情境，引导师生发挥优势，多元评价，增加成功体验

学校和社会要改变认知，在重视儿童青少年的学业成绩和教师教学业绩的同时，更要注重儿童青少年的人格培养和师生的身心健康。学校可以组织形式多样、内容各异、能力需求不同的校园师生活动，引导师生发挥自身优势，多元评价，增加成功体验，以此增加师生自我效能感，降低由于某一方面的弱势而带来的受挫感。

2. “适度”挫折教育，增强抗挫能力

有意识地对师生进行适度的挫折教育，增强青少年学生的抗挫能力和战胜挫折的能力，培育他们积极健康的心态，陶冶品行和塑造健全人格。[①]挫折体验是每个人的生命中都会经历的，但是正如格言所说：“挫折就像一块石头，对于弱者来说是绊脚石，但对于强者而言却是垫脚石，会让你站得

① 冯永刚. 青少年学生挫折教育的“失度”与“适度”[J]. 中国德育，2019（12）：35.

更高。”要有意识地教育师生人生难免遇到各种各样的挫折，生活失意、人际关系紧张、业绩不佳等，我们要理性面对，合理疏解情绪，以挫折为契机不断成长。

3. 辅助建立社会支持系统，提高问题解决能力

引导辅助师生建立更多社会支持，对于同伴交往能力较差的学生要对其进行社交技能训练、人际认知训练、归因训练等，从而使他们的人际关系得到改善，减少他们在同伴交往方面受到的挫折，建立更强大的社会支持系统；提供诸如沟通技巧培训等合理的挫折应对策略，给予问题解决的策略，使用非攻击性方式解决问题，减少遇挫折后发生的侵犯行为。

4. 加强移情教育，增强同理心

通过教学、游戏等方式，使儿童青少年设身处地地体会他人情绪，增强对痛苦感同身受的体验，增强同理心，有利于减少攻击行为，减少校园欺凌。

5. 提供正当途径，合理宣泄侵犯性情感

为师生提供正当宣泄途径，引导师生学会合理宣泄而不是压制烦恼、愤怒等侵犯性情感。比如组织运动会、篮球赛、足球赛等竞技类的体育活动；提供辩论赛、艺术节、戏剧节等多样化的学生自我展示平台；落实《中小学心理健康教育指导纲要》，做好心理健康教育工作，建设好包含宣泄室在内的心理教育阵地等。

6. 依法治校，加大惩戒

加强法制教育，依法治校，建立健全对校园欺凌行为的惩戒机制，赋予学校教育惩戒权与纪律处分权，实现宽容而不纵容，①加大对校园欺凌侵犯行为的惩戒力度。

7. 注重家庭教育，降低孩子受挫感，使家庭成为其温暖的港湾

在家庭教育方面，当孩子学业成绩不如意，遇到挫折时，家长应当积极

① 刘晓楠. 我国中小学生欺凌问题的研究阐释及启示[J]. 中国德育，2019（14）：21.

鼓励孩子，帮助其正确归因，找到进步的方式，不应该对其打骂、指责、否定，而要成为其坚强的后盾和温暖的港湾，帮助孩子学业进步，降低孩子的学业受挫感。当孩子在同伴交往方面遇到挫折时，家长应积极帮助孩子分析原因，帮助其学习人际交往技巧，鼓励孩子积极主动与人交往，学会关心他人，多一些人际交往成功体验，降低孩子的同伴交往受挫感。

总之，只有社会、家庭、学校和师生共同努力，才能预防和减少因受挫而产生的攻击行为，防控校园欺凌。

第九节　基于社会学习理论的校园欺凌防控

一、关于社会学习理论

20 世纪 60 年代，出现了最早的西方社会学习理论，其代表人物是美国心理学家阿尔伯特·班杜拉（Albert Bandura）。班杜拉对已有的社会学习理论进行了补充发展并作了全面总结，指出人是在社会条件下学习生活的，人的行为是受社会变量所制约的，社会学习理论着眼于观察学习和自我调节在引发人的行为中的作用，重视人的行为和环境的相互影响，因此，从社会学习理论的观点来看，校园欺凌行为的发生是个体和环境相互影响的结果。

二、社会学习理论与校园欺凌的关系

1. 三元交互决定理论——校园欺凌行为习得的基础

如图 3-12 所示，班杜拉认为“人的行为（B）并不是单向的环境刺激（E）的产物，即 B=f（E）；也不是个体认知（P）与环境（E）二者相互作用的副产品，即 B=f（P，E）；个体认知（P）、环境（E）、行为（B）三者之间的关系应该是相互的，两两之间均存在着相互决定的动态关系。”[①]班杜拉的三元

① A·班杜拉. 思想和行为的社会基础——社会认知论（上）[M]. 林颖，王小明，译. 上海：华东师范大学出版社，2001.

交互决定理论详细阐述了决定个体行为的影响因素以及各因素之间的相互关系。根据三元交互决定理论，校园欺凌行为的发生是欺凌者个体、行为、环境三者相互作用的结果,环境对于校园欺凌行为的发生起着不容忽视的作用,但也必须与个体内部因素相互联结才能发挥作用，这也是校园欺凌行为习得的基础。

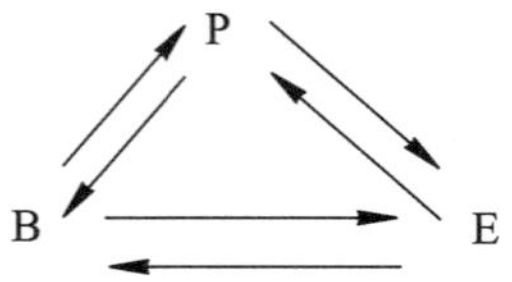

B指行为，P指个体，E指环绕

图 3-12　三元交互决定理论

2. 观察学习理论——校园欺凌行为习得的形式

班杜拉认为，人的行为，特别是人的复杂行为主要是后天习得的，行为的习得有两种不同的过程：直接经验的学习和间接经验的学习，前者是通过直接经验获得行为反应模式的过程，后者是通过观察示范者的行为而习得行为的过程，也被称作观察学习，班杜拉认为它是人类行为习得的最重要来源。[①]

青少年正处于价值观形成和确立的关键时期，正确的价值导向能促进青少年身心的健康发展，反之，如果长期处于有暴力倾向的家庭，校风班风不良、暴力事件频繁发生的学校和班级，习惯采取辱骂和体罚等不当教育方式的教育环境下，再加上网络媒体发达，大量充斥暴力的电视电影、游戏和新闻的涌入，青少年会自觉或不自觉地学习模仿父母、教师、同伴和他人的言谈举止和行为方式，这将对青少年道德品质的形成造成不利的影响，导致他们产生暴力倾向，为欺凌行为的习得埋下了隐形的种子。

3. 强化理论——校园欺凌行为习得的动机

班杜拉社会学习理论认为，观察学习者是否能经常表现出示范行为要受到行为结果因素的影响，行为结果包括直接强化、自我强化和替代性强化，

① 王有智. 学习心理学[M]. 北京：中国社会科学出版社，2010.

班杜拉把这三种强化作用看成是学习者再现示范行为的动机力量。[①]强化物本身只是关于行为结果的信息，基于这些信息，学习者形成对行为结果的预期，引发行为的动机。具体而言，如果观察学习者发现示范者的欺凌行为得到了强化，这就是在告诉学习者，示范者的欺凌行为是可以实施的，由此，观察学习者将会再现示范者的欺凌行为。

4. 自我效能理论——校园欺凌行为习得的核心因素

班杜拉认为：“自我效能感是个体对自己能否在一定水平上完成某一活动所具有的能力判断、信念或主体自我把握与感受。”[②]在班杜拉的研究中，自我效能并不只是对自己能力的评判标准，而是作为一种中介来影响个体行为活动的实施，也就是说，自我效能能够影响个体认知和动机以及行为的选择，也能影响个体的思维模式和情感反应模式，从而影响新行为的习得和表现。如果一个人长期处于自我效能感低的状态，当面对矛盾和挑战时，他会缺乏冷静处理的能力和信心，容易出现极端的应对反应，如欺凌行为。

三、基于社会学习理论的校园欺凌防控策略

1. 注重以榜样示范为基础的环境创设

（1）重视家庭教育，创设良好的家庭环境。

从社会学习理论的观点来看，个体行为的习得大多是观察成人的结果。而家庭作为个体最早接触的环境，是早期教育最重要的场所，成人的言行举止、教育方式等对人的幼儿时期乃至一生都意义重大，因此一个良好的家庭环境对个体良好的个人品质的形成和发展非常重要。首先，家长要以身作则，严格规范自身行为，树立良好的行为榜样。其次，家长要注重营造温馨和谐的家庭环境。一个家庭是否温馨和幸福，直接影响个体身心的健康发展。第三，家长要注意教育方式的恰当，不管是谩骂、体罚等暴力的教育方式，还是过分溺爱或放任的教育方式，都容易导致孩子不良欺凌行为的习得，家长

① 冉孟霖. 从班杜拉的学习理论探索不同场所下的幼儿教育[J]. 卷宗，2019（29）：239.

② 魏纯. 自我效能——动机与行为的中介过程[J]. 法制与社会，2008（11）：273.

的教育方式要以尊重、关心、理解孩子为前提，培养孩子正确的价值观。

（2）净化校园，创设和谐阳光的校园环境。

校园是欺凌行为发生的重灾区，同时也是防控校园欺凌的重要场所。首先，学校和班级要积极营造一个阳光向上、团结互助、尊重友善的校园文化和班级文化环境。其次，学校要完善相关管理制度，在制度层面上规范学生的行为，加强对学生行为的监管，避免校园欺凌事件的发生。第三，加强教师队伍的素质建设，一方面教师要了解掌握校园欺凌的有关知识，明确预防校园欺凌的重要性；另一方面教师要以身作则，树立正确的教育理念，尊重理解每一个学生，传递正确的价值取向。

（3）优化网络环境，净化社会风气。

网络时代，网上有着各种充斥着暴力元素的游戏、影视、图片等，影响着个体的思维和行动。一方面，国家政府相关部门应加强网络监管，从源头上有效遏制网络暴力文化的传播；另一方面，家庭、学校、社会要加强对孩子的网络文明教育，正确看待和运用网络，可充分利用网络进行道德榜样的宣传，加强社会主义核心价值观的教育。

2. 完善并落实相关法律法规，以法治欺

校园欺凌的复杂性使欺凌事件发生后的处理也呈现出复杂性的特点，班杜拉的强化理论告诉我们，如果实施欺凌行为不会给欺凌者带来严重的后果，那么不管是欺凌者还是观察学习者都很容易再现欺凌行为，因此必须加强法律法规对校园欺凌行为的制约。2016 年 4 月至 2019 年 5 月，国务院办公厅、教育部等部门陆续颁发了《关于开展校园欺凌专项治理的通知》《关于防治中小学生校园欺凌和暴力的指导意见》《关于加强中小学幼儿园安全风险防控体系建设的意见》《加强中小学生欺凌综合治理方案》等一系列七份文件，学校要切实贯彻落实，对校园欺凌行为加以严惩，不纵容和强化欺凌行为。

3. 提高自我效能感，促进积极行为的养成

较高的自我效能感有利于个体积极意识和行为的形成，因此，教师在学校的德育工作中，可以充分利用主题班会、学校活动、社会志愿服务等多种形式，开展心理健康、人际交往、自信心培养等教育，及时给予学生鼓励和引导，提高学生道德行为的自我效能感，培育良好的道德品质。

第十节　基于本能论的校园欺凌防控

校园欺凌中包含了各种攻击和争斗行为，我们不禁发问：校园欺凌当中的攻击和争斗行为，是先天的人性本能还是后天习得的？奥地利弗洛伊德、德国洛伦兹和英国麦独孤的本能论都认为攻击性驱力与生俱来、无法避免。

一、弗洛伊德的“生本能”“死本能”在校园欺凌中的作用

西格蒙德·弗洛伊德（Sigmund Freud，奥地利，1856—1939）在1920年的《超越唯乐原则》一书中提出了“生本能”和“死本能”这一组相对的概念，认为攻击是人与生俱来的天性，而非习得的。

1. 校园欺凌中的“生本能”

弗洛伊德的生本能也叫性的本能或爱的本能。生本能是指人的自我保护本能和繁衍壮大本能[①]。弗洛伊德的“生本能”的观点，可以解释为什么在低幼阶段的学生间也会发生争斗和攻击，例如在幼儿园，出于对生存资源的占有欲和控制欲这些本能，幼儿有可能会发生为争夺玩具资源而推搡、攻击和争吵等现象。在小学阶段，学生可能同样出于资源占有和生存的本能，采取抢夺和攻击行为；在中学阶段和大学阶段，男学生可能会出于对生存资源、配偶的占有欲、性欲、性冲动等，采取抢夺、争斗和攻击行为。

2. 校园欺凌中的“死本能”

弗洛伊德认为，人类的攻击源于一种自我破坏的冲动。攻击把这种对死亡原始的强烈欲求所蕴含的能量转向他人（一般而言，他称这种强烈欲求为

① 戴维·麦尔斯. 社会心理学[M]. 人民邮电出版社，2018：351-361.

"死本能")[①]。当学生在生活中没有得到足够的快乐或者精神上的压力使其感到生是一种痛苦时，他对生的欲望就不再强烈，这时死本能在潜意识中占的分量就比较大，向外有可能表现为对他人的暴力伤害，向内则可能产生情绪消极、逃学、不合群、厌学、自虐甚至自杀的行为。这一点在中职学生中表现得更明确，某些学生可能因为学业成绩不理想，生活中没有得到足够的快乐，出于破罐破摔的心理，在班级寻衅滋事，攻击欺凌其他同学。

二、洛伦兹的本能论在校园欺凌中的作用

奥地利动物行为专家罗德·洛伦兹（Konrad Lorenz，1903—1989）认为攻击更多是适应性的而非自我破坏，攻击性是人类共有的不可改变的本能，人的青春期普遍存在一种本能的好战热情。洛伦兹的习性学观点还认为攻击和争斗从实质上来讲是生物自我保护的本能的体现，是一种"生本能"。纵使能找到限制和防止各种攻击性行为的措施，例如自我了解、相互理解等，但这些措施都只是"软弱和无效的"，因为人（尤其是青年）所具有的破坏性的攻击本能是普遍的、不可改变的。洛伦兹的本能论否定了人的社会性和后天的环境和教育对人的作用。[②]所以我们能够看到，处于青春期的学生即使受过教育，但出于本能的好战热情和生存本能，有些人仍然会进行校园欺凌，即使在老师和家长干预后，其也不会改恶从善，甚至变本加厉。

三、麦独孤的本能论在校园欺凌中的作用

英国心理学家威廉.麦独孤（William McDougall，1871—1938）1908 年在《社会心理学导论》一书中提出 18 种本能，其中包含求食的倾向、嫌恶的倾向、性的倾向、恐怖的倾向、愤怒的倾向、诉说的倾向、建设的倾向、获得利益的倾向等[③]。在校园欺凌中，当嫌恶、性、愤怒或者恐怖等倾向表现出来时，就有可能产生校园欺凌，如给别人取侮辱性的绰号、异性间的捉弄、同性间的争斗和恐吓等。再例如，一些校园欺凌案件中，受欺凌者可能

---

① 戴维·麦尔斯. 社会心理学[M]. 人民邮电出版社，2018：351-361.

② 戴维·麦尔斯. 社会心理学[M]. 人民邮电出版社，2018：351-361.

③ 车文博. 当代西方心理学新词典[M]. 长春：吉林人民出版社，2001.

因为不爱卫生、不注意个人形象、个子矮小或者身体有缺陷，被同学嘲笑厌恶和欺凌，这些事件部分原因其实是源自欺凌者身上与生俱来的人的嫌恶的倾向。

四、本能论在校园欺凌中的转化作用

生本能和死本能都有可能使得被欺凌者转化为欺凌者。例如，当一个长期被欺凌的学生无法忍受欺凌想要改变现状时，生存欲望可能会使得他做出屈服表现，当屈服无效时，生的本能可能会使得被欺凌者选择反抗自救，转过来欺负其他弱者，或者联合其他人对抗欺凌者，使自己转变为欺凌者。死的本能则可能使得被欺凌者产生破坏、攻击或同归于尽的想法，从而转变为欺凌者。有案例显示，有的受欺凌者出于保护自己（生本能）或同归于尽（死本能）的目的而转变为了欺凌者。

生本能和死本能都有可能使得旁观者转变为欺凌者。旁观者受欺凌者的震慑，也害怕自己不合群，生存欲望可能会使得他们也加入欺凌者的队伍，让自己避免被欺凌，或者让自己合群，甚至有的最后享受欺凌的过程，转变为彻底的欺凌者。死本能也可能使得旁观者转变为欺凌者。死本能有传染性，即当一些学生看到别的欺凌者在攻击他人时，自己内心的攻击性也可能会被刺激引发出来，一起加入欺凌的行动中。

值得一提的是死本能还可能会使得欺凌事件升级转化为暴力事件或报复社会事件。遭受过欺凌的学生，由于情绪长期压抑得不到宣泄，悲观愤怒的情绪可能会产生“同归于尽”的想法，转向为对实施校园欺凌的施暴者进行打击报复，使得事态升级为暴力犯罪，甚至会转化为对社会的报复，影响社会的安全稳定。

五、本能论视角下校园欺凌的防控策略

本能论认为校园欺凌中的攻击和争斗行为很大程度上是先天本能引起的，只能通过后天学校、家庭、教师、法律等多方教育和约束，教会学生适当克制或合理宣泄学生的性本能、爱本能、争斗本能、攻击本能等。基于此理论，我们可采取以下措施。

1. 建立校园防控机制

学校需要唤醒和倡导学生人性中的善良本能，适当约束学生人性中的性本能、爱本能、争斗本能、攻击本能等，消除欺凌行为滋生的土壤。具体可通过建设校园物质、行为、法制文化，例如利用校歌、校训、校刊、校园及班级制度文化、法制宣传等，完善学校文化制度，向学生传达团结友爱、善良大方、尊重他人、文明礼貌、乐于助人、关心他人、严于律己宽以待人、己所不欲勿施于人等传统美德，完善关于校园欺凌的班规校纪，约束和管理学生克制自己争斗和攻击的本能，积极营造健康、阳光、法制、文明、和谐的校园环境。

2. 建立教师防控机制

教师是班级文化的引领者和组织者，要结合学校校园文化，通过德育渗透，鼓励和唤醒学生，使其发扬人性中的善良本能，适当克制人性中的争斗和攻击本能，还可以在学科教学中自觉渗透言语、肢体语言、网络欺凌等方面的防控方法，多关注、早发现、早处理校园欺凌事件。

3. 建立家庭防控机制

家长应阅读学习校园欺凌防控家长手册，教育孩子宽容大度、与人为善，不对他人实施校园欺凌，及时保护孩子免于校园欺凌的侵害。应与教师携手尽早发现孩子是否有遭受或实施校园欺凌，并及时处理。尽量为孩子创造一个健康和睦的家庭环境，教会孩子正确处理同学关系，多带孩子参加课外活动，为孩子的性本能、爱本能、争斗本能、攻击本能等找到合适的宣泄口。

4. 建立学生防控机制

在学生中广泛开展文明礼貌教育和使用文明礼貌语言活动，就学生言语、肢体语言、网络行为等制定规范标准，列举负面清单，规范学生行为。① 开展主题班会教育。从学生言语、肢体语言、网络欺凌行为等内容出发，对学生进行应对挫折、人际交往、情绪管理、问题解决策略等方面的教育，教会学生适当克制和宣泄性本能、爱本能、争斗本能、攻击本能等。② 建设心理咨询室、心理宣泄室，辅导特殊学生。注重学生的心理健康教育，为各种压抑的本能找到宣泄口，同时通过观察并结合问卷调查，积极关注和辅导“高危”学生。③ 学习学生间欺凌防控手册，学会应对校园欺凌事件、规范言行。④ 学习法制教育相关知识，为自己的行为负责。⑤ 利用班会活动、文体活动、课外活动等，增进学生友谊，发扬人性的善良面。

校园欺凌中的各种攻击和争斗行为很大程度上是来源于先天的人性本能，而非单纯的后天习得和模仿，很难从根本上完全消除和避免，但是通过各种手段防控和干预可以有所改善。

第十一节　基于箱庭疗法的校园欺凌防控

一、箱庭疗法的定义

箱庭疗法（sandplay therapy）也称为沙盘游戏、沙盘疗法，是指在治疗者的陪伴下，来访者在玩具架上自由挑选玩具，在盛有细沙的特制箱子里进行自我表现的一种心理疗法①。来访者在一个被接纳、安全、温暖的环境，使用他人提供的各种玩具在沙箱里制作箱庭，自由地创造其内心世界图景，并由心理老师记录、评价和分析作品表现，达到心理治疗的目的。②

箱庭疗法起源于欧洲，1929 年由英国伦敦小儿科医生劳恩菲尔德（M.Lowenfeld）创立，是用于儿童心理治疗的一种技法。瑞士心理治疗家卡尔夫（Dora M.Kalff）发展了劳恩菲尔德的技法。1965 年日本临床心理学家河合隼雄（Kawai Hayao）将这一技法介绍到日本，命名为“箱庭疗法”。北京师范大学心理学部张日昇教授在 1998 年将箱庭疗法从日本引进中国。

箱庭疗法作为心理咨询和治疗的技法，已经得到国内外临床实践的广泛验证，其应用的范围从最初的儿童心理治疗扩大到个人、团体和家庭。张日昇教授结合多年的临床经验证明，箱庭疗法适用于多动症、孤独症、抑郁症、焦虑症、自闭症、创伤后应激障碍等的心理咨询和治疗。与此同时，箱庭疗法适合于学校心理健康教育工作，它不仅仅是一种心理咨询与治疗的方法，

---

① 张日昇. 箱庭疗法[M]. 北京：人民教育出版社，2006.

② 朱雯钰. 箱庭疗法概述[J]. 教师，2018（6）：116-117，116.

更是一种为学生解决心理困惑、带来更多快乐，促进其心理成长和发展的心理游戏和心理辅导工具。[①]

二、可运用箱庭疗法防控的中小学校园欺凌行为的类型

校园欺凌是一种发生在校园中，由于地位不对等所引发的弱小者长期遭受恶意欺负和凌辱的行为，包括言语欺凌、肢体欺凌、网络欺凌、地位欺凌、应激性欺凌、性欺凌等。校园欺凌对受害者造成长期的、负面的身心伤害，受害者会遭受自杀、被迫旷课、长期的焦虑等心理健康后遗症。[②]可以运用箱庭疗法防控的校园欺凌行为有如下三种类型。

1. 中小学生的攻击性行为

中小学生校园欺凌中存在学生攻击性行为。张日昇教授指出，中小学生问题行为主要指学生经历的一些不愉快的或者是消极的情绪（包括抑郁、焦虑、退缩等），表现出违反道德和社会行为规范的行为（包括攻击性与侵害性行为、反抗、欺负、盗窃、逃学等）[③]。

研究表明，攻击性行为是中小学生问题行为中存在的普遍现象，也是学校管理中棘手的问题。语言攻击性行为是最常见和最频繁的问题行为。[④]受害者常表现出焦虑、沮丧、抑郁等情绪问题。运用箱庭疗法可以有效防控校园欺凌行为。

2. 中小学生的人际交往困惑

有些中小学生内心敏感，在生活和学习中不善于与他人沟通，也不愿意与他人交往，具有自我封闭的倾向。他们遭受同学的欺凌，又不向老师、家长或其他同学及时倾诉或求助，缺乏人际交往困惑的疏通渠道，容易给自身带来较大的精神压力，影响学习状态，甚至导致厌学行为。

---

① 张日昇．箱庭疗法的心理临床[M]．北京：北京师范大学出版社，2016.

② Parada R H. School bullying：Psychosocial determinants and effective intervention[D]. Sydney：University of Western Sydney，2006：3-8.

③ 张日昇．箱庭疗法的心理临床[M]．北京：北京师范大学出版社，2016.

④ 张宝书．中小学校园欺凌行为的四种类型及其相关因素[J]．教育学报，2020（6）：70-77，72.

此外，由于中小学生缺乏自我反省和自我提升的意识，长期积压的精神压力容易引发自我伤害和伤害他人的行为，给自己和他人身心健康造成不良的影响，加重校园欺凌行为带来的危害。

3. 中小学生焦虑、孤独等不良情绪

中小学生在与家长、老师、同学相处的过程中发生了不愉快的事情，会出现不同程度的焦虑、孤独、敌对、恐惧、自卑等负面情绪。中小学生遭受校园欺凌后，没有得到及时帮助，会出现焦虑、孤独、恐惧等不良情绪。若这种情绪长期深埋于心底，就会产生紧张、压抑的心态，影响生活和学习，甚至产生厌学、抑郁等后果。

三、基于箱庭疗法的中小学校园欺凌行为防控策略

现在各级中小学校大多已开设心理课并建立学校心理辅导中心，一些中小学的心理咨询室还设立箱庭治疗室，为中小学生的心理健康教育提供了很好的设施。箱庭疗法逐渐运用于中小学校园欺凌的防控中，对促进中小学生身心健康发展起着重要的作用。

1. 运用箱庭疗法防控中小学生攻击性行为

大量箱庭疗法研究表明，箱庭疗法是一个处理消极情绪的有力工具，对青少年的攻击性行为具有良好的改善作用。[①]同时，一些较明显的外化问题行为，如攻击性行为、侵害行为，可以通过箱庭疗法控制并减少。

在学校心理咨询室，学生通过团体箱庭游戏模拟现实生活交往，预设人际交往不同的场景，体会遵守或违反规则后大家的情绪。通过箱庭游戏，学生找准自己的位置，意识到自己的问题，学会快乐接纳他人。

箱庭游戏能帮助学生解除内心顾虑，降低其防备心，将长期累积的不满、深埋心底的情绪表达出来，使学生情感得到一定的宣泄。学生通过箱庭制作，表达无法用言语表达的内心创伤，缓解焦虑情绪，增强自我力量，提高自我

---

① 张日昇，杜玉春．攻击性青少年的箱庭作品特征[J]．心理科学，2009（1）．

意识。但是，情绪的改善和心理的疏导只是开启了纠正中小学生问题行为的一扇窗户，最重要还是要弄清问题的根本原因。

2. 运用箱庭疗法降低中小学生交往困惑

引导人际交往困难学生正确与他人相处是学校心理教学的重要内容，人际交往困难也是学校心理咨询的主要课题。团体箱庭游戏法特别适用于人际交往能力的培养和训练。①

学生借助箱庭疗法模拟现实生活交往。在群体合作的氛围中，学生学会认识自己和别人行为的差异，考虑小组他人感受，学会宽容和理解，意识到团队合作的重要性，提升人际交往的技能。

通过箱庭疗法增进团队成员的协作能力，增进团体整合能力，改善人际关系，克服人际交往困难，能有效避免中小学校园欺凌的发生。

3. 运用箱庭疗法纠正中小学生不良情绪

箱庭疗法给学生提供了一个处理情绪的空间。学生借助箱庭游戏法，在蓝色的箱庭中玩沙，摆弄各式各样玩具，间接表达自己的内心世界，将不良情绪通过箱庭游戏表达和释放出来。通过箱庭游戏法，学生建构自己的情景乐园，犹如在蓝色的海洋中舒缓内心压力，有助于缓解内心紧张和焦虑心情，控制不良情绪，调节自身的不良心理状态。

研究表明，团体箱庭疗法在改善情绪方面有显著效果。②箱庭制作过程提高了个体的创造力，这种感觉进一步提升了他们的自信和自尊，有助于减轻焦虑和压力等。③箱庭疗法可以调节好中小学生心理状态，将校园欺凌消灭在萌芽状态。

箱庭疗法是一种受中小学生喜爱的游戏疗法，也是中小学心理辅导中的一种有效方法。箱庭疗法可以被灵活地、创造性地运用于干预中小学生攻击性行为，缓解学生心理压力，处理人际交往困难，调节焦虑、孤独等不良的心理状态等方面，有效防控中小学校园欺凌。

---

① 张日昇. 箱庭疗法的心理临床[M]. 北京：北京师范大学出版社，2016.

② 陈天刚，团体箱庭提升高中学生心理韧性的实验[J]. 文教资料，2018（25）.

③ 陈顺森. 箱庭疗法在学校心理咨询中的应用[J]. 漳州师范学院学报（哲学社会科学版），2006（3）.

第十二节　基于行为修正模式理论的校园欺凌防控

一、行为修正模式理论

行为修正模式理论是基于巴甫洛夫（Ivan P. Pavlov）和美国心理学家、行为主义心理学的创始人约翰·华生（John Broadus Watson）为代表的经典条件反射理论，斯金纳（Bur-rhusFrederic Skinner）操作性条件反射理论与班杜拉（Albert Bandura）的社会学习理论发展而来的。行为修正模式理论认为行为由刺激产生，行为的后果又可作为后续行为的原因，所以人们可以运用行为的后果来控制人的新行为。[①]其理论将有机体的外显行为作为研究中心，以学习作为核心概念，不去研究行为背后的意识、动机和价值观等问题，而是用行为修正来改变不良行为，建立健康的行为。

二、行为修正模式理论和校园欺凌的联系

行为修正模式最早被称为行为治疗，主要目的是帮助那些有不适应行为的求助对象克服失调行为。[②]随着社会工作的发展，行为修正模式的服务对象逐渐转向那些希望自己更好适应外部环境的人。

校园欺凌行为中受欺凌者一般具有胆小、退缩和人际关系不良的特点。美国微观社会学学者柯林斯认为，如果有一方在冲突中一味地回避，就会打破人们之间的冲突—紧张平衡，并最终导致攻击性行为的产生。也就是说，一部分被欺凌者自身往往存在一些弱势的特质“吸引”欺凌者实施攻击。[③]这些弱势的特质体现在身体上、心理上，也体现在外显的行为上，如独来独往、沉默寡言、缺少与人互动等，受欺凌者在遭受欺凌过程中也常伴随注意力涣散、哭泣、容易被惊吓、攻击行为等外显行为。

---

① 王思斌. 社会工作概论[M]. 北京：高等教育出版社，2014.

② 董云芳. 个案工作[M]. 济南：山东人民出版社，2011：25-26.

③ 刘丹，校园欺凌中受欺凌者的特征及心理干预策略[J]. 科学咨询，2018（12）.

要想改变受欺凌者的弱势地位，突破受欺凌的困境，需要帮助受欺凌者修正行为，重塑正确的行为方式，减小欺凌行为对受欺凌者所产生的影响，并帮助受欺凌者逐渐从欺凌的阴影中摆脱，获得正常的生活状态，行为习惯。

三、行为修正模式理论对欺凌行为的防控指导

行为修正治疗技术有放松练习、系统脱敏、漫灌疗法、果敢训练、自我管理、厌恶疗法、模仿和代币管制等近十种具体方法。其中放松练习、系统脱敏、果敢训练、模仿和代币管制对受欺凌者来说都较为适用。

1. 放松练习与系统脱敏帮助受欺凌者缓解不良情绪

校园欺凌行为大多存在持续性和反复性的特点，其对受欺凌者造成的生理和心理上的伤害，直接表现为受欺凌者会长期紧张焦虑、易受惊吓甚至出现攻击行为，特别是面对与欺凌情景相似的人和物时可能会产生相应的排斥、恐惧和退缩行为。放松练习和系统脱敏的方法都是行为治疗的重要技术，在工作中常把二者进行有机结合，帮助受欺凌者进行身体放松，使其在放松状态下接触回避对象，以此来抑制或消减其的焦虑反应，帮助其克服恐惧表现。

在放松练习和系统脱敏具体方式上，我们可以选择想象放松和系统脱敏相结合的想象脱敏法。通过对平和、安宁画面或场景的想象达到身心的放松，再在想象中对现实生活里的挫折情境和使自己感到紧张的事件进行预演，学会在想象的情境中放松自己，从而达到能在真实的挫折和紧张场合下对付各种不良的情绪反应。注意在第一步放松后，第二步开始前，把欺凌情境中的人和物、行为按等级排列，每个排列项简明真实，能让自己在想象中产生相应的图像。按照从低到高的等级顺序开始想象，每个情境保持一定时间，感到紧张时即做放松练习，经过多次练习，就可清楚地感触到情境中的紧张事件，从而对其进行克服。

系统脱敏法并不是让受欺凌者回顾痛苦和伤害，而是因为一切事物都包含对立统一，这种对立统一的关系我们可以称为矛盾，矛盾双方会在一定条件下相互转化。在校园欺凌中选择系统脱敏的方法，在于让受欺凌者把自身的这种伤害包括紧张、恐怕、退缩转化为自身可以应对的行为。这种方式对

于受欺凌者来讲，简单容易操作，可达到修正自身因校园欺凌而产生的失调行为，有利于受欺凌者突破自身的困境乃至受欺凌的困境。

2. 果敢训练调整人际关系，重塑行为方式

果敢训练又称肯定训练或自信训练，主要适用于人际关系的调整，目的在于训练求助者敢于直接表达自己真实的情感、态度和想法，明确表明肯定或否定的态度，使其成为有自信心的人，并学会良好的人际反应。[①]

受欺凌者大多具有胆小、人际关系不良的特点，遇到问题容易退缩，无论是在受欺凌时还是在平时的人际交往中，往往难以顺利、直接表达自身感受。基于这样的行为特点，可以通过行为修正模式中的果敢训练提升受欺凌者修正自身行为的勇气和信心，重塑受欺凌者正确的行为方式。在校园欺凌中，我们的教育工作者可以通过果敢训练的角色扮演、行为预演等方式，训练受欺凌者的果断和勇敢，提升他们及时行动、毫不动摇和退缩的能力，从而帮助受欺凌者勇敢地面对自己的消极行为，积极、主动地修正自己的消极行为，转向积极的行为方式。

3. 模仿技术为受欺凌者找到行为修正的榜样

模仿治疗技术的理论基础是班杜拉的观察学习理论，包括榜样的示范和求助者的模仿练习两个方面。我们最初的行为都是通过对周围的观察、学习模仿形成，被模仿的对象被称为榜样。

校园欺凌行为中，受欺凌者处于受欺凌的处境，同自身无法正确面对问题、处理问题密切相关，或者说他在生活中没有注意到或找到会处理解决此类问题的榜样进行模仿。我们作为教育工作者，在对受欺凌者的帮助过程中，有必要帮助受欺凌者分析问题、分析处境，为其观察学习他人，寻找榜样提供相应的指导。甚至工作者可以自己示范或为他们树立相关的榜样，让他们通过观察、保持、动作复现和动机确立，从而建立起正确的行为方式。[②]

4. 代币管制巩固受欺凌者的修正行为

代币管制法也称强化法，就是在求助者正确行为出现后及时给予相应强化，使得求助者的正确行为反应直接与强化物建立联系，强化物所起的作用

① 顾明远. 教育大辞典[M]. 上海：上海教育出版社，1998.

② 田萍. 个案理论模式在大学生弱势群体支持中的运用[J]. 淮阴工学院学报，2012（4）.

类似于货币，因此被称为“代币”。[①]受欺凌者大多对自己或对问题的处理信心不足，孤独感较强，所以在使用此方法时，应尽量使用正向强化，对受欺凌者正确的反应和行为给予正向积极的反馈，巩固修正行为。

形成代币管制体系大致需要经历“确定行为修正计划—选择强化物—建立代币管制—执行计划，行为修正——脱离代币管制”5 个阶段。另外在逐渐撤销代币管制的过程中，工作者需要寻找和争取社会强化物，例如，争取求助者父母、亲属和朋友的支持等，使受欺凌者的修正行为在自然环境中得以巩固。

行为修正模式因具有科学的实验基础，治疗方法和技术系统明确且容易操作，治疗标准和效果易于观察和测量等优点而在社会工作实践中广泛应用。但因其只关注外显行为的缺陷，没有透过行为的表现研究行为的本质，使行为修正模式更多以工作者为中心，忽视求助者不同的价值观、心理发展以及求助者对自己生活的理解和选择。我们在工作中要兼顾个体的差异性，整合求助者的价值观和心理发展，形成合力，改变行为。

第十三节　基于理性情绪行为疗法的校园欺凌防控

一、理性情绪行为疗法的基本理论

1. 理性情绪行为疗法理论

理性情绪行为疗法（简称 REBT）是 20 世纪 50 年代由阿尔伯特·艾利斯（A.Ellis）在美国首创。艾利斯也是第一个从事认知行为治疗的人。REBT 的原理被应用于多种多样的情绪障碍的治疗。

REBT 理论认为，引发人们情绪和行为的不是诱发事件本身，而是对诱发事件的感受、信念和行为，而非理性的思维往往会导致人们陷入情绪障碍之中。非理性思维的共同特点是：糟糕至极、绝对化的要求、抗挫能力弱。

---

① 田萍. 个案理论模式在大学生弱势群体支持中的运用[J]. 淮阴工学院学报，2012（4）.

其核心理论为情绪 ABC 理论。情绪 ABC 理论中：A（Activating event）表示诱发性事件或不幸。B（Belief）代表信念或信仰体系，即对诱发性事件的一些看法、解释和评价。C（Consequence）代表后果，其中包括行为后果和情绪后果。[①]

人们痛苦烦恼并非只是因为生活中发生的不幸事件（A），也包括他们对不幸事件产生的感受、信念和行为（B）。因此，A 和 B 合在一起，就会产生困扰（或不困扰）的结果（C）。他们的困扰情绪（非困扰情绪）部分原因是由他们对不幸事件（A）的反应（B）造成的。我们可以通过我们的思维方式控制自己的情绪和行为。

在情绪 ABC 理论中，理解和克服困扰的关键在于：认识到非理性信念并且找出它们如何引起不快乐和困惑；和这些非理性信念做辩论；对非理性信念进行反思，用理性的、自助的和提高生活的方式重新描述这些信念。

2. 咨询技术

（1）与非理性思维进行辩论技术。理性情绪行为治疗邀请来访者积极参与其中，利用 ABC 的人格理论模型，辩论中区别出不合理信念。辩论中主动提问能帮助来访者积极思考，提问方式有质疑式和夸张式两种：质疑式是直接向来访者的不合理信念提问；夸张式是治疗者针对来访者的不合理信念有意提出一些夸张的问题，使来访者感到自己的想法是不合理的，因此较容易心服口服。

（2）合理的情绪想象技术。在治疗师的帮助下，来访者进行想象。通过想象合理和不合理的情绪反应，努力把消极情绪转化为健康的负面情绪，并及时纠正某些不合理的信念，保持情绪健康和快乐。

（3）认知的家庭作业技术。给来访者布置家庭作业，认知的作业主要有：合理情绪治疗自助量表、与非理性情绪进行辩驳以及合理的自我分析。

二、理性情绪行为疗法与校园欺凌的关系

理性情绪行为治疗主要目的是帮助他人减少痛苦，更好地享受生活。当老师和家长将理性情绪行为疗法应用于被欺凌者，能有效减少被欺凌者

① 阿尔伯特·艾利斯. 理性情绪行为疗法[M]. 郭建，叶建国，郭本禹，译. 重庆：重庆大学出版社，2015.

的痛苦，将这种方法应用于欺凌者身上时，这种恃强凌弱的现象可以得到减少。从 REBT 的角度来分析校园欺凌的成因，有以下几个要素：

1. 欺凌者

欺凌者一般处于青春期，这一时期的学生涉世不深，遇到事情时没有相关经验，情绪易冲动，容易产生较多不合理信念（如他人必须听从我的旨意，必须为我服务；他人待我必须像我希望的那样周到、友善，否则就该谴责、惩罚他们；我必须是局面的掌控者等），不能合理地分析、处理问题，从而做出欺凌弱小的行为。

2. 被欺凌者

被欺凌者可能生性软弱，总是用自我挫败思维（如糟糕可怕至极、不能忍受）包罗一切或过度概括、贬低自我价值来理解问题，在欺凌发生的时候，可能存在的不合理信念如：就是我做错了，我没能做得像应该的那样好，我是一个毫无用处的人；我这么糟糕，活该被欺负等。

3. 旁观者

当旁观者倾向于保护受害者时，就会采取积极旁观者行为，欺凌行为就会相应地减少；而当旁观者采取消极旁观者行为袖手旁观或对欺凌行为推波助澜时，欺凌行为的强度就会增加。因此，旁观者随时都有可能根据自身因素或者环境因素来调整他们对校园欺凌的判断和解释，对他们最后是否做出干预行为产生影响。[①]

三、理性情绪行为疗法在防控校园欺凌中的应用

1. 对被欺凌者的治疗

在校园欺凌事件中，被欺凌者往往表现为性格内向、孤僻、胆小怕事。性格或行为上有异于他人。被欺凌者往往不愿意与人交流。不妨尝试以下方法，以减少心中的压抑、焦虑、憎恨等。

（1）无条件接受他人（UOA）。

正如你不会因为自己的愚蠢而责怪自己，坚决不要去责怪他人的过失。

① 张荣荣，董莉. 校园欺凌旁观者行为的作用机制[J]. 心理技术与应用，2019（2）：58-68.

我们是普通人，难免会犯错。被欺凌者知道欺凌者是如何把事情弄糟的，但不要因为欺凌者把事情弄砸了而责怪他们。你要努力对这些犯错者表示同情，努力把这些消极的情绪转化为健康的情绪，这会为你带来更多快乐。

（2）无条件接受生活（ULA）。

当被欺凌者受到生活中的不平等和不道德待遇，在可能的情况下，尽力去完善它。不要认为生活从此一团糟。要学会接受生活，当暂时无法改变时，你可以认为生活“不好”或者“不太满意”，而不要认为生活是“可怕的”或者“糟糕的”。要乐观地认为这一切都会好起来，并尽力去改变它，千万不要绝望或者失望。

（3）培养高挫折承受能力。

理性情绪行为治疗遵循人本主义理念。理性情绪行为治疗鼓励选择和存在主义自由，反对简单去除症状，鼓励采用理性再教育和重建优良性格方法，培养个体高挫折承受能力使其能够从容面对生活中的挑战与磨难。鼓励以宽容善良之心对待自己和他人。接受世界的一切可能性、不确定性和无序性；不带有绝对性，鼓励灵活性。

2. 对欺凌者的治疗

在校园欺凌事件中，欺凌者常常处于强势、控制、凌驾地位，代表着权力一方。治疗者对欺凌者可采取如下咨询技术。

（1）明确辅导要求。

在开始阶段，治疗者要根据欺凌者的具体情况，清晰简单地介绍 ABC 模式的基本原理，让欺凌者认识到自己的不合理信念，如告诉其言语欺凌、肢体语言欺凌、网络欺凌、财务欺凌等都是错误行为，同学间应该友好相处，善待他人。

（2）检查非理性信念。

当欺凌者了解了困扰产生的真正原因是自己的非理性信念时，就需要鼓励欺凌者寻找这些情绪、行为困扰背后的非理性信念，并且帮助欺凌者理解这些非理性信念与具体的情绪、行为困扰之间的联系。

（3）与非理性信念辩论。

找到非理性信念之后，欺凌者就要与这些非理性信念展开辩论，认识和了解这些非理性信念的不切实际的地方以及可能产生的危害性，采取具体的行动改变目前的思想和行为状态。

（4）学会理性生活方式。

了解了非理性信念以及可能产生的危害之后，欺凌者就需要在治疗者（教师或家长）的指导下运用理性的信念代替原来的非理性信念，并且使之与具体适宜的情绪和行为反应方式结合起来，逐渐建立理性思维的生活方式。

（5）巩固辅导效果。

通过一些具体练习如案例疗法、电视疗法、讲座等帮助欺凌者在自己的实际学习和生活中运用理性思维的生活方式，巩固辅导效果。

3. 对旁观者的治疗

在校园欺凌中，旁观者随时都有可能根据自身因素或者环境因素来调整他们对校园欺凌的判断和解释，内心摇摆不定。在特定环境下，旁观者既可以转变为欺凌者也可能转变为被欺凌者。

（1）检查非理性思维。

当旁观者用非理性思维代替理性思维时，就会产生不健康的负面情绪，此时，要为旁观者建立良好的理性思维模式。要加强正能量的传播，提高旁观者的应对策略，使他们能够在目击欺凌的同时及时有效地保护受害者。

（2）与非理性信念辩论。

让旁观者认识和了解这些非理性思维可能产生的危害，正确地认识事物，并且采取具体的行动改变目前的思想和行为状态，提高旁观者的心理素质，使之具有健康的合理情绪，做积极的旁观者，不助长欺凌者的威风，不做袖手旁观的旁观者。

四、结　语

"理性情绪行为疗法"的学习能让我们学会更好地察觉自己对事物的认知和理解，用理性思维代替非理性思维，从而更好地做出自我调整。合理适宜地将情绪行为疗法应用于欺凌者、被欺凌者、旁观者的身上时，可以减少恃强凌弱的现象，最终减少校园欺凌。

第十四节　基于成就动机理论的校园欺凌防控

默里在《人格探索》这本书中对成就动机进行了详细科学的定义。他认为成就动机是：“人们都希望能尽最大可能高效、成功完成某项活动的愿望或倾向。”麦克利兰认为“成就动机就是自己通过不断追求卓越、超越自我，个人后天学习而来的一种追求成功的需要或内驱力。”[①]阿特金森认为成就动机是在某种具有优胜标准的任务中对成功的关注。虽然大家的观点不太一样，侧重点也有所不同，但却有很多相同之处。成就动机是个体在社会生存中逐步形成的，是促使人们追求成功与卓越的内部动力，它与竞争和努力提高效率有关，具有较强的社会意义。个人觉得可以把成就动机理解为“个体想要通过努力，克服困难，成功做好某件事的内在动力或愿望”。

一、成就动机理论概述

麦克利兰是美国近现代研究社会动机理论的权威心理学家，他对人的动机和需要进行了深入的研究，他认为具有强烈成就动机的人希望将任务做得更为完美，总是想方设法提高工作效率，获得更大的成功。他们追求的是工作过程中克服困难、解决难题、努力奋斗带给自己的喜悦和快感以及成功之后的个人成就感，对于最终结果或是最后获得的物质奖励却看得不是那么重要。然而大多数的低成就动机者，对于工作学习就没有表现出过多的热情和挑战性，做事喜欢按部就班，没有创造性。他们随遇而安，“佛系”工作，对工作缺乏激情，受外部环境影响极大。麦克利兰认为低成就动机者不是天生的，是由后天的生活环境和家庭教育等因素导致的。合理的教育方式可以提高孩子的成就动机，比如给他们设置合理的目标，鼓励并帮助孩子通过自身努力克服困难完成目标，这样能增强学生的成就动机。

美国心理学家阿特金森认为个体的成就动机由期望成功与害怕失败两种稳定的倾向构成。[②]他们认为个体的成就动机可分为力求成功与避免失败两种意向。追求成功倾向的个体，往往具有积极的进取精神，即使在没有外力控制的环境下也能保持良好的表现，喜欢有一定挑战性的任务，往往业绩都比较突出。相反，避免失败的个体一般自信心不足，喜欢外归因，认为自身能力不足，习惯把自己的成功归功于外界而失败归因于自己，所以对于他们而言失败和成功都不能起促进作用。

---

① 汪罗. 麦克利兰：成就动机理论创始人[J]. 当代电力文化，2015（5）：86-87.

② 王学松，刘明朝. 浅谈成就动机理论[J]. 合作经济与科技，2008（22）：37-38.

韦纳结合其他的理论和自己的研究提出了成就动机行为的归因理论，他把认知因素引入到成就动机理论中，从认知心理学角度对成就动机进行探讨，说明了人的成败对未来成就行为的重要影响。他的成就动机归因理论进一步发展了成就动机理论。

二、基于个人成就动机的校园欺凌心理机制

1. 校园欺凌成因

引起校园欺凌事件的因素有很多，比如个人的认知差异、个体思想觉悟差异、德育教育的缺失等。但是从成就动机理论来分析，问题的本质就是由于个体成就动机表现不同，在看待同一事件时有不同的外在表现，从而产生了分歧。但是又因为个体对分歧事件的归因方式不同，有的学生喜欢把问题的产生归结于自己，认为是自己做错了；而有的学生更倾向于外归因，最终导致了欺凌事件的产生。

2. 欺凌双方的个体特征

调查发现校园欺凌事件中受欺凌者的行为特征一般表现为：胆小内向，来自问题家庭，娇生惯养，被边缘化，身材弱小。这些学生都有一个共同特点就是懦弱，发生了事情也不敢告知家长和老师，这也使得他们往往成了欺凌的对象。[①]麦克利兰的成就动机理论认为具有这样行为表现的个体和弱成就动机者的外在特征十分吻合，他们随遇而安，不喜欢抗争。然而实施欺凌者往往在成就动机方面的表现比受欺凌者好，他们对成功具有一定的需求，喜欢做一些力所能及、自己可以掌控的事情，在他们看来要想获得成功就要靠自己的努力。

结合阿特金森的期望与价值的成就动机理论和归因理论分析可以发现，受欺凌者往往表现为避免失败成就动机者，认为自己没有能力反抗，所有的问题都是自己造成的，即使成功避免了某次欺凌的发生也是偶然，自己的抗争没有任何意义。他们对待事情的出发点就不在于应对成功，而是如何应对失败，或是想办法让自己不要失败得太难看了，仅此而已。他们总是把成功

① 徐燕. 基于心理辅导的防控校园欺凌策略建构[J]. 教书育人，2020（3）：31-32.

归于偶然，失败归于自己。而力求成功者总是想尽办法增加自己成功的可能，在选择受欺凌者时他们总是精挑细选，那些胆小懦弱、低成就动机者往往成了他们的理想目标。即使在实施欺凌时，由于外在因素的影响，如老师的介入，最终导致欺凌没有成功，这也不会对他们造成多大的影响。在他们看来失败的主要原因是准备不足和外界因素，而不是自己能力问题。

3. 成就动机强弱与校园欺凌的关系

校园欺凌双方个体差异比较大，发生矛盾和产生分歧的概率就比较高。结合现有的研究调查和校园欺凌案例，我们可以得到一个初步的结论：校园欺凌一般发生于低成就动机者和高成就动机者之间，成就动机表现较强的和较弱的两者之间也可能产生，但是成就动机表现相近的个体之间却很少发生欺凌事件。高成就动机者之间，外在表现都比较强势，有自己的主见和处事方法，他们容易发生矛盾和分歧，但是很少会演变成单方面的欺凌；低成就动机者之间反而相处比较融洽，分歧和矛盾较少，出现问题时，双方更多相互忍让解决问题，或者是减少交集，互不影响的。以上结果说明成就动机的强弱对校园欺凌的产生是有一定影响，具体有多大的诱因，还有待进一步调查研究，但是现有调查结果也能为我们防控校园欺凌事件提供一条有利的途径，即提高学生的成就动机表现和对学生进行分类管理。

三、基于个人成就动机的校园欺凌防控策略

基于成就动机理论，本节对于校园欺凌防控提出以下几点建议。

1. 做好学生前期调研，分类管理

我们可以在学生入学时根据成就动机量化测量表，了解学生的成就动机强弱情况，依据调查结果将之分为强中弱三个类别，便于统一管理。

2. 分层施教，因人而异

根据麦克利兰的动机理论，个体的成就动机强弱是可以后天培养的，所以我们可以对成就动机不强的学生进行系统培训，如举办讲座、课外活动等，但是要注意方式方法。对于成就动机弱的学生前期应该以谈心、聊天，建立

信任为主，多鼓励、少说教，当取得学生信任，建立良好的沟通机制后，可以开展以培养学生自信心为主的活动。对于中等成就动机的学生，培训的重点在于尽可能给予学生更多的力所能及的任务或是活动，在他们遇到困难时，给予他们适当的帮助，帮助他们克服困难，完成任务，并对他们的成功表示祝贺，引导学生对自己的成功进行有利的内归因：不管问题怎样麻烦，只要自己肯努力花时间想办法，就能解决它。用这些方法提高学生的自信心和成就感。对于高成就动机的学生，我们要做的更多的是一些积极的引导和榜样作用，帮助他们树立正确的价值观和人生观，要让他们认识到每个人都有自己的观点和想法，遇到分歧是很正常的事情，要教会他们如何处理分歧，团结好同学，善于利用别人的优点来帮助自己解决问题，而不是盯着别人的缺点不放。一个成就动机强的个体往往也是一个小群体的核心，要让他们做好榜样，身体力行地去影响其他人或是关爱弱者，这才是一个强者该有的表现。

3. 举办丰富多彩的校园活动，让每个学生都能发光发亮

不管成就动机强弱，其实每个学生都有各自的需求。调查发现其实学生刚进校时，大部分学生的成就动机都是比较强烈的，都希望能获得成功，得到同学和老师们的认同，但是在后期的学习生活过程中学生们逐渐有了不同的表现。所以作为教育工作者，我们更应该关注学生的全面发展，而不只是盯着学生的成绩看。要尽可能多地给学生们提供各种能展示自身才华和能力的舞台，比如运动会、科创节、艺术节等，让每一个学生都能找到自己发挥的舞台，找到自己的归属感和成就感，体会成功带来的喜悦。学校就该是这样一种地方，给人喜悦和安全，像家一样，所有学生都是这个大家庭的一份子，都在为这个大家庭做着自己力所能及的事情。

第十五节　基于罗伯洞穴实验的校园欺凌防控

一、罗伯洞穴实验概述

罗伯洞穴实验也叫罗伯斯山洞实验，是在冲突性情境中，对青少年群体间产生的偏见所进行的一项实验研究。实验内容为：22 个年龄 11 岁的男孩

被随机分成了两组，然后送到位于俄克拉荷马的罗伯斯山洞州立公园参加夏令营。两组男孩住在不同的小屋里，整整一周都互不知晓对方的存在，并在这段时间里和同组的男孩结下了友谊。当两组男孩最终见面时，他们便开始用言语攻击对方。为了让冲突升级，实验人员安排了让两组男孩互相对抗的活动，这无疑加深了两组男孩之间的排斥感，他们甚至拒绝和对方组在同一个房间吃饭。实验的最后一步是让两组男孩重新成为朋友。最初的一些活动，比如一同放烟花和看电影并没有多大成效。实验人员于是设计了一些需要团队合作的活动。在实验的最后，男孩们决定同乘一辆巴士回家。[①]

穆扎弗·谢里夫（Muzafer Sherif）（1906—1988）生于土耳其，在伊斯坦布尔大学获得文学硕士学位，1929 年前往纽约，1935 年在哥伦比亚大学获得博士学位。此后他曾先后在祖国土耳其及耶鲁大学执教，1949 年至 1966 年期间任教于俄克拉荷马大学，此后又前往宾夕法尼亚州立大学继续其学术生涯。与 O. J. 哈维（O. J. Harvery），B. 杰克怀特（B. Jack White），威廉·R. 胡德（William R.Hood）和卡罗琳·W. 谢里夫（Carolyn W Sherif）共同合著的《群体间的冲突与合作：罗伯洞穴实验》（*Intergroup Conflict and Cooperation：The Robbers Cave Experiment*，University of Oklahoma Book Exchange，1961）一书是他 24 本著作中的一本。[②]

本节参考了陕西师范大学出版总社 2018 年 9 月出版的《大学生心理健康教育》一书，作者吕明、倪娜。书中提到该实验研究结果：合作不仅可以解决冲突，也可以克服歧视。这项经典实验为人们提供了解决偏见和冲突的办法。

二、罗伯洞穴实验与校园欺凌的关系

这个实验给我们上了非常重要的几堂课：第一，背景、外貌上的差异和先前发生的冲突都不是团队间敌意产生的必需因素。冲突需要的只是两支团队共同追求一个目标但只有一个团队能达成目标而形成的竞争关系。第

① 吕明，倪娜. 大学生心理健康教育[M]. 西安：陕西师范大学出版总社，2018：49.

② 特里·F. 小约翰. 心理学经典读本[M]. 吴国宏，李超白，林婧婧，译.4 版. 上海：复旦大学出版社，2011:276.

二，对抗外敌的挑战往往能提高团队的凝聚力。第三，队间的矛盾是可以消除的。[①]

1. 构成竞争

冲突的根源都是从内部结构中产生的。[②]如果自己的地位存在被取代的危机时，那么很可能出现冲突，比如学生的外貌、成绩、家庭经济情况等。在罗伯洞穴实验中，实验的两个组也因只有一个组能达成目标而构成竞争，进而导致冲突的产生。

2. 缺乏引导

在出现冲突前、后可能会表露出迹象，比如罗伯洞穴实验中两支队伍互起绰号、相互嘲笑、争夺食物、谩骂彼此等行为。校园欺凌发生后，学生出现和日常不一样的举动，如变得沉默、独行、不愿出门、学习成绩下降、自残等，如果这个时候引导者及时引导，那么冲突就可能被有效化解。

3. 缺乏共同目标

校园欺凌的发生，欺凌者和被欺凌者属于对立的一面，都属于各自的小群体，容易对另一群体产生偏见，只看到对方缺点看不到优点。罗伯洞穴实验中被试的两组队员在组织者设定的比赛中，也将对方视为实现自己目标的障碍和敌人，只服从自己的小群体。他们的共同点在于都有着自己的小组织，团结队友一致对外，没有合作、相互依存意识，缺乏更远大的共同目标。

三、基于罗伯洞穴实验的校园欺凌防控策略

实验结果表明，群体内部的团结可通过一些活动建立与强化，群体间的矛盾也可通过建立“超常目标”消除。基于实验结果，教育者可以从以下几个方面做好校园欺凌的防控。

---

① 托马斯·吉洛维奇，等. 社会心理学[M]. 侯玉波，等，译. 3版. 北京：中国轻工业出版社，2016：419.

② 刘蒙之，孙婷婷，赵天天. 西方人际传播理论导论[M]. 西安：世界图书出版西安有限公司，2015：195.

1. 丰富校园文化活动，促进内部团结

实验第一阶段通过开展活动促进了内部团结，并出现“有效的发起者”成为队伍的领头羊。那么，通过开展丰富多彩的校园文化活动，一方面促进整个校园学生群体的团结，另一方面让出现的那一部分“有效的发起者”也能在校园活动准备、参与的过程中有事可做，引导其正面作用的发挥。作为学校，要摒弃应试教育，大力推行素质教育，创建文明校园，开展形式多样的文化活动，丰富校园文化生活，消除学生厌学情绪，让学生投入集体大家庭当中，热爱学校、团结同学，从而远离校园欺凌。①

2. 加强心理辅导，做好“领袖”正面引导

实验第二阶段，两支队伍知道了对方的存在，并因为只有一方能获胜的比赛而产生了竞争与冲突。他们将另一方看成了阻止他们实现自己目标的障碍，从而发生语言、肢体冲突，在“拾豆子比赛”上对队友更自信，甚至将原来的队长更换为更强壮、更爱煽风点火的人，通过贬低对方，从而让队友们感到亲切。被试者的这一系列表现，一方面体现队伍间矛盾的加剧，另一方面其实也反映出队伍内部变得更加团结。因此，在校园欺凌出现前或冲突已经发生时，教师、家长要加强对学生的心理辅导，让他们明白学习、生活中难免存在竞争，要用积极的眼光看待，要成功竞争应聚焦提升自己的能力而非通过语言、肢体等冲突战胜对方。对新出现的“有效的发起者”这样的“领袖”人物，更应该做好正面引导，帮助他们树立正确的价值观，让他们的“强壮”为群体正确前行助力、让“煽风点火”成为群体正面思想的引领。

3. 巧借“超常目标”，有效化解冲突

罗伯洞穴实验证明，简单地让两支队伍一起参与活动会导致更多的语言、肢体冲突，而通过设定“超常目标”——营地的供水系统被蓄意袭击，能够成功化解矛盾，同时还让男孩们学会了分享与团队协作。因此，在校园欺凌发生后，教育者可通过设定“超常目标”，此目标需要引发每一个成员的组内

① 蔺养宁. 中小学校园欺凌的成因及防控策略研究[J]. 新课程（下），2019（7）.

身份且只有学会合作、互帮互助才能完成，淡化个人从属的小群体意识，以使学生群体间矛盾逐步得到化解。

第十六节　基于习得性乐观理论的校园欺凌防控

近年来，校园欺凌事件不断地被曝光，无论是侵害者还是受害者，在一场场悲剧中，很少能脱离这种欺凌的噩梦。所以校园欺凌也逐步引起大家的广泛关注。而习得性乐观能让青少年养成积极正面思维，当遇到问题和困难时能采取积极行动，在一定程度上减少校园欺凌的发生。

一、习得性乐观理论

20 世纪 70 年代，美国积极心理学代表塞利格曼等发现，在面对无助时，乐观者会抵抗无助感，在面临无法解决的问题时也不会轻易放弃。[①]乐观的人相信导致坏事发生的原因只是暂时的，仅仅具有局部有限的影响，不会习惯性地怪罪自己和他人。在此基础上，塞利格曼等提出习得性乐观（Learned Optimism），其含义是指乐观可以而且能够通过后天的学习来获得。[②]

二、习得性乐观理论与校园欺凌的关系

习得性乐观从认知的视角来看，其生成的关键是凡事能够做到“正面思维”。正面思维又具有成长式框架积极语言模式、选择性注意正面信息、理性

---

① 马丁·塞利格曼，卡伦·莱维奇，莉萨·杰科克斯，简·吉勒姆. 教出乐观的孩子[M]. 杭州：浙江人民出版社，2013：4-6.

② 王鉴忠，宋君卿. 习得性乐观生成的心理机制与作用机理探索[J]. 商业经济与管理，2017（6）.

信念和乐观解释风格四种表现形式。[①]充分利用这四种形式可以有效减少校园欺凌的发生。

1. 成长式框架积极语言模式

成长式框架积极语言模式关注“效果、成长、优势与美德”，这种语言模式有利欺凌者形成正确的认知和评判，使人变得乐观，从而减少施暴行为的发生；引导被欺凌者建立自信，缩小欺凌者与被欺凌者力量对比差距，有利于友好同伴关系的建立，减少校园欺凌。

2. 选择性注意正面信息

心理层面的校园欺凌会使被欺凌者产生抑郁等消极情绪，如果不能有效缓解，会使被欺凌者产生抑郁等不良心理疾病。选择性注意正面信息可以帮助个体在遭遇负性事件（孤立、侮辱、排挤、歧视、嫌弃、诽谤、言语攻击等具体行为）时，学会尽量忽视负面信息，将思维的注意力选择性地聚焦于“正面信息”上，获得对负性事件的正面认知评价，从而激发积极情绪和行为。[②]这样可以极大地减轻负面情绪的影响程度，缩短调适时间，使个体以最短的时间度过心理危机并能够寻得有效的抑制办法。

3. 理性信念

合理的信念促成人的理性正面思绪，会引起人们对事物的适度情绪反应，从而弱化欺凌者的欺凌动机，强化被欺凌者的自我保护意识，使欺凌双方复杂的关系得以改善。

4. 乐观解释风格

乐观型解释风格者，在遇到事情时，其解释的结果总是能对自身情绪起到积极的作用。在校园欺凌事件中欺凌者与被欺凌者之间存在着明显的力量

① 王鉴忠，宋君卿. 习得性乐观生成的心理机制与作用机理探索[J]. 商业经济与管理，2017（6）.

② 王鉴忠，宋君卿. 习得性乐观生成的心理机制与作用机理探索[J]. 商业经济与管理，2017（6）.

不均衡，如果教育工作者能够通过教育来给予被欺凌者正面指引，并使被欺凌者的优势得到充分展示与肯定，那么在面对校园欺凌事件时，被欺凌者就有足够的自信来对校园欺凌说不。

三、努力培养学生习得性乐观，预防校园欺凌

1. 发挥周围环境潜移默化的作用，让乐观、和谐的氛围萦绕身旁

（1）营造培养学生习得性乐观的家庭环境。

家庭是孩子成长的基本环境，家长是孩子的第一任老师。家长的语言模式、注意信息、信念与解释事件的风格都与校园欺凌事件密切相关。有些家长自身脾气暴躁、好斗，平时语言中隐含消极的限制性信念、价值观和行为准则，喜欢打骂孩子，这些言传身教会对孩子产生潜移默化的影响。因此，我们应该避免这种氛围的影响，提升家庭教育素养。提升家庭教育素养，可以从以下几方面入手。

首先，父母为孩子树立好的行为榜样，思想积极正面，遇到事情以正确的方式去对待，而不是以逃避或冲动方式解决。家长要不断学习新知识，努力解决生活中所遇到的困难，让孩子在遇到困难或侵害时，同样选择主动解决而不是逃避。家长要鼓励孩子想办法，引导孩子和同伴多进行沟通交流，以积极、主动、自信、乐观、勇敢的态度面对侵害。优秀的父母能够对自己的一言一行进行调控，为孩子的成长提供一个健康、积极、自信、乐观、勇敢的学习典范。

其次，提升亲子沟通素养，选择孩子想表达、愿表达的信息来沟通。父母应多关注孩子心理发展，倾听孩子的烦恼和心声。当孩子遇到问题不愿沟通时，父母应创造互动的场所和机会，让孩子把内心的烦恼表达出来，引导他们将思维的注意力选择性地聚焦于“正面信息”上，获得对负性事件的正面认知评价，帮助其共同解决问题，与孩子共同成长。

最后，父母要通过理性信念对子女实行“爱”“教”结合的教育。父母应在关心、疼爱自己孩子的同时严格要求孩子。在和孩子观点不符时，做到理性客观地去认知评价，不贴标签、不以偏概全，给孩子足够的耐心与宽容。

这些对父母的心理素质提出了很高的要求，他们需要具备足够的耐心、强大的情绪调节能力和敏锐的觉察力。也只有这样，才能培养出心理同样强大、同样健康的孩子，在面对校园欺凌时，孩子才能正确应对。

（2）营造培养学生习得性乐观的学校环境。

教师在传授知识的过程中，要加强课堂教学互动，尽量增强课堂趣味性，使学生在学习过程中更加专注。增强课堂吸引力，不仅有助于学生知识和技能的掌握，达成教学目标，还有助于培养学生的创造性思维和批判性思维，同时可以帮助学生学会良好的社交技巧，有助于形成健全的人格。

学校还应该加强校园管理，通过惩治制度、陌生人进校登记制度、健全应急预案、禁止学生携带管制刀具入校、法律参与惩治制度等让学生对校园安全放心，形成合理健康的信念，达到弱化欺凌者的欺凌动机，强化被欺凌者的自我保护意识，使欺凌双方复杂的关系得以改善的效果。

2. 提高学生言语能力、同伴交往能力以及面对欺凌时的应对能力

（1）培养学生的倾听能力、阅读能力、口语表达能力。

通过这些能力的培养，让他们在与同学沟通交流时能更多地关注其中的效果、成长、优势和美德。这样在遇到问题时，更能激发人的积极情绪和行为，并产生与预设信念相一致的结果，更好地处理同伴关系，减少校园欺凌的产生。

（2）发展学生的同伴交往能力。

校园欺凌往往发生在同伴交往中，同伴交往能力的发展对同伴侵害应对的优化起着非常重要的作用。首先，我们要正确认识培养学生同伴交往能力的重要性。学校、家庭应该教会学生同伴交往的技能，例如如何礼貌待人，如何与同伴玩游戏，如何分享食物和玩具，如何帮助和谅解同伴，遇到矛盾如何处理等。其次，为学生创设良好的同伴交往氛围，充分利用各种资源，积极创造和谐的环境，通过学习、生活、游戏为学生提供与同伴自由交往的机会，大胆放手并鼓励学生自己解决同伴交往中产生的矛盾和冲突，让他们学会解决问题，学会接纳、忍让、宽容与协商。

学校在教育中，可以通过各种活动，引导学生在对待负性事件时，将注意力选择性地聚焦于“正面信息”上，获得对负性事件的正面认知评价。如此一来，当学生在遇到心理层面的校园欺凌时，即使也会产生抑郁等消极情

绪，但会极大地降低负面情绪的程度，缩短调适时间，使个体以最短的时间度过心理危机并能够寻得有效的抑制办法。同时，这也可以帮助青少年建立良好的同伴关系，能很好地看到同学身上的长处，学会主动关爱同学，站在同学的角度全方位思考问题，减少出现欺软怕硬、为了得到同伴的认可而参与欺凌他人事件等现象；引导被欺凌者在面对矛盾或者小摩擦时，主动迈出沟通的脚步。建立良好的同伴关系，彼此信任，不会听到别的同学挑唆或者误会就关系破裂、矛盾激发，从而避免产生暴力行为。

（3）教师自身采取合理措施。

当校园欺凌发生时，面对校园欺凌，教师应充分考虑到学生的个性特点、年龄特点、性别特点和不同的同伴侵害类型，加强对被欺凌者同伴侵害应对策略的指导。在校园欺凌中，欺凌者和被欺凌者往往会形成一种复杂的互动状态，当欺凌者实施欺凌行为时被欺凌者的退让与恐惧会反过来强化施害者的欺凌动机，致使欺凌行为循环往复，成为一种具有持续性、重复性的行为。所以，教师一方面要相信学生有独立解决同伴侵害的能力，让学生有足够的思考时间以及给予学生独立解决同伴侵害问题的机会。另一方面，教师也要对侵害者进行心理、法治、道德等方面的教育，减少施暴行为；对受侵害学生传授有效的应对策略，避免其使用消极的应对策略，如退缩、逃避、哭泣、大叫等，激化欺凌者的欺凌行为，从而减少校园欺凌。

第十七节　基于家庭教育理论的校园欺凌防控

从婴儿、幼儿、儿童、青少年、青年、中年到老年，我们的成长阶段都离不开家庭教育，我们既是教育者，又是受教育者，逐步发展，代代传承。青少年学生是国家发展的希望，民族的未来。青少年因家庭教育的差异，在学校与人交往的过程中，不可避免地会产生一些矛盾和冲突，有的人能很好地应对，有的却不能，甚至产生严重的后果。家庭教育的理念及方式会直接影响学生在学校的行为习惯，我们有必要从家庭教育着手，用科学有效的方法给施教者以指导和引领，最大程度减少校园欺凌事件的发生。

一、家庭教育理论概述

中国当代家庭教育理论研究的开拓者和奠基人赵忠心教授所著的《家庭教育学》中对“家庭教育”的解释是:“家庭教育是指在家庭生活中，由家长即家庭里的长者（其中主要是父母）对其子女及其他年幼者实施的教育和影响。”[①]家庭教育理论的形成过程漫长，并一直随着社会发展变化而不断更新。古今中外，都有许多关于家庭教育理论的著作，如法国卢梭的《爱弥儿》、瑞士裴斯泰洛齐的《贤伉俪》，他们在著作中均以不同的言语强调了家庭教育的重要性。家庭教育依托着不同的方式在各自的家庭中发挥作用。

二、家庭教育方式与校园欺凌

社会的发展日新月异，网络信息更新迅速，人们的生活节奏加快，有些家庭对孩子的教育过分强调智育，忽视了德育。

1. 专制式的家庭教育诱发校园欺凌的发起者

这是最严厉的一种家教倾向类型，对孩子的控制度很高、接受度很低。家长制定很多规则，强制孩子遵守，因为这种专制，家长跟孩子之间开放性的话题非常少。另外，这种类型的家长非常依赖于家长的专制，如利用体罚方式来让孩子服从自己的命令。孩子在家受着专制式的家庭教育，他就会认为独断专制可以让人服从，在与其他同学相处时，稍有不顺心的地方，他就想用武力达到他的目的，这样就引发了校园欺凌事件。

2. 忽视式的家庭教育萌发校园欺凌的受害者

忽视孩子是对孩子成长伤害最深的一种行为，家长很少参与孩子的日常生活，不关心孩子的心理变化，在这种情况下，孩子就会在学校的同龄人中寻找可以倾诉的人。缺少关爱的孩子在与他人交往时，自卑情绪严重，往往处于被动位置，即使有了不愉快的事情发生，一般也是“敢怒不敢言”。一些性格强势的孩子，为了显示自己的“优越性”，就会欺负这些性格内向又自卑

① 赵忠心. 家庭教育学[M]. 北京：人民教育出版社，2001.

的孩子。忽视式的家庭教育下长大的孩子，可能就是校园欺凌事件中的受害者。

3. 放纵式的家庭教育带来校园欺凌的跟风者

放纵式家庭教育是一种会伤害孩子的家教方式。这类家长会积极回应孩子但是很少对孩子有要求。他们鼓励孩子表达感情，却很少对孩子的行为施以控制。家长设置的规矩非常少，并且没有持续性。这种家庭环境长大的孩子，随意性较大，规则意识淡薄，很容易“随波逐流”。当看到同学之间有矛盾时，就会“不多想”地选择一方，参与到欺凌事件当中。

家庭教育的缺位是造成校园欺凌事件的重要诱因。得不到家庭的关爱，可能成为孩子采取校园欺凌的主观动机。因此，良好的家庭教育对一个孩子的健康成长有着至关重要的作用。

三、家庭教育在防控校园欺凌中的作用

家庭教育在某些家庭是缺失的。独生子女家庭中孩子的成长可能会因为同伴的缺失、家人的溺爱等原因产生耐挫能力较差，比较自我中心等问题；工业化进程加快，父母外出打工，留守儿童的家庭教育缺少父母参与；离异家庭的青少年在与其父母沟通互动上略显不足；多元化的家庭价值观会使受教者对施教者提出异议，或者直接抗拒，不接受施教者的观点。这种情况下，孩子的身心和品德都难以得到很好的养成，为校园欺凌事件的发生埋下了隐患。

1. 蒙以养正式的家庭教育——将校园欺凌扼杀在萌芽里

重视孩子的早期家庭教育，让孩子从小养成好习惯和良好品德。父母的言行举止、处事态度和方法都会直接对未成年人产生影响。孙奇逢曾说：“孩提知爱，稍长知敬，此生性之良也……古人童蒙养正，以慎所习，使不漓其性耳。此日蒙养不端，待习惯成性，始思补救，晚矣！”[①]若家庭能够及时做好孩子的蒙童教育，就可以避免一些校园欺凌的发生，给孩子们一个安全、

① 包东坡. 中国历代名人家训精萃[M]. 合肥：安徽文艺出版社，2000：296.

和谐的环境，让他们能够快乐成长。家庭早期教育不仅符合儿童身心发展规律，也为孩子后续学习、修身奠定基础。

2. 修身养性式的家庭教育——降低校园欺凌发生频率

校园欺凌事件的发生有着诸多因素，其中家庭因素的影响巨大。相关研究发现，在学校容易与他人动手打架或者喜欢跟风打群架的学生，一般其父母或家庭主要成员可能会有这方面的倾向。在家庭教育中，父母首先要有良好品行，教育孩子时不能一味打压、不容孩子反驳。随着年龄的增长，孩子对事物的认知会逐渐成熟，在教育孩子时，要给孩子发言权，加强沟通，正面引导，让孩子懂得与他人相处时要宽厚包容，诚实守信，戒骄戒躁，勿以恶小而为之。当然，也要教会他们敢于大胆说“不”，不能一味忍让，学会利用学校规章制度或相关法律法规保护自己。孩子在学校，能够与他人友好交流，建立良好的人际关系，就可以大大降低校园欺凌发生的概率。

3. 自立自强式的家庭教育——有效减少校园欺凌恶化

校园欺凌事件中的受害者，一般有自卑、温顺、胆小、缺乏交流等表现。受害者软弱个性也与家庭教育失当息息相关。比如一些父母性格强势，孩子往往缺乏安全感，想找到保护自己的人，在与他人交往时，对他人的依赖性强，会缺乏自信，这样容易成为别人欺凌的对象。在家庭教育中，要注意培养孩子自强自立的品格。人是一种有情感的高级动物，除了物质需求，更需要精神慰藉，多与孩子进行心灵深处的交流，培养孩子明辨是非、独立自主的能力。在人际交往中，自强自立的孩子可以很好地做出正确的判断，不会依赖他人，更不会“凑热闹”，可以有效减少校园欺凌的恶化。

四、结　语

俗话说，人一生要经历三次“大染缸”。家庭教育是第一个，遇赤则红，遇墨则黑，可见家庭教育对青少年成长的重要性，家庭教育不能让渡于学校和社会。孩子的身心健康和良好品德的培养离不开家庭教育。在党的十八大之后，习近平总书记从国家战略的层面多次提及家庭教育，把家庭教育摆在了伟大民族复兴的高度。现代家庭教育应把立德树人放在首位，体现以人为本，遵循孩子的生长认知规律进行教育。施教者要以身作则，言传身教，点滴培养，宽严适度，爱国、敬业、诚实、守信，把孩子培养成为一名合格公民。

第十八节　基于萨提亚家庭治疗模式的校园欺凌防控

欺凌行为的发生，会对所有卷入者的身心健康产生消极影响与危害。被欺凌者会产生担心害怕、焦虑愤恨、羞耻、自尊受挫等消极情绪体验，甚至会出现抑郁症、低自尊、低自我价值感、自伤自杀等身体和心理的创伤。面对屡禁不止的校园欺凌，我们开始思考欺凌产生的原因，探索其防控策略。

家庭是孩子成长的第一场所，是孩子进行社会化的最早场所，也是未成年学生欺凌和暴力行为的学习源和发生源，家庭对预防和矫正未成年人越轨行为负有不可推卸的责任。[①]家庭影响着孩子的成长。因此从家庭角度来解决校园欺凌尤为重要。本节尝试从萨提亚家庭治疗的角度来探索校园欺凌防控。

一、萨提亚家庭治疗模式

维吉尼亚·萨提亚（Virginia Satir）是美国家庭治疗（Family Therapy）发展史上最重要人物之一，向来被视为家庭治疗的先驱。

萨提亚家庭治疗模式是维吉尼亚·萨提亚女士所创建的理论体系。该模式建立在系统论基础之上。萨提亚认为，我们每个个体都处于“个体”“家庭”和“环境”三个系统之中，系统间是相互影响的，个体在不断地互动中建立自我概念、形成自尊和独特的行为模式。家庭系统既能满足家庭成员的生存需要，也能为其提供发挥潜能的机会。成员间相互影响，需求各异，故家庭中不可避免地会出现矛盾。而家庭系统会以“开放”或“封闭”的方式处理这些矛盾，相较于封闭的家庭系统，萨提亚更倾向于家庭系统的开放性。父

① 余雅风. 防治校园欺凌和暴力，要抓住哪些关键点[J]. 人民论坛，2017（2）：98-99.

母通常都会重复他们在成长过程中形成的家庭模式，即便这种模式是功能不良的，故个人问题很大程度上都与家庭系统有关。

萨提亚模式的治疗目标是通过各种技术，如沟通姿态雕塑、家庭重塑、面貌舞会、冥想等治疗技术来改变家庭中各个成员之间的互动模式，帮助解决个人和家庭的问题。

1. 萨提亚家庭治疗理念

萨提亚是人本主义取向的治疗师。她认为：人性本善，我们可以通过使用自身的内部资源和力量，去成长和发展为更具责任感的人，我们能够使自己变得更快乐，更健康。她的治疗理念里着重提高个人的自尊、改善沟通及帮助人活得更“人性化”，而并非只是消除“症状”。萨提亚模式不强调“问题”或“病态行为”。萨提亚认为，问题的产生来源于人对事件的处理不当，问题本身并不是问题，应对方式才是问题产生的来源，错误的应对方式会带来心理问题和障碍。萨提亚强调人的主观能动性，人都有足够的能力和资源去改变、调整，形成一致性，达到症状的消失。她更关注自我成长和潜能开发，是成长取向的心理治疗模式。

2. 家庭的沟通姿态与沟通姿态雕塑技术

萨提亚模式非常注重沟通姿态背后隐含的意义与个体的感受，而非沟通技巧。沟通过程中要涉及个人、情境、他人三方面的因素。个体为了更好地保护自己，会发展出某一种特定的沟通姿态，来应对来自他人的语言或者非语言攻击，消除对自己可能的威胁和伤害。家庭系统功能失调的特征之一是不适当的沟通。讨好型、超理智型、责备型、打岔型四种沟通姿态均为“表里不一”的应对方式，是不良的沟通姿态，它们会影响个人的信息加工和家庭成员之间的互动。沟通不畅就会产生挫败、愤怒、焦虑等不良情绪。

沟通姿态雕塑是用肢体语言来表达家庭规则，将家庭成员的心理活动外显化，让参与者更直接地体验，促进家庭成员或者个体的改变。这种方式可以避免家庭成员之间使用语言互相攻击。姿态雕塑可以暴露家庭中的一些不易察觉的规则，更有利于治疗师去解决家庭的问题，形成整合的、表里如一的沟通应对方式。

3. 家庭重塑技术

家庭重塑是在团体中，通过重现过去的成长经历，家庭成员之间从一个全新的视角来看待和思考家庭与自己，重新调整自己在原生家庭中的位置。[①]在此过程中释放并克服内心被压抑的感受，积极应对过去的家庭生活中不良的行为和病态的互动规则对自己的影响，突破自己的局限，帮助自己向正面积极的方向发展。

二、萨提亚家庭治疗模式下校园欺凌原因分析

1. 家庭沟通模式不良

家庭沟通模式在某种程度上反映了家庭中存在的问题。良好的沟通是一种完满的沟通姿态，也是我们期待达成的状态，这种状态满足了自我的感受和需求，也兼顾了他人和沟通所处的情境。但有研究表明：欺凌者和被欺凌者的家庭沟通模式存在一定的问题。萨提亚认为：我们常重复在成长过程中熟悉的形式，即使那些形式是功能不良的。[②]讨好型父母教育下的孩子会漠视自己的价值感受，压抑自我、委曲求全、取悦他人，比较容易发展成被欺凌者。责备型父母通过挑剔、批判、恐吓他人或环境来保护自己；他们往往只考虑自己的感受，拥有极强的自尊心，轻视他人，总是拒绝和反对他人意见，甚至会对他人进行攻击，从而产生欺凌行为。

2. 家庭教养方式不当

家庭教养方式是以亲子关系为主，是家长在养育子女过程中的情感倾向、行为模式以及态度的集合。它们会稳固地影响子女的身心发展、个人修养。[③]民主型（引导型）家庭教养方式是最理想的教育方式。该方式下孩子自信、自控、乐观积极，有良好的人际关系。而在专制型、溺爱型、放任型、限制型等教养方式中成长的孩子可能会出现性格、情绪和行为上的问题。家庭教

---

① 陈海芹．运用萨提亚治疗模式干预初中生亲子冲突研究[D]．太原：山西大学，2008.

② 常红丽．萨提亚家庭治疗模式在青少年心理健康问题中的应用[J]．生命科学与医药卫生，2010（7）：56.

③ 曾蓉．父母教养方式对初中生自立人格的影响[D]．重庆：西南大学，2009.

养方式与欺凌行为相关，父母教育不一致以及经常使用身体惩罚手段与欺负行为有较高相关性。①

三、萨提亚家庭治疗模式下的校园欺凌防控

1. 重建良好的家庭沟通模式

萨提亚认为良好的家庭沟通模式是表里一致型。家庭成员应该根据不同成长阶段孩子的心理需求和情境，调整形成崭新适用的沟通模式，满足家庭成员有效沟通的需要。我们可以通过沟通姿态雕塑、家庭重塑、角色扮演、心理剧等技术协助当事人思考整理家庭系统的互动，发现家庭中不断重复的模式，修正并产生新的家庭规则，尝试新的行为。

相关研究表明，亲子关系对于学生性格、品格等的形成具有关键作用，解决学生攻击性问题时，改善其亲子关系是干预措施中重要的手段之一。②运用积极关注、同理心、倾听等技巧，多与孩子沟通，了解其情绪、行为和想法，关心、理解、引导孩子，形成亲密、信任的亲子关系。让家成为孩子坚强的后盾，丰富牢固孩子的社会支持系统。家庭成员要互相监督，通过不定期评估，观察家庭成员的沟通模式。

2. 重视家庭教育，改变家庭教育观念，优化家长教育方式

习总书记说："家庭是人生的第一所学校，家长是孩子的第一任教师，要给孩子讲好'人生第一课'，帮助扣好人生第一粒扣子。"家庭教育和家庭环境对学生心理健康具有"显性"与"隐性"的影响。③

家庭中父母的教养方式也是导致学生产生欺凌行为的重要因素，如"放任型"容易导致孩子形成"冷漠"等性格特点，可能成为欺凌行为的旁观者；"专制型"容易导致孩子人格缺陷，极易形成以暴力解决问题的思维，有可能成为欺凌行为的欺凌者。所以，家庭对孩子成长起着重要作用。父母要承担

---

① 强菲菲. 社会工作介入校园欺凌行为研究[D]. 沈阳：辽宁大学，2014.

② WALLEN J，RUBIN R H. The role of the family in mediating the effects of community violence on children[J]. Aggression & Violent Behavior，1997，2（1）：33-41.

③ 宋莉，陈坤. 家庭环境视域下的学校欺凌治理逻辑研究[J]. 教育实践与研究，2017，（12）：47-51.

起教育孩子的责任，为孩子健康成长创造条件；呵护孩子天性、培育孩子兴趣、激发孩子好奇心、启迪孩子思维、激活和唤醒孩子的生命力。家庭教育是高质量的陪伴，关注孩子身心健康，除了提供相应的物质条件，更要成为孩子面对困境、挑战自我的能量来源；家长应该真正重视家庭教育，支持、信任孩子，培养孩子健康人格，作为孩子的第一任教师，树立良好家风，做好孩子榜样，学会关怀自己和他人，学会对自己和他人负责；关注孩子在学校、社会、同伴交往等方面的表现；加强对孩子文明、道德、纪律、交往、法制等方面的教育。

四、结　语

家庭是孩子成长的第一场所，孩子问题的产生通常与家庭系统有很大的关系。本节运用萨提亚家庭治疗模式，尝试从家庭的角度来探索校园欺凌的防控。但校园欺凌防控是一个复杂的历程，它与个体自身因素、家庭、学校、社会、不良媒体等息息相关。防控校园欺凌需要各方联手，建立基于学生个体、学校、家庭和社会的多主体治理体系，同时还需建立评估机制，通过自评和他评的多主体评价方式，尽力防控校园欺凌。

第十九节　基于学校气氛理论的校园欺凌防控

一、学校气氛理论

1. 学校气氛的界定

家庭和学校是儿童和青少年心理发展的两大生态环境。学校气氛是影响学生身心发展的重要微观生态环境，良好的学校气氛能促进学生学业及社会适应性发展。海恩斯和埃蒙斯（Haynes & Emmons，1997）认为，学校气氛就是指学校中那些影响儿童认知、社会性及心理发展的学校全部成员之间人际互动的质量和频率，它包括学校中成人之间、成人与学生之间、学生之间以及家庭、社区与学校之间的互动关系。[①]我国学者葛明贵、余益兵认为，学生感知的学校气氛不仅对于学生的学业成绩，而且在更广泛的范围内对学生的情感、态度、社会行为等产生重要影响。[②]

2. 感知学校气氛的概念

“学校气氛”和“感知学校气氛”是两个不同的概念，“感知学校气氛”关注学校气氛在个体中的反映，是学校成员对学校中的社会关系、情感支持、认同感以及归属感等氛围的差异性感知。

长时间生活在学校环境的学生，对学校气氛形成了较精确和持久的感知，积极的学校气氛对青少年的发展起着潜移默化的影响。

二、学校气氛理论与校园欺凌的关系

近年来，校园欺凌已经成为一个世界性的现象，悄无声息地残害着儿童和青少年的身心健康。学校气氛反映了学校的心理环境，越来越多的学者注意到校园气氛与校园欺凌之间的关系。

研究显示，学校气氛感知通过两个路径对校园欺凌产生影响：一是学校气氛感知直接影响校园欺凌行为，二是学校气氛感知借助自尊的通道间接影响校园欺凌行为。[③]

1. 学校气氛直接影响欺凌行为

在葛明贵、余益兵编制的《中学生感知的学校气氛问卷》中，将学校氛围划分为师生关系、同学关系、学业压力、秩序与纪律、发展多样性 5 个维度；除学业压力外，维度均分越高，表明学校气氛越好。[④]良好的学校气氛会让学生产生归属感、信任感、安全感，对自我和他人有更积极的评价，更

---

① HAYNES，EMMONS N K，BEN-AVIE C. School Climate as a Factor in Student Adjrstment and Achievent[J]. Journal of Educational and Psychological Consultation，1997，8（3）：321-329.

② 戴晓阳. 常用心理评估量表手册[M]. 北京：人民军医出版社，2010.

③ 赵莎. 小学生学校气氛感知与校园欺凌行为的关系：自尊的中介作用[D]. 成都：四川师范大学，2019.

④ 葛明贵，余益兵. 学校气氛问卷（初中生版）的研究报告[J]. 心理科学，2006（2）：460-464.

多关注于学业水平。相反，紧张、混乱、不安的学校气氛更容易滋生欺凌行为，例如身体和言语攻击，还有口头威胁、戏弄、孤立等间接欺凌。

例如，教师过度的惩戒或言语暴力，导致师生关系恶化，学生产生消极的感受，影响学生的自我评价和人际关系，进而导致欺凌的发生。学校缺乏严格的纪律规范，对校园欺凌事件视而不见或者姑息纵容，学生无法安心学习，感到不安和痛苦，校园欺凌事件也会屡禁不止。

2. 自尊在学校气氛感知和校园欺凌中的中介作用

自尊是个体对自我的整体性评价，良好的自尊是心理健康的重要组成部分，自尊水平高的学生心态更加积极上进，处理人际关系更得心应手，自我评价良好，容易产生幸福感。自尊水平低的学生常常用消极的眼光看待自己，时常觉得自己一无是处。

有研究表明，学校气氛感知和自尊水平分别与校园欺凌行为呈显著负相关，这意味着对学校气氛感知较为消极的个体更容易形成低自尊，而低自尊个体更容易卷入校园欺凌。[①]因此，使学生建立良好的自尊，能够干预个体的心理健康，从而防控校园欺凌的发生。

三、提高学生学校气氛感知能力，防控校园欺凌

学生生活在学校、家庭、社会的全面生态环境之中，提高学生对学校气氛的感知除了需要学校的努力，家庭、社会的共同参加也必不可少，各方应携手共同维护儿童和青少年的心理健康，从而防控校园欺凌。

1. 学校：管理、丰富、合作

（1）严格管理，坚决遏制。

提高学生对校园气氛的积极感知，首先，学校要严格学校秩序管理，支持反欺凌的文化建设，第一，建立严格的防校园欺凌管理制度，实施对校园欺凌现象零容忍制度，任何人不能触碰校园欺凌的红线，使学生确信校园欺凌是会被坚决制止的。第二，规范教师教育教学行为，加强师德师风建设，

① 赵莎. 小学生学校气氛感知与校园欺凌行为的关系：自尊的中介作用[D]. 成都：四川师范大学，2019.

倡导民主、平等、尊重的现代师生关系，营造尊师爱生、团结紧张、严肃活泼的学校氛围。

（2）丰富活动，陶冶情操。

组织丰富多彩的课外活动，培养学生丰富的兴趣爱好，让学生在不同方面展示个人特长，促进师生之间、生生之间多方面交流，帮助学生建立良好的自我效能感，从而提高自尊水平，帮助学生积极调适心理与行为方式，在同伴之中获得认同和信任，提高社交自信。

（3）多元合作，共同发展。

学校气氛会直接影响学生心理健康，为了让学生感受积极的学校气氛，需要积极争取社会、家庭、学校师生的积极合作，如设置心理健康活动课程，干预和辅导学生心理健康；组织校内外文化交流活动，丰富学生课外生活；争取家长主动参与，支持和维护学生心理健康发展。

2. 教师：关心、支持、融洽

感知师生关系和同学关系是感知学校气氛中的重要维度，学生是成长和发展的个体，教师通常是学生的榜样和示范，对他们正确指导、严格要求的民主型的师生关系有利于学生积极感受学校气氛。

（1）仁爱之心，关怀学生身心成长。

习近平总书记指出要培养新时代“四有”好老师，即有理想信念、有道德情操、有扎实学识、有仁爱之心的“四有”好老师。老师需要通过真情、真心、真诚拉近与学生的距离，让学生感受到自己被公平对待、尊重和认同，亲其师才能信其道。

（2）严格要求，支持学生全面发展。

老师要支持学生建立自尊，积极挖掘学生身上的闪光点，对学生学习严格要求，支持学生主动学习，让学生感受到成长带来的自我肯定和幸福感。

（3）积极沟通，融洽班级氛围。

注重与学生的沟通和教导方式，当学生犯错时，就事论事，不给学生贴标签，用欣赏增强学生的信心。注重班级文化建设，提高班级凝聚力，建立互帮互助、融洽和谐的班级氛围。

3. 同学：和谐、互助、友善

随着年龄的增长，同学关系是否融洽直接关系到学生学校生活的质量，尤其到了高中阶段，感知同学关系越好的学生，心理健康水平越高，卷入到校园欺凌中可能性越小。和谐融洽的学校气氛让学生产生归属感，可以提高学习积极性，有效预防校园欺凌的产生。

4. 家长：尊重、民主、爱护

研究表明，家庭成员关系是否融洽也直接影响学生感知到的学校气氛。家庭是学生成长的重要环境，直接影响着学生的幸福感体验。民主和睦、尊重欣赏、平等爱护的家庭会培养出善于人际交往、性格开朗大方的孩子。当孩子带着积极的情绪状态和交往技巧来到学校，能积极处理好师生关系和同学关系，建立更高的自尊水平，能有效避免校园欺凌发生，当遇到校园欺凌时也有更有效的方式积极应对。

营造良好的学校气氛需要学校、家庭、社会的共同努力，学生在学校中有良好的学校气氛感知能提高学生的自尊水平，促进学生心理健康和社会适应，从而使学生更少出现不良行为或者卷入校园欺凌事件中。

第二十节　提高自尊水平，防控校园欺凌

一、自尊概念界定

自尊是英文单词 self-esteem 的译文。一直以来，国内外学者对自尊深有研究。但截至目前，对其概念界定国内外还没有统一的看法。有研究指出它主要是指个人对自我价值和自我能力的情感体验，属于自我系统中的情感成分，具有一定的评价意义。简言之，自尊是对自我的一种评价性和情感性体验[①]。王丽认为自尊主要指个体关于自我价值的评价与体验，它是个性系统中反映个体自我意识的内容之一[②]。鲁克（1999）在综述的基础上提出：自

① Wang Y，Ollendick T.A Cross-Cultural and Developmental Analysis of Self -Esteem in Chinese and Western Children [J] .Clinical Child and Family Psychology Review，2001，4（3）：253 -271.

② 王丽. 中小学生亲社会行为与同伴关系、人际信任、社会期望及自尊的关系研究[D]. 陕西师范大学，2003.

尊是在应付生活挑战时的个人能力和个人价值之现存状态。该定义中，能力和价值是自尊的两个基本维度①。

总之，自尊是指个体根据自己的能力和价值，对自己的一种自我评价。这种评价会受到他人和外界环境的影响。

二、自尊水平与校园欺凌的关系

著名作家克里斯托夫.安德烈在他的著作《自尊的力量》中指出：人类是一种社会动物，没有良好的自尊，便不会和他人有良好的关系。②研究表明：自尊和校园欺凌呈显著的负相关。即自尊水平越高，个体越不容易受欺凌，反之，自尊水平越低，就越容易被卷进欺凌中。尤其是在第一次欺凌事件发生时，若被欺凌的个体或群体因力量弱小而不能反抗或不敢反抗，欺凌者就会觉得他们懦弱无能，从而形成长期的欺凌。遭受校园欺凌的个体通常表现出低自尊、焦虑、抑郁等不良的情绪体验。因此，笔者认为，可以通过提高个体的自尊水平，有效防控校园欺凌。

三、提高自尊水平，防控校园欺凌

（一）家庭方面

1. 优化家庭教养方式，建立良好亲子关系

家长改变传统的家庭教育方式，建立民主的家教方式。及时关注孩子的心理与行为，多和孩子沟通，积极共情、倾听，了解孩子的心理动态，培养孩子健康的生活习惯和人生态度，促进儿童性格特征的健康发展。当发现孩子有异常时，要使用正确的方式及时处理。

2. 关注“独生子女”“二胎时代”的同伴关系

“独生子女”的“万千宠爱于一身”、对“二胎”的溺爱，过度的爱间接

---

① Mruk C .Self -esteem：Research，theory and practice[M]. New York：Springer Publishing，1999.

② 克里斯托夫·安德烈.自尊的力量[M]. 余春红，高巍，译.北京：北京科学技术出版社，2017：8.

导致孩子在集体生活中的不适应，因此也需要家长做到从小给孩子营造良好的生态成长环境，改变教育观念和教养方式，改善亲子关系。在处理孩子间的问题时，对事不对人，正确处理。

（二）学校方面

1. 增强学生的学校归属感、集体归属感

由于自身性格原因，有些学生集体适应能力较差，因此加强同伴合作和同伴指导非常有必要。可以通过同伴间的帮助，让性格孤僻的孩子尽早适应集体生活，让孩子感受到学校归属感和集体荣誉感；否则，性格孤僻的孩子就会越来越自卑，自尊心受挫，最终容易成为被欺凌对象。

2. 加强学生德育与心理健康教育

学校应该加强家校合作，和家长多多沟通，遇到学生有异常及时联系。此外，学校还应该制定完善的制度和措施，建立相关预案。

教师在日常的教学活动中，除了关注成绩之外，还应该关注学生的心理状态和与同伴间的交往，教师要改变和学生的交往方式，改善师生关系，关注孩子间的个体差异，及时引导和帮助。

3. 重视正面评价，正确使用赏识教育，提高学生自尊

著名心理学家威廉·詹姆斯说过：人性最深切的渴望，就是获得他人的赞赏。这说明了正面评价对一个人的鼓励作用。赏识教育是生命的教育，是爱的教育，是充满人情味、富有生命力的教育。因此，我们应该懂得欣赏，帮助学生扬长避短，克服自卑、懦弱心理，提高自尊，树立自信心。

4. 关注重点儿童

（1）关注留守儿童。

有些家长因为工作原因，不得不背井离乡。对于这类留守儿童，学校应该给予更多的关爱和帮助，不仅是在学习上，还应该在生活上和心理上。让留守儿童不感到孤单，心理健康发展，减少校园欺凌行为的发生。

（2）关注“二胎时代”学生的心理问题。

如今，“二胎”越来越多，两个孩子在心理上也会产生一些问题。这时候

学校应该特别关注这类孩子的心理问题。让老大不会感受到失落和孤单，老二也不会感受到自己在任何方面都是受宠的，人人都是平等的。

（三）个人方面

1. 学会识别欺凌，掌握科学求助方式

当学生首次面临欺凌时，应积极采取适宜措施，正确应对欺凌。在与同伴交往中，要吸纳同伴带来的正面影响，正确面对和评估同伴带来的负面影响。当低自尊的学生第一次遭受欺凌时，没有进行反抗，不管是语言还是行动上的反抗。这都会给欺凌者一个带有优越感的心理暗示，导致欺凌事件再次发生。

很多学生由于家庭、生活、性格等各方面原因，不能很好地融入集体，或者是融入集体的机会较少，对学校的学习生活不适应，不能很好地进行人际交往，喜欢独自学习、生活，当面临校园欺凌时，他们便处于弱势地位，不能正确地应对或求助，导致多次遭受欺凌，带来长远的身心伤害。多次遭受欺凌的被欺凌者，也很可能通过不合理的方式来宣泄欺凌带来的不良情绪和负面影响，成为主动欺凌者。

在学生的学习生活中，学生个体要加强对优秀品质的培养，对人热情，待人真诚，积极应对和适应环境，接受法制教育，学习法律知识，学会运用人际资源和法律武器保护自己。

2. 吾日三省吾身，促进自尊提高

孔子在《论语》中说过：“吾日三省吾身。”老子在《道德经》中说过：“知足不辱，知止不殆。”这引导我们需要每天仔细反省自己所做的事情是否正确，对别人的需求尽量降低，更好地认识到自己要做什么，在专注和自省中逐步培养强大的自尊。社会心理学家海德的归因理论给我们启示，可以加强学生的归因训练，帮助学生正确认识自己，减少自我责备和无能感，提高自尊心。

3. 重视“绿色锻炼”，帮助提高自尊

路透社援引英国一期的《环境科技》杂志报道，在公园或花园中锻炼上

5 分钟就能显著改善人的心情，提高自尊。这种在绿色环境中的锻炼被研究者称为“绿色锻炼”。研究表明，身体活动可以提高身体自尊从而提高整个个体的整体自尊。①因此，可以鼓励学生多多参加绿色锻炼，怡心怡情，放松身心，提高自我的自尊感。

（四）社会方面

1. 构建和谐社会，政府应完善法律法规

相关研究表明，校园欺凌问题不仅要从个体角度入手，还要改善或者改变其发生的背景（陈婷婷、康丽颖，2007）。国家和政府应完善相关法律法规，成为校园欺凌问题防控的坚实后盾，为构建和谐社会做出应有的行动。

2. 关注留守儿童的身心问题

当今社会经济发展迅速，许多家长会因为各种原因背井离乡，外出务工，导致不能陪伴孩子，因此空巢老人和留守儿童日益增多。这种现象在农村与偏远、贫困地区非常明显。这类留守儿童缺乏相应的家庭教育，身心问题比较多，问题行为比较突出，也缺乏相应的社会支持系统，在遭遇校园欺凌后，缺乏相应的保护和支持，不能正确处理欺凌事件。因此社会各界务必要重视对该类儿童的正确引导，防止孩子误入歧途。

3. 通过混龄交往提高学生间的同伴关系

在良好的二胎关系中，老大会给老二很多正面的帮助，所以这也给了我们一个思考，可以通过混龄交往加强同伴间的交往，使其学会照顾自己、照顾他人。

因此，在对待校园欺凌的问题上，需要从多角度入手，需要得到家庭、学校、个人以及社会的大力支持与配合，这样才能更好地提高个体的自尊水平，防控校园欺凌。

---

① 陈红.身体活动提高青少年自尊水平机制的分析[J].体育学刊，2003（1）：130-132.

6 严虎，陈晋东，何玲，封珂欣. 农村留守儿童学校生活满意度、自尊与校园欺凌行为的关系[J].中国儿童保健杂志，2019，27（9）：1002-1004.

第二十一节　基于培养亲社会行为的校园欺凌防控

一、亲社会行为的概念

近年来，不少专家学者对亲社会行为进行了大量研究，研究中对其概念的界定也有所不同。白燕（2016）认为，亲社会行为是指人们在社会交往中表现出来的合作、帮助、谦让和共享等有利于他人和社会的行为。[①]黄希庭（2004）提出亲社会行为是指对他人和社会有益的，能带来积极影响的助人行为、利他行为或其他更广泛的行为。[②]寇彧和张庆鹏（2006）也曾使用青少年亲社会行为量表从四个维度（特质性、利他性、关系性、遵规与公益性）对青少年亲社会行为的概念表征进行了研究，并提出"亲情行为""忠诚""增进友谊""帮助"是这四个维度上的最佳实例。[③]

可见，亲社会行为总是发生在人际之间、是对他人、群体或社会有益的行为，其本质反应的是自我与他人的关系，是个体社会化发展的一个重要指标。

二、亲社会行为和校园欺凌的关系

近年来，校园欺凌现象不断发生，引起社会各界人士的广泛关注，国内外学者也对校园欺凌的成因、影响、防控策略等进行了大量研究。王建等研究认为，校园欺凌行为的发生并非单因素造成的结果，而是个体、家庭、学校和社会等因素作用的结果。[④]有研究显示，从小培养个体的亲社会行为，

① 白燕. 校园欺凌与儿童亲社会行为培养[J]. 天津市教科研学报，2016（5）.

② 黄希庭. 简明心理学辞典[M]. 合肥：安徽人民出版社，2004.

③ 寇彧，张庆鹏. 青少年亲社会行为的概念表征研究[J]. 社会学研究，2006（5）.

④ 王建，李春玫，谢飞，等. 江西省高中生校园欺凌影响因素分析[J]. 中国学校卫生，2019，39（12）.

能有效促进其社会认知、情绪情感、道德品质、社会适应等方面的发展，对防止校园欺凌事件具有重要意义。[①]因此，笔者认为，可以通过培养个体的亲社会行为来有效减少校园欺凌的发生。

三、培养亲社会行为，防控校园欺凌

预防校园欺凌现象的发生，可以从培养学生的亲社会行为做起，具体措施如下。

1. 重视早期教育

要重视个体幼儿期亲社会行为的培养。三岁看大，七岁看老，一个人的童年将对其一生产生重要的影响。幼儿期是个体良好社会行为习惯形成与发展的重要时期，从幼儿期培养其亲社会行为，对个体后期建立良好的人际关系具有重要的促进作用。比如，从小教育幼儿学会分享，不争抢同伴的玩具，引导幼儿体验分享的乐趣；培养幼儿的合作交往能力，学会与人和谐友好相处；学会客观地认识自我等。这些行为的培养，对个体后期亲社会行为的养成具有重要的促进作用。

2. 加强移情训练

移情是指设身处地理解他人的内心感受，产生情感共鸣。移情在个体亲社会行为产生与发展的过程中扮演着重要的角色。我们要教育孩子学会站在他人的角度去看待问题，感受并尝试理解别人的情绪和想法。对于低年龄段的学生，可以通过创设情境、角色扮演、观察体验等方法培养其移情能力。

3. 重视自尊培养

有研究表明，自尊与亲社会行为之间存在相互的、正向的关系。自尊越高，个体的自我评价、自我认同、自我接纳越高，表现的亲社会行为越多；自尊越低，个体就会对自我产生较多的悲观评价，人际交往会受到阻碍，表现出来的亲社会行为也就越少。[②]所以，家庭、学校教育都要重视学生的自

---

① 白燕. 校园欺凌与儿童亲社会行为培养[J]. 天津市教科研学报，2016（5）.

② 梁燕. 自尊对亲社会行为的影响及其机制[J]. 文化创新比较研究，2018（23）.

尊培养。比如，增加成功的体验。家庭教育中，可以有意识地创造一些条件，让孩子独立完成力所能及的任务，并及时表扬，让其获得成就感；学校教育中，要因材施教，采取多元评价标准，发现每个学生的闪光点，为学生创造自我展现的平台，让每个学生都能体验成就感，不断提高自尊水平。同时，要引导学生正确地自我评价。只有恰当的自我评价才有利于自尊心的建立，过高或过低的评价，都不利于自尊的正常发展。作为家长、教师要帮助青少年学会客观地自我评价。

4. 发挥榜样作用

榜样的作用对个体早期的影响尤为巨大。众所周知，观察和模仿是儿童学习的主要方式之一。个体在幼儿期具有很强的可塑性，作为幼儿成长环境中的重要人物：父母、教师、同伴等，其一言一行对幼儿的行为习惯及个性的养成具有重大的影响作用。所以，不管是父母还是老师，都要严格规范自己的言行举止，给幼儿树立良好的亲社会行为榜样，以利于幼儿亲社会行为的养成。

5. 营造和谐氛围

环境对个体成长的作用是潜移默化的，和谐、互助、友爱、包容的环境对学生亲社会行为的培养具有重要作用。

从家庭角度，家庭是幼儿学习的第一环境，父母要和幼儿建立平等、尊重的亲子关系，要为幼儿营造温馨、和谐、友爱的家庭氛围，从小培养幼儿良好的行为习惯。

从学校角度，首先，教师要为学生营造团结、互助、平等、融洽、尊重的班级环境，加强学生的道德教育，培养良好、和谐的师生关系，更要重视学生之间分享、合作、接纳等亲社会行为的养成。其次，学校可以定期组织学生参加社会公益活动，如探望敬老院、救助小动物、帮助弱小、帮扶贫困山区学生等，让学生在切身体验中，感受他人的苦与乐，激发学生的共情能力，培养其助人为乐的品质，从而促进学生亲社会行为的养成，减少校园欺凌的产生。

从社会角度，要规范大众传媒，充分利用电视、电影、网络、报纸、杂志等传播途径，加大社会正能量的宣传，比如宣传一些反映人与人之间相互关爱、互相帮助的节目、文章、影视作品等，为学生亲社会行为的养成提供借鉴学习的模范。同时，学校、家长和社会要共同担负起监督、把关的责任，为学生的成长营造一个良好的社会环境。

第二十二节　基于心理应激理论的校园欺凌防控

随着社会发展，校园欺凌已成为一个世界性的社会问题。它妨碍了校园的正常教育教学秩序，给校园中受欺凌个体的身心甚至生命造成了伤害。关心帮助校园中受欺凌的这些个体，帮助这些个体正确应对校园欺凌已刻不容缓。本节从心理应激理论的角度，浅谈正确应对校园欺凌的方法。

一、心理应激理论的概念

1998年，浙江大学教授姜乾金在加拿大病理生理学家塞里的应激说的基础上，结合自身和国内的有关研究成果，给心理应激理论下了这样的定义：个体在应激源的作用下，通过认知、应对、社会支持和人格特征等中间因素的影响或中介，最终以心理生理反应表现出来的多因素作用过程。

该定义强调，应激是个体对环境威胁和挑战的一种适应过程；应激的原因是生活事件，应激的结果是适应或不适应的身心反应；从生活事件到应激反应的过程受个体的认知等多种内外因素制约。

由此可见，心理应激理论中的中间因素是一个至关重要的环节。影响个体应激的中介变量有很多，如个体的生活经历、性格特点、意志品质、认知评价、应对方式、社会支持等。

二、心理应激理论与校园欺凌的关系

在校园欺凌事件中，对被欺凌者而言，欺凌者和欺凌者的一切行为都是

压力源，面对这些压力源，在个体的认识评价、性格特点、意志品质、生活经历以及自身的社会支持系统等的综合作用下，个体在生理、心理和行动上都会对压力源做出相应的反应。这种反应分为积极反应与消极反应。积极反应表现为勇敢面对并和欺凌者理论或斗争、对事件双方的力量进行正确评估并开展智慧斗争、保护性逃避、积极争取老师的帮助等。积极应对不会对学生心理造成伤害或伤害极小。而消极反应包括表现害怕、身体发抖、哭泣求饶、被动挨打、默默忍受欺凌者的一切侮辱行为而不敢声张，消极反应的欺凌事件往往会在被欺凌者心里留下很难修复的伤害，甚至影响个体的一生。

研究心理应激理论是为了研究中间因素在个体应对欺凌时发挥的作用。学校德育教育就是围绕合理发展、维护和建设应激理论中的一系列中间因素展开，让个体在面对校园欺凌时能做出积极的应对反应，帮助学生正确应对校园欺凌。本节仅就中间因素中的认知评价、社会支持和意志品质等因素展开浅议。

三、合理运用应激理论，正确应对校园欺凌

美国心理学家拉扎勒斯（R. S. Lazaras）[①]在应激研究领域做出了很大的贡献，他特别强调认知因素在应激反应中的作用。[②]人是思维型的动物，认知影响身体反应、认知导致行为动作。在校园欺凌方面，学生若能认知和感受到身边的社会支持，即使受到校园欺凌，其受到的伤害也会大大降低。

1. 建立正向认知评价，感知社会支持

（1）建立正向认知评价，积极防控校园欺凌。

学校教育德育为首，学校对校园欺凌的态度、惩处力度都是学生对待校园欺凌的风向标。在学校层面，首先应该建立校园欺凌惩处制度，并在全校师生大会上宣讲、在班级宣讲。从舆论的角度威慑具有欺凌倾向的个体，给

---

① 拉扎勒斯（R. S. Lazaras）是美国应激理论的现代代表人物之一，对情绪和适应作了大量的研究。关于应激反应的对付过程，他提出了认知评价的重要性，认为生活过程中的其他因素都是以认知评价为转移的。1989 年他获美国心理学会颁发的杰出科学贡献奖。

② 姜智. 系统科学视域下多要素心理应激系统过程模型[J]. 集美大学学报（教育科学版），2012.

学校易受欺凌的个体以心理上的抚慰作用。学校应建立由校领导牵头的、全校班主任和学校安保人员参与的专门的校园欺凌惩戒部门。通过主题班会、宣传展板、教室文化等方式让学生知晓校园欺凌应对方式和流程，营造安全的心理氛围。学校在处理校园欺凌事件时，要客观公正、公开透明，不徇私枉法，既要彰显校纪校规的不容侵犯，又要威慑和扼制校园欺凌的继续发生。

（2）家校联合，巩固学生正向认知。

家庭是学生性格养成、意志品质建立、认知形成以及社会支持系统形成的第一环境。因为每个家庭的教育方式不同，孩子会表现出不同的性格特征、认知模式。易受欺凌的学生的这种性格往往与其生活的家庭环境密切相关。其中，留守孩子、亲子关系紧张的孩子、父母监管缺乏的孩子在易受欺凌的孩子中所占比例相对较大。

鉴于这种参差不齐的家庭教育环境，学校可以通过发放宣传单让亲子共读，通过班级 QQ 群、班级微信群开展家长学校活动，甚至让家长代表参与校园欺凌防控管理，培训家长安全教育意识和技巧。通过让家长对孩子进行培训和教育，让孩子认识到面对欺凌不用怕，家长是他们的坚强后盾。

（3）聚合社会、学校、家庭三方之力，共同强化学生正向认知。

防控校园欺凌，还应该聚合社会、学校、家庭三方之力，协同防控。学校可以邀请公检法系统相关人员定期到校开展防控校园欺凌的法制教育；社区应该借助社会宣教设施、网络宣传平台进行法制宣传，大力打击校园欺凌行为；学校和社区还可以成立家长学校，线上线下多方式多主题进行家长培训，增强家长反校园欺凌意识。

严厉打击校园欺凌，学校、家庭、社会三方合力，齐抓共管校园欺凌工作，给每个学生建立正向认知评价，并让学生心中感受到来自家庭、学校和社会的强大支持，从而减少面对校园欺凌时的恐惧和退缩。

2. 加强性格养成教育，促进学生积极应对压力源

校园里易受欺凌的个体可能有着胆小、内向、缺乏自信、意志品质低、懦弱等性格特点，在班级乃至学校的集体氛围中人际交往不畅，不受同伴欢迎，没有朋友，处境艰难。他们在遭受欺凌时往往消极应对，致使身心遭受严重伤害。因此，我们要针对这个群体给予积极帮助。

（1）帮助学生建立合理的自我认知和自我评价。

易受欺凌的个体看不到自身的优点，常常妄自菲薄。因此，教师和家长都应努力帮助孩子建立合理的自我认知。多肯定孩子的优点，不吝啬对孩子的肯定和赞扬，甚至是物质的奖励。学校里还可以不定期开展“夸夸自己，夸夸你”的班会课，让学生开展表扬与自我表扬活动，加强对自己和同学的认识，获得认同感。

创设机会，为易受欺凌的个体搭建锻炼舞台。意志是人在面临各种环境时自觉地坚持一定目的，果断地采取行动以实现目的的思想品质。[①]易受欺凌群体除了内向、胆小、不自信外，往往还缺乏意志。在学科教学中，我们也能培养学生的意志品质。但学科教育面对的是全体学生，能照顾班级里的这部分学生的时间和条件都相对有限。因此，我们可以为这部分学生量身定制各类活动，搭建锻炼舞台以培养他们的综合能力，进而达到培养意志力的目的。如交给他们一项简单的班级事务，每天督促其完成，并及时积极评价其完成的效果；鼓励他们每天课前给全班同学读一则新闻；要求他们用一周时间准备一个 3 分钟以内的故事，讲给班里的同学听；给老师当小助手，将每日家庭作业写在黑板公告栏里等。

当这些个体积极参与到事务中、参与到班级里时，他们身体的各个机能都会被调动起来，得到锻炼，而完成了这些事务后获得的小小的成功感也会让他们的信心逐渐积累起来，意志品质也会在一件件小事的锻炼过程中得到提升，在面对校园欺凌时，内心也会更加强大，受到的伤害也会相对降低。

（2）教给学生积极应对压力源的方法。

面对压力，学生会进入应激状态。怎样帮助学生缓解这一压力呢？我们可以教给学生释放压力的方法：深呼吸、正向自我心理暗示、转移注意力、积极求助等。

（3）帮助学生建立丰富的社会支持系统。

强大的社会支持系统增强了学生抵制校园欺凌的底气。因此，我们可以帮助学生建立丰富的社会支持系统。开展各类有益的团体活动，帮助学生结交朋友；鼓励家长开展有益的家庭活动，增进家庭亲情；教师走进学生群体，与学生们亦师亦友。让学生融入集体、融入社会，感受到来自家庭、学校和社会的关爱。

---

① 周勇. 意志教育论[D]. 武汉：武汉大学. 2010.

第二十三节　基于计划行为理论的校园欺凌防控

一、计划行为理论概述

计划行为理论是阿耶兹（Icek Ajzen，1988，1991）提出的。它是阿耶兹（Ajzen）和菲什拜因（Fishbein，1975，1980）提出的理性行为理论（Theory of Reasoned Action，TRA）的继承者。Ajzen 研究发现，人的行为并不是百分之百地出于自愿，而是处在控制之下，因此，他将 TRA 予以扩充，增加了一项对自我“行为控制认知”（Perceived Behavior Control）的新概念，从而发展成为新的行为理论研究模式——计划行为理论（Theory of Planned Behavior），简称 TPB 理论。[①]TPB 能够帮助我们理解人是如何改变自己的行为模式的，它认为人的行为是经过深思熟虑计划的结果。TPB 主要从三个阶段来分析行为模式的形成过程：

（1）个体的行为意图直接决定了个体的实际行为；

（2）个体的行为意图取决于个体的行为态度、行为主观规范和认知行为控制；

（3）个体的行为态度、行为规范和认知行为控制受到外界因素的影响。

二、计划行为理论与校园欺凌的关系

根据 TPB 理论，校园欺凌的行为意图直接决定了校园欺凌行为的实施。行为意图即为个体评估自己是否有必要实施某个特定行为的倾向程度，也是当个体决定实施某行为之前会考虑到的各种可能性因素即行为实施的动机因素。校园欺凌现象中，当一个人对于实施校园欺凌行为存在多大的动机时，就会付出多大的努力，以至于就有多大的可能性真正实施该行为。[②]反过来说，没有校园欺凌的动机，就不会有校园欺凌行为。

---

① 刘晓. 计划行为理论对大学生规律运动行为的影响[J]. 武魂，2013（12）：99-100.

② 韩艺荷，薛云珍. 计划行为理论的发展及应用[J]. 心理月刊，2019（7）：195-196.

校园欺凌的动机取决于校园欺凌中当事人的行为态度、主观规范和行为知觉控制三个方面。

1. 行为态度

校园欺凌现象中，行为态度为当事人对实施校园欺凌行为的价值评估和情感倾向。第一种赞同型行为，当他认为实施校园欺凌行为有价值、有必要、是正确的，实施过程他将获得支持和赞同，他的行为态度就呈现出积极的状态，其动机就越明显，行为意图就越强烈明显，以至于真正去实施这个欺凌行为的可能性就越高。第二种反对型行为，当他认为实施校园欺凌的行为没有价值、没有必要、是错误的、甚至可能因此受到阻碍和惩罚，而实施起来也会导致他感觉不开心、排斥甚至厌恶，旁观者也不尽赞同这个行为时，其行为态度自然就呈现出消极的状态，其动机就越小，行为意图就越微弱模糊，实施行为的可能性就越低。第三种中立型行为属于容易受影响的，比如当事人虽然自身并不赞同，但他本身的自控能力却较弱，很容易受人影响，没有主见、随波逐流，此时也可能会呈现出比较明显积极的欺凌行为态度。

2. 主观规范

校园欺凌现象中，主观规范是当事人在决定是否要实施欺凌行为时能感受到的社会压力。这种压力主要取决于当事人的道德观和价值观，当事人与旁观者的互相影响程度以及外部环境客观存在的规定规范等。具体来说，如果当事人本身拥有积极正面的道德观和价值观，当他意图实施校园欺凌行为时就会有较大的负罪感；如果当事人所在的学校本身拥有良好的校风，学校里充斥着积极向上、健康乐观的学习生活气氛，旁观者也拥有良好的道德观和价值观，当他意图实施校园欺凌行为时就会受到来自周围人和环境施加的较大压力。当学校有着健全、规范、明确且严厉的校规校纪时，他意图实施校园欺凌行为时所承受的压力则较大。压力越大，则动机越小，校园欺凌行为实施的概率自然就越低。

3. 行为知觉控制

在校园欺凌现象中，行为知觉控制可以理解为当事人感知到的一旦实施欺凌行为时，这个行为成功与否的难易程度。这个难易程度与其学校的管理制度、校风校纪和即时情境等皆有关系。管理制度越完善，校风校纪越好越正面，即时情境越是不利于欺凌行为，比如当事人正受到旁观者的强烈谴责与制止，则其行为知觉控制力越强，动机就越弱，以致欺凌行为的实施概率就越小。①

三、基于计划行为理论的校园欺凌防控策略

基于计划行为理论对校园欺凌的影响，通过削弱当事人对校园欺凌的行为态度，加强对校园欺凌的社会压力即加强主观规范，同时加强管理即加强行为知觉控制，可以直接降低当事人进行校园欺凌的行为意图，即降低当事人进行校园欺凌的动机，就有可能进一步抑制或制止校园欺凌现象的发生。

1. 抓好学校主阵地，有理有据加强学生行为规范

教师教书育人，其中最重要的是育人。身为教师一定要充分发挥自身的优势，要更加积极主动，以自己的模范行为影响和带动广大学生。利用课堂和校园文化建设活动，采取生动活泼、形式多样的方式方法，将教育落到实处、抓到细处。一方面教师通过在课堂教学中讲解一些校园欺凌的案例来引导学生，另一方面通过缓解学习压力、增加学习乐趣来调解学生的心理。因此学校可以通过开设讲座和心理咨询辅导、开展对应主题班会、举办教育活动等多种方式加强对学生的思想教育。我们应该在自己的课堂中让我们的学生学会做人。我们要引导学生、学生家长充分认识校园欺凌带来的伤害。比如，新生入学考试可以增加“德育考试”一项测试，在正式入学之前就要求学生熟读并记忆校规校纪，从理论上建立学生对中学生行为规范的正确认知，从认知上提前扼制校园欺凌发生的可能性。而一旦不可避免发生了校园欺凌，则又有据可依，公正公开地处置和通告，让生事者信服的同时，也给予其他意向者警醒。

---

① 康小华. 基于计划行为理论的高职学生攻击行为探析[J]. 文教资料，2014（1）：139-140.

2. 加强家庭教育宣传，借力、合力营造学生主观规范

学生的健康成长离不开良好的家庭教育，和谐的家庭氛围有助于孩子养成积极乐观的心态，在这种家庭中成长的孩子很少与其他人发生正面冲突。很多校园欺凌事件背后都有一个问题家庭存在。教师尤其是班主任老师要提醒家长应当给孩子营造一个良好的家庭氛围，经常与孩子进行沟通交流，及时掌握孩子的心理动向，教育孩子如何在困难和挫折面前冷静地处理问题。同时家长还要充分重视孩子同伴交往的需要，鼓励孩子多参加班级集体活动，提升孩子应对冲突和矛盾的能力、同伴交往的能力和自主应对挑战的信心。学校可以定期设置家长讲座，班主任老师通过 QQ 或微信群发一些有关校园欺凌的案例与家长分享，班主任老师可与家长交流学生的情况，让家长了解孩子的状况，尽可能减少校园欺凌的发生。比如，一个长期处于暴力氛围家庭的学生，他潜意识地就会认为解决问题的最佳方案是施加暴力，他即是校园欺凌的潜在施加者。对于这样的学生，老师不仅应该对他本人做积极、正面的引导，还应该重视根本原因，联系学生的家长，让他能认识到问题的危害性与重要性，务必以身作则，为孩子做出改变。

3. 培养学生良好性格特征，潜移默化提高学生行为控制认知

当学生的性格扭曲、冲动易怒、善妒暴躁、偏执时，他们对校园欺凌的行为态度越强烈，校园欺凌的行为就越可能出现。而学生正处于价值观形成、情绪波动较大的阶段，其校园欺凌的行为态度越强烈，受到影响的程度越大，产生校园欺凌的行为的可能性也就越高。因此学校的校风越正，家庭教育方式越合适，学生的自律性和道德感越强，校园欺凌的行为态度越消极，接受的压力越小，主观规范力越大，知觉行为控制力越强，其对校园欺凌的行为排斥感和困难度就越强，校园欺凌的行为就越不容易发生，校园欺凌就会在一定程度上得到防控。比如，成绩相当的两个学生，其中一个学生考差了，他却对另一个学生做出言语讽刺、态度恶劣等行为时，其实已经属于一种校园欺凌了。老师应该帮助他纠正错误的认知，树立正确的性格，帮助他认识到嫉妒与发泄是没有任何好处与作用的，这是不被认可的行为。同时也应该帮助他找到合适的方法，分析不足，发扬优势，重新建立信心。

第二十四节　基于内隐攻击性的校园欺凌防控

一、内隐攻击性

20 世纪 90 年代，Chen、杨治良采用任务分离范式对人类攻击性行为的内隐社会认知进行研究，证明了人类具有潜在的攻击性，即内隐攻击性[①]。内隐攻击性是一种受内隐社会认知影响的个体对他人的攻击行为。20 世纪 90 年代中期，班纳吉（Banaji）和格林沃尔德（Greenwald），提出了内隐社会认知的概念，认为其是指社会认知过程中虽然主体自身不能报告或内省某些过去的经验，但这些经验潜在地对主体的判断和行为产生着影响，[②]强调了无意识的经历对个体的影响。这种影响是潜在的，但会通过外在行为表现出来。而内隐攻击性便是在内隐社会认知的影响下形成的，具有隐蔽性和非理性，后果可能会非常严重。

二、学生内隐攻击性的现状及特点

近年来，校园欺凌事件频频进入人们视野，越来越受社会关注，已成为一个全社会急需解决的问题。而内隐攻击性与校园欺凌之间有着密切的关系，具有内隐攻击性的学生更容易实施校园欺凌。内隐攻击性即人发生攻击行为的可能性，在校园欺凌中往往呈现出一定特征。

1. 无意识、自动性

舒尔茨认为，莱布尼兹在将近 300 年前出版的名著《人类理解新论》中就已经清楚地阐释了无意识知觉加工在支配人类行为中的重要作用。他提到："在我们身上，存在着许多不伴随有觉知或反省的知觉……我们根据这些未察

① 兰玉娟、雷泉，大学生时间管理倾向与考试焦虑的关系[J].社会心理科学.2006，2（3）85-89

② 李锦萍、张卫，攻击性内隐社会认知的研究综述[J].社会心理科学.2007

觉到的刺激所做出的选择，同时混合了客体及我们身体内部的活动……”，美国最早的实验心理学家詹姆斯后来也承认了无意识编码的存在。2016 年，北京市某小学发生的校园欺凌事件中，两名学生将垃圾倒向同班学生周某，并伴有语言等威胁，导致周某情绪激动，被诊断出罹患“急性应激反应”。调解过程中，两名欺凌者漫不经心、毫不在意，和其父母愤愤不平地表示“这不过就是一个玩笑”的态度竟如出一辙，着实让人深思。据研究，有不少学生通过单纯的观察便能掌握丰富的欺凌手段，并主观意识到这些行为的不合理，将其压抑。经过经验的累积，这种原本由大脑皮质所控制的意识，很可能在不知不觉间自动外化为欺凌行为，而欺凌者本身却并不能及时觉知。这种无意识和自动性就是典型的校园欺凌中的内隐攻击性的特点。

2. 唯情性、非理性

内隐攻击性的存在意味着个体意识中存在着攻击的可能性，这种可能性是否会外化为攻击行为还与个体自身修养有着密切的关系。在校园欺凌中，许多内隐攻击性欺凌者就表现为无法抑制内心的攻击冲动，突发性或有目的地攻击对方，给被欺凌者造成不可逆的伤害。如部分学生在自己遭遇挫折，情绪不佳的状态下容易将内心的不满转化为攻击行为，甚至有部分学生认为强迫对方做自己的“小弟”是彰显自己人格魅力和资本的手段，而有目的地筹划欺凌行为。2015 年，重庆荣昌区法院审理了一起健康权纠纷案件，一初中女生兰兰在住校期间因太邋遢，五名女生心生不满，打兰兰耳光，想要以此羞辱兰兰，不料竟将其打成 10 级伤残。五名打人者对被打者脱衣、揪头发、轮番掌掴、猛踹，并伴有言语侮辱、侵犯。从中看出，欺凌者缺乏良好的个人修养，没有形成正确的价值观，无法理性分析和解决问题，最终不能抑制潜在的攻击性，而形成严重的欺凌案件。

校园欺凌频频发生，而具有内隐攻击性的学生更容易对群体中的弱者实施攻击行为。如果能对其进行引导和教育，在一定程度上可以减少校园欺凌的发生。

三、对降低学生内隐攻击性、防控校园欺凌的探究

内隐攻击性导致校园欺凌的问题，并不仅仅针对个人或某类群体，而是

关乎整个社会。要解决这个问题，本质上需要家庭、学校、社会等多方形成合力，改变每个人的态度。鉴于内隐攻击性在校园欺凌中存在无意识、自动性及唯情性、少理性的特点，下面将从此出发提出一些措施，来防控学生因内隐攻击性而导致的校园欺凌问题。

1. 多方监测，及早发现

（1）随时留意学生的表现是否异常，及时了解学生动态。学校可利用信息技术，为每位学生建立好台账，详细记录孩子在校期间的种种表现。

（2）保持家校关系畅通，多与家长联系沟通，实地走访，了解学生的行为特点与性格，并请相关专业人员研判。

（3）聘请专业人员定期展开问卷调查，了解学生当下真实的心理状态。

（4）关注特定学生群体。

以学校为平台，加强各方面的力量，在学生的内隐攻击性行为外化之前了解学生，早日发现，为防控提供依据。

2. 疏堵结合，有效防控

（1）教育和帮助学生树立友善的价值观。

教育学生要和善、友善、平和地处理不同意见和矛盾，从灵魂深处消除学生攻击性冲动，培养学生的利他习惯和服务社会的责任心。

（2）丰富学校教育内容，加强个人修养。

学校既要教书，更要育人。首先，学校应建设优美且富有教育意义的校园环境，致力于打造优良校风与班风，以此感染学生。同时应开展心理课程，设立心理咨询室，直面学生心理建设难题，对学生的心理健康教育常抓不懈。其次，开展丰富的教育活动，将教育置身于活动中。组织学生观看正能量影片、开展相关题材的课本剧等艺术活动、张贴宣传教育海报、分发相关书报杂志，通过活动帮助学生内化精神力量，树立正确的价值观，淡化已有的内隐攻击性要素。不仅如此，还应开展普法教育。联合司法机关，定期开展法律讲堂，剖析案例，为学生普法，让学生树立法治意识，以此减少内隐攻击性形成的可能。老师们也应深入学生内部，与他们谈心，做他们的倾听者、指导者，帮助学生建立良好的人际关系，以消解内隐攻击性因素。还要形成奖励性鼓励机制及多元化、动态化评价机制。对已发现的具有内隐攻击性的学生进行教育，因材施教。依据学生的长处和心理特点，多对其长处进行鼓励夸奖，放大优点。同时能纵向比较，看到学生的发展变化，促使学生比从前优，优者更优，转移其目光，从而挤占内隐攻击性的生存空间。

（3）科学防堵，有效控制。

学校应制定严格的规章制度，并注重落实。同时，配备全覆盖、无死角的监控体系及24小时的警卫人员巡逻值班，重点关注校园的隐藏角落，不给校园欺凌以机会。设立危机处理机制，培训校内工作人员校内欺凌事件处理技巧，并与公安、社工、医疗、司法机关等充分联系，以备不时之需。利用家庭及社会资源，必要时移送相关学生至相关单位，接受转介服务。

内隐攻击性是校园欺凌的形成、传播中不可忽视的因素，作为消除学生内隐攻击性和防控校园欺凌的主战场，学校理应身先士卒，早发现、早预防、早控制。同时良好的家庭、社会氛围，也有助于学生形成正确的内隐社会认知，拥有健康的性格、价值观念、处事方式等，进而从根本上有效地防控校园欺凌。

第二十五节　基于需要匮乏理论的校园欺凌防控

需要是有机体感到某种缺乏而力求获得满足的心理倾向，它是有机体自身和外部生活条件的要求在头脑中的反映，是人们与生俱来的基本要求。

一、个体的需要及需要的匮乏

1. 需要的主要内容

美国社会心理学家亚伯拉罕·马斯洛提出需要层次理论，把人的需要划分为五个层次：生理的需要、安全的需要、归属和爱的需要、尊重的需要、自我实现的需要。其中自我实现的需要是最高层次的需要，是实现个人理想、抱负，达到自我价值充分体现的最高境界。马斯洛一方面肯定低级需要的基本满足是高级需要产生的条件和基础，另一方面认为高级需要对低级需要有影响和制约，还把需要看成一个动态系统，即人的需要是不断变化的。[①]

---

① 缪勇，高萍. 基于马斯洛需要理论的高校学习弱势群体管理与转变[J]，高教高职研究，2012（1）.

2. 需要匮乏的含义

马斯洛还把人的需要分为两种类型：“匮乏性需要”和“成长性需要”。所谓“匮乏性需要”，也叫基本需要或缺失性需要，包括生理需要、安全需要、归属和爱的需要、尊重的需要。个体在内心需求这个阶段出现需求不满足的情况，即可认定为个体处于需要匮乏状态。青少年正处于身体和心理方面呈现快速变化与发展的阶段，其情绪、价值观、控制能力相对于成年人而言显得较为不稳定，容易出现需要匮乏的状况。

3. 需要匮乏对个体身心造成的影响

德裔美国心理学家库尔特·勒温认为，在正常情况下，机体内部的需求与外部环境提供的条件是处于一种平衡状态的，如果一个人的内心需求出现了一些问题，机体内部的需求与外部环境提供的条件中的平衡就会被打破。当平衡被打破，正常需要长期压抑得不到满足，将直接导致个体焦虑、挫败、自卑。在学生群体中，青少年经历焦虑、挫败、自卑后部分个体会表现出攻击行为，同时亚伯拉罕·马斯洛也认为有的个体在遇到逆境和挫折时，会否定自身的能力、价值和意义，会感到非常十分自卑。这种自卑有可能会驱使他努力追求成功，当然自卑还有可能会使个体破罐破摔，引导个体走向一个又一个逆境。由于逆境带给个体内部的挫败、焦虑、需求得不到解决，个体在与外部环境接触的过程中容易产生“消极情绪”和“易怒情绪”。马斯洛还指出在社会活动中，成年人经常不重视青少年个体的基本需要，这样直接导致了青少年的一些正当需要得不到满足，长期处于一种压抑的状态，长期被压抑的个体会出现病态的行为和攻击行为。马斯洛对健康人和不健康的人的愤怒、攻击行为及其纠正进行了分析，这对于研究校园欺凌行为具有启示意义。

研究发现欺凌者本人有生理、安全、归属、爱、尊重等需要，当这些需要没有得到满足，长期处于匮乏状态时，会致抑制个体友善、助人、求知、上进等优质品行的产生。当需要得不到满足，个体会因长期处于需要匮乏状态，而对周围处境良好、基本需要得到满足的他人、伙伴、同学产生嫉恨心理、仇恨心理并对其设置障碍，这样可能会引发矛盾冲突或者报复行为。需要匮乏者的愤怒和攻击行为的原点可能是他们过往生活中经历的累积，部分需要匮乏者会将仇恨发泄到他人、伙伴、同学的身上，需要匮乏者的攻击行为会是恶意、暴虐、破坏、跋扈、残忍的。

调查发现，欺凌者的共同点是在生活中得不到父母亲的关爱、学习中得不到老师的帮助、交友中得不到同学的认可，甚至部分欺凌者有不同程度的被体罚和被家暴的经历。这些表明他们的生理、安全、归属、爱、尊重等需要处于长期匮乏的状态。需要匮乏引发个体做出冲突、矛盾、欺凌行为。

4. 青少年的正当需要与不正当需要

个体在青少年时期的需要有正当与不正当之分。正当的需要是符合社会法律和道德规范的、对人和社会没有危害的。个体的身心健康及全面发展是建立在合理且正当的需要之上的。而不合理且不正当的需要是违背社会道德规范和法律法规的，可能会严重影响个体在青少年时期的身心健康。调查发现，青少年不正当的需要主要有：虚荣心、不当的物质欲望、网瘾、畸形的自尊、哥们义气、早恋、攀比、被溺爱、报复等。[①]个体自身在就处在矛盾和冲突中，同时也与集体的需要发生着矛盾和冲突。因此，青少年的不正当需要引发的矛盾冲突往往会导致校园欺凌及暴力问题的发生，即校园欺凌与不正当需要有关。

二、需要匮乏理论启示学校，解决个体正当需要可防控校园欺凌

1. 正确对待个体的需要

（1）尊重并满足其正当需要。

青少年的需要是复杂的且多元的，由于他们生长环境的不同、经历和认知的差异，其需要具有差异性、多样性。处于青少年时期的个体最强烈的需要是自尊，因此自尊需要对个体的影响很大。家校要重视其问题，给予充分的关心、尊重、理解与满足。家校之间要以青少年的需要为导向，认真分辨个体需要的合理与否、现实与否、消极与否，从生活环境、社会文化、心理变化等多个维度的需求去探讨青少年的需求。

（2）帮助个体抵制不正当需要。

随着青少年需要种类的不断增多，不能满足的正当需要和不正当需要也

① 蒋桂芳. 基于需要理论的青少年道德问题研究[D]. 郑州：郑州大学，2013：82.

在逐步增加，每个阶段的个体都会有产生心理问题的可能：个体的不正当需要很大一部分是自己无法克制的，这就需要家与校来预测和判断，对产生的不正当需要做出及时并有针对性的教育和疏导。当然对问题严重的个体要进行心理疏导和心理救助，可联动多方资源形成合力，帮助需要匮乏的个体摆脱心理障碍，重新找回健康、积极的校园生活。

2. 家校联合双管齐下满足青少年正当的需要

马卡连柯说："家庭是最重要的地方，在家庭里面，人初次向社会生活迈进。"

家庭教育贯穿着每个人的一生，渗透于人生的全部领域，也是个体社会化以及能力培养的基石，包括道德教育、责任教育、人生观、价值观等方面的教育。良好的家庭教育是青少年健康成长的必要条件，因此每个家庭都应该建立尊重、平等、开放的家风，父母既是长辈，也是孩子的朋友，当孩子遇事与父母进行商量时，家长要耐心倾听孩子的想法，给予理解和尊重，并给出自己合理的建议，不能在家庭中营造"一言堂"、家长制的家庭氛围，积极、健康、民主的家庭教育能满足学生的正当心理需要。同时，家庭教育也应该承担学生德、智、体等方面的全面教育的责任。

从古至今，教师是知识的象征也是道德的化身，教书育人、无私奉献、为人师表，是教师的操守。教师所面对的是模仿性极强、可塑性极强且世界观、人生观、价值观尚未定型的青少年，他们不仅需要知识，更需要寻求知识的能力，更需要人生方方面面的引导和精神境界的提升，教师要用自身良好的素质在日常教育活动中对学生进行辐射、渗透、影响与熏陶。

3. 增进人文关怀、强化德育工作，加强道德底线教育

强化人文关怀，弘扬"仁爱"传统。人文关怀实际就是各种文化教育和文化熏陶，用传统文化来传递关心、关爱，使个体从中去体会、感受家校社会对他的爱，从而学会关爱他人。长期以来，应试教育模式忽视了这种传统文化的传递，忽视了对青少年爱的教育，使部分个体缺乏善良之本、仁爱之心，有些个体甚至情感冷漠或仇恨社会。与此同时还要注重生命教育，每个人的生命都是独一无二的，帮助个体了解生命规律，加深青少年对生老病死正常生命现象的认识，有助于引导个体树立正确的生命观，这提高了个体的

生命意识。从个体的发展来讲，有利于个体正确看待生命中、生活中遇到的矛盾及冲突，学习运用技巧去缓解心理压力，乐观生活和积极应对人生，从而正确索取需要。[①]还要引导个体树立生命责任意识，认识到个体对生命的态度不仅仅与个人生存息息相关，而且还与周围的其他人有相互的影响和关联，认识到生命是需要相互帮助与关怀的，作为青少年，要有对一切生命的责任担当，要以人文关怀为导向去关心、帮助思考需要的价值。

一直以来学校德育教育是我国道德教育的主战场，但是，长久以来我们的德育不仅没有产生应有的成效，反而有着不少弊端。德育教育应该既要高屋建瓴，又要脚踏实地。只有这样，才能解决德育教育的弊端。道德是有层次性的，分为不道德、准道德、底线道德，底线道德教育可借鉴多种德育模式，设置合理的德育活动，如理论教育形式和实践教育的形式。在进行实践教育时，必须尊重和突出青少年在底线道德实践中的主体地位，使外在形式的道德底线内化为个体自身的底线，当底线内化后，个体凡事都会以底线标准来评价自身需要的正确与否。[②]

德育工作的具体实施可从营造良好的家庭、校园、社会、网络等环境入手，同时学校要提升教育队伍的水平和能力，优化完善底线教育、人文关怀的教育软硬件。

4. 德智体美劳全面发展的教育能实现个体自我价值的认同

学校教育首先要满足给予学生阶段性所需要的尊重的需求，这是实现学生的全面发展的必要途径。在青少年阶段他们的尊重需求包括：渴望自己有稳定的地位、渴望自我价值被认可、受到别人的信赖、被他人尊重、有威信、要信心、成就等。马克思明确指出："生产劳动同智育和体育相结合，它不仅是提高社会生产的一种方法，而且是造就全面发展的人的唯一方法"。从这段话中可以看到，人的全面发展与教育之间的关系是非常密切的。教育绝对不能只是传递知识和经验，教育还应考虑满足人的需要，关注人需要的匮乏。就个体的人而言，人并不是生下来就是真正的人，只有经过教育的"同化"，

---

① 贾飞飞. 人文关怀视域下青少年思想道德教育创新研究[D]. 宁波：宁波大学，2018：25.

② 董雪莲. 青少年底线道德教育[D]. 新乡：河南师范大学，2012：56.

他才能成为真正的人。通过实施良好教育，能提升个体的主体意识，培养个体的创造能力，提高人的思想道德素质、科学文化素质和健康素质，可以不断激发个体在全面发展上的自觉追求和自觉活动，从而实现人的全面发展。同时从个体上减少矛盾冲突，从内外环境上有效降低校园欺凌行为的发生。

客观来说，需求匮乏理论启示我们，在面对校园欺凌时教育者应该多做加法少做减法，对学生多一些关心，对这些孩子投入更多的感情，用情感、方法和时间替换惩戒。这虽然增加了教育工作者的工作强度，但确实是目前最有效果的手段和方法。

第二十六节　基于语言编码理论的校园欺凌防控

“从社会学角度讲，校园欺凌行为属于攻击性行为，是个体社会化不完全的表现，多以未成年人为主，发生在学校及其周边区域，不仅伤害学生身心健康，也不利于其自身的社会化发展。”①伯恩斯坦的“语言编码”恰为开展校园欺凌防控搭建并提供了一个独特的分析框架和研究视角。

一、语言编码理论概述

20 世纪 60 年代，英国教育社会学者巴兹尔·伯恩斯坦（B.Bernstein）根据自己的教育实践经验，发现学生讲话时的一些语法的问题，他一开始称之为“public language”及“formal language”。他指出，语意、语法跟社会关系的相互关系是构成语言符码的基本内涵。随后，他在 1962 年正式以语意为主提出“语言编码”概念，强调语言是社会自我、角色及认同的构成要素，并进一步开展了不同社会阶层的语言编码类型研究。他发现中上阶层的家庭语言重视子女语言的表达及抽象认识，有较多的形容词、副词、附属句、抽象句等词串联句子，有利于子女从事逻辑思考及增进人际关系，属于精致语言编码；中低阶层的家庭语言较不重视子女的语言表达，子女使用的句型较

① 刘瑞. 社会学视域下初中生校园欺凌行为研究——以周口市为例[D]. 海口：海南师范大学，2018.

短、零散词汇较多、复合词类及附属句较少，词不达意的情形较多，属于限制语言编码。

表 3-13 精致语言编码与限制语言编码对比分析[①]

语言编码类型	编码特征	适用场景
精致语言编码	1. 语法结构严密准确 2. 常用被动语态 3. 连接词富有变化	1. 有一个较复杂的概念层次系统，强调变化过程 2. 便于分析推理，个人有较大的自由选择和组织语言的机会
限制语言编码	1. 语法结构简单，句子不完整，多用主动语态 2. 句型很少，常限于简短的命令句和问句 3. 使用的短语较长，停顿时间较短	1. 适宜日常生活的交流与沟通 2. 不适合传递组织精密的知识，不利于深层次的意义分析与讨论 3. 强调事物本身而不是过程，无法进一步展开问题

二、语言编码理论与校园欺凌防控的关系

从社会学角度来看，人际交往的疏离往往会使人产生挫败感，难以合理处理人际关系。本来，语言编码形式存在差异无可厚非，但在现实生活中，往往学校教育所用的语言编码类型更偏向中上阶层所熟悉的精致语言编码，而中上阶层家庭出身的学生在入学前就已具备，因而较易获得学校教育成功。而来自中低阶层的学生，则会因在学校中面临语言编码类型的陡然转变而适应不良，惯常经历失败，由此诱发校园欺凌。

1. 隐患——文化资源匮乏，缺少知识刺激的家庭教育

“儿童在接受正式的学校教育前，其在家庭中收获的大部分社会语用经验都与其所在的家庭在社会大环境中所处的社会阶层相当。”[②]

来自中上阶层的学生自然拥有持精致编码的亲友、社区及社会关系。他们在鼓励阅读、支持表达的精致编码的环境中长大，自然而然习得了精致编

① 魏建培. 伯恩斯坦的“教育话语”概念探析[J]. 泰山学院学报，2009（1）.
② 卢妮娜. 伯恩斯坦的语言编码理论述评：对我国教育过程公平的启示[J]. 基础教育研究，2011（2）.

码。他们的家庭教养方式更民主，有更多机会可以自由地运用精致编码表达自己。而来自中下阶层的学生，多数只能拥有持限制编码的父母和朋友以及相对应社会关系，在较少阅读、缺少知识氛围的限制型编码的环境中长大，自然只能习得了限制型编码。而他们的父母在家庭中的地位往往更权威和专制，孩子们在家庭系统中被迫屈于低位，表达自己的机会往往受到限制，不善用正确方法打破现状寻求改变，往往形成两个极端，或畏惧权威、逆来顺受，成为校园欺凌的被害者，或采用暴力，沦为加害者。[①]

这就导致在进入学校教育后，持限制型语言编码的学生多较难融入中上阶层家庭出身学生的交际圈，双方和谐沟通出现阻滞，进而只得采取暴力的方式解决与同学之间的矛盾冲突，最终诱发校园欺凌。

2. 冲突——“精致语言编码占主导地位”的学校教育

在我国，城市化浪潮正推动着学校教育中不同阶层的交融。伯恩斯坦在《阶层、符码与控制》一书中用语言符码理论对“学生语言技能的获得”有详细阐述。他指出：“在学校教育中，来自中下阶层的学生学业成就往往多不如来自中上层阶层的孩子，原因在于其早期生活所获得的语言编码形式影响了其社会化及其对学校场域的适应程度，来自中下阶层家庭的学生常会由于自身语言编码的限制，较难理解教学内容，难以适应教师的教学语言，进而在学校场域中感到不适，甚至产生畏难厌学情绪，最终只得通过身体语言来表达个人对学校教育的排斥或不满，以此获得个人存在感。”[②]这种方式会造成不良后果，如教师好感度削弱、师生互动明显减少、逐步被边缘化，曾经的校园欺凌加害者最终转化为校园冷暴力的受害者。

三、基于语言编码理论的校园欺凌防控策略

伯恩斯坦语言编码理论的提出，使语言的表达形式成了教育者关注的一个问题——分析语言编码差异在学校教育中可能造成的不良后果，尽早采取措施，实施有效的校园欺凌防控。

---

① 樊晓敏．基于伯恩斯坦理论对我国教育公平的几点思考[J]．学理论，2013（10）．

② 刘瑞．社会学视域下初中生校园欺凌行为研究——以周口市为例[D]．海口：海南师范大学，2018．

1. 在家庭中营造良好的语言环境，培养提升学生语言编码能力

学生语言的形成与发展最先始于家庭，父母有着无可替代的作用。“作为家长应从小重视孩子语言能力的培养，营造良好的家庭语言氛围”①，有意识地及早消除可能会诱发孩子在学校教育中遭遇或制造校园欺凌的危机和隐患。

（1）多渠道提高自身素养。

家长在谋求孩子学业成就获得的同时，不能忽视对自身文化素养的提升。家长可以通过参加各类成人学历培训、线上线下专题讲座、沙龙等获得有针对性的教育提升，以“强化社会变迁中不断弱化的家庭教育功能”。同时，还可通过参加短期专门培训去了解校园欺凌的形成的深层原因及防治措施，真正地参与到对孩子的各方面教育中来。

（2）构建和谐民主的家庭氛围。

家长应树立终身学习的意识，提前筛选优质书籍和孩子共同阅读，发掘精致语言编码潜能，培养使用精致语言编码的能力。在孩子遭遇语言编码转换困难时，鼓励其主动适应，不断尝试，引导大胆争取以扭转社交劣势，勇于对校园欺凌说“不”，助力孩子制胜学校教育。

2. 学校教育正视语言编码差异，促进学生与学校文化相容

学生来自不同的家庭，语言编码存在差异是不可避免的，作为教师，对此要有足够的认知，即要尽可能避免一些学生因语言编码的限制而被“自我排除”于教育场域，或因无法从中获得预期存在感而诱发校园欺凌行为。

（1）树立教育公平意识。

即坚定树立多元化的评价观，尽可能平等地对待班级中的每一位学生，不要以个人的偏好来评价、定性一名学生可能的学业成就。尤其是在班级组建之初，教师可以结合自己已有经验，提前研究了解中下阶层的语言价值及阶层亚文化。并在备课过程中将其作为课堂知识传授和教学评价的切入点，用实际行动表达对此阶层文化和族群的尊重，争取学生的认同。

---

① 江军. 语言编码理论视角下教育过程公平探究[J]. 教学与管理（理论版），2015（7）.

（2）切实做到因材施教。

身处学校教育的每个学生都是一个独特个体，有自己的长处与短板，学校教育需要做的是着眼于校园欺凌防控需要，重点注意班级中语言表达有明显缺陷的学生，及时了解成因、对症下药，以此提升这些学生的课堂参与度，有效增进师生、生生之间的沟通，加深同学之间的相识度，循序渐进，减少此类学生不自觉的“自我逃离”，降低其陷入校园欺凌的可能性。

（3）交替使用语言编码。

实际生活中，限制型语言编码也有其自身的显著优势，教师在日常教学中应适当运用，如此，不仅便于知识的传授，也容易使全体学生理解。如在授课过程中，避免“照本宣科”，而更多将课程内容以简单、具体的描述性语言向全体学生传授，以更好贴近学生的语言编码习惯，利于其接受，以增进其与学校文化的相容性。如此，能更好兼顾到不同类型学生的语言习惯和学习需求，可在源头上降低了校园欺凌的发生的可能性，扎实推进校园欺凌防控。

“语言编码”差异可能诱发校园欺凌已是客观存在的现实，因此，在学生进入学校生活之初，即应进行及时介入，掌握了解中下阶层家庭出身学生“语言编码”限制的深层次原因，以减少其成为校园欺凌加害者或受害者的可能性。同时，还要聚焦学生不同学段的学习差异性，因时、因人采取有针对性措施，以更好降低“语言编码”差异带来的不利影响，促其主动适应对不同社会生活的交融，扭转弱势境遇，最大限度消除“校园欺凌”隐患。

第二十七节　基于宽恕干预模式的校园欺凌防控

一、恩赖特宽恕干预模式

美国威斯康星-曼德逊大学教授恩赖特（Enright）及其团队“人类发展研究小组”在前人研究的基础上，基于一些可控的宽恕影响因素（如愤怒处理、共情、认知等），设计出了一项宽恕干预模式（恩赖特，2001，2002；克努森，恩赖特，加贝尔，2008），该模式经过不断扩展，最终发展成为今天被广泛应用的宽恕干预模式，目前共有4个阶段，包括20个单元，如表3-14。①

表3-14 恩赖特宽恕干预模式

一、体验伤害的阶段（Uncovering Phase）
（1）检验心理防御，承认自己受到了伤害； （2）意识到自己的愤怒，而面对愤怒，关键是释放，不是隐藏； （3）意识到冒犯事件给自己心理上带来的痛苦（如：羞耻感、遭受不公正的痛苦、在脑子里一遍又一遍地重放冒犯事件等）； （4）觉察到对伤害事件的过度关注，意识到怨恨让自己筋疲力尽； （5）觉察到对伤害事件的反复回想； （6）意识到将自己的不幸与冒犯者的“幸运”做比较； （7）意识到伤害事件对自己造成了永久的伤害； （8）觉察到“公正世界”的信念应有所改变，世间不存在绝对公平
二、决定宽恕的阶段（Decision Phase）
（9）意识到现有的应对策略对当前的情境不起作用； （10）愿意考虑将宽恕作为一种选择； （11）承诺宽恕冒犯者
三、实施宽恕的阶段（Work Phase）
（12）通过观点采择，将冒犯者置于当时的情境中，对其过错进行重新认知； （13）对冒犯者产生共情； （14）觉察到自己对冒犯者产生的同情； （15）承受痛苦，而不将这些痛苦传递给别人
四、收获成果/深化的阶段（Outcome/Deepening Phase）
（16）在痛苦过程和宽恕过程中为自己和他人寻找意义； （17）意识到自己过去也曾需要被别人宽恕； （18）意识到自己并不孤独（一般化、支持）； （19）意识到自己会因此而树立新的生活目标； （20）意识到对冒犯者的消极情绪逐渐减少，也许还增加了积极情感，意识到内心的释然

① 陶琳瑾. 高特质愤怒青少年的宽恕干预研究[D]. 南京：南京师范大学，2011.

恩赖特指出，该模型中的单元及顺序、重点并非一成不变，因个体差异每个人可能会经历不一样的宽恕历程。

二、恩赖特宽恕干预模式与校园欺凌的关系

欺凌事件给受欺凌者身心带来严重的影响，有的人会产生愤怒情绪，极易在不理智的情况下做出报复行为，让自己从受欺凌者变为欺凌者，以致事态扩大，造成更大伤害和损失。

宽恕是一种积极的心理品质，当个体在遭受他人无意或有意伤害或是伤害了他人时，宽恕是一个能够帮助个体摆脱愤怒、震撼、恐惧、愧疚，且不再渴望对冒犯者进行打击报复的内部心理过程。[①]恩赖特宽恕干预模式的应用，能使受欺凌者经历不一样的心灵历程，改变原有负性认知和应对策略，降低愤怒情绪，增进理解，增加亲社会行为，改善人际关系。因此，该模式可以让受欺凌者尝试以积极的视角对待欺凌者和欺凌事件，缓和矛盾，修正关系，从而减少暴力冲突，防控校园欺凌。

三、恩赖特宽恕干预模式在防控校园欺凌中的应用策略

1. 应用恩赖特宽恕干预模式防控校园欺凌的途径

（1）学校实践宽恕教育。

学校重视心理健康教育，以积极心理学理论（美国心理学家马丁·塞利格曼提出）为指导，培养学生积极心理品质（6 大维度 24 项品质），帮助学生发现并利用自己的内在资源，以积极阳光的心态面对生活和学习。学校通过德育处和教导处统筹安排，将积极心理品质的培养与班团队活动、学校课外活动、学生社团活动、社会实践活动等有机结合，体现宽恕教育特色。同时，将积极心理学相关理论的学习和实践，作为教师校本培训的内容之一，不断提高全校教师培养学生宽恕心理品质的胜任力。

（2）心理教师发挥专业性。

通过系统的心理健康教育，培养学生健全人格。心育活动课中突出六大

---

① 武梦梅. 高一学生宽恕与攻击行为的关系及干预研究[D]. 芜湖：安徽师范大学，2018.

主题之一的“人际关系”教学活动，让学生理解良好人际关系对个人成长发展、团队和谐的重要意义，教会学生掌握交往和沟通技能，并能在实际生活学习中灵活运用。在遵循学生心理发展规律和遵守职业伦理规范的基础上，做好团体心理辅导和个体心理辅导，促进学生认识自我，提高自我觉察和领悟能力，宽恕他人也宽恕自己，从而获得心理的平和与自由，完成心灵的成长与“救赎”。

（3）班主任实施心理班会课。

班主任与学生朝夕相处，更了解学生人际关系，可根据本班学生实情，适时开展以“宽恕”主题的心理班会，促进学生间、师生间相互理解，这对形成融洽温暖的班级氛围和平等民主的师生关系，都有所裨益。

（4）学科教师渗透宽恕教育。

教师在完成学科知识教学的同时，结合该课程知识点，巧妙植入做人德行方面的内容，抓住时机开展宽恕教育，与学校的整体教育理念保持一致，从而形成教育的合力。

2. 应用恩赖特宽恕干预模式防控校园欺凌的具体方法

（1）帮助学生理解宽恕的内涵和意义。

学生刚接触“宽恕”时，会产生较多的质疑，如“我受到了这么大的伤害，我做不到原谅他”“他本来就做得不对，对他宽恕会不会纵容他，这样是不是太不公平了？”“我宽恕了他，是不是我太懦弱了？”此时，要特别注意把心理学意义上的“宽恕”与一般概念的“纵容”“遗忘”“不公平”“不生气”区分开来，让学生理解“宽恕是一种选择”，是受到欺凌后产生情绪压抑、反击报复等应对方式都不能缓解自己受伤害感受时的一种选择。形式上，可选择生动的故事、相关主题的电影、或有象征意义（隐喻）的活动，帮助学生理解其含义。

（2）多角度看问题。

“横看成岭侧成峰”，不同的人因生活背景、阅历、文化的差异，对同一问题有多种看法。教师可利用“两可图”，让学生体会换一个新的角度看问题会有不一样的结果；也可利用角色扮演、空椅子等游戏促进学生领悟，达到打破思维定式的效果。

（3）培养共情能力。

在与他人正常交往中，识别他人的情绪是沟通的基础。通过表情、动作、姿态等肢体语言敏感地感受到他人的需求与欲望，认知他人的情绪，产生如歌中所唱“爱着你的爱，痛着你的痛，悲伤着你的悲伤，幸福着你的幸福”这样的共情。真正的“感同身受”能促进理解，化解矛盾，增进情感，形成人际交流中神奇的磁场。

（4）减少沉思。

受欺凌者在一段时间内，会不由自主地对欺凌事件过度关注，甚至陷入对该事件的反复回想，欲求获得公正的对待。随着脑海中不断重放欺凌画面，受欺凌者内心更加痛苦，也易生发怨恨。这种类似二次伤害的影响，让其筋疲力尽，备受折磨。在觉察自己的这种心理状态后，受欺凌者要慢慢接纳自己的消极反应，逐步减少回想的次数，减轻内心的痛苦，平复愤怒的情绪。

（5）理性归因。

欺凌事件发生后，受欺凌者会对该事件的发生原因寻找解释。因情绪冲动，思维通道变窄，常常会做出主观的归因，认为都是对方的责任。待平复心绪后，受欺凌者可尝试站在对方的立场看待事件，认识到每个人都不是完美的，自己也有一定的责任。经过合理归因，可减少受欺凌者的敌意和憎恨，让他们愿意将宽恕作为一种选择进行尝试。

（6）尽快处理冲突。

在人际交往中，难免产生矛盾冲突。重要的是做错事后，要学会及时道歉，主动弥补，及时沟通，这样可最大限度地争取对方的宽恕。道歉时要真诚，不敷衍，不推脱责任。

（7）建立社会支持系统。

“每个人都不是一座孤岛”，面对伤害事件，受欺凌者的父母亲人、学校老师、同学朋友、学长学姐以及心理中心、社区工作者等，都是可以信任并寻求帮助和支持的力量。鼓励他们找到可依靠的资源，提升安全感，助力宽恕行为的实现。

（8）灌注希望。

人生犹如马拉松，所有经历都是成长的见证。从另一个角度看，受伤害的经历有助于树立新的生活目标。老师要引导受欺凌者找到个人生活、学习的新目标，为心灵赋能，让饱满的希望感激发他们为此努力的动机，重新启程。

第二十八节　基于优势视角理论的校园欺凌防控

一、优势视角理论的起源与内涵

“优势视角”（Strengths Perspective）理论起源于 20 世纪 80 年代美国堪萨斯大学社会福利学院一项针对慢性精神病患的实验研究。1989 年美国堪萨斯大学的多位学者联合发表了《社会工作实践的优势视角》一文，宣告优势视角的诞生。研究中放弃既有的问题模式，而是采取关注服务对象的优势的方式，这一视角即优势视角。1992 年美国堪萨斯大学社会福利学院的教授丹尼斯·萨利比（Dennis Saleebey）出版了《优势视角：社会工作实践的新模式》一书，成为优势理论的主要理论文本。

优势视角的基本假设是：每个人、群体、家庭和社会都有自己的优势；精神创伤、虐待、疾病和痛苦，可能带来伤害，但同时也可能是一种挑战；相信人可以改变，每个人都有尊严和价值，都应该得到尊重。优势视角的主要理论观点包括：优势视角、增能、成员资格、悬置怀疑、抗逆力。[①]

优势视角下的优势分为个人的优势和环境的优势。个人有三大基本优势：热望、能力和自信。热望就是急切的希望；能力指天赋、熟练精通的事物、特殊才艺等；自信，即对于个人能力、影响力的自我信念。环境包括三大基本优势：资源、社会关系和机会。环境的优势大多数取决于个人所拥有的资源；社会关系包括三个层次：亲密伴侣、社会网络、社区。机会代表一种可能性，一个即将进入的空间。社区是机会的主要来源，有待个人去发掘、获得。

二、优势视角下分析解决校园欺凌问题的可行性

校园欺凌的产生既有个人内部原因，也有家庭、学校、社会等外界原因。校园中的青少年由于身心发展速度不平衡，很容易将小问题、小失败放大化。

① 童敏. 从问题视角到问题解决视角——社会工作优势视角再审视 [J]. 厦门大学学报（哲学社会科学版），2013（6）：2-7.

一些学生容易焦躁自大，有些又自卑封闭。这些成长发育中的身心特点使青少年学生特别容易成为校园欺凌的发动者和受害者。家庭方面，家庭是青少年学生生活和学习的主要场所。一些自身文化素质较差，社会压力较大的家长，容易给子女进行错误的人际交往示范。学校方面，不可否认，重智育轻德育的现象在校园中还普遍存在，学生处在较大的学习压力之下。一部分学业落后的学生，常常感到自卑和失望，被欺凌的事情往往发生在这些学生身上。另外，紧张的师生关系、压抑的校园氛围也会增加校园欺凌的产生。社会方面，不良的社会风气和文化引导也会加重校园欺凌的产生。

优势视角是一种关注人的内在力量和优势资源的视角，它意味着把人们及其环境中的优势和资源作为社会工作助人过程中关注的焦点。其核心理念是相信人们具有通过利用他们自身的资源来改变自身的能力。优势视角重视发掘服务对象的优点，帮助其自我认知的觉醒，从而解决他们的问题。因此，将优势理论运用于预防校园欺凌事件具有适用性。[①]

三、优势视角下校园欺凌问题的应对策略

优势视角的理论内核是抗逆力，当个人面对逆境时能做出积极的、正向的选择和处理方法。抗逆力有外部支持因素（I have）、内在优势因素（I am）、效能因素（I can）三个部分。在具体工作中，可以为对象提供有效的外部环境，帮助对象挖掘自身的优势资源，发挥效能作用，从而提升对象人际交往的能力。[②]

1. 挖掘个人优势资源

优势视角并非忽视个人存在的问题，而是淡化对问题的关注，将精力聚焦到优势上来。只有识别出自己的优势，并认识到优势将会创造无限可能，个人才会做出改变。[③]一般被欺凌的学生人际交往存在困难、自信心较低。许多自身优势和能力在长久的自我怀疑中逐渐被埋没。在实践中，首先可以

---

① SALEEBEY D. 优势视角——社会工作实践的新模式[M]. 李亚文，杜立婕，译. 上海：华东理工大学出版社，2004.

② 杜立婕. 使用优势视角培养案主的抗逆力——一种社会工作实务的新模式[J]. 华东理工大学学报（社会科学版），2007（3）：20.

③ 董瑞. 优势视角下的社会工作原则及其应用浅析[J]. 青年与社会，2013（5）.

给这种学生提供一些描述他们优势的词汇，可以带动他们回顾与同学相处的美好瞬间，激发他们对人际交往、集体生活的美好愿望，发掘他们身上所存在或可以发展的能力，以帮助其实现这些愿望。通过用他们接受的语言以讲故事的方式去帮助他们寻找自身的优势，并且这种优势必须是他们真正具备的。比如鼓励他们："心思细腻"更容易觉察他人的需求，"敏感"在人际交往中更容易产生共情，能更好地理解他人。其次，对于这种学生的能力和成绩给予积极反馈，为他们呈现一面积极的镜子。通过以上两步，部分学生可以找到自身隐藏的优势，此时学校、社工、家长还要鼓励学生积极参加集体活动，通过实践验证强化自己的优势。也许过去在人际交往中的不愉快经历不能完全去除，但只要他们下定决心行动起来，就会越来越好。

2. 构建外部支持环境

优势视角认为环境中充满了资源，应帮助学生积极有效地利用家庭、学校、社区等周围环境的资源，降低问题的威胁性[①]。对于未成年的学生，原生家庭的教育是建构外部支持因素中的最主要因素。家庭有残缺或者家庭教育缺位的学生更容易身陷校园欺凌。社会应加强对这部分学生家长或监护人的培训，教给他们与孩子沟通的方法和技巧，让他们明白温暖的家庭氛围、良好的亲子沟通、父母对于子女在人际交往方面积极的指导，可以大大降低校园欺凌的发生。学校方面，应该营造和谐的师生关系和良好的班级氛围，让班级成员有归属感和集体荣誉感。比如，在教室墙上张贴海报，提醒孩子如何用语言协商解决冲突，不诉诸暴力，不孤立同学，不传播流言蜚语。学校还应该重视德育教育，多搞各种课外活动，以缓解学生的学业压力和逆反心理。学校还可以增加具体的防御校园欺凌的课程指导，让学生明确什么是校园欺凌，遇到校园欺凌时具体怎么求助。一旦校园欺凌发生，学校对这一行为要坚决反对，切不可有半点的迁就妥协。政府行政部门应加强对学校周边环境的治理，加强校园欺凌方面的法治建设，使解决校园欺凌问题真正做到有法可依、有章可循。与此同时，网络保护也成为新时代反欺凌的方式之一。可以建立网络求助平台，这些求助平台可以开设不同板块的服务，比如匿名聊天室和网络论坛，为受欺凌的学生提供倾诉和宣泄的空间；也可以开设针对校园欺凌的知识宣传，让学生明确什么是校园欺凌、怎样应对校园欺

---

① SALEEBEY D. 优势视角——社会工作实践的新模式[M]. 李亚文，杜立婕，译. 上海：华东理工大学出版社，2004.

凌；还可以有相应的服务热线，及时给被欺凌的学生正确的心理疏导和防御指导。应对校园欺凌事件一定要整合对于被欺凌学生有利的所有资源，形成社会支持网络。

3. 效能因素

优势理论认为创伤是一种伤害，但同时也是人能够改变的资源。当学生经历、旁观校园欺凌后，学校、社工可以借校园欺凌事件对学生进行正向积极的教育，激发个人效能因素，激发他们对于欺凌者产生愤怒、反抗的情绪，对被欺凌者产生同情、帮助的情绪。一旦有部分学生开始反抗欺凌、同情帮助受害者，学校欺凌的氛围和风气就会明显减轻。这对于防控校园欺凌大有益处。效能因素的激发，对于校园欺凌事件中的被欺凌者、旁观者、间接参与者都能产生正向的影响。因此在校园活动中，应该减少学业负担，缓解学生的厌学情绪，通过各种课外活动增加集体的凝聚力和荣誉感。从而在关键时刻更好地激发学生的效能。

总的来说，反对校园欺凌是全社会共同的态度。优势视角理论主张帮助学生发掘主体优势，整合社会、家庭、学校资源，构建良好的外部环境，发挥效能作用去解决问题。这在校园欺凌问题的防御中具有积极的指导作用。

第二十九节　基于冷认知假说的校园欺凌防控

一、冷认知假说

近年来，我国中小学校园欺凌行为频发，引起了社会广泛关注，也逐渐成为学术界研究焦点。众多的学者和教育专家们开始就“校园欺凌”展开了研究，他们开始探索不同的“欺负行为”与哪些特征有关，哪些因素会直接导致儿童“欺负行为”的产生等。其中，“冷认知假说”就是众多理论当中的一种。

1. 冷认知假说提出的背景

20 世纪 90 年代以来，众多理论假说为解释“校园欺凌”而问世。其中，社会信息加工模型曾一度广受追捧。20 世纪 80 年代美国心理学家道奇

（K.A.Dodge）提出了社会信息加工模型（即 Social Information Processing Model 模型，简称 SIP 模型），这一理论将某一种行为产生的心理加工过程分为：编码线索、解释和表征线索、澄清目标、建构新反应、评估与决定行为反应、启动行为六个阶段。[①]SIP 模型占领了研究领域中很长时间的主导地位，随着研究的不断深入，有学者提出，“SIP 模型”解释不了为何会发生某些特殊欺负行为，这类行为由某一类人（关系欺负儿童）所发出。以“关系攻击行为”为例，关系攻击行为是指，发出欺负行为的人用人际关系或者人际关系网来对他人进行欺负的行为。这就意味着这类欺负行为发出者拥有较强的认知能力以及操纵他人心理状态的能力。而这主要借助第三者（或称倾听者）的参与来实施。从这一角度来看，关系欺负行为人拥有较高的认知能力，并且参照 SIP 模型中的六个阶段，他在任一阶段中都不存在缺陷。然而，他们还是会利用自己的人际关系或者人际关系网来对他人实施欺负行为。至此，社会信息加工模型暴露出其缺陷，无法很好地解释欺负行为产生的原因。

2.“冷认知假说”理论概述

由于 SIP 模型的缺陷，有的学者尝试从儿童“心理理论”的角度进行研究。儿童的“心理理论”是指儿童头脑中形成的一种理解自己和别人的思想、感情和动机的方式。20 世纪 90 年代，美国认知心理学家史密斯（P. K. Smith）指出，有些经常欺负他人的儿童具有较高的认知能力，但不能移情。相反，他们可能对攻击或欺负行为持有积极的信念和有偏差的价值观。史密斯称这种经常欺负他人的儿童的基本认知能力正常但不能移情的现象为“冷认知”（cold cognition）。[②]我国学者王益文的研究中指出，与非关系攻击儿童相比，关系攻击者的心理理论能力相当，而其他理论能力较差。[③]也有研究者提出，一些实施欺负行为的儿童拥有较高的“心理能力”，并且能正常意识到自己行为可能产生的后果，却依旧会给别人造成痛苦。也就是说这类儿童缺乏“移

① CRICK N R，DODGE K A. A review and reformulation of social information processing mechanisms in children’s social adjustment[J]. Psychological Bulletin，1994（115）：74-101.

② SMITH P K，BOULTON M J. Rough and tumble play，aggression and dominance：Perception and behavior in children's encounters[J]. Human Development，1990.

③ 王益文．3—4 岁儿童攻击的多方法测评及其与“心理理论”的关系[D]．济南：山东师范大学，2001.

情能力”，不能很好地进行观点同化。[①]概括之，该理论的提出者们将经常实施欺负行为儿童的这种拥有正常甚至较高的基本认知能力却无法正常地移情的现象，称为“冷认知”（cold cognition），即欺负行为实施者了解受欺负者的感受，但是依旧要实施欺负行为的一种完整却歪曲的认知。

二、冷认知假说与校园欺凌的关系

“冷认知假说”认为，校园欺凌产生的原因在于实施“欺负行为”的儿童缺乏正常的“移情”能力。值得注意的是，这些实施“欺负行为”的儿童几乎都拥有正常甚至是较高的认知能力，只是在“移情”上遇到了障碍。而正是这样的“移情障碍”，使得某些儿童对他人实施“欺负行为”，并且还自认为该“欺负行为”是符合自己的认知的。因此，从“冷认知假说”出发解释“校园欺凌”产生的原因，我们会关注到一个关键因素，即“移情能力”。正是某些实施“欺负行为”的儿童缺乏正常的“移情能力”，无法顺利地进行“移情”，才会导致“校园欺凌”现象的产生。

所以，“冷认知假说”理论为我们分析校园欺凌产生的原因提供了新的思路，即从“移情”的角度来解释“校园欺凌”是如何产生的。同时也为我们提出相应的防控策略提供了新的路径，即借由提高儿童的“移情能力”来减少“欺负行为”的发生。

三、冷认知假说在校园欺凌防控中的应用

既然这些实施“欺负行为”的儿童认知能力正常但缺乏“移情能力”，那么在应对这样的儿童时，我们就应该着眼于对这些儿童的“移情能力”进行培养。20世纪30年代，美国人本主义心理学家卡尔·罗杰斯（Carl Ransom Rogers）提出，“移情能力”是指一个人运用其全部的情感因素以及与当事人的情感体验相关的因素，去体验当事人的情感，好像把自己当成了当事人。[②]

---

① 任朝霞. 浅谈移情对儿童攻击行为的影响[J]. 山东大学学报（哲学社会科学版），2002（4）：73-77.

② 江光荣. 心理咨询与治疗[M]. 合肥：安徽人民出版社，2001.

因此，在卡尔·罗杰斯看来，“移情能力”就是去主动感受他人的痛苦并且理解他人感到痛苦的原因，就如是他本人的感受一样，但是“自我”与“他人”依旧是不同的。我国学者张文新在《思想品德教育心理学》中指出，移情能力“强调个体对事物进行判断和行为抉择之前，会考虑到他人的心理反应，理解他人的态度和情感”。[①]美国心理学家丹尼尔·戈尔曼在其著作《情商》一书中指出移情有五个要素：理解他人、帮助他人发展、有服务精神、积极看待多元化、具有政治意识。[②] 要产生“移情”，需要两个基本条件：一是儿童与他人有相同或类似经验，二是儿童主动换位思考。因此，我们可以以这五个构成“移情”的要素和发生“移情”的条件为目标，培养学生逐渐形成正常的“移情能力”。

1. 以阅读为途径，使学生丰富见闻

广泛的阅读可以丰富学生见闻，提高学生理解他人的能力。通过阅读书本里的故事，学生可以在阅读的过程中体会不同的生活、文化、思想，进而学会去理解他人的语言习惯、思维模式、行为方式等。当然，我们在阅读书目的选择上也要有技巧，要选择一些容易打动人的故事供学生阅读。

2. 以情绪追忆为途径，使学生学会共鸣

情绪追忆是指通过语言、音乐、场景等的模拟，使人回忆自己过去的经历和当时的情绪体验，并且将自己的情绪体验与他人所处的情景相类比，进而达到与他人产生共鸣的目的。在实际运用中，老师可以借由情绪追忆的方法，在语言、音乐、场景等的辅助下对学生进行共鸣训练。这种训练方式对设备和场所提出了要求，因此我们在使用该方式时要选择符合要求的设备和场所。

3. 以角色扮演为途径，使学生体验另类人生

角色扮演是指学生在具体的故事场景中通过扮演一个他人角色，来演绎一场完整的故事情节或片段。这是一种比较强调真实场景和真实体验的方式。老师可以通过编写故事短剧，组织学生表演短剧，来使学生切身体验他人的经历，进而学会换位思考。需要注意的是，编写的故事短剧一定要强调真实性，最好能够在生活中找到对应的人物原型。

---

① 张文新. 思想品德教育心理学[M]. 北京：北京教育出版社，2001.

② 戈尔曼. 情商[M]. 杨春晓，译. 北京：中信出版社，2010.

4. 以情景讨论为途径，使学生建立正确判断

情景讨论是指，学生们在特别设立的情景中，针对每个人物的行为和心理变化进行讨论，并且在老师的引导下作出正确的判断。情景讨论是一个引导学生建立正确的道德判断的有效途径，通过情景讨论，可以使学生逐渐形成完整且正确的道德观念，进而顺利地进行“移情”。

5. 以分享体验为途径，使学生学会表达情绪

分享体验是指让学生通过体验分享者和被分享者在现实情景中的真实经验和感受，学会去正确地表述自己真实的情绪体验。当学生学会了正确地表达自己的真实情绪，就能够建立起较好的互相理解的基础，进而提高“移情能力”。

6. 以公益服务为途径，使学生提高服务意识

公益服务的形式多种多样，比如社区服务、公益宣传、志愿者服务等。通过参与公益服务，学生能够在服务过程中体会到帮助他人所带来的成就感和满足感。而一次一次的成就感和满足感的堆砌可以使学生更愿意参与更多的公益服务，最终达到提高服务意识的目的。而服务意识又正是构成“移情能力”的五个要素之一，这样一来，“移情能力”自然得到了提升。

第三十节　基于符号互动理论的校园欺凌防控

符号互动理论是一种社会学理论，指在社会互动过程中人与人之间的交流和沟通是通过有意义的符号进行的，以对社会达到共同的理解和认识。通过符号的互动，人们形成和改变自我概念，建立和发展相互关系，处理和应对外在变化。校园欺凌事件其实质是学生彼此的符号互动过程，冲突双方的“主我”和“客我”理解不一致时便造成生生冲突。因此，从符号互动理论角度去寻找校园欺凌事件的原因是解决冲突问题的途径之一。

一、符号互动理论综述

1. 理论起源

符号互动理论（Symbolic Interactionism）最早由乔治·米德（G. H. Mead）教授创立，并由他的学生布鲁默整理，主张个体通过有意义的符号进行互动，研究人类群体活动的社会心理学理论，以及人类互动的现状和基本规律。

符号互动理论最早起源于美国实用主义哲学和行为主义心理学。在 19 世纪末 20 世纪初的拓殖时代，人们更需要积极、能动、富有创造性的人的形象，正是美国文化中的开拓精神和平等精神培育了符号互动论。①美国早期社会学家和心理学家威廉·詹姆士首先在《心理学原理》一书中提出“自我”和“习俗”概念。库利更进一步提出“镜中我”（looking-glass self），即我们是通过他人的目光来想象自己的面貌和形象的，并在这种想象中体验到“自我感觉”。1937 年，布鲁默在《人与社会》一文中首次使用了“符号互动论”这一术语，他在“自我互动”基础上增加了社会学的维度。布鲁默（H.G.Blumer）和库恩（M.Kuhn）等发展了米德的“符号互动论”思想，但他们在研究方法等问题上形成了不同的看法。

米德在《心灵、自我与社会》一书中系统、全面地呈现了上述思想，提出“符号互动论”概念，即不仅客观环境对人有重要影响，人的主观能动性对改造客观世界也有重要作用。②

由此可见，符号互动理论的基本含义是人类个体在社会互动过程中通过有象征意义的符号赋予人的行为及事物的世俗化内容或者功用。而符号的象征意义是可以通过个体本身对社会互动的理解去应用和修改的。

2. 主要观点

符号互动论主要观点为：第一，符号互动创造、维持与变革社会组织，制约社会结构。个体在人际互动中通过使用有意义的符号形成心灵、自我和社会。第二，人在与社会互动中主要通过自然语言符号系统进行，这也是人与动物的本质区别。人通过语言认识自我、他人与社会。第三，人通过语言符号在社会活动过程中的内化形成心灵，事实上内化的过程就是人的“自我

① 胡荣. 符号互动论的方法论意义[J]. 社会学研究，1989（1）：95-101

② 毛晓光. 20 世纪符号互动论的新视野探析[J]. 国外社会科学. 2001（3）：13-17

互动”的过程。而对符号的定义和理解也会因人或因情境而异，所以社会内化过程伴随着个体的外化过程。第四，个体可以按照自己的目的自行设计社会允许限度内的行为。第五，个体自身对情境解释也会影响其行为。人在不同情境中不停地解释所见所闻，并赋予其意义。客体本身没有意义，因为个体的互动才有了意义①②。

二、从符号互动理论角度分析校园欺凌事件

符号互动理论认为人对外界环境做出的反应主要是通过语言、手势、表情等这些有意义的符号做出的互动。而校园欺凌是指发生在校园及周边地域，学生使用语言、肢体、网络等手段对其他学生实施身体的、心灵的以及个人财产，进行欺负、侮辱、抢占等伤害行为，从而造成人身伤害、财产损失以及精神损害等的侵犯行为。在校园欺凌事件中“有意义的符号”被理解为是侮辱、孤立、拒斥、造谣等不良符号，继而引发踢打、扔砸、孤立、恶意推撞等互动行为。

1. 不良符号与校园欺凌

按照符号互动理论，人与人之间的互动是通过有社会意义的符号进行的，这里的符号可以是语言、文字、场景、表情、动作、姿态等，具有广泛性特征，用于在社会情境中表达人的意图。而个体对于符号的理解与社会情境有关，理解不同，产生的过程和后果也将不同。良性的符号互动能够促成有益于社会的行为，而不良符号互动即符号本身的不良方面及行为主体对符号不良理解就会引起行为主体之间的冲突，如校园欺凌。③在校园活动中，学生之间若采用攻击性或讽刺性语言等不良符号来表达自我感受，就容易产生矛盾，形成校园暴力。反之，若互动双方均采用诚恳的语言或态度表达自我感受，同学之间就会和谐相处。

---

① 魏景. 对符号互动论的教育学反思[J]. 内蒙古师范大学学报（教育科学版），2009（5）：16-18

② 乔纳森·H. 特纳. 社会学理论的结构[M]. 吴曲辉，译. 杭州：浙江人民出版社，1987：40.

③ 张旭，王晓滨. 符号互动理论视野下的仇恨犯罪原因探析[J]. 山东警察学院学报，2014（2）：124-129

2. 情境互动与校园欺凌

有社会意义的符号是社会互动的中介，其意义也是在有情境的社会互动中赋予的。情境包括行为主体、相互关系、行为以及事件发生的时间、场合和互动时的心理活动等。不同情境下的互动，其意义不同。如“你真棒!”，言者在表达这句话时是在对方表现优秀时，听者对应的反应即为“有社会意义的符号”，则听者心生喜悦之情。但是，如果行为人说“你真棒!”时是在对方表现欠佳的时候，听者就会理解为嘲讽或起哄，容易引起不良的情绪，在互动中就会引起言语甚至肢体上的冲突，造成校园欺凌事件的发生。

3. 心灵、自我与校园欺凌

米德在《心灵、自我与社会》这本书中认为，接受刺激个体对刺激是有不同的主观解释的，而这里的刺激实质就是有意义的符号。符号的意义是如何产生的呢？这是人所特有的，人类在社会环境中为生存的进化而产生的心灵和自我的结果。人们在充满意义的社会中将自己的理解通过互动传递给对方，希望对方做出其预期的回应，而对方又根据自己的理解做出相应的反应。如果校园中的学生受到不良符号的刺激或对符号的刺激进行不良解释就会造成冲突，引起校园欺凌事件的发生，或是语言冲突、或是冷暴力、或是舆论暴力甚至肢体暴力等。校园欺凌是在不良互动的影响下产生的，在发生校园欺凌之前，互动双方已经处于冲突之中，因个人因素的影响，使得冲突双方冲动、偏激等的心理状态表现出来，导致校园欺凌事件的发生。

三、符号互动论视野下的校园欺凌防控措施

1. 关注青少年心理健康，引导建立积极的有意义的符号

不良符号是产生校园欺凌的起点，与校园欺凌者、被欺凌者及其家庭或交往圈的不良影响有关。学校、社会可以积极开展心理健康教育和法治教育宣传，使学生的心理健康发展。引导学生正确表达自己的观点，形成积极向上的价值观和世界观，引导被欺凌者积极正确防范和面对“恶势力”，建立和谐健康的人际交往氛围，是预防不良符号产生的首要措施。

2. 构建良好的社会环境，减少不良符号互动形成的概率

不良符号与不良的情景互动是密不可分的，良好的社会公序良俗、和谐的家庭关系、健全的法律法规是预防校园欺凌的重要保障。

3. 加强德育教育，构建和谐的情景互动

校园欺凌问题属于道德问题，思想政治教育可以帮助学生利用有意义的符号对社会有正确的道德认知和价值观念，养成合理的行为习惯，学会以正确的方式处理人际交往中的摩擦与冲突，以减少甚至消除校园欺凌现象。

4. 重视法治与生命教育，坚守规则底线

对学生进行社会主义法制教育，用真实案例帮助学生理解法律常识，形成重视并自觉遵守法律的思想意识，可以有效降低校园欺凌行为的发生概率。

综上所述，符号互动理论强调有意义的符号在社会过程及在社会心理、社会行为中的作用。校园欺凌事件正是不良符号或不良刺激或对刺激的不良理解引起的肢体上、语言上、心理上、舆论上等的不良互动。从符号互动理论视野下分析校园欺凌的原因对于预防、治理校园欺凌具有非常重要的社会学和心理学意义。

第三十一节　基于增能理论的校园欺凌防控

一、增能理论

增能理论（Empowerment Theory）是由美国哥伦比亚大学的所罗门（Solomon）在 1976 年出版的《黑人的增能：被压迫社区里的社会工作》中首先提出的。在该书中，Solomon 主要强调要对美国的非裔黑人进行赋权增能，使他们拥有去做自己想做的事的能力。诸多资料表明：增能理论已被普遍使用于社会工作领域。增能是指个人获得对生活空间更大的掌控力和自信

心，在与他人和环境的互动中学会对资源和机会进行运用，进一步获得更多能力的过程。[①]增能理论认为个体的能力不是一成不变的，是可以不断增强的，我们每个人都具有无限的潜能。增能可以通过以下三个方面实施。① 个人方面：提高个体的自我意识、掌握力和生活技能；② 人际关系方面：与他人积极互动来提升自我能力；③ 环境方面：懂得适应社会环境和利用身边的有利资源。

二、增能理论与校园欺凌的关系

校园欺凌中的受欺凌者往往是在校园中处于弱势地位的一方，是被欺负和被压迫的对象。他们大多性格比较内向，腼腆、怕事，语言表达能力稍差，还有少部分是有身体缺陷或智力方面存在障碍的孩子。这类孩子的成绩一般处于班级中下游，在班级的存在感不高，自身也不愿主动参加班级集体活动，很难融入班级，喜欢独处。还有些学生在幼小时父母常年外出打工，从小由爷爷奶奶带大，在学校被欺凌了，不会告诉爷爷奶奶，或是告诉了也没能得到正确处理。久而久之，孩子即使受了欺凌也不敢告诉老师和家人，只能选择默默忍受。这样易造成孩子性格孤僻，因而成为长期被欺凌的对象。

上述受欺凌者虽然是校园欺凌中的弱势群体，他们自卑消极、缺乏父母的保护和老师同学的关注、对求助方式缺乏认知等，但是他们每个人其实都充满了巨大的去改变自身现状的潜能。因此，依据所罗门的增能理论，老师、家长或是社会工作者可以对受欺凌者进行增能，使他们重新认识自己和改变自己，认为自己才是解决问题的关键。[②]增强他们的自信心，让其相信自己是可以反抗而且有能力反抗的；增强其人际交往的能力，发展良好的人际关系；增强其适应社会环境、高效利用身边有利资源的能力。使他们面对校园欺凌可以做到不再忍气吞声，消除无力感，增强抗逆力，从而提高其防范校园欺凌的能力。

① 范婷婷. 校园“受欺者”增能的个案工作介入研究[D]. 兰州：西北师范大学，2018：7-35.

② 陈智莉. 认知行为视角下青少年校园欺凌行为的社会工作介入研究——以广州市某中学为例[D]. 广州：广州大学，2019.

三、从增能理论视角防范校园欺凌

1. 开发潜能，增强自信

受欺凌者首先要做到改变不合理认知，正确调控情绪，重新认识自己，找回自信。我们每一个人都是独特的，应以积极的态度真诚地接纳自己，不能嘲笑和贬低自己，但也不能自以为是，不去在乎别人的感受。我们还要懂得不会有永远的风平浪静，时而逆境、时而顺境是我们每个人都需要去面对的，要以尊重的态度、发展的眼光来看待自己。还需要积极主动地去学习和掌握正确的应对校园欺凌的方法以增强自己的防范能力——发展抗逆力。抗逆力是一种能够积极面对困境、抵抗压力的个人特质，是一种个人的资源或者资产，能够引领个人产生正面的结果。①因此我们应帮助受欺凌者增强自信、自尊自爱及掌控生活的能力，使其树立正确的人生观、价值观；帮助其缓解紧张和不安情绪，引导他们能积极主动地去解决问题，而不是畏惧和逃避问题。

2. 增强人际交往效能

增强孩子建立各种良好人际关系的能力。父母是孩子的第一任老师，家庭是影响孩子成长的重要环境，因此首先得给孩子提供一个良好的家庭氛围。平时多关心、多了解、多陪伴孩子，鼓励孩子与父母沟通和交流，当然交流时父母要特别注意自己的态度和语调。在家庭中树立民主平等的家庭地位和氛围，促进家庭和谐。这样孩子遇到困难时才愿意和父母敞开心扉，才能更好地解决问题。另外校园是孩子上学阶段的主阵地，建立良好的朋辈关系十分重要。鼓励孩子与同学之间多交流，适当对同学表达自己的友善，乐于助人等，积极参加班级集体活动或学校活动，从中收获友谊，消除孤独，提升安全感。同时老师应一视同仁，关心和爱护每一个孩子，让孩子知道遇到事情时可以得到老师的支持和保护。以此提升孩子人际交往技巧，增强其效能感。

3. 增强利用社会资源的能力

孩子对于法律方面的知识了解得少，而且一般孩子不会主动去接触法律，

① 李焯仁，田国秀. 建立抗逆力对抗赌博成瘾[J]. 中国青年研究，2006（11）.

既不会去学法也不懂法，严重缺乏法律意识。因此无论是父母、学校还是社会都应该采取一些措施，让孩子了解法律，让孩子知道遇到某些困难时，可以求助于法律。当然仅仅如此也不行，关键还要孩子自己有意识地主动去学习一些法律相关知识，学会以法律的视角观察社会，发现现实生活与道德标准和法律法规之间的差距，懂得运用法律来维护自己的合法权益。通过增强运用法律意识这种社会资源的能力来防范校园欺凌。

4. 社会工作介入

家庭教养模式对孩子至关重要，但现今很多家长由于忙于自己的工作，往往对孩子的教育和保护不得章法。因此可在社区设点开展家长增能工作的公益活动，由专业的社会工作者以切实有效的方法帮助家长学习教育和保护孩子的技能。此外，社会工作者可结合增能理论采用个案工作的方式对受欺凌者进行一对一的专业治疗，增强其应对校园欺凌的能力。帮助受欺凌者认识到自己是有价值的；引导其清楚自己的优势；纠正其非理性信念，辅导其摆脱负面因素的影响，能以正确的态度和方式应对校园欺凌，更好地融入校园生活。

第三十二节　基于生态系统理论的校园欺凌防控

生态系统理论主要考察人类行为与社会环境的交互关系，它把人类成长所依存的社会环境（如家庭、机构、社区等）看作是一种社会性的生态系统，强调生态环境对于分析和理解人类行为的重要性，注重人与环境间各系统的相互作用及其对人类行为的重大影响。生态系统理论为理解校园欺凌者行为的发生提供了一个基本的框架。基于生态系统理论视角理解青少年的攻击行为，对预防校园欺凌事件的发生有着非常重要的作用。该理论关注青少年与系统之间、系统与系统之间关联的重要性，由一组从近到远相互嵌套的系统或环境因素组合而成，对青少年的影响从直接到间接。

一、认识生态系统理论

1. 生态系统理论的内涵

1977 年，美国心理学家布朗芬布伦纳（Bronfenbrenner）提出生态系统理论，以整体的视角来看待人和社会，认为人的发展就是人与环境交互作用的结果。这些环境系统直接或间接地以各种方式和途径影响着人的发展，这些环境系统分别是：微观系统、中观系统和宏观系统。微观系统是指影响个人的生理因素和人格特质因素，中观系统是指家庭、群体等组织，宏观系统一般指大的社会系统。[①]这三个系统相互联系、相互作用、相互制约。从生态系统理论的观点来看，校园欺凌的发生与微观系统、中观系统、宏观系统有密切关系。

2. 环境的三个层次

（1）微观系统。

微观系统是指对个体产生最直接影响的环境。布朗芬布伦纳强调，影响青少年发展最显而易见的就是其所处的生活环境，如家庭、学校、友伴及社区。

（2）中观系统：中介系统和外在系统。

中介系统也被称为中系统，是指家庭、学校、友伴及社区之间的联系与相互关系，如父母与学校相互合作情况、友伴群体相处的影响等。

外在系统，指儿童未直接参与，但影响儿童及青少年成长的因素，如父母的工作环境、学校的教育方向及社区资源的运用等。

（3）宏观系统。

宏观系统，指存在于以上 3 个系统中的文化、亚文化和社会环境。

二、生态系统理论视域下校园欺凌的影响因素

1. 微观系统：个人成长中的性格缺点导致校园欺凌事件

（1）性格。

调查显示，在学生所描述的欺凌事件中，大部分学生认为性格偏激、脾气暴躁的学生容易欺凌别人或被欺凌，不讨喜的性格（如脾气火暴、说话粗鲁、内向等）是产生校园欺凌的常见因素。[②]

---

① 师海玲，范燕宁. 社会生态系统理论阐释下的人类行为与社会环境——2004 年查尔斯·扎斯特罗关于人类行为与社会环境的新探讨[J]. 首都师范大学学报（社会科学版），2005（4）.

② 高凡. 中职女生校园欺凌现状及防治策略研究[D]. 长沙：湖南大学，2019.

（2）人际交往不畅。

美国学者莫拉莱斯在《社会工作：一体多面的专业》（第 10 版）中将生态系统划分为五个层面，即：个人、家庭、文化、环境-结构、历史，层层相扣，个人层面是最内核，强调了个体生物因素（如个人生理、心理、社会禀赋）对个人成长发展的影响，其他层面的影响制约着个体的思想和行为。学生成长过程中的自我认知及身心发展不稳定，致使在人际交往出现摩擦后，找不到合适的方式来解决，产生欺凌事件。

2. 中观系统：中介系统和外在系统导致校园欺凌事件

（1）家庭环境。

家庭是社会最小的单位，是学生的第一学习场所、人类行为的社会化过程的启蒙之地。多篇文献谈及家庭婚姻结构的变化及父母缺位对孩子的成长影响深远，留守儿童、流动儿童屡成校园欺凌事件的主角。①

（2）学校环境。

学校作为校园欺凌事件的社会生态背景，与欺凌问题有着直接和密切的联系。②学校是学生学习的正规场所，升学压力高，重智育轻德育现象致使一些学生问题的处理有偏失。调查显示，当学生感受到被尊重和接纳时，就会对学校产生一种较强的信任感和依赖感，倾向于接纳学校，反之，当学生感到与学校脱节时，则会更容易发生欺凌事件。

（3）同伴群体关系。

同伴群体（指由年龄、性别、志趣、职业、社会地位及行为方式大体相近的人所组成的一种非正式群体）提供了互相模仿的对象，影响着道德规范和行为规范的树立。③调查发现，校园欺凌事件中受同伴群体影响的欺凌者占有相当比例，由于同伴群体的感染作用、去个性化作用，学生间会相互模仿，增加产生攻击行为的概率。

---

① 朱琳. 社会生态系统视角下预防校园欺凌的介入策略研究[J]. 现代中小学教育. 2017.

② 马皓苓. 校园欺凌者行为发生的影响因素：生态系统理论视角[J]. 教育科学论坛. 2019.

③ 李琦. 中小学校园欺凌的形成机制与防治路径[D]. 武汉：华中师范大学，2018.

3. 宏观系统：文化、亚文化和社会环境导致校园欺凌事件

（1）社会不良风气。

青少年心智发展尚不成熟，易习得不良社会习惯，在校外网吧、游戏厅等容易受不良社会青年的吸引。未成年人的是非观念弱，长期接触这些不良影响，会影响世界观、人生观、价值观，滋生校园欺凌事件。

（2）大众媒体的错误导向。

智能设备（手机、平板）普及后，互联网为青少年插上了翅膀，各种新信息铺天盖地而来。大众媒介传播的信息良莠不齐，青少年辨别能力不强，频繁接触这些，容易深陷泥潭，模仿一些不良行为，严重威胁校园安全。

（3）相关法律制度有待健全。

我国针对青少年进行保护的法律有《义务教育法》《未成年人保护法》《预防未成年人犯罪法》，三部法典都未明确界定校园欺凌的内容。校园欺凌事件发生后，学校处置此类事件的法律依据不明晰，难保防控校园欺凌工作有效、持续开展。

三、基于生态系统理论防控校园欺凌

校园欺凌防控策略的构建需要微观、中观、宏观三个系统主体互相配合，从而在最大程度上减少校园欺凌事件发生。如图 3-13 所示：

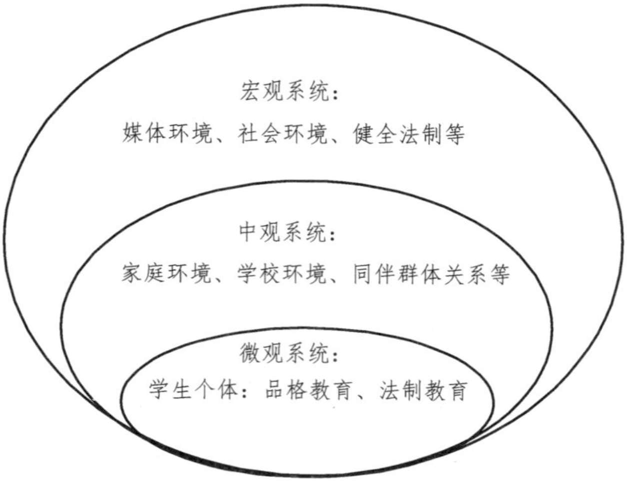

图 3-13　校园欺凌防控示意图

1. 微观层面：提升学生自身修养，向校园欺凌说“不”

（1）加强学生品格教育和法制教育，德行天下，依法做人，不做欺凌者。

学生的德育与智育都很重要，注重学生品德培养，使其树立正确的价值观。加强法制教育，让学生知敬畏，不做欺凌者，当被欺凌时，也懂得如何运用法律武器保护自己。引导学生尊重个体之间的差异，学会接受自己与同伴的差异，提升人际交往能力，领会真正的同伴情谊。

（2）增强学生学习主观能动性，提升综合能力，理性应对危机。

教育学生，使其通过培养良好的兴趣[①]，刻苦学习，积极锻炼体魄，积极参加劳动、参加社会实践提升自己的综合能力。有梦不觉人生寒，有梦想的人有仁爱之心，不会欺凌弱小，当遇到同伴的恶意态度和欺凌行为时，渊博的知识也会指引自己尊重别人，理性处理。

2. 中观层面：让良好的家庭环境、学校环境及同伴群体关系成为学生健康成长的摇篮

构建“家庭-学校-社区”良性生态圈，组建学习团队[②]，构建正向的生态环境，为学生提供正面的行为楷模和正向的价值引导，有效预防和遏制校园欺凌行为的产生。通过抓住影响青少年成长的最关键的两个因素：家庭和学校，增加干预主体之间的合力来防治校园欺凌，为学生的学业水平及良好品德的养成提供良好的教育生态环境。[③]

3. 宏观层面：净化媒体环境、社会环境，健全法制，保障反校园欺凌工作有效落实

世界卫生组织的一项调查发现，环境是学生形成健康人格的一个重要影响因素。学生个体之外的社会环境，包括家庭环境、学校环境、社会环境等在不同程度上影响着学生的成长。不良环境加剧了欺凌行为的发生，良好环境的营造会给学生的学习和生活带来愉悦，减少欺凌事件。[④]此外，健全法制也至关重要，欺凌事件的处理只能援引《治安管理处罚法》《未成年人保护法》等相关法律，其惩处力度不足以产生震慑作用。

---

① 白雪. 生态系统视角下预防校园欺凌策略研究[D]. 乌鲁木齐：新疆大学，2019.

② 李春慧. 初中生生命态度与校园欺凌态度关系的实证研究[D]. 南京：南京师范大学，2019.

③ 牛余婷. 校园欺凌防治存在的问题及对策[D]. 济南：山东师范大学，2019.

④ 孙子建，等. 生态系统理论视角下中小学校园欺凌的影响因素分析[J]. 教学与管理. 2019（30）.

第三十三节　基于社会生态的素质-压力模型的校园欺凌防控

一、社会生态的素质-压力模型

社会生态学理论①②强调社会环境中个人的行为与发展和所处的外部环境互相嵌套、互相联系形成一个生态系统。社会生态学理论将自然科学中生态系统的概念应用到社会科学的研究当中。如同自然环境中生物的生存与气候、水、地貌、土壤等相互影响、相互制约，个人与所处社会环境之间也存在着相互作用、相互影响的关系，个人的行为会受到自身因素和社会环境因素的共同影响。布朗芬布伦纳（Bronfenbrenner）在其社会生态系统理论模型中将影响个人行为的自然环境分为 4 个层次，由小到大分别为：微系统、中系统、外系统和宏系统。4 个层次从微系统到宏系统，对人类个体行为的影响从直接到间接。③布朗芬布伦纳社会生态系统论模型见图 3-14。

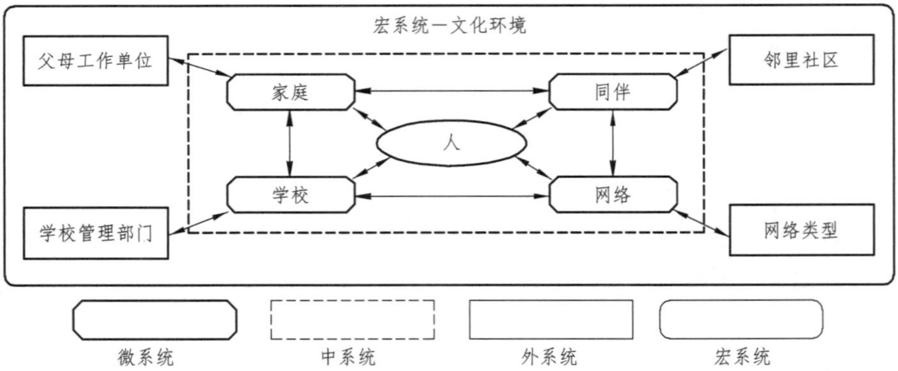

图 3-14　布朗芬布伦纳社会生态系统理论模型

① BRONFENBRENNER U. Toward an experimental ecology of human development[J]. Am Psychol. 1977（32）：513-531.

② BRONFENBRENNER U. Ecological systems theory[M]. London，UK：Jessica Kingsley Publishers，1992.

③ 席居哲. 儿童心理健康发展的家庭生态系统研究[D]. 上海：华东师范大学，2003.

素质-压力模型最早是由罗森塔尔（Rosenthal，1963）用来解释精神分裂症的病因，这里的“素质”是脆弱性的同义词，包括基因、生物、生理、认知和人格等相关因素（Sigelman & Rider，2009）。[①]社会生态模型和素质-压力模型整合在一起形成“社会生态的素质-压力模型”理论（Swearer & Hymel，2015），因此，社会生态的素质-压力模型是一种复合型社会学理论，在社会生态学理论中突出个人素质与受到的环境压力之间的关系。

二、社会生态的素质-压力模型与校园欺凌的联系

社会生态的素质-压力模型把人的行为和发展看作个体素质与环境压力交互作用的产物。校园欺凌行为的发生主体为在校学生，若只研究学生个体显然是不够的，还需要从学生所处的微系统、中系统、外系统、宏系统去探究环境对学生产生的影响。关注青少年个体与其所处社会环境之间的相互作用，有助于多维度地认识和阐释校园欺凌发生的影响因素。个体的认知与生物素质以及社会环境中的风险、压力都会对校园欺凌当事者的心理健康产生直接或间接的作用，校园欺凌事件的发生，一方面受学生个人特质的影响，另一方面受到环境因素的影响。[②]青少年心智还不成熟，自我调节能力较差，个人素质无法应对环境产生的压力时易引发极端行为。

社会生态的素质-压力模型从青少年个体素质的差异、社会生态环境中压力来源以及个体素质差异对压力事件产生的反应等方面研究校园欺凌行为的产生原因。

三、基于社会生态的素质-压力模型的校园欺凌成因分析

1. 学生个体素质差异引发欺凌

青少年个体素质差异体现在身体素质（年龄、生理发育等）、心理素质（性别、性格等）、科学文化素质（学业成绩、认知结构等）方面。

---

① 赵德懋，冯姝慧，邢淑芬，等. 基因与环境的交互作用：来自差别易感性模型的证据[J]. 心理科学进展，2017（8）.

② 教育部青少年法治教育协同创新中心（华东师范大学）. 校园欺凌治理的跨学科对话[J]. 华东师范大学学报（教育科学版），2017（2）.

个体身体素质差异引发欺凌：青少年处于身体快速成长发育阶段，由于发育的早晚和程度呈现不均衡的情况，有的孩子发育早，身材明显高大于其他孩子，在身体力量上占据优势，身材矮小的孩子则处于劣势，力量的悬殊导致身材瘦弱的孩子成为被欺凌的对象。

个体心理素质差异：青少年时期的女生常常会不自觉地去隐藏自己的想法，部分女孩子敏感多疑，可能仅仅是因为别人的一个眼神、一句话而感到心烦意乱甚至情绪失控，通过欺凌等方式将不满情绪发泄到他人身上。男生则希望通过力量的展示获得同伴的“尊重”，他们会模仿电影电视中的强者形象，简单地把“武力”当做解决问题的办法，希望以欺凌他人的方式树立自己的权威。校园中有的学生性格懦弱、孤僻，社交能力较差，在集体中容易被孤立；有的学生性格好强，占有欲、控制欲强。这两类学生在集体生活中都会显得格格不入，加之心智未成熟，无法正确对待别人的批评与建议，从而产生欺凌行为。

个体科学文化素质差异：素质教育在我国已推进若干年，但不可否认的是，学业成绩仍然是对在校生的主要评价标准。不同的孩子在智力、爱好、学习习惯上存在差异，进而在成绩上有优劣之分。文化成绩差的学生容易被其他同学轻视，导致同学之间关系紧张，引发欺凌行为。

2. 社会生态环境中的压力引发欺凌

（1）家庭压力大易引发欺凌。

家庭在社会生态系统中被归类为微系统，微系统对学生的行为产生直接影响，对青少年生理和心理的发展都有着重要影响。家庭环境（父母关系、亲子关系、经济状况等）和家长教育方式对孩子产生生理和心理上的影响，与青少年健康人格的形成密切相关。家庭中父母不和、离异或亲子关系紧张，会让孩子在精神上长期处于紧张状态，在家中情绪得不到释放，压抑自己，性格会变得孤僻，人际交往能力也会受到影响。部分家长误认为在物质上的满足就是对孩子的爱，这种家庭的孩子在充足的物质满足和缺失关爱的环境中成长，形成错误的认知结构，即认为用金钱可以获得自己想要的一切，当这样的认知结构被校园环境打破，就会产生精神上的压力，对优于自己、不迁就自己的人或事物产生厌恶，滋生校园欺凌行为。而家庭条件较差，物质和精神上都得不到满足的孩子易形成自卑的性格，仇视他人、学校和社会，期望通过暴力侵夺他人的东西。在激烈的社会竞争中，许多家长变得焦虑，又把这种焦虑通过家庭教育传达给孩子，长期的焦虑转化为精神压力，促使青少年用极端的方式发泄情绪，把不满与痛苦发泄到比自己弱小的人身上。

（2）校园压力激发欺凌。

青少年时期的同伴关系主要形成于校园，因此，对学生行为产生直接影响的微系统中学校和同伴两个因素都存在于校园中。学生在学校感受到的压力主要来自人际交往压力（同学之间、师生之间）和学业压力。同学间交往压力在前一部分个体素质差异中已有所阐述，在此不再赘述。部分接受能力差的学生会感受到来自课堂的压力，即使教师课后花时间辅导，这部分学生在课堂学习中仍然会感到跟不上，从而对课堂、对教师产生排斥心理。长此以往就会对学习失去兴趣，在学习中找不到成就感，走向叛逆和自卑的极端，成为校园欺凌事件的欺凌者或被欺凌者。学校对学生的道德教育、心理教育和法制教育存在忽视，法治课程和心理健康课程设置不够，重智育轻德育。校园文化建设不够，导致老师对学生身心健康关注欠缺，与学生之间缺乏交流与沟通，不能及时发现和处理学生在成长过程中的异常行为。

（3）社会压力对欺凌的影响。

信息社会的到来，当代青少年接收信息的渠道更加多元化，他们能接触到比从前任何一个时代更丰富的讯息。大量的信息不经过筛选传递给青少年，他们又缺乏对信息真伪、好坏的评判能力，特别是接收到与日常宣讲不同的信息时会产生认知矛盾，形成精神性压力源。学校教育与社会不良风气呈现出对立感，学生一方面在学校被老师教育遵纪守法、善待他人，另一方面看到不良的文化产品中的暴力、争夺，未成熟的心智接收到了不同思想的冲击，这样的冲击让青少年感觉到矛盾和压力，没有良好辨别能力，他们只能随波逐流，盲目地去模仿暴力，用侵害他人的利益的方式来释放自身的压力。

四、基于社会生态的素质-压力模型防治策略探究

1. 宏系统中做好防控校园欺凌的社会文化建设

社会文化环境对个体的影响排在最外圈层，不会对个体产生直接的影响，

但如政策、法律等宏系统因素都是影响最广的因素，对社会、学校、家庭的行为都有指导作用。因此，不能因为宏系统对个体的直接影响较弱，而在个案研究时忽视它们。国家、地方为遏制校园欺凌行为制定的政策，是社会群体行为的基本依据。2016 年至 2019 年，国务院办公厅、教育部等多个部门颁发了关于开展校园欺凌专项治理的一系列七份文件，为校园欺凌防控做出了政策性指导。这些指导意见的颁发显示出从国家层面对校园欺凌的重视，政策制定得越细致对社会行为的指导作用越强，因此，不同区域、学校应根据地区、学校特点作出更具有针对性、可操作性的欺凌防控条例。校园欺凌具有长期存在的特点，短期的专项治理有其局限性，法治相对更具有持久性和稳定性。

2. 外系统为防控校园欺凌提供支持

青少年的行为受微系统各因素直接影响，而微系统中各因素的形成与变化又受到外系统影响。因此，防控校园欺凌的宣传不应当只限于校园和教育系统，应当扩大防控宣传的范围。在社区、各办公环境、商业区都应当植入防控校园欺凌的宣传。

校园欺凌单靠学校和家庭或其他单一的机构组织是无法彻底防治的，妇女儿童类志愿团体、心理咨询、法律事务等社会力量的引入可以为校园欺凌的防控提供更专业、更具有针对性的措施。有些青少年在日常生活和环境中无法宣泄家庭和学校给青少年带来的压力，社区组织能为青少年提供更多的情绪出口和援助通道，引导青少年正面应对生活和学业压力。社会机构和组织应当和其他防治主体协同努力，共同防治，形成校园欺凌的多维度防治体系。

3. 突出中系统与微系统各因素对学生的共育作用

家庭是青少年身心发展的最核心外部因素，校园是青少年校园欺凌行为发生的主要场所，家庭和校园构成了社会生态的素质-压力模型中对学生素质发展和压力行为产生的最关键一环，家庭与学校对青少年的影响随着在校年龄的增长此消彼长，但家庭和校园始终是防控校园欺凌行为的第一阵地。

家庭和学校，两个看似分离的环境因为孩子的存在而成为一个整体，教师应当积极了解学生的家庭状况，家长也应当积极了解孩子的在校情况。学校不仅要做到对学生的学业负责，还要通过家访、家长会等更多形式，为学生家庭和谐发展提供更多的支撑。家长不能盲目认为将孩子送到学校就万事大吉，应当去了解学校的课程设置等，与孩子共同学习，找到与孩子的共同语言，在亲子沟通中了解孩子在校状况，及时的与老师沟通，防止校园欺凌行为的发生。

校园欺凌行为随着社会的发展会呈现出不同特点，需要教育工作者及社会各界的引起重视，不断努力，将校园欺凌行为的发生频率降到最低。

第三十四节　基于差别交往理论的校园欺凌防控

随着信息技术和互联网的发展，最近几年校园欺凌事件常常见诸报端和网络媒体，校园欺凌问题越来越受到社会关注。诸多教育工作者多角度探寻校园欺凌产生的原因并进一步寻找积极的应对策略。本节从差别交往理论出发，试图研究其与普通高中校园欺凌的关系，进而提出有效的防控措施，以期能对校园欺凌起到积极的防控作用。

一、差别交往理论概述

差别交往理论（different association theory）又称“异化接触理论”，是美国犯罪社会学家埃德温·萨瑟兰（Edwinh Sutherland）为揭示现代犯罪行为原因而提出的学说。它打破了传统理论从生物和心理异常探讨犯罪行为原因的研究格局，将视野从“不正常”人的犯罪行为转换到“正常的人”是如何通过学习而导致犯罪的问题上，牢固确立了“犯罪行为是习得的”的观点。[①]

埃德温·萨瑟兰在 1934 年所著《犯罪学原理》中对差别交往理论做了初步表述，后来他又进行了修正和完善，把差别交往理论的基本原理扩展为 9 个命题：① 犯罪行为是习得的；② 犯罪行为是在与他人沟通过程中相互作用而习得的；③ 对犯罪行为学习的主要部分发生在亲密人群中；④ 在学习犯罪行为时，其内容既包括习得实施犯罪的技术，还包括习得犯罪的意图、内驱力等方向；⑤ 意图和内驱力的特定方向，是从赞成或不赞成法律法规的理解中习得的；⑥ 一个人赞成违法的理解多于不赞成违法的理

① 曾娇艳，谢红丹. 差别交往理论的犯罪观对青少年犯罪防治的启示[J]. 四川省公安管理干部学院学报，2006，18（4）：40-44.

解，则极有可能会变为犯罪者；⑦ 差别交往可能在出现频率、持续时间、优先性、强度等方面不尽相同；⑧ 通过与犯罪典型和反犯罪楷模的交往来习得犯罪行为的过程，涉及在任何其他学习中所涉及的全部机制；⑨ 尽管犯罪行为是一般需要和价值的体现，但是却不能用那些一般需要和价值来阐释，因为非犯罪行为也是同样的需要和价值的体现。①

二、差别交往理论与校园欺凌防控的关系

虽然埃德温·萨瑟兰的差别交往理论更多被用于研究社会成员犯罪行为的原因，在普通高中校园中出现学生犯罪的可能性也小，但是在高中校园里时有校园欺凌发生，这种现象如果控制不好极有可能演变成校园犯罪。萨瑟兰强调犯罪是众多社会因素作用的结果，犯罪者是在众多消极社会因素、在与罪犯交流的过程中习得的，根据该理论，消除消极因素可以预防犯罪。社会、学校、家庭都是学生生活的环境，存在诸多影响孩子的因素，这需要我们净化“周边环境”，将可能出现的消极因素去除，创建积极正向影响因素，为孩子的健康成长营造有益的环境。

根据该理论，犯罪是犯罪者受到倾向于犯罪的价值、态度和习惯等不良因素的影响而发生的行为，那么如果将犯罪者置于犯罪是错误的氛围中，他就能够抛弃原有的价值观念，从而减少犯罪行为的发生。所以研究埃德温·萨瑟兰的差别交往理论，创设优良的校园环境，让学生始终处于不可犯罪的情境中，让我们的学生感受到友好、团结、互助的氛围，构建和谐的师生、生生关系，这会对预防和控制校园欺凌起到积极的作用。

三、利用差别交往理论防控高中校园欺凌的策略

1. 密切家校合作，创建和谐的家庭环境

根据差别交往理论命题③“对犯罪行为学习的主要部分发生在亲密人群中”和命题⑦“差别交往可能在出现频率、持续时间、优先性、强度等方面不尽相同”可知，犯罪行为学习的主要部分发生在亲密人群中，并且随着相

① 萨瑟兰，克雷西，路肯比尔．犯罪学原理[M]．吴宗宪，译．北京：中国人民公安大学出版社，2009.

伴的频率高、持续时间长、强度大等会对孩子产生重大影响。所以作为学生习得行为的起始点，家庭环境非常重要。家长作为学生第一监护人和最亲密的人，他们的价值观、思维和行为方式则直接影响着孩子的价值观、思维和行为方式的形成。“近朱者赤，近墨者黑。”家庭环境对学生的成长影响巨大，所以家长进行家庭教育的时候要营造一种温馨、和谐、向上的环境。在实施家庭教育方面学校可以对家长进行以下引导。

第一，让家长明确自己在孩子教育中的责任。很多的家长认为自己在外打拼挣钱，把孩子送进学校，教育孩子就是学校和老师的事情。所以学校应该倡导并真正实行家校合作，适时通过发起有益的亲子活动，引导学生家长关注孩子的成长，积极参加到对孩子的教育中。

第二，倡导家长不断提高自身素质，发挥榜样示范作用。家长应该用正确的言行潜移默化地影响孩子，引导孩子成为讲文明、懂礼貌、与人为善的社会人。

第三，倡导家长要言行一致，以身作则。根据对命题②的理解，犯罪行为是在交流中习得的，这种交流既可以是言语的，也可以是行为的。所以家长要做到言必信、行必果，不能说一套做一套，一方面教导孩子尊师重教、和同学们和睦相处，另一方面自己却在平时生活中不注重搞好家庭关系、不孝顺老人、恃强凌弱、一言不合就打骂孩子，这是家长在不断地、持续地、高频率地给孩子传递错误价值准则，孩子在学校也会不自觉地模仿家长的行为，对同龄人实施校园冷暴力，甚至是校园欺凌。

2. 建设校园文化，创设优良的校园环境

根据差别交往理论命题⑤“意图和内驱力的特定方向，是从赞成或不赞成法律法规的理解中习得的”。这意味着在社会中，个人周围充满了总是把法律解释为应当遵守的规则的人，个人周围也充满了鼓励违反法律的人。孩子生活的环境除了家庭，第二重要的即学校。因此学校要注重营造一种民主、文明、和谐、友善、互助的校园氛围，帮助学生之间形成和谐的同伴关系，相互产生正向影响。在校园文化建设中可以利用好三个阵地。

第一，学校德育处积极进行德育建设，制定、完善、宣传并严厉实施规范校园学生行为的纪律和条例，承担教育青少年尊重、认同、遵守规则与法律的责任与义务。通过完善的纪律和条例，规范学生们的行为，明确什么是应该遵守的规则，什么行为是会受到处罚的；通过对违反规则的学生进行必要的处罚，起到警示作用；通过对遵纪守法学生的表扬，如“三好学生”“优秀学生干部”“创三好”等，起到示范引领作用。

第二，学生社团可以举办多种丰富多彩的活动，在课余生活中密切同学之间的关系。比如学校心理咨询中心举办“5.25 心理健康节”可以让学生在轻松的活动中体会同伴互助，得到尊重、认可，使同伴关系更为和谐，减少校园欺凌的发生。学校政治学会举办的“12.4 宪法宣传日”活动，通过宪法晨读、法制知识宣讲与宣传、青少年违法案例展示、模拟法庭、法制知识竞赛等活动，让学生学习法律、尊重法律、遵守法律、维护法律，养成遵纪守法好习惯，这将会降低校园欺凌的发生率。

第三，班主任做好班级文化建设，创建和谐合作的班级文化氛围。班级是学生在学校生活最为集中、同伴关系最为密切、相互影响最大的地方，所以班主任要努力创建团结、民主、合作、互敬互助的班级文化，积极参加学校各种活动以增强班级凝聚力，减少班级内部的学生之间的欺凌现象。

3. 利用好学科教学主阵地，发挥思想政治课立德树人的引导功能

根据差别交往理论命题⑤“意图和内驱力的特定方向，是从赞成或不赞成法律法规的理解中习得的”、命题⑥“一个人赞成违法的理解多于不赞成违法的理解则极有可能会变为犯罪者”、命题⑧“通过与犯罪典型和反犯罪楷模的交往来习得犯罪行为的过程，涉及在任何其他学习中所涉及的全部机制”，我们可知学生产生校园欺凌有可能是赞成欺凌可行的认知超过认为不能欺凌的认知，所以我们需要在学生心中形成正确的价值导向，使不赞成欺凌的认识成为主流，而思想政治学科教学是引领学生树立正确的世界观、人生观和价值观的主阵地和主渠道。

教育部 2020 年新修订的《普通高中思想政治课程标准》中指出：“高中思想政治是落实立德树人根本任务的关键课程，以培育社会主义核心价值观为目的，是帮助学生确立正确的政治方向、提高思想政治学科核心素养、增强社会理解和参与能力的综合性、活动型学科课程。”[①] 所以在政治学科教学中我们可以引导学生树立正确的世界观、人生观、价值观，使学生逐步形成健康的心理品质，降低他们实施校园欺凌可能性及其影响。

总之，基于差别交往理论有效防控普通高中校园欺凌，需要社会、学校、

① 中华人民共和国教育部. 普通高中政治课程标准[M]. 北京：人民教育出版社，2017.

家长、学生、教师的携手努力，共同为孩子们打造优良的生活环境，让孩子们能健康快乐地成长。作为一线教育工作者应该在自己的教育教学过程中，用爱心和责任心、用健全的人格魅力和学生和谐相处，尽力防控校园欺凌的发生，创建优良的校园氛围，以促进孩子们的健康发展。

第三十五节　基于生活方式理论的校园欺凌防控

目前校园欺凌现象频频曝光，校园欺凌成为社会关注的热点之一。有不少学者从不同的角度探索校园欺凌防控的策略。时代的发展推动人们生活方式的不断变化，基于生活方式理论的防控方式成为一种能够有效防控校园欺凌的方式。

一、生活方式理论

亨德廉（Hindelang M. J.）于 1978 年提出犯罪学领域的生活方式理论，该理论的核心思想是：个人自身的一些行为或生活特性会增加他（她）被侵害的可能性[①]。生活方式研究可以针对不同领域的生活方式，也可以针对不同社会群体的生活方式，或社会生活的价值取向、政策研究等。按照生活领域不同可分为个人生活方式、家庭生活方式、集体生活方式。[②]影响生活方式的因素有很多，如生产方式、生活水平、职业、文化水平、宗教信仰、个人习惯、身体状况、年龄等因素。[③]

二、学生生活方式转变与校园欺凌的联系

1. 生活方式转变的背景

生产长一寸，生活长一分，科学每前进一步，都要激起生活的怒涛。科

① 张小华，项宗友. 浙江中学生校园欺凌的实证调查及影响因素分析——以生活方式理论和日常活动理论为视角[J]. 晋阳学刊，2016（5）.

② 邓伟志. 生活的觉醒 漫话生活方式[M]. 上海. 上海人民出版社，1985.

③ 邓伟志. 生活的觉醒 漫话生活方式[M]. 上海. 上海人民出版社，1985.

学的发展要求某些生活方式普及，许多新生事物、新生现象出现，比如移动支付，人们生活智能化、简约化。随着改革开放的深入发展，人们的生活方式、生活需求随之发生了翻天覆地的改变，成年人对自己的生活方式有不同的认知，工作娱乐的形式越来越多样化。

2. 学生生活方式的转变

伴随生产方式的巨大变化，人们生活方式发生极大的变化，社会中重要的群体——学生学习生活的环境随之发生变化。父母常年不在身边，离婚率逐年上涨，留守孩子、单亲家庭、组合家庭比重上升；不良媒体传播暴力及其他负面信息；随着寄宿制学校的推广，学生在校时间被延长……学生生活方式的这些变化，都成为校园欺凌行为增加的因素。因为校园欺凌事件的隐蔽性，受害者长期不敢声张，不易被发现，这对受害者影响很大，影响时间很长。校园欺凌的受害者是缺乏反抗能力、身心发展不成熟的未成年人，校园欺凌多发生在幼儿园和中小学。[①]大部分的校园欺凌与孩子的日常生活方式息息相关，孩子们可以通过改变自己的日常生活方式来降低被欺凌的风险。

三、基于生活方式理论的校园欺凌防控策略

结合当前学生生活方式转变的现状，学生的生活状态正在由以个人生活为主转变为以集体生活为主。笔者从学生集体生活方式的三个场景——学校、家庭、社会入手提出校园欺凌的防控策略，以期减少校园欺凌的发生。

1. 场景一——学校：学生主动构建健康的校园生活方式

（1）健康的校园生活方式的物质层面。

学生不单独上下学，不侮辱同学，不排挤冷落或忽略同学，进入校园主动穿着校服，配合学校的安保检查。不依仗自己的优势欺凌别人，以免今后成为被报复的受欺凌者。校内遇到欺凌现象及时报告班主任、德育处或学校

① 任海涛. “校园欺凌”的概念界定及其法律责任[J]. 华东师范大学学报（教育科学版），2017（2）.

行政领导，便于学校能利用校园门禁和监控系统掌握学生出勤情况，及时应对突发情况，正面并恰当地处理校园欺凌以最大限度地保证学生在校期间的安全，为健康的校园生活方式提供物质层面的保障。

（2）健康的校园生活方式的精神层面。

中学生对校园欺凌认识不够，容易成为施暴者或者受害者。所以，学生应主动参与配合学校防控校园欺凌的行动。

① 正确处理好与同学、老师之间的关系，避免因摩擦产生欺凌现象或者因未处理好与同学、老师的关系使自己处于高风险的被欺凌环境中。

② 积极配合班主任加强对违纪行为突出的学生的管理。这类学生不仅是校园欺凌加害行为的主要涉事者，也是校园欺凌的被害高发人群。

③ 若遇到心理问题，应找寻正确有效的排解方式，如主动咨询校园心理老师，及时化解心中困惑，调整心态；积极参与心理课程，掌握必要的心理调节知识，增强个人的抗压能力；主动参与学校定期开展的减压、调节情绪、行为矫正等专业讲座，找到压力排解的有效途径。若确有抑郁等精神健康问题，应重视并主动寻求专业心理医生的帮助，以避免成为欺凌者或受害者。

2. 场景二——家庭：学生主动建立密切的亲子关系，构建和谐的家庭生活方式

学生主动与父母建立亲密的亲子关系，理解父母的不易，主动与父母交流学校生活，减少手机等电子产品对家庭生活的干扰，畅通交流渠道。适时开展亲子家庭活动，如共享亲子阅读时光、棋艺对决、时事新闻探讨等，通过形式多样的家庭活动密切亲子关系，增强父母与子女间的了解度，提升应对突发事件的应变处理能力。学校应提醒家长通过网络社交平台如微信群、QQ 群加强家校联系，通过现场或网络的家庭教育讲座探讨校园欺凌防治问题，明确学校预防校园欺凌的态度及相关措施，便于家长及时发现孩子参与校园欺凌或被欺凌的线索，采取正确的应对措施来减少校园欺凌的发生。

3. 场景三——社会：避免以网络为中心，学生应回归主流生活方式，构建良好的社会生活方式

当前文化市场异常活跃，新媒体的发展使学生接收信息的途径更加多样，内容也鱼龙混杂。中学生心理不成熟，辨别是非的能力有限，通过媒体接收

的负面信息会模糊他们的道德底线，让他们无意中欺凌他人而不自知。因此，学生应自觉回归主流生活方式，避免以网络为中心，不随意添加陌生 QQ、微信，不随意约见或单独约见网友，避免浏览充斥着暴力内容的视频、网站，加强自我保护。积极参加社区活动、公益活动，在社会生活方式中践行社会主义核心价值观。

总之，学生生活方式随着社会生活方式的变化而发生了巨大变化，预防校园欺凌需要从学生生活方式研究入手，核心在于调整其生活方式中价值观、道德观、人际交往等因素中的消极成分，防控校园欺凌，引导学生健康成长。

第三十六节　基于沉默的螺旋理论的校园欺凌防控

一、“沉默的螺旋”理论概述

“沉默的螺旋”理论是传播学理论之一，由德国学者诺尔·纽曼（E. N. Neuman）1972 年首次提出，1974 年其发表《重归大众传播的强力观》一文，系统阐述了“沉默的螺旋”理论，并于 1980 年出版《沉默的螺旋：舆论——我们社会的皮肤》一书。“沉默的螺旋”理论主要研究舆论与大众传播的关系，其核心概念包括“意见气候”“被孤立的恐惧”“准感官统计”。其中，“意见气候”指个体所在环境中表现出的有关话题的气氛，包括个体对可能意见的感知；“被孤立的恐惧”指个体在感知意见气候的基础上为避免陷入孤立而产生的趋同动机；“准感官统计”是指个体判断其周遭意见气候的能力。“沉默的螺旋”理论主要内容为：① 个体意见的表达是一个社会心理的过程；② 意见的表达和沉默的扩散是一个螺旋式的社会传播过程；③ 大众传播通过制造“意见气候”来影响和制约舆论。[①]随着互联网及网络交往的普及，匿名的网

① 邹红军、柳海民. 校园欺凌中的网络舆情演化及其应对——基于“中关村二小校园欺凌事件”的个案研究[J]. 教育发展研究，2018（12）：42-48.

络交往呈现出个人态度与意见表达的多向互动和多种可能性。[①]现代社会特别强调互联网下的媒体及网民意见形成的意见气候。

二、"沉默的螺旋"理论视角下看校园欺凌

1."沉默的螺旋"理论与校园现实空间欺凌

学生们生活在共同的环境中，环境中的意见气候对其动机和行为有重要影响。学生"被孤立的恐惧"会导致其在意见表达时先评估环境意见气候并采取相应的行为。如果校园里形成了校园欺凌的意见气候，如对校园欺凌的容忍和默许气候，个体出于自保可能会对欺凌事件保持旁观默许态度，甚至加入欺凌队伍，这样无疑助长了欺凌者的气势。受欺凌者感知到欺凌者的优势意见气候，更加害怕、恐惧，可能会选择沉默。新华网数据显示，在他们的全部受访者中，1/3 的人表示对遭受欺凌习以为常，会独自忍受；1/4 的受欺凌者表示不知应向谁求助。[②]

2."沉默的螺旋"理论与网络空间欺凌

学生如果在网络中诽谤他人或者散播他人隐私，就构成了对他人的网络欺凌。某些片面、不实观点在传播中得到转发、评论，愈显得势，形成滚雪球般的放大效应，而受网络欺凌的一方可能无力辩解与澄清，处于沉默的一端。网络欺凌具有传播的多向性、无边界、流动性、隐匿性等特征，欺凌他人的信息一旦传播起来，形成优势意见气候，将对受欺凌者产生极大舆论压力，侵犯受欺凌者名誉，造成心理伤害。

3."沉默的螺旋"理论与校园欺凌舆情事件

欺凌事件中的社会舆情演化体现了"沉默的螺旋"理论的机制，是一个以舆论为载体的社会心理聚合、意见表达螺旋上升、大众媒体推波助澜、具有负面诱导与潜藏网络欺凌危机的多主体动态博弈过程。[③]以北京某小学欺

---

① 朱珉旭. 网络交往环境下的个人态度与意见表达：沉默的螺旋理论之检视与修正[D]. 武汉：武汉大学，2012.

② 肖潇. 别拿"欺凌"当"玩笑"：数说校园欺凌的套路[EB/OL].（2016-12-20）. http://news. xinhuanet. com/video/sjxw/2016-12/20/c_129412765. htm.

③ 林董怡. 初中生遭受校园欺凌影响因素及对策研究——基于 2016 年中国教育追踪调查江浙沪地区数据[D]. 杭州：浙江大学，2018.

凌事件引起网络舆情为例，欺凌事发于2016年11月24日，两名男同学将装有厕纸、尿液的垃圾筐扣在斌斌头上并嘲笑。此事件被学校当作“学生间的玩笑”，未严肃处理。斌斌母亲与对方家长、校方交涉未果并感遭到不公待遇。斌斌出现“急性应激反应”，加剧了僵持局面。斌斌母亲现实维权无果，维权的决心和“被孤立的恐惧”进一步加深，“个人意见”生长、强化，最终在网上发表文章《每对母子都是生死之交，我要陪他向校园霸凌说 NO!》。该文在网络引起了高度关注，一时间“校园欺凌”在网络上引起热议，该事件的“意见气候”朝向批评指责学校及教育部门的方向发展。学校针对校园欺凌事件危机的响应速度，远远赶不上校园欺凌事件在社会及网络中传播的范围和速度，不可避免地造成校园欺凌事件的社会舆论危机。受欺凌学生家长的不满、渴望公平的言论诉求遍布社会和网络环境，进一步激化了因校园欺凌事件引发的社会舆论的持续发酵和广泛的传播。有超过66%的网友表达了愤懑、渴望公正处理的情绪，对事件的欺凌者表达了愤怒、憎恶、反对的情绪；对受欺凌者表达了同情、友善、支持的情绪；对学校及教育管理部门感到失望和不信赖。由于网络中各种意见持续扩散传播，形成舆情循环，无意中对受欺凌者再次施加了另一种来自网络舆情的欺凌：非理性、激进民众对少数沉默者的欺凌；由于欺凌事件发生在学校，社会广大公众对学校产生不公正、甚至带有个人情绪的语言攻击等。

三、基于“沉默的螺旋”理论的校园欺凌防控策略

降低校园欺凌发生及校园欺凌引发的社会舆情事件的风险，需要全社会重视校园欺凌问题，形成政府、学校、家庭、社会公众多元共治的联动机制。

1. 充分发挥学校应对校园欺凌及校园欺凌舆情的关键作用

（1）学校进行反校园欺凌专项教育，形成反校园欺凌意见气候。

学校可借鉴国内外反欺凌项目开展长期的专项教育，传递学校对校园欺凌“零容忍”的态度，校园内形成“欺凌他人不道德，学校对此零容忍”的意见气候，欺凌行为势必减少，即使欺凌行为发生，受欺凌的学生会得到更多同伴和教师的保护与支持。

（2）建立反校园欺凌安全小组，妥善处置可能出现的校园欺凌事件。

在校园明显位置张贴校园欺凌举报电话，让处于沉默一方的受欺凌者或

旁观者能第一时间举报欺凌事件，受欺凌者能得到及时、公正的帮助。当欺凌事发，反校园欺凌工作小组对欺凌事件应进行及时详尽的调查处理，对相关人员进行安抚和心理疏导。及时和相关家长沟通情况，协调处理相关事宜，不推卸责任。尽量在物理空间处理好校园欺凌事件，避免其在网络中传播。

（3）畅通网上沟通渠道，积极应对可能出现的社会舆情。

根据传播学“黄金四小时”原则，学校及教育部门应及时、诚恳、公开地向社会公众、媒体通报准确的信息。打消公众质疑，消除流言滋生与传播的空间，避免引发校园欺凌社会舆情。

2. 发挥好家庭防控校园欺凌及妥善处理校园欺凌舆情的重要作用

家长应营造民主和谐的家庭教育氛围，加强家庭内部的沟通交流，保持家校沟通。多观察孩子的行为与心理变化，了解孩子的发展需要和实际困难。当发现可能的欺凌事件时，家长应主动与老师联系，了解具体情况，本着“将伤害影响降到最小的”的原则妥善处理欺凌事件。

3. 社会媒体应实事求是，助力校园安全建设

社会媒体能推进公共事务的发展和问题解决，但若大众媒体失去客观立场，不顾职业道德，为了流量歪曲事实，绑架大众民意，不但不利于问题解决，而且会让事件更加复杂化。对于校园欺凌事件，社会媒体应谨慎对待，坚守“为人民发声”的初心与立场，实事求是，发挥社会媒体的社会监督、公众教育作用，共同构建安全校园。对于普通网民而言，面对校园欺凌事件，不胡乱猜测与传播，不发泄个人情绪，保持客观理性态度，合理监督校园欺凌事件的调查与处理。

4. 政府主导推进校园欺凌防控

政府设立各级反校园欺凌机构，综合教育、综治、民政、公安、法院等相关部门力量，推进反校园欺凌政策的制定与措施落地。反校园欺凌机构指导学校开展反校园欺凌工作，监督学校严肃、公正、科学处理一般性校园欺凌事件，指导学校应对可能发生的重大校园欺凌事件，避免校园欺凌事件处理不当引发的社会舆情。

第三十七节　基于社会资本理论的校园欺凌防控

一、社会资本理论概述

社会资本理论是一个相对较新的理论，最初由欧洲学者提出。近年来，诸多国内外学者在不断发展与丰富该理论。

法国最具国际性影响的思想大师皮埃尔·布迪厄（Pierre Bourdieu）在其关系主义方法论的基础上率先提出“场域”和“资本”概念。场域是以各种社会关系连接起来的、表现形式多样的社会场合或社会领域。一个场域可以理解为在各种位置之间存在的客观关系的一个网络。场域是由不同的社会要素连接而成的，社会不同要素通过占有不同位置和资源而在场域中存在和发挥不同的作用。场域是一张社会之网，个体的在场域的作用相当于网上的节点。占有位置是个体形成社会关系的前提，社会成员和群体会因为占有不同的位置而具有获得不同的社会资源的权利。布迪厄认为场域作为各种要素形成的关系网络，总是处于动态变化的过程中，变化的促进力是社会资本。

美国詹姆斯·科尔曼教授（James S.Coleman）在描述中以微观和宏观的联结为切入点，对社会资本进行了比较系统的研究。科尔曼认为社会资本研究的目的就在于通过对社会资本的研究来研究社会的结构。他认为：“蕴含某些行动者利益的事件，部分或全部处于其他行动者的控制之下。行动者为了实现自身利益，相互进行各种交换，其结果，就形成了持续存在的社会关系。这些社会关系不仅被视为社会结构的组成部分，而且还是一种社会资源。”[①] 他还认为社会结构资源作为个人拥有的资本财产即是社会资本。科尔曼认为社会资本是与物质资本和人力资本相并存的，作为社会的一员，每个人生来就具有这三种资本。其中物质资本是有形的，社会资本和人力资本是无形的，而且三者之间可以相互转换。社会资本的形式有义务与期望、信息网络、规

① 王婷菲．社会资本理论综述[J]．经济视角（下），2011（5）：80-82.

范与有效惩罚、权威关系、多功能社会组织和有意创建的组织等。

美国杜克大学社会学系教授的林南（Nan Lin）的社会资本理论以社会资源理论为载体。所谓资源，就是“在一个社会或群体中，经过某些程序而被群体认为是有价值的东西，这些东西的占有会增加占有者的生存机遇”①。他把资源分为个人资源和社会资源。个人资源指个体拥有的货币、器具、自然禀赋、体魄、知识、地位等可以由个人支配的资源；社会资源指那些只有在嵌入于个人社会关系网络时才能够显现的资源，如权力、人品、声望等，这种资源存在于人与人之间的关系之中，必须在与他人发生交往时才能产生作用。社会资源的利用是个人实现其社会目标的有效途径之一，而个人资源又在一定程度上影响着他能够获得的社会资源。他认为社会资本是“投资在社会关系中并希望在社会关系中到回报的一种资源，是一种镶嵌在社会结构之中并且可以通过有目的的行动来获得或流动的资源”。

美国当代最杰出的政治学家之一罗伯特·帕特南（Robert D.Putnam）将社会资本从个人层面上升到集体层面，并把其引入政治学研究中。帕特南认为由于一个地区具有共同的历史渊源和独特的文化环境，人们因为相互熟知而成为一个关系密切的社区，并形成紧密的公民参与网络。这一网络通过用各种方式对破坏人们信任关系的人或行为进行惩罚而得到加强。这种公民认同感及公民参与中所体现出来的价值就是社会资本。帕特南认为，社会资本是一种团体的甚至国家的财产，而不是个人的财产。所以社会组织的高层工作的重心不应该放在增加个人的机会上，而应该关注社群的发展，同时为各种社会组织的存在留下空间。在学校领域内，人们在社会资本测量方面，从主要人际网络关系状况（同伴关系、亲子关系、师生关系）、对其主要人际关系的信任程度、班级规范和互惠规范的情况四个方面分析学生的社会资本。

二、基于社会资本理论的校园欺凌行为分析

1. 欺凌者的社会资本

显然欺凌者比受欺凌者更易获取社会资本，因为他们会以欺凌为手段积

---

① 向敏. 中美校园欺凌防治比较研究[D]. 武汉：华中师范大学，2016.

累社会资本。也正因为他们拥有更多社会资本，就容易欺凌他人。欺凌者通常能够有效地使用关照、利诱、恐吓等手段维持一个利益团体。而团队伙伴的关系巩固又加强了欺凌者的社会资本和自我价值。欺凌者通过欺凌行为去积累社会权力，一旦群体成员受益于此，就会更加努力维护团队的关系，并不断利用各种手段包括欺凌来维持其既得地位。

2. 受欺凌者的社会资本

受欺凌者朋友较少甚至于无，也缺乏相应的信息来源和社会资源，导致其社会地位相对较低，这就造成受欺凌者的社会资本较少。学校可以通过增加他们获得有价值的社会信息提高他们的社会信任，为他们提供接触学校有权力的社会人物的机会，提高其社会资本，从而支持其不受欺凌。因为受欺凌者缺乏社会资本加剧或延长了他们受欺凌的经历，许多受欺凌者缺乏能保护他们免受欺凌的朋友或熟人。

3. 旁观者的社会资本

旁观者既有可能成为欺凌者，也有可能成为受欺凌者，这取决于旁观者的社会资本情况。旁观者迫于强大的同伴压力，有可能以成为帮凶为代价获取社会资本，改善自身社会地位，以免被欺凌，也有可能出于友谊和道义帮助受欺凌者，但因为社会资源不足、社会地位较低和社会资本缺乏，最终受到欺凌，沦为受欺凌者。

三、社会资本理论对校园欺凌防控的启示

根据社会资本理论，社会支持和社会地位是青少年社会资本的主要表现，在解决校园欺凌问题时，可以从提供社会支持和提高社会地位两个方面着手来增加弱势青少年的社会资本，从而防控校园欺凌。

1. 创造社会支持性环境

社会资本来自社会支持，这强调了创造支持性环境的重要性。范婷（2019）研究表明：同伴关系及信任和互惠规范对其是否遭遇校园欺凌有显

著影响。社会资本越多，同伴关系越好，班级互帮互助的氛围越好，学生更有可能避免被同学欺凌。社会资本越少，尤其是亲子关系越紧张，初中生越有可能实施欺凌。社会资本越多，即师生关系、亲子关系、同伴关系越好，信任程度越高，学生遭遇欺凌或实施欺凌的可能越小。所以我们应从以下几方面着手，解决校园欺凌问题。

个人层面：提高学生的人际交往能力，培养学生交往技巧。

家庭层面：① 改善亲子关系，促进亲子互动；② 转变家庭不良教育方式，提升家长保护职能。

学校层面：① 加大校园欺凌预防的宣传教育，重视学生行为规范（宣传校园欺凌的危害、制定相应的校纪班规）；② 营造和谐校园氛围，融洽师生关系，互帮互助。

学校应高度重视校园欺凌问题，组织全体班主任在课堂上开展关于校园欺凌的主题班会，提高学生对欺凌行为的认识，增强学生对欺凌行为的预防意识，使其遵守校规校纪，遵守社会公德。

父母、同伴和教师是支持性环境中的重要资源，给予青少年足够的社会信任和社会支持，为他们提供有利的信息，增强其社会地位和自我价值感，有助于他们更自信、更适应学校环境，有能力大胆地对校园欺凌现象说“不”，让青少年心理更健康，在面对问题和困难时更主动积极，而不是一味消极承受。

2. 培养社会交往技能，提高社会地位

社会技能的培养是个体增加社会资本的有效途径。通过社会交往技能的学习和培养提高交往技巧和能力，有助于成员赢得合作和友谊，增加社会资本，提高社会地位。

总之，学校应该制定和实施社会技能培训计划，帮助提升青少年与同龄人和成年人的社交能力，增加社会资本。将社会资本理论融入欺凌防控中，改善青少年与同伴、教师的关系，增加同伴、教师的社会支持，最终增加其亲社会行为。青少年具备一定的社会技能，有助于在社会互动中积累社会资本，增加社会信任，拓宽社会网络，降低受欺凌的风险。

第三十八节　基于广域临床取向模式的校园欺凌防控

一、广域临床取向模式的基本解读

广域临床取向模式由美国学者弗莱（Frey）在 2004 年全美社会工作年会上首次提出，他们借鉴了沃顿（Wood）、弗兰克林（Franklin）等人的研究成果，对学校社会工作的实务运作作出模型设计（如图 3-15）。

模型由横纵坐标将平面分为四个象限。横坐标是工作对象，纵坐标是可变单元。“横坐标的左端指向个人、小组和家庭，右端针对大组或系统，用来区分出工作对象是学生个人、学生群体或者学校系统。纵坐标的上端针对的是生态与环境，下端指向个体，包括一个或多个学生，用来区分出学校社会工作的改变重点是外在生态还是学生个体。”[①]此象限图将学校社会工作的实务重点划分出 ABCD 四个象限。

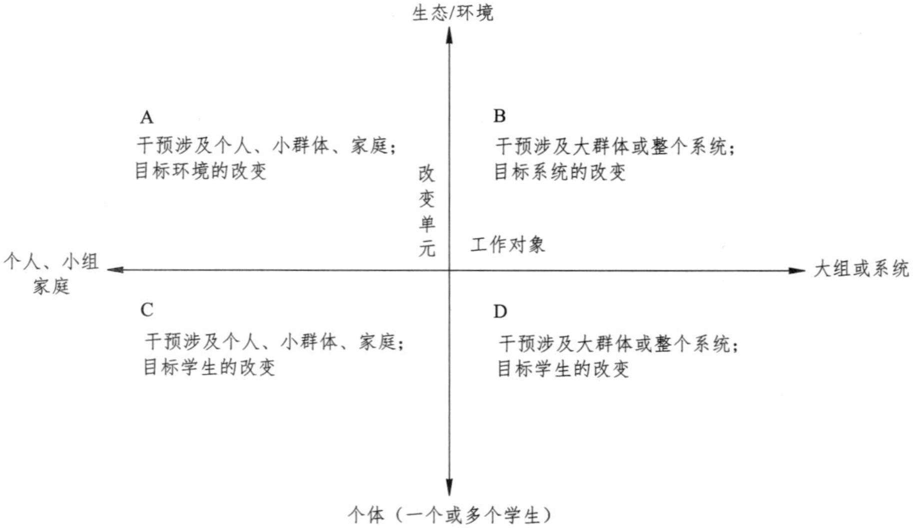

图 3-15　广域临床取向的学校社会工作实务运作象限图

① 袁琳. 临床象限——21 世纪一种新的学校社会工作实务模式简介[J]. 社会工作，2006（7）：16-18.

象限 A：以环境改变为工作点，促进个人、小组及家庭改变。这里改变环境是手段，改变个人是目的。这一实务取向涉及家长、教师、学校工作人员、社区同学等，工作重点是从改变学生周边的生存环境开始。通过改良环境，为学生提供支持与服务。常见的工作模式包括：学生领导力培养、生存能力培训、为老师或父母提供咨询、促进学校与社区合作、为一线教师提供督导、学生伙伴督导等。

象限 B：以改变环境为契机，促进学校系统发生改变。这里改变环境是手段，目的是改变学校系统。这一实务取向涉及学校上级部门、学校行政、政府策略、社区组织等，重点工作是通过政策引导促进学校优化管理制度，更新教育理念，改进教育方法，达到学校文化的更新与改变。具体模式包括：项目运作与推广、倡导政策改变、项目评估与传播、建立社区组织等。该模式需要多部门合作，形成促进学校系统发生改变的舆论和风气。

象限 C：以面向个体或小组的工作改变学生及其家庭成员的心理状态。这一模式较多使用微观社会工作技术，“临床”特征更加明显。主要涉及人员包括心理教师、社会志愿者、心理医生。具体方式包括心理治疗、家庭治疗、小组工作、危机干预等。

象限 D：通过学校大环境的改变，寻求学生个体改变。工作重点为学校系统，工作目的是实现学生个体的转化。涉及学校管理者、任课教师、学校职工、心理老师等。具体方式为：预防儿童虐待的课程、人际关系能力训练、吸毒行为预防、注意力训练、逃学干预、改变父母与学生的视角与态度等。

二、校园欺凌产生的社会背景

结合广域临床取向模式，我们可以从个人、家庭、社会等背景去分析校园欺凌产生原因。

一是个体同情心、同理心缺失，助长了欺凌者恃强凌弱、欺负弱小的行为。这往往与家庭对其过度宠溺相关。在家里，孩子通过哭闹、打砸等不合理的方式达到目的，希望在人际交往中处于上风，所以在家庭之外，诉诸武力就成为许多孩子达到目的的最终选择。

二是家庭成员间沟通方式简单粗暴，迷信暴力解决问题。“据有关资料统计，实施校园欺凌行为的孩子里，曾经或者经常遭遇家庭暴力的占70%左右。”[①] 父母间因家庭琐事互相指责，甚至大打出手的情况带来了极坏的示范效应，让孩子形成了可以使用暴力解决问题、宣泄不满情绪的错误认知，欺凌行为的出现也就在所难免了。此外，部分父母秉承所谓“虎爸虎妈”“狼性教育”的思想，在孩子出现欺凌行为时“不以为耻，反以为荣”，认为只要“不吃亏”“不受欺负”就行，混淆了是非对错，更为欺凌行为推波助澜。

三是部分学校对德育教育、法制教育重视不足，学生不服管，教师不想管、不敢管的现象突出，这一点与部分家长对待校园欺凌问题的态度有一定关系。部分家长双眼紧盯高考的“指挥棒”，无限拔高考试科目的地位，认为德育、法制课程的开设是浪费时间，只要学习好就“一俊遮百丑”，而一旦出现问题就向学校施加压力，致使教师抱着“多一事不如少一事”的心理对校园欺凌行为“睁一只眼闭一只眼”，种种因素阻碍了校园欺凌的防控成效。

四是社会不良风气影响学生，一些家长忙于工作，疏于管教，造成家庭教育中监管作用的缺失。

三、临床象限模式对校园欺凌防控的启示

广域临床取向模式在实际应用中，很少出现针对单一象限开展工作的情况，而需要几个象限之间共同推进、彼此协同。以预防校园欺凌为例，一方面要优化学校风气与校园文化（B象限），同时要教育学生学会管理情绪、处理愤怒（D象限）。再如自我控制与人际交往能力的训练，一方面要向学生提供心理帮助、情绪辅导（A象限），同时在学校与社区营造和谐、尊重、关爱的环境（D象限）。

1. 家庭教育层面

针对个体，着力于C象限，使用合理的教育方法让家庭的教育职能得到充分发挥。督促父母或监护人更加重视孩子的发展，能给予孩子更多关注，并能够时刻注意孩子的细节变化。遇到不友好的事，多和孩子沟通交流，避免孩子出现孤僻和偏激的性格。

---

① 田国秀. 广域临床取向的学校社会工作探析——以北京S中学的“问题学生”为目标群体[J]. 华东理工大学学报（社会科学版），2013（4）：47-59.

2. 学校教育层面

以学校人文环境治理为着力点，从 A 象限着手，营造学生成长的良好环境。学校教育是青少年教育的主要场所，也是预防校园欺凌最基本、最重要的场所。从全国范围看，中小学生一天大部分时间都是在学校度过的，教育管理人员和老师更要密切关注在校学生的异常行为和个体的情绪变化，发现异常情况，多和学生交流，尽可能了解学生的内心世界。一旦遇到厌学、纠纷、情绪异常变化或接到学生反映、求助时，一定要及时且有效处理，形成良好的校园环境。对已经出现的欺凌行为，要建立积极的应对措施。对于可能出现的欺凌行为，要及时消除隐患，必要时可以告知家长，通过家校合力做好教育和防范工作。

3. 社会教育与预防

这是 B 象限的功能，社会和社区也是学生学习和接受教育的场所，但主要是为学校和家庭建立良好的教育环境。学校欺凌的防治离不开政府的主导作用，同时政府教育主管部门也要加强对学校安全管理机制的指导。确保学校健全安全管理机构，制定岗位安全职责，落实资金、资源情况。建立健全预警机制，协调相关职能部门帮助学校建立安全预警机制，督促中小学安全教育、安全风险预防工作落到实处。

第三十九节　基于协同理论的校园欺凌防控

协同学是一门跨自然科学和社会科学的、适用性很广的学科，具有较强普适性，在社会各个领域中具有良好的运用。我们可以借鉴协同理论的基本原理来防控中小学校园欺凌。

一、协同理论概述

1. 协同理论的含义

协同，就是指协调两个或两个以上的不同资源或者个体，协同一致地完成某一目标的过程或能力[①]。20 世纪 70 年代初，德国著名的物理学家赫尔曼·哈肯在研究激光的过程中，提出了“协同学”的基本观点，即系统通过协同从无序走向有序，并在《协同学——自然成功的奥秘》一书中把“协同学”定义为：“协同学是一门在普遍规律支配下的有序的、自组织的集体行为的科学。”[②]其本质是在相对稳定的系统中，通过动态化的信息交流和资源整合，实现系统内部各要素自身及其要素之间的整合运作，以实现既定目标。

2. 协同理论的主要内容

协同效应，作为协同理论中最基本的重要效应，是指复杂开放系统中大量子系统相互作用而产生的整体效应或集体效应。[③]在系统的外部及系统内部的各要素之间，存在着动态的、大量的信息、资源交换，并不断地朝着既定目标发展，使得系统整体发挥的效益大于各要素之和，具有明显的增效作用。对于实际方法的指导则在于要注重系统内部各要素内部及其之间的有序协作。

自组织原理，即“系统可以通过其内部子系统之间的相互作用与协作，形成具有一定功能的自组织系统。它指的是在一定物质和能量的支持下，可以自发协调各元素之间的关系，完成特定功能的系统”[④]。这样的系统业已形成了一种内部规则和结构，能应对内部事件的发生和外部事件的冲击。

二、协同理论与校园欺凌防控的关系

协同理论被广泛运用于社会各领域，结合校园欺凌防控体系的构建和运

---

① 孙健，周举坤. 协同理论视域下的大学生思想政治教育创新研究[J]. 学校党建与思想教育，2015（13）：21-22.

② 赫尔曼·哈肯. 协同学——大自然构成的奥秘[M]. 凌复华，译. 上海：上海译文出版社，2013.

③ 熊昱. 基于协同论的高职院校学生心理“亚健康”心理矫正研究——以江西省某 4 所高职院校为例[D]. 南昌：南昌大学，2015.

④ 张丽娜. 行业特色型高校协同创新的机制研究[D]. 北京：中国矿业大学，2013.

作，对比协同理论发生前提、基本原理，二者之间有很高的契合度和深刻的联系。

1. 开放性的系统组织是进行内部协同的前提

只有内部各要素能与外部交流并实现自我完善，才能使整个系统实现从无序向有序的转变。校园欺凌防控体系，绝不是一个封闭的系统，它是一个开放的、动态发展的系统。它不仅受到校园内部各组成要素的影响，还要受到社会、家庭等外部因素的影响。校园欺凌防控的整个系统，也是随着社会、时代不断更新和发展的。

2. 校园欺凌防控与协同效应原理

协同理论指出："系统内部各子系统以及子系统内部组成要素之间的协同作用占据优势地位时，系统的合力增强就会发挥协同效应，系统的整体功能就会大于系统各部分的功能之和，得到加倍的效果。"[①]校园欺凌防控体系内部包含的各要素通过信息交流和协同，使其内部结构更加有序、科学，系统便能协调发展，更好地实现预防校园欺凌的既定目标。反之，如不进行有效的协同整合，陷入无序的状态，则会使其防控效果越来越差。

3. 校园欺凌防控与自组织原理

自组织原理强调系统自我完善的行为，系统内部各组成要素在与其他外部要素进行信息资源交流时，进行有序的、科学的应对和发展。校园欺凌防控体系也是一个自组织系统。从主体来看，在该组织中，存在学校、家庭、社会三大要素，其内部由各要素构成（学校：教育主体、教育内容、教育途径等；家庭：家庭成员、家庭氛围等；社会：社会团体及个人、社会活动、社会空间等），其内部各要素能进行自我调节，以便实现更好地协同效益。系统内部协同效益好，最终既定的校园欺凌防控效果就越好。协同既是自组织运作的实现途径，也是其结果，如图 3-16。

① 朱绍友，孙伟，章孝荣，陈涛，蒋榕. 对高校协同育人及其机制构建的若干思考——以安徽农业大学为例[J]. 高等农业教育，2015（5）.

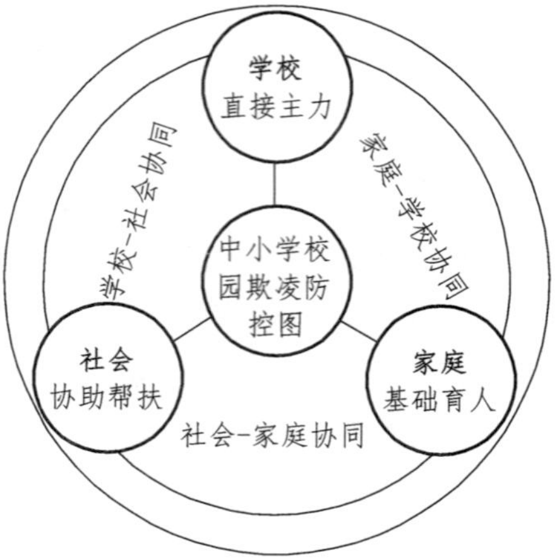

图 3-16　中小学校园欺凌防控图

三、基于协同理论的校园欺凌策略

基于以上协同理论，本节提出了中小学校园欺凌协同防控体系。以学校、社会、家庭为主体，通过主体内部协同、多元协同的作用，构建“自组织”运作。最终实现对校园欺凌的动态、高效协同防控。

1. 主体内部协同

学校是进行校园欺凌防控的重要主体。从教育主体协同来看，一方面要求学校教职工（科任教师、班主任、德育工作者、心理健康教育工作者、后勤人员等）加强相关理论学习，使其能协同进行有效的校园欺凌防控、应对欺凌事件的发生、帮扶欺凌事件中各方；另一方面也需要适当发挥学生的主观能动性，加强其自我学习、自我管理和同伴监督、共同进步的能力。

从教育内容协同来看，一方面要加强预防性教育、矫正性教育、发展性教育三者之间的协同，使其相互衔接，做到无死角防控；另一方面也需要加强在其他学科教学和活动与防欺凌教育的协同。

从教育途径协同来看，不仅要进行主题课堂和学科渗透的协同，还要注重第一课堂和第二课堂的协同，开展丰富多样的宣传、教育、咨询、体验活动等。

从教育环境协同来看，不仅要注重校园物质环境、文化环境、心理环境的协同，还要注重现实场景和网络虚拟场景的协同防控。

家庭是实现学生基础育人的重要场景，也是校园欺凌事件不可回避的因素。从家庭教育方式协同来看，承担家庭教育的主体（父母和其他监护人）应该加强教育理念和教育方式的协同，根据学生个体情况，在教育过程中进行协同教育。从家庭氛围协同来看，各成员协商、民主的氛围有利于学生个体心理健康发展，从而达到预防干预的效果。

从社会支持协同方面分析，各社会团体（以非营利组织为主，如心理协会、青少年成长教育基地等）、各社会工作者、各种社会活动，是拓宽校园欺凌防控支持领域的途径。同时，围绕当前社会环境的建设，配合学校和其他专业机构人员，在社区加强校园欺凌防控相关知识的普及和宣传，使学生和家长在社区环境中对欺凌防控知识有更清晰的认识，从而达到防控的作用。社会媒体方面也应积极协同，建立积极向上的舆论空间，关注并帮助相关人员，为校园欺凌防控创造更好的外部条件。

2. 多元协同

家庭和学校，是学生成长中最为重要的教育环境，是防控校园欺凌不可忽视的重要力量。但由于家庭教育和学校教育存在着各自的局限性，因此建立良好的家庭和学校协同就显得尤为重要。建立多种协同的途径和平台，实现常态化协作，利用线上沟通和线下交流相结合的形式，如QQ群、家访、家长会、个别交流、学校环境育人等，定期开展家校互动，形成家校协同机制，对校园欺凌的前期教育宣传、萌芽干预和后期处理均有良好的促进作用。

学校和社会的协同教育对校园欺凌防控起着积极正向的作用。学校教育资源的有限性使欺凌教育的深度和事件发生后的应对（帮辅、矫正等）存在一定程度的不足。因此，加强学校-社会协同成为必然的趋势：将优质的社会资源引入校园，开展多种形式的宣传、讲座、咨询、体验活动等；让学生走出校门到真实场景中体验感受，进行内容丰富、层次多样的协同教育。

家庭和社会的协同，则更多体现在对个体学生进行深度防控。利用课余时间，在社会场景中与家人共同进行教育互动。如共同参加家庭教育相关交流、体验活动等，不仅能增进亲子关系，更能使学生个体拥有良好的心理状态。

学校、家庭、社会是学生人际交往的主要场所，也是其心理安全感、归属感之所在。因此三方共同参与协同也是极其重要的欺凌防控手段。正向的协同互动能有效地防控校园欺凌，帮扶欺凌事件中的双方。

第四十节　基于社会互动理论的校园欺凌防控

一、社会互动理论基本概述

西方社会互动理论（Western Social Interaction Theory）是西方社会学理论中的一个重要流派，是对许多内容相关、关系又比较松散的理论的统称。符号互动论、角色理论、社会交换理论这些都属于西方社会互动理论的范畴。最早的社会互动理论专家是德国的社会学家格奥尔格·齐美尔（Georg Simmel），他对互动的分析影响了后来符号互动理论的发展。美国社会学家乔治·米德（George Herbert Mead）被后人称为符号互动理论的创始人，后来赫伯特·布鲁默（Herbert Blumer）和托马斯·库恩（Thomas Samual Kuhn）发展了米德的符号互动理论，开创了两个学派：芝加哥学派和阿衣华学派。米德还将角色理论引入社会心理学理论当中，所以说角色理论也是从米德的符号互动理论中延伸出来的理论。这些理论之间存在着千丝万缕的联系，对社会互动过程和结构进行详细的说明[①]。

社会互动是指个体与个体、个体与群体、群体与群体之间通过接近、接触或肢体、语言等信息的传播而产生相互影响、相互作用的过程。[②]学生成长过程中的社会互动，按照其发生的场所，大致可分为家庭中的互动、学校中的互动和社会大环境中的互动（包含同伴互动、陌生人互动、虚拟场景互动等）。从互动发生的过程来看，主要包括信息交流、相互作用和资源转换。[③]

在社会场景中，并非所有的行为活动都是社会互动。社会互动，必须是个体或者群体通过行动（言语、动作等）对其他个体或者群体产生实际影响。

---

① 闫慧杰. 基于西方社会互动理论的教师合作研究[D]. 开封：河南大学，2015.

② 龙冠海. 社会学[M]. 台北：三民书局，1966.

③ 吴梦露. 校园欺凌对初中生社会互动的影响研究——基于濮阳市255名初中生的调查[D]. 郑州：郑州大学，2017.

二、校园欺凌对学生社会互动的影响

校园欺凌属于社会互动的一种，体现了社会互动中的冲突和掠夺方式，是学生个体与群体、个体与个体、群体与群体之间不良的社会互动。

校园欺凌事件的发生对学生的社会互动影响主要分为主观影响和客观影响两方面。客观方面指的是学生在此过程中所呈现的行为模式，这也是最为直观和最易观察到的内容；主观方面集中于学生在此过程中对自我及互动的认知和在此过程中的价值取向两方面。

1. 校园欺凌对学生互动行为的影响

校园欺凌事件中，一方（个体或群体）对另一方（个体或群体）进行的欺凌行为都影响着双方对互动行为意义的理解。校园欺凌的受害者会因为其受到的欺凌行为而产生对社会互动的消极应对，从而影响到学生的互动行为。

互动的深度方面，因为受害者缺乏互动的主动性，往往也很难与他们进行更深层次的、积极的情感交流。互动广度方面，校园欺凌的受害者，会选择逃避部分原有的熟悉人际关系，部分转向与陌生人互动。互动频率方面，受害者总体上会减少社会互动的频率，主要体现在现实互动频率大幅减少，和虚拟环境互动频率的少量增加。在互动中行为向度方面，欺凌受害者的互动行为呈现消极、低自尊感、低价值感等负向互动。

2. 校园欺凌对学生互动认知的影响

自我认知方面，校园欺凌中受害者的自我认知与欺凌活动的发生呈现显著的负相关。受害者自我认同、自我效能感等方面明显变低。互动态度方面，校园欺凌中受害者的互动态度与欺凌活动的发生呈现显著的负相关。受害者对与其他个体或者群体的互动过程存在不同程度的消极应对情绪，如回避、恐慌、焦虑等。互动评价方面，受害者对与其他个体或者群体的互动评价呈现明显的负向评价。

整体来说，校园欺凌事件中的受害者，受到欺凌事件的影响，在不同程度上，均体现出对社会互动的消极认知。

3. 校园欺凌对学生互动价值取向的影响

互动主动性方面，遭受校园欺凌的同学由于受到对互动认知的影响，在社会互动的过程中往往缺乏主动性；从互动动机取向来看，他们又希望通过社会互动获取归属感和安全感，但在过程中又由于自身认知的原因，往往呈现出不自信的心理状态和不平等关系感知。互动方式方面，与未遭遇校园欺凌的学生相比，他们更愿意通过非直接接触的方式进行互动，通过网络、社交平台等虚拟空间、非实名的互动方式进行自我情感的表达和深层次互动。

三、社会互动理论视角下的校园欺凌防控

学校是学生社会互动范围最广、涉及个体和群体最多、互动较深的场所，同时也是校园欺凌防控的主战场。因此构建在学校场景中良好的师生互动和同伴互动对校园欺凌事件的防控十分重要。

1. 师生互动防控

（1）提升教师师德，构建民主的师生互动氛围。

师生的社会互动，是校园中重要社会互动之一，因此教师要提高自身师德修养，注重与学生互动过程中的方法、态度和情感交流。不良社会互动的产生往往与不平等的互动关系相关，所以教师建立的民主的、公平的、和谐的班级和校园氛围就尤为重要。通过集体商议的群体性规范（如班规、组规等）能在约束个人行为的同时，减少“管理专制”和互动掠夺。此外，摒弃了专制、歧视等不良因素的师生互动氛围也能为学生同伴间的互动起到很好的示范作用。

（2）注重心理健康教育，构建有温度的师生互动。

校园欺凌事件中任意一方（欺凌者、被欺凌者、无关者）的行为产生均受其心理因素的影响，且无论在欺凌事件发生的任一阶段（发生前的干预、发生时的处置、发生后的处理）都需要教师专业地处理学生心理问题。基于心理教育的个别辅导和班级团队辅导活动，对于不同阶段的学生都很有益处，应积极开展，尤其是针对与他人的人际关系处理、情感表达和个人情绪管理

方面。此外，师生互动不仅反映了教育管理，更应该反映生命关怀。应通过师生互动，传递生命教育，树立正确导向的价值观，构建具有温度的个体与集体、集体与集体的互动环境。

2. 同伴互动防控

同伴（同学、朋友等），是学生社会互动活动中接触人数最多、互动发生频率最高、深度互动进行得较多的群体。积极良性的同伴互动对学生个体的自我及社会互动认知、互动价值取向、互动行为具有正向的引导和发展作用。

（1）构建相互督促、共同进步的同伴互动关系。

良好正向的同伴互动关系，能有效预防校园欺凌事件的发生，能够减少学生在与外界互动过程中产生的焦虑感与恐惧感，由此可以建立安全感，也利于学生完善自我概念和人格发展。[①]

这里的同伴互动，主要指能够对学生个体进行正向互动（支持、鼓励等）的群体行为。通过这种互动来实现学生社会互动的深度的加深、广度的拓展、频度的增加、向度的正向，从而避免校园欺凌事件的发生。

通过共同制定的团体行为规范和互动中形成的共同价值观念，规范和约束学生个体的行为和意识，从而实现同伴互动的良性循环，不仅可以减少校园欺凌的萌发，还能促进互动关系中每个个体的成长。

（2）构建包容互爱、悦纳同伴的互动关系。

校园欺凌事件的发生，往往反映出社会互动过程中个别个体或集体对另一个体或小集体的不接纳、排挤。而欺凌事件发生后，有可能出现对欺凌者一方的不接纳和排挤。这两种均属于不良的互动关系。

教师要通过适度干预，引导学生建立开放包容的同伴互动关系。一方面是需要引导学生加强自我认知，悦纳自己，具备健康的心理；另一方面，使其能悦纳同伴，获得安全感和归属感。

包容互爱、悦纳同伴的互动关系能最大程度上减少对个体或小集体的排除行为，从而达到防治校园欺凌的目的。同时对经历了欺凌的双方而言，通过良好积极同伴互动，一方面能在学习和生活中进行有深度、广度、正向的

① 宋杨萍. X中学学生校园欺凌行为研究——基于社会支持理论视角[D]. 武汉：华中师范大学，2019.

互动活动，帮助受欺凌者重获安全感、归属感，重建社会互动认知，恢复正常的社会互动；另一方面也能协助矫正欺凌者的行为，帮助其建立正确的社会互动认知和价值取向。

四、结　语

校园欺凌的发生会影响个体对社会互动的认知、价值取向，从而影响其社会互动行为。同样，构建良好的社会互动认知、正确的价值取向，也能引导和规范个体在互动活动中的行为，从而减少校园欺凌事件的发生。

第四十一节　媒体传播对校园欺凌及防控的影响研究

媒体是指传播信息的媒介，它是指人用来传递信息与获取信息的工具、渠道、载体、中介物或技术手段，也可以把媒体看作实现信息从信息源传递到受信者的一切技术手段。

传播是指两个相互独立的系统之间，利用一定的媒介和途径所进行的有目的的信息传递活动。信息传播过程是一种信息分享过程，双方都能在传递、交流、反馈等一系列过程中分享信息，在双方的信息沟通的基础上取得理解，达成共识。

一、媒体传播引发校园欺凌

心理学、教育学研究表明，青年时期是一个人意志、品格、世界观形成的关键期，如果过多接触暴力影像，其受到的负面影响势必很大。美国著名传播学者威尔伯·施拉姆他的著作《传播学概论》中曾说：“所有的电视都是教育电视，唯一的差别就是它在教什么。”施拉姆在研究传播学的过程中还说，我们研究传播时，我们也研究人——研究人与人的关系以及与他们所属的集团、组织、社会的关系；研究人们怎么相互影响，告知他人和被告知、教别人和受别人教、娱乐别人和受娱乐。这里指出了传播学作为社会科学的性质。

1. 媒体传播的含义

传播媒体或称“传媒”“媒体”“媒介”，指传播信息的载体，即信息传播过程中从传播者到接受者之间携带和传递信息的一切形式的物质工具，如电影、电视、广播、印刷品（书籍、杂志、报纸）、计算机和计算机网络等均属于媒体。而随着计算机的普及，网络媒体成为一种新形式的传播媒体。随着网络的快速的发展，暴力电影、视频、游戏等信息加速传播，在信息筛选方面，青少年有着天生的不足。

2. 媒体传播在校园欺凌中的影响

当今社会，报纸杂志、影视作品、电台广播、网络平台中到处可见暴力内容的存在，甚至在经济利益的驱动下，市场上的颓废文化四处蔓延。高速发展的新兴媒体形式结合互联网，通过各种途径平台输出着大量的有害信息和精神毒品。这些对人的思想道德素质的影响很大，这种负面的影响，极易使人误入歧途。这也是导致校园里暴力事件频发的重要原因。

（1）导致青少年接收被污染的信息[①]。

信息污染的产生是当下互联网时代信息传播的必然产物。信息污染是信息生产者在利益的驱使下，利用新媒体的开放性、即时性、隐匿性等特征，刺激人们的消费欲望，制造和传播有违道德的虚假信息（如假新闻、假广告等）、淫秽信息和暴力信息，使人们接收的信息受到污染。正处在成长成才阶段的青少年尚未形成正确坚定的世界观、人生观、价值观，他们极容易受到信息污染。信息生产、传播与利用过程中，各种人为因素及政府对媒体传播的引导和监管的不力，使得良莠不齐的信息涌入青少年的视线范围，阻碍了青少年正确选择和利用信息。在自由获取信息的过程中，一些青少年由于缺乏独立性与自主性，在信息海洋里漂泊不定，疯狂吸收已被严重污染的信息，最终被信息逐渐“吞噬”。

（2）被污染的信息引导青少年走向暴力与犯罪。

信息犯罪是指运用信息技术故意或无意中实施的严重危害社会、危害公民合法权益并应负刑事责任的行为，其显著的特点是从传统领域逐步向新媒体渗透。青少年作为新媒体使用的先锋，受到新媒体的影响最大，由于自身

① 林岳新，魏传英. 新媒体信息异化与青少年价值观异常行为[J]. 伤害医学（电子版），2013（6）.

的世界观、人生观和价值观都不成熟以及不良信息的污染，其道德意识较弱和法律意识淡薄，可能会受到影响，甚至利用新媒体进行网络诽谤、网络色情、网络恐吓、网络盗窃、网络赌博、网络诈骗等一系列网络犯罪活动。

3. 暴力信息通过游戏媒介传播

根据《中国青年报》调查统计，有 56%的被访问者认为网络暴力游戏影响最大。暴力游戏、电影等本身就是带有暴力信息的媒介。各种猎杀类的暴力游戏和电影中的思想通过游戏互动、视频观看等途径传播，青少年也在不知不觉中就接受了这种暴力思想，形成隐性暴力思想，当真实世界中发生冲突时候会将隐性暴力思想带入现实内。

4. 媒体传播有着复杂且多样的特点①

移动互联网的普及使校园欺凌行为被恶意传播并被迅速复制和模仿。欺凌者或旁观者幸灾乐祸、有恃无恐地将欺凌视频上传网络以此取乐，社会影响恶劣。

（1）媒体传播具有便捷、快速、隐蔽等特点。

青少年频繁与各种媒介互动并沉迷其中，不知不觉便将虚拟情境套在现实上，进行模仿。有些青少年效仿暴力影视剧或网络游戏，迷恋各种虐杀题材的游戏，崇拜其中的“王者”形象，渴望征服带来的满足感。过多沉迷网络游戏的青少年非常容易把虚拟世界与现实世界相混淆。在虚拟的世界场景中，游戏玩家以任意“杀人”为乐趣，这种虚拟环境中的杀伐行为，潜移默化地把人性深处潜在的本能、报复心、占有欲等丑恶的一面都引导出来，直接影响青少年的人格。以暴力、血腥或色情为特点的网络游戏对青少年心理产生的负面影响极大，在这种媒体的影响下，青少年的精神很容易被囚禁在虚拟世界不能自拔，直接导致生活中角色转换困难，通常表现为敏感、退缩、抑郁、自卑、缺乏社交勇气或暴力、急躁、叛逆、焦虑，少数严重的时常有超出常人想象的想法以及越轨行为，一部分最终走上犯罪的道路。

（2）新媒体或新媒介形态的间接欺凌行为呈递增趋势。

随着手机等智能设备的普及，青少年可以通过 QQ、微博、微信等平台

---

① 洪子惠．周上航．屈彦辰．新媒体时代校园欺凌现象的成因及其特点分析[J]．教育现代化，2018（29）．

收发信息，每个人都有若干个 QQ 群和微信群。通过网络平台起不雅外号、辱骂、发送恶意信息等欺凌方式日益增多，网络欺凌逐渐变得普遍，令人防不胜防。

二、新媒体传播环境下的媒介社会责任及校园欺凌应对策略

近年来中小学校园里欺凌事件频繁发生，欺凌现象和社会舆论一再向我们敲响警钟，校园欺凌这一问题迫切需要得到高度重视。在传播媒介迅速发展的背景下，校园欺凌的防控需要政府、传播媒体平台、学校、家庭等各方共同努力。

1. 完善相关法律法规①

暴力与血腥元素通过媒体传播，作为受众群体之一的青少年必定会受到极大的影响。首先主流媒体应该传播正能量，杜绝传播低俗与暴力等不良信息，健全青少年接收信息的监督机制。其次，立法是打击借助社交媒体进行的欺凌事件的有效方式。国际社会目前也缺乏统一的法规，应该尽快完善媒体传播行为的责任归属，同时确立通信服务商等应尽的义务。目前我国在这方面的法律法规还不完善，无法应对日益复杂的媒体传播环境。

2. 加大社会力量的监管和引导

相关部门应针对媒体传播的信息以及影视、游戏等进行监管和引导，对于含有色情、暴力等不健康因素的影视、书刊、网络游戏等应予以坚决禁止。在娱乐方面，坚决禁止未成年人进入网吧等娱乐场所；在游戏方面要对游戏进行分级管理，以适应不同年龄层次，加强对网络游戏玩家的监管和引导，实行网络游戏实名制，对于不适合该游戏的玩家限制进入。

3. 提高青少年自身素质和自我控制能力

青少年处于青春期生理与心理快速发展却不成熟的时期，此时青少年的

---

① 汪文丽，康钊，刘芳. 中小学校园欺凌事件过度传播的危害与防治[J]. 江苏第二师范学院学报，2018（4）.

认知能力与自我评价能力并不完善，很多行为是通过模仿而习得的，社交媒体输出的不良信息对青少年会造成极大的影响。我们应提高青少年自我修养和控制能力，使青少年保持乐观向上、积极健康的人生态度，树立正确的人生观和价值观。与此同时学校和家长应该通过各类活动引导学生，提高其甄别信息的能力。

信息时代，重视媒体传播责任，完善相关监督机制与法律法规，对防控校园欺凌事件，降低校园欺凌事件的发生概率有重要的意义。

第四十二节　暴力亚文化理论在校园欺凌防控中的运用

一、暴力亚文化理论概述

暴力亚文化理论是指“用蕴含暴力价值观的亚文化诠释违法犯罪的犯罪学理论”①。该理论由美国著名犯罪学家马文·尤金·沃尔夫冈、意大利犯罪学家佛朗哥·费拉柯蒂在20世纪60年代根据相关犯罪亚文化而提出。他们利用政府对费城青少年有关数据的搜集、整理、计算与分析进行深入深究，一致认为不一样的种族与他们延伸出的文化多样性是引发青少年犯罪率差异的重要原因。在某些文化系统里，暴力是他们的日常应对方式，也是其认知、理解、判断或抉择的组成部分。而这里谈及的犯罪，就是用暴力的方式处理日常生活问题的结果。

我国学者吴宗宪归纳了马文·尤金·沃尔夫冈的暴力亚文化论：他认为在暴力亚文化环境里，很多人把使用武力视为合乎情理的，认为那不是违法的。②但不是说个体必须使用武力解决问题，大家习惯用暴力解决问题，假如没有使用暴力，那么这个人极大可能被驱逐出暴力亚文化群体。同时这种亚文化不全是暴力行为的表现形式，这里面还含有主流文化的观念。亚文化精神对身处其中的人都或多或少有影响。例如，暴力亚文化群体的成员在很多情境中，乐意以暴力手段解决问题，这说明暴力亚文化对他们有深刻的影响。

---

① 曹漫之. 中国青少年犯罪学[M]. 北京：群众出版社，2015.

② 吴宗宪. 西方犯罪学史[M]. 北京：警官教育出版社，1997.

二、暴力亚文化对校园欺凌的影响

1. 产生暴力亚文化的原因

人类社会从生产力极不发达的时代走向当今科技高度发达的时代，经历了漫长的过程。世界各地民族、种族在与大自然相处的过程中，都各自产生了自己的文化，其中就包括了暴力亚文化。

随着人类社会和世界各民族不断地演进发展和进步，到了我们现在所处的21世纪，自由、平等、独立、民主、和谐等文明理念早已深得全世界人民的认可和推崇。虽然为了基本的生存发展，在特定的时期和环境下，使用暴力有其合理性。但是，人类社会是不断进步、不断向前发展、不断向文明推进的。今天，每个人都拥有基本的健康权、生命权、财产权，是神圣不可侵犯的，而且这些基本权利越来越得到世界各国人民的认可和接受。这是社会历史发展的方向和规律。虽然如此，时至今日，暴力亚文化观念仍然在某些时段和某些环境下影响着社会的进步发展。其中，就不可避免地会影响到校园里的和谐，所以，我们应对其有所认识和应对。

2. 暴力亚文化对校园环境产生不良影响

（1）消极的文化价值观，造成青少年价值观混乱。

在某些区域或领域存在多种消极文化价值观，这给青少年带来了不良影响，让其思想及价值观念混乱，使得他们的社会化过程变得不顺利。特别是通过电视、网络、报纸杂志、媒体等接收到的用暴力解决问题的信息，让处于价值观形成期的青少年产生了价值观混乱。暴力亚文化是一个推崇暴力的价值观念，有的孩子由于没有得到正确的引导，成了“边缘”学生，这样就成了欺凌者或受欺凌的对象。

（2）成长经历中的习得性暴力行为模式。

青少年暴力行为可能是一种习得性的行为模式。崇尚暴力可能因其自身遭受过暴力，逐渐形成以暴制暴的报复心理。在暴力亚文化群体中，那些曾经受到暴力侵害，而又不能通过有效途径保护自己的青少年，有些会选择加入暴力团体，寻求外部力量达到自保或报复目的。当体验到被保护或打击报复别人的成就感时，再加上团队成员之间的互动鼓励，他们逐渐将暴力文化内化于自身的价值体系中，使用暴力作为解决问题的主要手段。

（3）家庭教育方式的偏离。

家庭是青少年成长和社会化的第一阵地，社会化过程是学习文化、习得经验的过程。家庭的正确教育和培养对个体的社会化进程起着至关重要的作用，它能帮助少年个体树立正确的人生观和价值观，而家庭教育的偏离会适得其反。专制型家庭打击孩子的自主性，剥夺孩子的自主权，甚至推崇使用暴力（如对家庭成员暴力、对其他人暴力），强制对他人进行控制和管理，这种家庭氛围会影响孩子的性格和行为，使其产生极度退缩或者暴力的行为模式。以留守儿童为例，家庭教育的缺失使得他们没有养成好的行为习惯，很有可能向打架、斗殴、崇尚用暴力解决问题的错误方向发展。

三、暴力亚文化理论在校园欺凌防控中的运用

暴力亚文化价值观会影响校园欺凌事件的发展。[①]我们应采取措施减少暴力亚文化对校园的影响。

1. 家庭方面

家长应该有正确的价值观，用科学正确的教育理念来教育孩子，保护孩子健康成长。在家庭教育中，注重对孩子价值观的引领，引导其形成良好的行为习惯，培养孩子人际交往的技能，及时发现孩子心理和行为上的异常，积极及时地引导和解决；家长和孩子建立良好的亲子关系，及时沟通，并积极建立家庭支持系统。使孩子在遭受欺凌或者其他困境时，能主动寻求家庭支持系统的帮助。家长要告诉孩子如果在校内遭受校园欺凌，应积极寻求学校老师或者同学的帮助，教育孩子正确应对校园欺凌。

现在我国有很多留守儿童，他们面临着成长环境中家庭教育缺失的问题，所以他们有被欺凌或者欺凌他人的经历。留守儿童的爸爸妈妈或其他监护人要给予他们特别的关注，多多教育指引他们，让他们分清是非对错。父母要教育孩子和他人和睦相处，同时多讲讲在学校里被欺凌和欺凌他人的后果，要告知孩子参与欺凌他人，那是做了错误的事情，使校园欺凌被扼杀在萌芽之中。

---

① 徐久生. 校园暴力研究[M]. 北京：中国方正出版社，2004.

2. 学校方面

学校可以针对校园欺凌进行专题教育，如展开校园欺凌相关的主题班会、主题演讲；宣传校园欺凌的相关知识和应对策略，如求助流程和方式等；对学生进行法制教育，开展法制讲座，法律讲堂等；对学生进行品格教育，让学生形成积极正向的良好品质；提高教师对校园欺凌的认识和防控意识，能正确引导和处理学生之间的欺凌现象。老师应该特别地关注学生的一举一动，尤其应该关心那些家庭经济情况差、学习差的学生，因为这类学生很容易成为被欺凌对象。学校制定反校园欺凌的准则，提出“人人平等，拒绝欺凌”的口号，告诉学生不能以大欺小，不能以强欺弱。班主任更应该特别关注学生的身体及精神状态，主动询问孩子是不是受到了欺凌。如果有欺凌现象，班主任应该及时对施暴者和受害者进行教育引导。

总之，要教育学生抛弃暴力观念，崇尚文明、进步、友善的理念，既不主动欺负别人，也不做见欺凌行为不闻不问的旁观者；受到欺凌后要及时寻求学校、老师的帮助保护。

3. 社会方面

社区与媒体各界尽可能积极宣传正能量，社区要积极开展家庭教育指导课、家长座谈会等，引导家长正确看待和应对校园欺凌；帮助成长中的未成年人形成正确的价值观，让他们从小树立正确的善恶观念和是非观念，学会和同学友好相处。

各级政府部门应该从法律角度来防控校园欺凌行为，宣传法制教育，进行法律援助；开通反校园欺凌的微信公众号、热线电话等，给予青少年与他们的家人帮助。

总而言之，我们要摒弃暴力亚文化对青少年的不良影响，崇尚健康、民主、和谐、文明的文化氛围，让所有学生健康快乐地成长。

第四十三节　基于“把关人”理论的校园欺凌防控

从传播学的角度来说，欺凌的实质就是群体传播中的道德失范行为，涉及欺凌的发起者、传播者、受害者三个因素。而“把关人”（gate keeper）则是传播学领域内，中西方学者普遍使用的对信息制作、筛选和发布三方面进行控制传播的传播者的称谓命名，在这个人人皆是自媒体的“后把关人时代”，人人都可以成为传播者。[①]对“把关人”角色作用进行研究，可有效杜绝垃圾信息的随意传播和自由流动，从源头阻断不利、不实信息传播，是防控“校园欺凌”的关键“阀门”。

一、“把关人”理论

1947 年，美国社会心理学家、传播学奠基人之一的库尔特·卢因（Kurt Lewin）在其《群体生活的渠道》一书中提到，在群体传播中，信息的流动是在一些有“门区”的渠道里进行的，“把关人”存在其中，只有符合群体的规范，即适应“把关人”价值标准的信息内容才能进入信息传播过程中，“把关”正是对所需传播信息的筛选和过滤。卢因的理论主要关注个人的心理动机在传播把关中的作用。1950 年，美国传播学者大卫·怀特（D. M. White）将“把关人”这一概念正式引入新闻传播领域并明确提出了“新闻筛选的把关模式”，见图 3-17。他把研究重点聚焦在“把关人”，采用个案研究法将把关行为的内核凸显出来，并据此进行了模式实际应用分析探讨。[②]

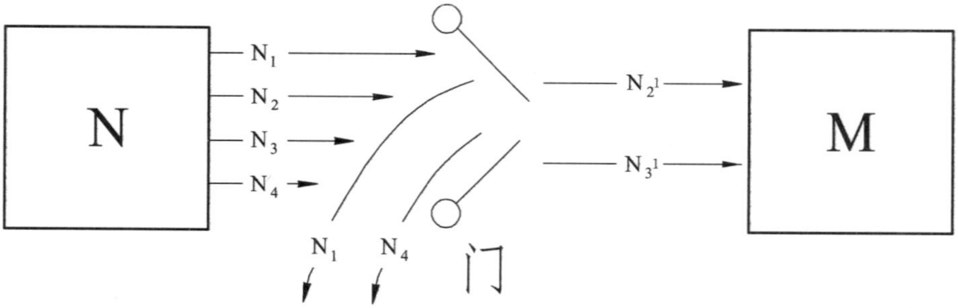

图 3-17 怀特：简单“守门人”模式

1969 年，美国新闻学者巴斯（Abraham Z.Bass）提出了“双重行动模式”，将“把关”分为新闻采集阶段与新闻加工阶段，并将机构引进了“把关”的过程，明确了“把关”非个人行为，而是一个组织有规则的控制行为，由此，“把关人”研究开始从个人控制模式向社会控制模式转化。[③]20 世纪 80 年代，

① 高中建，杨月. 青少年网络欺凌的历史回放及现实预防[J]. 青年发展论坛，2017（3）.
② 岳虹妃. 把关人理论发展研究综述[J]. 新闻研究导刊，2018（19）.
③ 陈力丹. 把关人理论与传播的五种自然控制[J]. 东南传播，2017（4）.

美国当代传播学者休梅克（Pamela J. Shoemaker）又提出了“把关人”的“五个层次”，分别是社会体制、媒介制度、媒介组织、媒介工作和个人层次。他们将研究从最初的个案研究扩展到传播活动作为社会系统中的任意一个子系统。[①]

二、“把关人”理论与校园欺凌的关系

在网络传播这个“非中心化”的空间场域里，没有谁可以是绝对的“把关人”，更多时候是身兼传播者和接受者双重身份。引导多角色主体参与信息传播“把关”，可有效助力校园欺凌的源头防控。

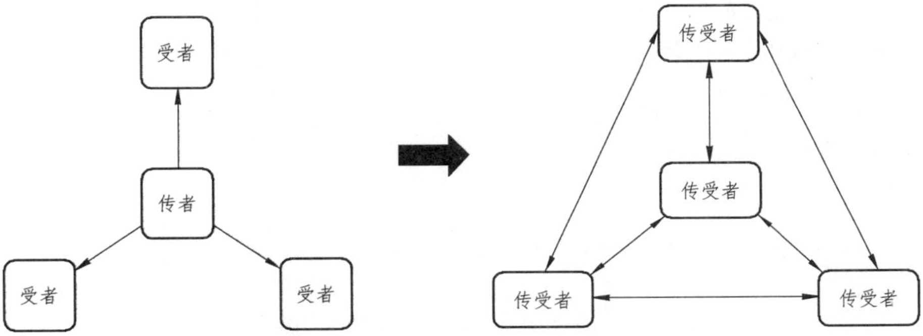

图 3-18　传者受者变化图

1. 过程传播“门禁效应”

从传播学的角度看，校园欺凌的实质就是群体传播中的道德失范行为。“在这个人人皆是自媒体的时代，网络‘把关人’的缺位使得信息质量良莠不齐，为欺凌者打开了方便之门。”[②]

因此，新媒体背景下，大众传播媒体作为专业“把关人”，应在信息传播过程中发挥好“把关”的门禁效应，做好对各类真假未知、居心叵测的垃圾、暴力、具有迷惑性的信息的筛选，端正作为一般受众的多数学生的视听，端正其人生观、价值观和道德观，避免其随波逐流，沦为校园欺凌事件中的施

① 常芝歌. 新媒体传播时代下的“把关人”探究[J]. 新闻研究导刊，2018（24）.

② 张倩兮. 初中生网络欺凌现状与协同防治策略——基于南京市的调查[D]. 南京：南京师范大学，2019.

暴者。这对心智尚不完全成熟，已习惯将网络信息当作真实消息接收的学生来说，是非常有必要的。

2. 多角色主体“多重把关”

借助新媒体，一个普通的网民可以随时随地、自由快速地发布任何未经考证的、关于校园内某一特定对象或不定个人的一些被加工过、真假难辨的碎片信息，信息发布点在不可触见的广阔网络空间范围自由无约束地喷发，转而再收缩投射到校园，造成了流言蜚语难以遏制、不断置话题中心人于尴尬不利的处境的情况，校园欺凌由此酝酿爆发，且呈现出网络化蔓延的态势。①

如今，传受者角色重叠已经是存在于各种信息传播渠道的普遍现象。因此，在校园生活中，“把关人”的角色应该由参与学校教育的任意个体和组织担当，角色任务主要涉及信息接收、筛选、传播各流程，共同目标都是追求对复杂信息的“良好”疏导，以有效落实校园欺凌防控，服务于教育任务达成。②

三、基于“把关人”理论的校园欺凌防控策略

“把关人”可以是直接或间接参与学校教育任意环节中的任一个体或组织，他们共同决定了信息在传播者和受众之间是继续传播还是终止。做好对信息传播过程中的“把关”，能够助力校园欺凌防控。③

1. 优化媒体“把关”职能

当下，各媒体面对的受众日趋复杂，受众既对高品质新闻内容有强烈的追求，也会对一些低俗猎奇内容抱有兴趣。媒体自身的导向功能和社会属性要求其不能一味迎合受众的低俗兴趣，必须切实履行“把关”职责。要有效做好校园欺凌防控，各大众媒体仍是“把关”的重要主体。可从以下三方面优化媒体“把关”职能。

---

① 袁博 石静. 浅析大众传播中的“媒介暴力”现象——以校园暴力事件为例[J]. 今传媒，2016（9）.

② 牟艳娟，曹姗. 论“把关人”对思政教育疏导功能之作用[J]. 经济与社会发展，2014（6）.

③ 潘向. 新媒体把关人的角色转换与定位研究[D]. 金华：浙江师范大学，2012（5）.

（1）强化社会责任意识。

负责影视、游戏、教育等方面的媒体人应该在“眼球经济”与育人责任之间坚定选择后者，做有责任感的媒体人，坚持编辑筛选准则，严格“把关”有益于学生身心健康的信息并加以传播，从源头上屏蔽掉不良信息、暴力信息，切实当好信息传播“守门人”。

（2）落实内容分级制度。

政府应主导参与建立相应的内容分级制度，对面向学生传播的音视频资源进行严谨细致的源头“把关”，尽可能多地向学生群体输送传播优质、真实、正向的内容，阻断涉黄涉暴信息的传播扩散渠道，消除隐患。

（3）畅通社会监督机制。

行政主管部门应加强对大众传媒的监督管理，鼓励一般受众一旦发现有不良信息就举报，提高个别媒体无视准则大胆“试错”的违法代价，并将其酌情交由司法部门予以公开惩处，以儆效尤。

2. 培育受众“媒介素养”

进入信息化时代，如何甄选、识别、传播、使用信息成为受众遭遇的重大挑战。在日常生活中，虽然媒体报道内容可以影响受众观看什么、议论什么，但这种影响并非绝对的单向输入，受众也具有选择信息的能力，并已经成为信息传播中的主动者。而在事关学校教育的群体传播中，家长、教师、学生更是早已身兼传者、受者双重角色。因此，让家长、教师、学生作为受众接受有关媒介素养的教育，以提高自己处理运用信息的能力，这将是构建良好的校园欺凌防控的重要一环。[①]

（1）鼓励教师能动协调“把关”[②]。

教师可充分利用对校园内各类信息搜集获取及加工处理过程中的主动权，邀请家长代表参与热点事件的调查核实，多维度谋求去伪存真，避免虚假信息泛滥造成恶劣影响。家庭和学校共同掌握舆论导向的话语权和控制权，分工协作做好信息传播的过程“把关”，第一时间发现问题并迅速处置，尽可能多地传播正能量，携手家长对学生实施积极向上的教育和正面引导，将校园欺凌扼杀在萌芽状态。

① 王东宇. 关于校园暴力事件的新闻报道问题研究[D]. 哈尔滨：黑龙江大学，2017.

② 李响. 哈尔滨市校园欺凌问题及其应对策略研究[D]. 哈尔滨：哈尔滨师范大学，2018.

（2）引导家长配合学校“把关”。

“在新闻事件与最终接受者之间还存在着各种各样的中间传播者，即守门人。”[①]在现实生活中，信息传播过程中的“过程接受者”“最终接受者”的接受行为同样也存在把关过滤的痕迹和必要性。因此，坚持实事求是，理论联系实际和与时俱进的原则，引导家长有意识地对学生日常生活中各类现实问题进行全面观察、客观分析及公正解决很有必要性。

（3）强化学生“把关”主体认知。

培养提升学生对信息把关的意识和能力，以实现从源头上斩断可能造成校园欺凌的信息的生成和传播。更要注意引导学生感同身受，主动履行个人作为中间“把关人”的角色任务，积极实施对各类明显会造成消极影响的信息的筛选和疏导，对看到、听到的不明渠道的流言类信息进行认真核实、过滤、校准，多渠道确认信息无误之后再选择是否进一步扩散传播，以确保信息真实可靠、导向正确，让流言止于智者，切实有效地遏制校园冷暴力发生，势将校园欺凌消弭在萌芽状态。

总之，在信息传播飞速的网络时代，为有效防控校园欺凌，各传播媒介要强化社会责任意识，严谨“把关”所传信息是否有益于社会、学校、家庭。在传受者界限日益模糊的当下，每个面对信息的受者，自身同时也肩负着“把关人”的作用，故在关乎校园生活的人际传播或群体传播中，应有意识地吸收、整合和筛选信息，尽可能多地保留积极、正面的信息用作进一步传播，多方协力共同遏制校园欺凌的发生、扩大。

第四十四节　基于结构解释模型的校园欺凌防控

一、解释结构模型理论概述

解释结构模型（interpretive structural model，ISM）是美国约翰·沃菲尔德（J. N. Warfield）教授在 1973 年为解决复杂的社会经济系统结构问题提出的一种分析方法，其特点是把变量众多、关系复杂且结构不清晰的系统分解

① 汪锦绣. 新媒体时代高校思政教育“把关人”合力模式研究[J]. 钦州学院学报，2014（1）.

为若干子要素，利用人们的实践经验和知识以及电子计算机的帮助，最终将系统构造成一个多级递阶的结构模型，从而使系统的评价、决策、规划、目标确定等依靠结构模型来进行定量分析。ISM 可以把模糊不清的思想、看法转化为直观的、具有良好结构关系的模型，应用面十分广。①

解释结构模型的工作程序是：成立实施解释结构模型法的小组；设定研究的问题；分析系统中影响目标问题的因素；考察、分析、讨论整理出各因素之间的相关性；根据各要素之间的相关性建立邻接矩阵和可达矩阵；对可达矩阵进行逐级分解，建立解释结构模型。②

二、构建中小学校园欺凌成因的解释结构模型

1. 中小学校园欺凌成因的提取

通过阅读中小学校园欺凌的相关文献综述，从不同角度得出校园欺凌的成因有：同伴群体的影响③、青少年的心理成长特征④、不健康的网络环境⑤、家庭环境、家庭教养方式、学校管理不到位、社会不良文化影响、国家法律法规滞后等。对以上校园欺凌成因进行总结和补充，讨论得到 12 个主要原因，并依次进行编号，见表 3-15。

表 3-15　中小学校园欺凌的成因分析

序号	影响因素	S_i	序号	影响因素	S_i
1	不健康的网络环境	S_1	7	学校管理不到位	S_7
2	青少年心理成长特征	S_2	8	社会不良文化影响	S_8
3	同伴群体的影响	S_3	9	国家法律法规	S_9
4	家庭环境	S_4	10	惩罚力度不够	S_{10}
5	家庭教养方式	S_5	11	对欺凌的认知偏差	S_{11}
6	学校相关教育的缺失	S_6	12	学校周边的环境	S_{12}

① 汪应洛. 系统工程[M]. 北京：机械工业出版社. 2010：6-7.

② 王洛. 基于解释结构模型的高职课堂教学影响因素分析及策略研究[J]. 重庆广播电视大学学报. 2019（4）：29.

③ 周佳桦. 校园欺凌产生的原因及应对策略研究[J]. 亚太教育. 2016（29）：103.

④ 李爱. 青少年校园欺凌现象探析[J]. 教学与管理. 2016（3）：66-68.

⑤ 李汉学. 校园欺凌问题检视[J]. 当代教育论坛，2016（5）：24-30.

2. 基于结构解释模型的中小学校园欺凌成因分析

（1）建立 ISM 邻接矩阵。

根据以上校园欺凌的成因，建立 ISM 邻接矩阵。邻接矩阵 $\boldsymbol{A}$ 的元素 A_{ij} 定义如下：若 s_i 对 s_j 有直接影响，A_{ij} 取 1，否则取 0；若 s_j 对 s_i 有直接影响，A_{ji} 取 1，否则取 0。由此可建立 ISM 邻接矩阵。

$$A_{ij}=\begin{vmatrix}
0 & 1 & 0 & 0 & 0 & 0 & 0 & 0 & 0 & 0 & 1 & 0\\
0 & 0 & 0 & 0 & 1 & 0 & 0 & 0 & 0 & 0 & 1 & 0\\
0 & 1 & 0 & 0 & 0 & 0 & 0 & 0 & 0 & 0 & 0 & 0\\
0 & 1 & 0 & 0 & 1 & 0 & 0 & 0 & 0 & 0 & 1 & 0\\
0 & 1 & 0 & 0 & 0 & 0 & 0 & 0 & 0 & 1 & 1 & 0\\
0 & 1 & 0 & 0 & 0 & 0 & 0 & 0 & 0 & 0 & 1 & 0\\
1 & 0 & 0 & 0 & 0 & 1 & 0 & 0 & 0 & 1 & 1 & 1\\
0 & 1 & 1 & 0 & 0 & 0 & 0 & 0 & 0 & 0 & 1 & 1\\
0 & 0 & 1 & 0 & 0 & 0 & 0 & 1 & 0 & 1 & 1 & 1\\
0 & 0 & 0 & 0 & 0 & 0 & 0 & 0 & 0 & 0 & 1 & 0\\
1 & 1 & 0 & 0 & 0 & 0 & 0 & 0 & 0 & 0 & 0 & 0\\
1 & 1 & 0 & 0 & 0 & 0 & 0 & 0 & 0 & 0 & 1 & 0
\end{vmatrix}$$

（2）生成 ISM 可达矩阵。

可达矩阵可以应用邻接矩阵 $\boldsymbol{A}$ 加上单位矩阵 $\boldsymbol{I}$，并经过一定的演算后求得。设矩阵 $A_2=(A+I)^2$，并用布尔代数运算规则（即 $0+0=0$，$0+1=1$，$1+0=1$，$1+1=1$，$0\times0=0$，$0\times1=0$，$1\times1=1$）进行运算后，可得矩阵 A_2，依此类推，经过运算后可得：

$$A_1\neq A_2\neq\cdots\neq A_{r-1}\qquad r\leqslant n-1$$

式中，n 为矩阵阶数。

若 $A_{r-1}=(A+I)^{r-1}=R$，则 R 为可达矩阵，在研究校园欺凌成因分析的案例中，应用以上算法，得到校园欺凌成因的可达矩阵。

$$M=\left|\begin{array}{c|cccccccccccc} & S_1 & S_2 & S_3 & S_4 & S_5 & S_6 & S_7 & S_8 & S_9 & S_{10} & S_{11} & S_{12} \\ S_1 & 1 & 1 & 0 & 0 & 1 & 0 & 0 & 0 & 0 & 1 & 1 & 0 \\ S_2 & 1 & 1 & 0 & 0 & 1 & 0 & 0 & 0 & 0 & 1 & 1 & 0 \\ S_3 & 1 & 1 & 1 & 0 & 1 & 0 & 0 & 0 & 0 & 1 & 1 & 0 \\ S_4 & 1 & 1 & 0 & 1 & 1 & 0 & 0 & 0 & 0 & 1 & 1 & 0 \\ S_5 & 1 & 1 & 0 & 0 & 1 & 0 & 0 & 0 & 0 & 1 & 1 & 0 \\ S_6 & 1 & 1 & 0 & 0 & 1 & 1 & 0 & 0 & 0 & 1 & 1 & 0 \\ S_7 & 1 & 1 & 0 & 0 & 1 & 1 & 1 & 0 & 0 & 1 & 1 & 0 \\ S_8 & 1 & 1 & 1 & 0 & 1 & 0 & 0 & 1 & 0 & 1 & 1 & 0 \\ S_9 & 1 & 1 & 1 & 0 & 1 & 0 & 0 & 1 & 1 & 1 & 1 & 0 \\ S_{10} & 1 & 1 & 0 & 0 & 1 & 0 & 0 & 0 & 0 & 1 & 1 & 0 \\ S_{11} & 1 & 1 & 0 & 0 & 1 & 0 & 0 & 0 & 0 & 1 & 1 & 0 \\ S_{12} & 1 & 1 & 0 & 0 & 1 & 0 & 0 & 0 & 0 & 1 & 1 & 1 \end{array}\right|$$

（3）划分校园欺凌成因的层级结构，构建 ISM 模型。

根据可达矩阵 M，归纳整理各成因之间的关系，划分可达集、先行集和共同集。可达集 $R(s_i)$ 是 s_i 可以到达的集合，表示由可达矩阵 s_i 行中所有矩阵元素为 1 的列所对应的元素构成的集合；先行集 $A(s_i)$ 是 s_i 的起始集，表示由可达矩阵 s_i 列中所有矩阵元素为 1 的行所对应的元素构成的集合。

由 $R(s_i)\cap A(s_i)=R(s_i)$ 先确定出最高一级要素，从可达矩阵中划去最高级要素的行和列，再从剩下的可达矩阵中寻找新的最高级要素，依此类推，直到得到最低一级的元素集合，即起始集，从而确定各层元素集。第一级要素为$\{S_1，S_2，S_5，S_{10}，S_{11}\}$，第二级要素$\{S_3，S_6，S_8，S_{12}\}$，第三级要素$\{S_4，S_7，S_9\}$。利用分析得到的结果建立中学生校园欺凌成因的层次化分析结果（表 3-16）和 ISM 模型。

表 3-16　中小学校园欺凌的层次化分析结果

层次	成因
1（表象层）	S_1 不健康的网络环境　S_2 青少年心理成长特征 S_5 家庭教养方式　S_{10} 惩罚力度不够　S_{11} 对欺凌的认知偏差
2（中间层）	S_3 同伴群体的影响　S_6 学校相关教育的缺失 S_8 社会不良文化影响　S_{12} 学校周边的环境
3（根源层）	S_4 家庭环境　S_7 学校管理不到位　S_9 国家法律法规

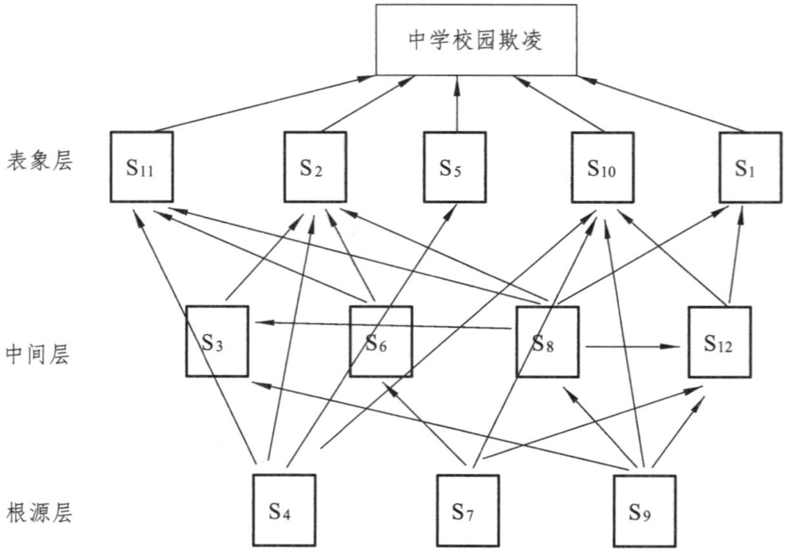

图 3-19　中小学校园欺凌 ISM 模型

3. 中小学校园欺凌的 ISM 分析

利用解释结构模型可以将中小学校园欺凌的成因进行层次化，更加清晰地分析校园欺凌的成因。解释结构模型表明中小学校园欺凌表象层因素主要包括不健康的网络环境、青少年心理成长特征、家庭教养方式、惩罚力度不够、对欺凌的认知偏差。可以看出形成校园欺凌的直接成因中学生自身原因占大多数。但仔细分析不难发现：学生接触的网络包含许多色情与暴力等内容，不好的家庭教养方式以及学校惩罚力度不足让学生对欺凌形成认知偏差，这一时期青少年冲动易怒，与同学之间的矛盾摩擦会直接诱发校园欺凌。

潜在的成因是中间层因素，主要有同伴群体的影响、学校相关教育的缺失、社会不良文化影响、学校周边的环境。现在学校太过注重知识教育和应试教育，在学生道德品质教育等方面有所欠缺，社会不良文化、同伴群体以及学校周边环境对青少年的人生观、价值观有很大影响。

校园欺凌的根源在于家庭环境、学校管理不到位、国家法律法规不完善。其中社会原因和家庭原因是最根本的原因，学校则是缓冲带。青少年为什么会参与校园欺凌呢？表象是青少年心理不够成熟，对欺凌存在认知偏差，但深究其原因，与青少年成长的家庭环境以及教养方式脱不开关系。为什么校园欺凌会多发复发呢？主要原因是国家相关法律法规的缺失。校园欺凌发生之后，学校在监管时受到法规、社会文化以及家庭等诸多方面的制约，同时又缺乏相关法律法规作为依据，最终导致惩罚力度不足，出现校园欺凌多发复发问题。因此社会原因和家庭原因是导致校园欺凌的根本原因。

三、基于结构解释模型的中小学校园欺凌应对策略

根据 ISM 的纵向层次结构，对各层级成因进行分析，我们为推进中小学校园欺凌防治工作的开展提出以下建议。

1. 自下而上，综合治理

防治中小学校园欺凌如只从表象层治理，只能做到治标。若要真正杜绝这一现象的发生，必须从下而上、循序渐进地进行治理，做到治标治本。

第一，建立健全相关法律法规，明文禁止校园欺凌，相关执法部门应联合执法，整顿学校周边的环境、学生接触到的文化和网络环境，为学生创建一个良好的社会环境。近年来教育部等相关部门联合发布了《关于防治中小学生欺凌和暴力的指导意见》和《加强中小学生欺凌综合治理方案》等，这些为校园欺凌事件的治理提供了帮助，使学校工作做到有法可依。但我国还需从立法上健全校园欺凌惩戒机制，对欺凌者实施应有的惩罚，让其认识到自己的过错并付出代价。

第二，学校管理者以及相关部门应深入了解参与校园欺凌的学生的家庭情况，与父母及时沟通发现问题，改善其家庭环境和教养方式。使父母尊重孩子，加强与孩子的交流，及时了解孩子的心理动态，引导孩子正确处理矛盾冲突，形成正确的人生观、价值观。

第三，学校在青少年校园欺凌防治工作中肩负着重要的责任，不仅要依据相关法律法规加强管理，同时还要重视学生的道德法治教育和心理健康教育。学校应积极创设良好的教育氛围，建立融洽的师生、生生关系，改善校园及周边环境，使学生能够在和谐、健康的校园环境中成长。学校要定期开展针对校园欺凌的主题班会等活动，让学生认识到校园欺凌的危害。加强对学生的法制教育，通过多种多样的形式让学生知法、守法。当发现校园欺凌行为时，应当立即采取制止措施，避免发生伤害。教师在处理学生的欺凌行

为时，应采取合理的方法，依法给予参与青少年适当的惩罚，对于屡教不改的学生，学校应加重惩戒力度或交相关执法部门处理，让他们认识到欺凌后果的严重性，引导他们正确处理矛盾。通过以上措施，自下而上依次治理，校园欺凌的防治工作才能有序有效地开展，做到治标治本。

2. 学校、社会、家庭形成合力，共同防治校园欺凌

青少年校园欺凌的防治工作应该结合社会、学校、家庭的共同作用，形成合力，才能自下而上、循序渐进地推进。“社+家+校”共同培养我们的青少年，使他们学会与人为善，接受自我与他人的缺点，提高自己的人际交往能力，不沉迷网络游戏，远离不良文化，学会宽容、体谅、理解他人，做一个有理想、有道德、有文化、有纪律的优秀青少年。教育他们面对同学欺凌时，不要以暴制暴，要知法守法，加强自我防范意识，提高自我保护能力，及时与父母、老师等沟通，在他们的帮助下解决问题。

中小学校园欺凌现象的成因错综复杂，本节通过系统工程学里的解释结构模型探讨了各成因之间的关系，建立了校园欺凌的 ISM 矩阵，提出了可行的应对策略。中小学校园欺凌的防治是一项复杂的工程，需要学校、家庭、国家和社会形成合力，一起关注校园欺凌，共同探讨应对校园欺凌的有效方法，为儿童和青少年的健康成长提供一个良好的环境。总之，一个幸福和睦的家庭、一所和谐健康的校园和一个文明友爱的社会一定能培养出优秀的青少年。

第四十五节　基于社会失范理论的校园欺凌防控

一、社会失范理论概述

“失范”（anomie）是法国社会学家埃米尔·涂尔干（Emile Durkheim）最早提出的，涂尔干提出这个概念是基于当时的社会背景。发生在 18 世纪欧洲的两次伟大革命——起源于英国的工业革命和法国大革命——引领了一系

列声势浩大的变革。两次革命严重冲击了当时占统治地位的阶级的价值观、世俗理念、生产方式及传统的社会秩序。在涂尔干看来，现代世界的变革是如此迅速而激烈，导致了许多社会问题的出现。

在传统的道德、宗教信仰和日常生活方式瓦解的同时，明确的新价值观尚未被建立。涂尔干把这种令人不安的状态称为“失范”。20世纪30年代美国社会学家默顿从中层理论的角度进一步发展了“失范”的概念，形成了越轨行为理论。默顿把失范看成是“规范的缺席”，即人们对现存的社会规范缺乏广泛的认同，从而使社会规范丧失了控制人们行为的权威和效力。

在涂尔干看来，社会失范是传统的道德规范遭到破坏的结果，社会本应具有的整合功能在工业化进程中遭到破坏。[①]默顿沿用涂尔干的“失范”概念，并对其概念进行了重新界定。“失范”是指社会结构在文化目标与制度化手段之间出现分裂时而产生的反常社会状态。失范的结果状况不仅由无规范构成，还由文化目标和制度化手段之间的结构分裂或者缺乏整合构成。[②]默顿认为，和谐社会需要社会结构与文化结构之间的平衡，失范是一种不协调的、反常的社会形态，是文化目标所强调的价值与实现此价值的合法手段的不一致。

在某种意义上，失范是指社会预设的个人目标与合法获取该目标手段之间的脱节，因而失范状态下的个体不清楚用什么样的标准对自己的行为进行约束与控制。社会失范是社会所规定的目标与所达成的目标不一致的状态。他认为，社会成员在社会生活中有共同的价值观念，价值为社会提供促进发展的文化目标，与此同时，社会也为社会成员提供实现目标的制度性手段。

二、社会失范理论与校园欺凌的关系

从社会失范理论来看，校园欺凌的发生，实际上是学生个体的自我价值或目的得不到实现而违背正常道德规范所采取的消极措施。学生属于未成年人，规则意识相对薄弱，常常采用暴力或者消极的手段来达成自己的目的。校园欺凌事件的发生是学生无法用规则约束自己而产生的一种越轨行为。

---

① 涂尔干. 社会分工论[M]. 渠东，译. 北京：生活·读书·新知三联书店，2000：336-338.

② 罗纳德·J. 伯格. 犯罪学导论——犯罪、司法与社会[M]. 刘仁义，等，译. 北京：清华大学出版社，2009：148.

1. 目的型失范行为——校园欺凌发生的直接原因

目的型失范行为是指行为失范者采用违背教育规范的手段谋取个体或群体的功利性利益的失范行为。例如：安徽蚌埠市某小学六年级的一名学生，是班级的副班长，有权检查其他同学的作业。只要其他同学没有完成作业就必须给他钱，不然他就会去老师那里告状。慢慢地演变为不管做没做作业都要给钱，并且他常常使用威胁殴打等方式从其他同学那里获得钱财。从这个案例可以看出，学生在目的的驱使下，一步步迈向违反规则甚至违反法律的方向，从而导致校园欺凌事件的不断发生。

2. 价值取向型失范行为——校园欺凌发生的内在驱动力

价值取向型是指行为失范者的价值观念与教育主导观念相背离，力图诋毁或改变教育主导观念而违背教育规范所造成的失范行为。虽然我国提倡素质教育已经很多年，但“唯分数论”在许多地方依然主导着学校的教学目标。青少年学生性格、能力及兴趣爱好各不相同，仅仅“以成绩论英雄”的教育模式使得这些成绩不理想的学生常常不被人重视甚至被人歧视，这类学生可能会受到其他同学的排斥和嘲讽，给其身心造成巨大伤害。

3. 情感型失范行为——校园欺凌发生的催化剂

情感型失范行为主要指为了满足生理、心理或情感上的需要而做出的失范行为。也许有时失范行为者是经过“理性”选择，但这种行为的目的是满足个体生理、心理和情感上的需要，所以实际上是一种非理性行为。例如：某校学生詹某因李某打饭时插队,他上前制止劝告无效而发生言语上的冲突。詹某情绪非常激动并纠结一批同学去“教训”李某，导致詹某等五位学生群殴李某的事件发生。青少年正处于身心快速发展的阶段，情绪不稳定，易采取一些过激行为，从而产生情感失控，导致校园欺凌事件的发生。

4. 传统型失范行为——使校园欺凌发生常态化

传统型失范行为指行为失范者没有主观上的失范构想，仅仅是因遵循传统习俗而违背规范所造成的失范行为。这类失范行为的产生是由于学生心中无规范意识，无法意识到自己的行为已经违背规章制度和社会道德。

三、基于社会失范理论的校园欺凌防控策略

1. 加强规则意识教育

从社会失范理论角度看来，校园欺凌的产生是由于学生缺乏规则意识，对于自己的行为无法正确看待。由于认知水平的局限和生活经验的不足，学生往往不能真正理解规则的重要性，无法对规则有较为正确的认知，往往在事情过后还意识不到自己所做事情的严重性。所以加强规则意识教育，增强学生的自我约束力，能有效预防校园欺凌的发生。

在进行教育的同时，教师可以在尊重学生的基础上，让学生充分参与班级集体活动，在活动中让学生自主制定活动规则。这样学生们的积极性能得到更好地调动。由于是自己制定的规则，他们能更自觉地遵守，如此逐步培养他们遵守规则的意识。这是从学生的视角下让学生自发遵守规则的有效办法。

2. 学校健全法治教育

现如今，校园欺凌事件时有发生，有些欺凌事件情节严重，已构成犯罪。但是目前社会大众普遍用调节或者双方商量和解的方式处理，不习惯通过法律途径进行解决。事后，老师一般会通过批评和教育的方式进行处理，这样的处理方式不能从根本上制止校园欺凌事件的发生，欺凌者无法正确认识自己行为的严重性，更认识不到自己的行为已构成违法甚至犯罪。这说明我国当前立法对校园欺凌的干预明显不足。因此，学校应将法治教育作为学校教育的重要内容，课程目标从传授法律知识转变为培养法治观念、法律意识，将权利义务观念、规则意识等法治教育理念融入学生学习成长过程中。学生也应学会利用法律规范自己的言行。

3. 及时妥善处理校园欺凌事件

欺凌事件一旦发生，就应迅速查清整个事件的责任人，给予其应有的处罚，勿以恶小而包容。“一方面在于惩戒和教育施暴者，另一方面也是为其他学生提供一个安全的校园环境，保障他们的受教育权。”对施暴者进行及时惩戒，并以此为案例警示其他同学这种行为是违反校规校纪甚至是违反法律的，在学生心中留下什么事情不该做的印象，可以有效地矫正其不正常的心理倾向，避免越轨行为再次发生。

4. 学校开展多途径的防校园欺凌宣传活动

为了更好地防控校园欺凌，各学校必须积极宣传应对校园欺凌事件的正确方式等方面的知识，让学生正视校园欺凌现象。多途径对学生进行安全教育，如组织学生参加安全讲座，让每个学生都意识到校园安全的重要性；开展以“预防校园欺凌”为主题的主题班会、演讲、心理剧表演等，鼓励学生充分发挥自己的聪明才智，献出自己认为可以预防与解决校园欺凌事件的点子，教师收集可行性较高的方法。

第四十六节　基于权力根源理论的校园欺凌防控

一、权力根源理论释义

“权力根源理论”由英国哲学家、逻辑学家伯特兰·罗素（Bertrand Russell）提出，他认为“对权力的爱好当然是人类最强烈的动机之一”“个人权力是其生存和发展的基础”“但表现在各人身上的程度却很不一致，而且也为其他动机所限制，例如安逸、享乐以及有时爱表扬等”“在比较怯懦的人当中，对权力的爱好伪装成对领袖服从的动力”[①]。

权力是一种迫使人服从的力量，欺凌的一个主要特征就是对他人的压迫和统治。权力根源理论认为人的控制欲和权力欲是发生欺凌行为的主要原因之一，欺凌者希望通过欺凌他人来展现自我力量和显示自我价值，从而获得较高的社会地位和话语权，满足欺凌者在同伴中获得崇拜的心理需求。

二、权力根源在校园欺凌中的表现

1. 校园欺凌实施者的权力意识

（1）校园欺凌实施者往往具有很强的支配和控制欲望。

挪威心理学家奥维斯（Dan Olweus）研究发现校园欺凌行为实施者典型

① 伯兰特·罗素. 权力论新社会分析[M]. 北京：商务印书馆，1991.

的共同特点是支配性，表现为对权力的极度渴望。在校园中，欺凌者通过欺凌比自己软弱或者性格孤僻、内向的学生，从而获得他人的关注或崇拜，满足自身对权力的需求，这些欺凌者就是通常所说的“大哥”。除此之外，长时间保持自己在同伴中的地位也是某些欺凌者希望获得的犒赏。他们通过欺凌他人确立自己的权力和地位，以满足自己受人崇拜的心理，这是引发校园欺凌的非常重要的原因之一。[①]

（2）来自问题家庭的学生往往成为校园欺凌的实施者。

这部分学生由于缺乏家长的关爱，规则意识和法律观念淡薄，缺乏安全感，故而通过欺凌别人来显示自己的力量，从而树立和巩固自己对他人的支配地位，满足自己的权力欲望。

（3）实施欺凌者的行为往往受到各种不良现象的影响而加强。

如社会上各种传播媒体、影视作品等的错误宣传和导向，对暴力等行为的过度渲染等。现实中对欺凌者的处罚力度不足，也让一部分欺凌者有恃无恐、为所欲为。

2. 校园欺凌受害者的潜在的权力意识

伯特兰·罗素认为，权力欲的冲动有两种形态，在领袖的身上是显性的，在追随领袖的人身上是隐性的。同样，校园欺凌中的权力意识也有两种形态：在实施者身上是显性的，在被欺凌者身上往往是隐性的。[②]那些长期遭受欺凌的人除了在学校中处于弱势地位、缺乏自信以及在被欺凌时自身缺乏正确的应对外，也有自身潜在的权力意识在起作用。

与欺凌者将欺凌行为视作树立权威和引起关注的手段类似，一些被欺凌者对欺凌行为也存在认识上的偏差，他们往往不愿意将被欺凌的事情告知他人，担心被别人知道后会看不起自己，干脆屈从于欺凌者的权威而放弃反抗[③]，逆来顺受或者“花钱买平安”。这些其实就是权力意识在作怪。

部分校园欺凌的受害者会转化为欺凌的实施者，他们对欺凌行为的施加者产生了崇拜心理，故演变为欺凌者的帮凶。也有一些被欺凌者想要通过欺

① 康钊，郭军. 中小学校园欺凌行为成因及规避策略——基于权利根源理论视角[J]. 现代中小学教育，2019（11）：72-75.

② 伯兰特·罗素. 权力论新社会分析[M]. 北京：商务印书馆，1991.

③ 康钊，郭军. 中小学校园欺凌行为成因及规避策略——基于权利根源理论视角[J]. 现代中小学教育，2019（11）：72-75.

凌或侵犯他人来掩饰自己内心的胆怯，同时他们内心又十分渴望获取一定的权力和得到他人的认可，因此某些时候他们就会通过实施欺凌行为来促使自己从中获得自信和力量[①]，实现了欺凌行为的受害者到实施者的身份转变，这些都是权力意识的极端反映。

三、基于权力根源理论的校园欺凌行为的规避措施

从权力根源理论的角度出发有效规避校园欺凌的发生，应从以下几个层面入手。

1. 学校层面——引导学生建立正确的人际关系，树立正确的权力观

部分学生对权力的错误认知和追求是产生校园欺凌行为的重要原因，因此，学校在教育过程中应当重视对学生进行正确的人生观、价值观和世界观的指导，引导他们建立正确的人际关系，培养起正确的权力观。要让学生充分意识到个人的权威是随着自身人际关系的改善和个人能力的提高而逐渐建立的，只有自身的勤奋努力和善良宽容等个性品质才能获得他人认可、提高个人威望。而且个人权威应该用于帮助他人和提高自己，不能随心所欲地乱用。只有这样才能真正树立自己在同伴和集体中的地位。

2. 社会层面——社会各界应加大对校园欺凌的关注程度，注重多元防控与综合治理的结合

严格地说，校园欺凌问题就是社会问题，社会各界都应切实负起责任，塑造良好的社会风气，对一切欺凌行为说“不”。社会各方面应加强联动，社区、公安部门等要进行法制、道德等宣传，对校园周边环境进行清理，确保清净、健康向上的社会氛围；影视、文化作品应特别注意对未成年人的影响，尽量规避各种可能对学生产生的不良影响。对于欺凌行为实施者，应有科学的教育和必要的惩戒。完善心理辅导机制，对被欺凌者应及时进行心理疏导和有效保护。

---

① 康钊，郭军．中小学校园欺凌行为成因及规避策略——基于权利根源理论视角[J]．现代中小学教育，2019（11）：72-75.

3. 家庭层面——确保家庭教育不缺位，科学地做好沟通与监管

在家庭中，家长的教育方式和教育质量对校园欺凌行为的预防尤为重要。家长应当特别重视建设良好的家庭氛围，对孩子关注、关爱，认真履行对孩子的监护和教育职责。家长应学会倾听，科学地与孩子进行沟通。对待孩子的方式要民主、平等，不武断、简单粗暴，给予孩子足够的安全感。家长应注重引导孩子利用自身优势发展各项特长，不断培养孩子的自信心、获得被尊重感；家长应注重培养孩子的自我保护意识，经常观察孩子的情绪、态度、身体和行为等变化，若有异常应及时给予孩子必要的保护和教育。

第四十七节　基于抵制理论的校园欺凌防控

一、抵制理论概述

20 世纪 80 年代上半期，得益于 1982 年阿普尔《教育与权力》、1983 年吉鲁《教育中的理论与抵制：一种反抗的教育学》和一篇有名的长篇论文《新教育社会学中的再生产和抵制理论》等大作的影响力，抵制理论的发展达到鼎盛时期。抵制理论的研究者主要关注学校教育及其课程的相对自主性、教师和学生的能动作用、学校文化中的矛盾和冲突性质等的研究。

1. 阿普尔的抵制理论

阿普尔在 1979 年出版的《意识形态与课程》(Ideology and Curriculum) 书中，借用葛兰西的“霸权”概念对意识形态对社会、教育与课程统治的机制做了理论分析，其抵制理论主要有三个比较明显的特点。[①]

首先，从路径上来说，是一种自下而上的关注学生等处于弱势地位的群体对课程及控制的反应，揭示弱势群体对课程及权力的抵制和反抗。阿普尔认为，人在教育日常生活中会受到霸权的极力控制，但并非所有人都完全顺

① 雅斯贝尔斯，什么是教育[M].邹进，译.北京：生活·读书·新知三联书店. 1991：3-4.

应性地服从，总会有人不满，引发矛盾与冲突。一旦矛盾和冲突产生，就会受到学校现有规则的约束与压制。

其次，阿普尔肯定了学生在抵制过程中的主体性，他们具有课程创生的能力。学生并不是主流意识形态被动的接收器，与之相反，由于学校文化或学生文化处于一种变动不居的流动过程，学生能够而且可以在有限的范围内进行各项校内活动，甚至可以反抗居于控制和支配地位的主流文化和课程知识。

再次，阿普尔通过对隐性课程的批判看到了课程与教学变革的希望。他把隐性课程定义为学校默默地、高效地灌输给学生的“被合法化了的”文化、价值和行为规范。隐性课程成为发挥霸权功能的日常体系。阿普尔认为，学校教育中的矛盾、对立和冲突是人的能动性的体现，反映了学生对学校中的意识形态霸权的抵制。课程与教学中隐含的非事件性质，正是对人的能动作用和主体性的压制，是意识形态霸权的集中体现。以此为突破口对课程与教学进行激进的变革是实现人的解放的关键。

2. 吉鲁的抵制理论

吉鲁的抵制理论以批判理论为基础，以新的隐性课程理论为论述平台。吉鲁认为抵制是一个富有价值的理论和意识形态概念，抵制包含对统治者的批评，是为自我解放和社会解放而进行的自我反思和斗争。抵制的教育价值在于：用“结构与人的能动性”和“文化与人的自我形成”建立起了他们自身文化与历史的积极维度。[①]吉鲁认为，学生并不只是屈从于现实和权威，他们会利用自身的能动性来反抗权威和控制。

二、抵制理论与校园欺凌的联系

现行教育制度下的当下校园，学生并不是采取集体的、明显的、公开的方式抵制，学生的抵制往往是隐蔽的、非正式的，这种抵制并不比高调的、公开的抵制弱。笔者研究发现，校园中的隐蔽性抵制时时存在，校园中的抵制与反抗是校园欺凌产生的一个重要原因。[②]

学校是一个被制度、规则约束的场所。有规则就有抵制，有抵制就会有

① 刘云杉．学校社会学[M]．南京：南京师范大学出版社，2000：302.
② 张华．论“第二代”应试教育及其超越[J]．基础教育课程，2011（9）：23.

对抗，有抵制就会有妥协。学生被校纪班规约束着，大到国家法律法规、小到校级班规，班主任、科任教师、宿管阿姨、班委干部、同桌、同学同伴，都有形无形地监督、约束着学生。长期的规则管束使很多学生从公然反抗慢慢地变成隐蔽地抵制。每个人的适应能力是不同的，适应能力强的慢慢就与适应能力弱的分化开来，形成不同的团体，进而滋生校园欺凌。

另外，学校为了追求更高的升学率，大多数以成绩分班，于是就有了清北班、领航班、卓越班、宏志班等称谓，这些有着明显“等级”划分的分班形式，带着明显的标签，标签化必然带来抵制与反抗。在抵制与反抗的过程中，校园欺凌行为中的生生间冷暴力行为随即产生。班级与班级之间在竞争中形成对抗和抵制关系，生生之间产生隔阂，鉴于校纪班规的约束，不敢公然反抗和“越轨”，故演变为隐秘性抵制；师生之间相互抵制，相互不信任，教师认为自己的能力不应该教授一个“差”班级，进而对学生有了情绪，与此同时，因老师的抵制和对抗态度而衍生出生对师的欺凌；师师之间因为竞争关系，彼此也心生隔阂，彼此不服气，进而演化成抵制，因为师师之间更多的是合作关系，他们之间的抵制也更多为隐秘性的抵制，更不易被管理者发觉。

制度约束是对抗产生的原因之一，对抗会产生抵制。竞争也是产生对抗的原因之一，有制度约束的地方更容易产生对抗，同时有竞争的地方也会产生对抗，有对抗就有抵制。初、高中校园制度约束更为有力，加之该年龄段学生处在自我意识觉醒的时期，对制度的反抗更加明显，有对抗就会有抵制。另外，这阶段学生的学习压力很大，师师之间、生生之间的竞争更为明显，产生对抗的可能性就更大，抵制也更容易出现。

这些抵制更多表现在意识形态的反抗，更多表现为隐秘性的抵制。

未成年的学生，价值观正在形成中，他们渴望冲破常规的束缚，常常出现抵制现有价值规范的言行。从某种程度上看，教师与学生时常处于“支配与从属”的状态，这些使得学生带有抵制权威的色彩。学生们用隐秘性抵制的方式抵抗制度、教师、同伴，进而欺凌那些跟自己不同“类”的学生，他们认为这是抵制权威的表现，是敢于对成年人、学校说“不”，无形中把抵制当成一种炫耀的资本。

正如伊利奇所说，学校管理中难免要规定学习内容、学习时间、学校要求以及需要遵守的校纪班规，学生如果意识到学校及教师对其管理超出了预期，他们便会对学校教育产生抵制。追求自由是个体身心发展任何时期本能的体现，学生时期更为明显。学校的规章制度的初衷是强化学生的组织性和纪律性，但部分学校常常忽略学生的个体感受，常常会有许多强制规定。同时学校处于一个相对封闭的空间，常常会激起学生的抵制，个性较弱的学生常常以“逆来顺受”的缄默方式进行抵制，个性强的学生就会以违纪或者欺凌同学的外显方式来抵制学校的权威。

因此，学生成长过程中，极易由抵制权威、抵制教师演化为抵制同伴，进而演化成不同的团体，不同团体之间会进行校园欺凌。

三、抵制理论指导下的校园欺凌防控策略

校园欺凌产生的原因是复杂的，抵制是其产生的一个原因，我们分析研究抵制理论，有助于在教学实践中防控校园欺凌。由于抵制更多的是隐蔽性抵制，教学中我们要善于发现，及时调整我们的管理策略。

1. 课程开发应多样化

现行教育，学生的学习的压力越来越大，很多学校压缩学生的休息时间，让学生疲惫不堪，隐蔽性抵制加重，要缓解学业成绩与学生心理抵制这组矛盾，就要坚持课程开发的多样性。

（1）多开设校本选修课程，增加学生的选择面。

目前我们用的部级教材，全国基本就是同样的几个版本，但学生是独立的、多样的，应该多开发与学生生活实际更相近的校本教材和符合学生身心特点的特色课程。

（2）保障阳光锻炼时间。

教育部已经严格要求各地方、各学校要保障学生每天阳光锻炼 1 小时，但事实上，很多高中学校因为场地的限制、体育教师的匮乏等多种原因，没有贯彻此要求。阳光锻炼不仅能提升身体素质，更能缓解身心压力，缓解学生的隐蔽性抵制。

（3）重视心理活动课。

保障每班适量的心理活动课，及时缓解学生心理压力和抵制心理。重视心理辅导室的作用，聘请专业的心理教师担任辅导教师，保障心理辅导时间。

另外，心理教师还要定期为全校学生普及心理保健知识，开展心理健康普查，发现学生心理需要和发展困难，及时疏导跟进。

（4）重视课外活动。

学校为营造和谐的校园环境，每学期都要开展趣味运动会。该项运动会应含有集体项目，比如班级蛙跳、50 米迎面接力、三人两足等活动。每年举办一次艺术节活动，为期一个月，分为书法、绘画、摄影、文艺表演等板块。课外活动增加了学校学习的趣味性，更能缓解学生学习压力，释放身心压力，有效缓解隐蔽性心理抵制。

（5）重视劳动课程的开发。

传统的劳动课程更多集中在生产劳动和卫生劳动上，现代教育的劳动应该是多样化、自主性、参与度高的劳动课程。劳动课程应该包括传统的生产实践和卫生保洁，更要包括种植、酿酒、养殖等多领域的综合课程。比如，可以开设泡菜制作课，种植季节性水果蔬菜，养殖鸡鸭鹅等常见禽类，同时更应该加大操作实践力度的烹饪课、刺绣课、剪纸课等。

2. 考核、评价方式应多样化

（1）对教师的评价多元化。

要打破现行的唯分数、职称、教龄的评价方式，更不能以期末考试成绩、高考成绩为唯一评价标准。

不公平的评价会加大师生间、师师间的矛盾，加大对抗，进而加大师师间、师生间、管理者和被管理者间的矛盾。有矛盾更易激化教师的隐秘性对抗，工作消极、“躺平”的现象随即产生。

（2）对学生的评价多元化。

现在评价、考核，是以高考成绩为唯一标准，这种单一的评价方式，迫使学校、教师、家长挤压学生。评价方式的多元化，能促进高中教学改革，只有改革才能缓解隐蔽性抵制。

对成功的界定要多样化，考大学不是唯一的标准，操作能力、表达能力、理解能力、思考能力、阅读能力都是人生成功必不可少的条件。不能把考985/211 高校作为一个学校教学成果的唯一标准，同样艺考、技术工人也应该得到尊重。

（3）对学校的评价多元化。

主管部门对学校的评价不应该仅仅以升学率作为唯一的标尺。应该大力发展特色学校，比如体育特色学校、阅读特色学校、劳动特色学校，引导学校转变育人观念，进一步提升因材施教的教育能力，应该引导学校从重分数转变到重品德、重能力上来。

四、结　语

正如吉鲁所言，抵制无处不在，更多是从显性的反抗转向隐蔽的抵制。抵制是校园欺凌的原因之一。有效防控校园欺凌，就必须面对学生的隐蔽性抵制，要积极开发多元化的课程，改革现行的教育考核评价方式。只有多方协同，积极努力，方能缓解校园欺凌。

第四十八节　基于社会交换论的校园欺凌防控

近年来，中小学校园欺凌事件频繁发生，屡见不鲜。这些事件再次引起了人们对校园欺凌事件的关注。校园欺凌严重损害了学生的权益，甚至直接威胁到了学生的生命安全，给学校、家庭和社会带来了严重的危害。

校园欺凌是一种复杂的社会现象，其影响因素是复杂多样的。本节尝试将校园欺凌放在当下社会大环境中，运用霍曼斯社会交换理论来重新审视校园欺凌现象，以期获得对该现象的不同理解，并尝试提出防控策略。

一、霍曼斯社会交换论概述

社会交换理论是20世纪60年代在全球范围内广泛传播的一种社会学理论。它以特定的人性假设为基础，主张人的一切活动和社会关系都是以奖赏和报酬为向导的。[①]

现代社会交换理论的代表人物有乔治·卡斯伯·霍曼斯（George C.

① 孙琳. 霍曼斯与布劳交换理论之比较分析[J]. 东南传播，2010（1）.

Homnas)、彼得·迈尔·布劳以及理查德·埃默森。这里主要介绍霍曼斯的社会交换理论。乔治·霍曼斯是美国社会学家，1910 年出生于美国马萨诸塞州波士顿市。霍曼斯借用行为心理学和经济学概念构建他的行为主义交换论（Behavioral Exchang Theory）。霍曼斯认为社会交换行为规律与经济学中的交换原理是一致的普遍存在，是维持人际互动和社会稳定的基础，个体能够理性地追求最大利益。①霍曼斯理论的主要内容是关于人类社会行为的六个命题：成功命题指出个体行为受到利益支配；刺激命题涉及行为主体心理学中的刺激泛化；价值命题表明价值是个体保持和重现某一行为的重要条件；剥夺-满足命题陈述的是经济学中的边际效用规律；攻击-赞同命题指出了前四个命题成立的两种条件，即引起攻击行为和赞同行为的条件，揭示了人类行动的感情色彩；第六个则是理性命题，用行动发生的可能性=价值×概率这个数学公式形象地概括理性命题，这充分说明人具有理性思维。霍曼斯交换理论将心理因素纳入社会交换中，改变了纯经济利益的经济人假说，重新恢复了人的主体性。②

二、霍曼斯社会交换论视角下的校园欺凌原因探析

1. 在人际交往中，所谓的“报酬”滋生了校园欺凌

在社会交换论中，霍曼斯提出：在人际交往中，人的行动与动物有着相似的地方，要遵循报酬原则。这也就是说在校园欺凌的事件中欺凌者在行动之前一旦认为自己会收获有价值的东西，他就越有可能经常有类似的行动。在校园欺凌事件中，欺人者从欺负他人的经历中转移发泄自己的负面情绪而获得成功的快感，收获来自其他同学的崇拜，奠定自己地位。而这种来自他人的崇拜感和欺负人的快感在他看来是有价值的，这也就是校园欺凌的发生的主要原因。

2. 成功概率大是校园欺凌的主要原因

霍曼斯认为：人是有理性的动物，一个人在选择进行何种行动时，不仅

① 周志娟. 社会交互理论综述[J]. 中国商界，2009（1）.

② 吕萍. 霍曼斯与布劳的社会交换理论比较[J]. 沈阳师范学院学报（社会科学版），1996（3）.

会考虑到价值的大小，还会考虑成功的可能性，即是人们在进行选择时总会选择那些随着获利可能性增大其总价值也能够增大的行为。也就是说如果价值大而成功的概率小，这会降低人们采取这种行为的可能性；相反，价值小但成功的概率大，就会增强人们实施这种行为的可能性。学校的监控和管理不到位，尤其是监管制度的不健全，如监控死角的存在，这都可能加大欺凌发生的概率。

3. 意料之外的报酬或惩罚都可能增加再次发生校园欺凌的概率

霍曼斯指出："当某人的行动没有得到预期的报酬或得到了料想不及的惩罚，他将被激怒并采取攻击行为。"这也就是欺凌者在被老师惩罚后，会变本加厉地再次欺凌被欺凌者的缘故。因为被惩罚后，他的愤怒就被激发，必须要发泄心中的不满，但他又找不到其他健康合理的方式，所以只能再次欺凌。霍曼斯还提出如果某人的错误行为没有受到预想中的惩罚，也有可能继续这种行为。这就可以解释当欺凌事件第一次发生后，没过多久，类似情形又会重复出现的原因。因为没有得到及时的、恰当的惩罚，欺凌者就抱有侥幸心理。付出的代价不足以让他引以为戒。

4. 边际递减原则对校园欺凌起到推波助澜的作用

社会交互论认为个人的行动与获得报酬的满足感遵循边际递减原则，也就是说随着时间的推移，在欺凌事件中起初获得的那种成功的"快乐"感受会越来越低，而欺人者又要寻找新的乐趣，所以为再一次发生不同形式、不同程度的欺凌行为埋下了祸患。

三、针对校园欺凌行为的应对之策

1. 加强思想教育，培养学生正确的价值观、是非观

要改善欺凌行为层出不穷的现状，就应该重视学生的思想教育工作，让学生在学习文化知识的同时提升自己的综合素养。同时，大多数校园欺凌的主体都是处于青春期的少男少女，他们的身心发育不完全，情绪不稳定，对外界的认识存在很大的局限性和片面性，所以引导学生树立正确的价值观和是非观很有必要。

同时还要注重家庭教育。在家庭教育方面，当孩子遇到挫折时，家长应当积极鼓励孩子，帮助其正确归因，多一些鼓励，少一些训斥。帮助孩子多一些成功体验，少一些自我否定。

2. 加强学校安全教育以及管理工作

要进一步降低校园欺凌的发生，最好的状态就是把欺凌行为扼杀在摇篮中，让欺凌者心里有顾虑，意识到欺凌行为实施的难度大、风险高而不敢行动，这就必须依靠强有力的学校管理制度以及安全教育的良好开展。

3. 要适当对欺凌者进行惩罚及教育

当校园欺凌事件发生后，对实施行为的欺凌者的惩罚是必要的，惩罚也不能仅停留在形式层面，要让他心里有顾忌。必要时可以采取合理合法的惩戒手段，再视其情况进行思想教育，且密切关注其的行为动向。除此之外，还应该开设心理健康课程，教会学生如何正确处理自己的不良情绪。

4. 做好被欺者的安抚与预防工作

对于被欺者，首先要做好安抚工作。接着，要教给他们正确的应对校园欺凌的态度和方式，做好预防工作。教师可利用主题班会课、心理健康活动课，通过角色扮演、情景再现等方式教会学生如何正确应对欺凌事件。

总之，校园欺凌是一个复杂的社会现象，需要我们多方面共同努力，才能减少类似行为发生的可能。

第四十九节　基于霍恩-米特系统模型的校园欺凌防控研究

霍恩-米特系统模型是美国著名政策学家霍恩（C. E. Van Horn）和米特（D. S. Meter）于 1975 年在其论文《政策执行过程：概念性框架》中提出的政策执行模型。霍恩-米特模型是一种较为典型的自上而下的政策执行研究途径，已被国内外学者广泛应用于各类政策执行问题的研究之中。近年来国内已有的学术成果表明，霍恩-米特模型对研究中国自上而下的政策执行问题具有一定的适应性。

一、霍恩-米特系统模型的基本要素

1. 政策目标与标准

政策目标是公共政策所要解决的社会现实问题的虚拟预设导向。政策执行标准是规范政策执行过程的方式、方法和量化体系，通过比对执行结果与执行标准之间的离合程度检验政策执行是否合乎规范，判断执行情况。

2. 政策资源

政策资源是执行政策的基本保障，包括财物资源、人力资源、信息资源以及权威资源等。

3. 执行方式

政策执行方式是适用于政策执行的方法以及范式，即政策执行者之间以及执行者和目标群体之间采取的互动方式，诸如沟通、协调和强制的交流方式。

4. 执行机构的特性

执行机构的特性会影响到政策实施的效果，既包括一些较为正式的组织结构特征，也包括组织成员的一些非正式属性，通常由人员配置、机构层次、机构资源、组织活力和开放程度等因素组成。

5. 系统环境

政策执行受时代背景和即时环境的影响制约。霍恩-米特系统模型内涵要义是一项政策或政策集群的执行从开始到完结的整个过程中内外部因素与环境之间的交互影响，外部环境主要包括经济、社会和政治环境。

6. 执行者的价值取向

执行者对政策的理解和认知影响执行者的价值取向。行为方式受价值取向引导，对政策执行产生影响。

霍恩-米特系统模型的各要素之间存在相互影响、相互作用的动态交互关系，如图 3-20 所示。[①]

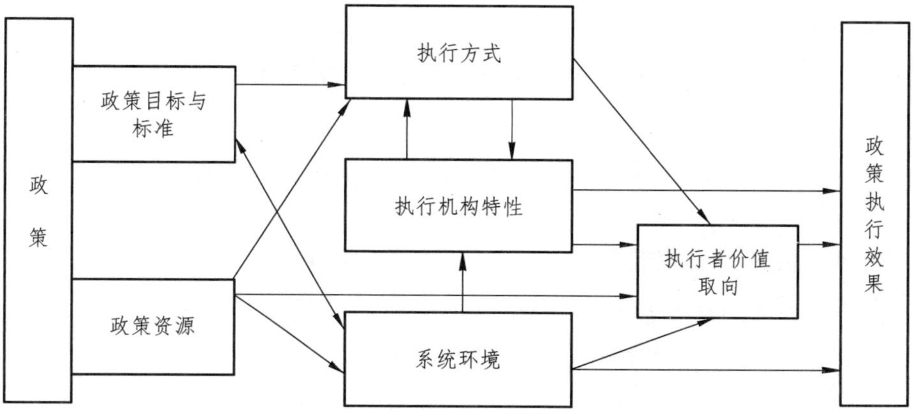

图 3-20 霍恩-米特系统模型

二、基于霍恩-米特模型的校园欺凌防控政策执行可行性及存在的问题分析

1. 校园欺凌防控政策执行可行性

近年来国内已有的学术成果表明，霍恩-米特系统模型为分析地方政府公共政策执行问题提供了明晰的结构化范式和技术路线，霍恩-米特模型对研究中国自上而下的政策执行问题具有一定的适应性。[②]

我国校园欺凌防控政策属于典型的自上而下制定和执行的政策。霍恩-米特模型中提出的影响政策执行的六个要素，都客观存在于校园欺凌防控政策执行之中。因此，霍恩-米特系统模型适用于分析校园欺凌防控政策的执行情况。

2. 当前校园欺凌防控政策存在的问题

当前校园欺凌防控政策存在一系列问题，而这些问题存在的原因是多方

① 陈振民. 政策科学——公共政策分析导论[M]. 北京：中国人民大学出版社，2004.

② 王旭. 基于霍恩-米特模型的上海市家庭医生政策执行问题研究——以 J 区为例[D]. 上海：华东师范大学，2018.

面的。我国校园欺凌防控政策与法律体系尚未完善，政策的制定应依据相关法律，以保证政策的规范性，反欺凌政策的制定要考虑国家和地方的实际情况，以确保制定的政策更加科学合理。由于相关政策、法规的不完善以及治理机制不健全，学校没有健全的反欺凌教育体系，教师、学生、家长进行系统学习反欺凌的机会较少，不利于提高他们对反欺凌知识的认识和处理。

三、校园欺凌防控政策执行：基于霍恩-米特模型的分析

基于霍恩-米特模型，当前校园欺凌防控政策存在不足，通过对政策执行影响因素的探究有助于提出有效的治理策略，解决现存的问题。

1. 优化校园欺凌防控政策目标与标准

近年来，我国出台了一系列政策，2017 年教育部等十一部门发布了《加强中小学生欺凌综合治理方案》，2018 年 4 月国务院发布《关于开展中小学生欺凌防治落实年行动的通知》等，这些政策使治理校园欺凌有了指导。[①]

我国多个省、市、自治区根据国家出台的校园欺凌防控相关政策颁布了关于加强中小学校园欺凌综合治理实施方案的地方政策。这些政策为治理校园欺凌提供了依据，并为欺凌处理机制提供了基础性、强制性保障。

从国家到地方都积极探索如何治理校园欺凌问题，期望通过一系列的方案、制度及办法建立起一个完善、健全的校园防欺凌机制，从而进一步高效推进各地区校园欺凌综合治理工作。

2. 拓宽校园欺凌防控政策资源

落实校园欺凌防控政策的资源包括政策的权威性、所需要的经费保障、人力等。

政策资源的权威性需要国家自上而下的法律法规与政策支持，这样才能为执行机构、执行者实施提供执行标准和保障。国家应通过法律给予校园欺凌完整定义，建立一套公正的欺凌治理程序。

经费保障会直接影响执行方式。当落实该政策的财政性教育专项经费是

① 臧文瑛. 多元防控体系下小学校园欺凌治理现状及对策研究——以烟台市 A 区为例[D]. 烟台：鲁东大学，2019.

可用的、充裕的，就可调动足够的人力实施该政策。反之，如果经费不足，会直接影响执行者的执行，从而使该政策偏离初衷。

人力资源主要体现在学校的欺凌问题“由哪些人治理”“怎样治理”等问题上。学校虽然在治理欺凌中承担着重要职责，但家庭、社区、政府部门以及其他社会主体在治理欺凌中也存在重要影响。学校应发挥自身的积极作用，并与其他社会主体积极合作，才能有效防控校园欺凌。

3. 依法合理运用校园欺凌防控政策执行方式

校园欺凌防控政策的有效执行离不开执行人员与目标群体的不断沟通。

自上而下形成各级校园欺凌防控方案，明确欺凌事件的处理流程，落实各部门及社会各主体的责任，对不同程度的欺凌行为采用相应的处置方法，形成范式，让校园欺凌发生时，执行有据可依，合理、合法。[①]

与目标群体的沟通是通过对学生进行反欺凌讲座、活动等途径，使学生形成对欺凌行为的正确认识，让学生更加懂法、守法。

4. 扩充校园欺凌防控政策执行机构的特性

校园欺凌防控政策执行机构的人员配置会直接影响到执行效果。建立以学校为中心，家庭、社区以及其他社会主体共同参与的多元防控体系，通过多主体共同治理校园欺凌，才能发挥最佳的教育效果。

学校、家庭、社区、教育主管部门、公检法、社会志愿组织等部门相互配合，多个主体参与，联手治理校园欺凌。[②]不断建立完善的防控治理体系，发挥多元主体的优势，加强反欺凌效果。

5. 改善校园欺凌防控政策系统环境

校园欺凌防控政策执行同时也受到政治法律环境、经济环境、文化环境以及社会环境等的影响。

营造和谐平安校园环境，重视家庭教育。学校本身应加强自身建设，重视家庭教育的影响，提高家长对欺凌问题的认识，积极进行反欺凌教育。

建立稳定的社会秩序，营造良好的社会氛围，要从营造和谐的社会氛围、建立良好的社会秩序等方面加强对校园欺凌的防控。

---

① 任海涛．校园欺凌的概念界定及其法律责任[J]．上海：华东师范大学学报，2017（2）．

② 姚建龙．校园暴力控制研究[M]．上海：复旦大学出版社，2005.

6. 正确引导校园欺凌防控政策执行者的价值取向

校园欺凌防控政策的执行人员对政策的解读程度、认同程度、反应程度都会影响该政策的执行。

加强教师的校园欺凌治理能力。将反欺凌知识纳入培训学习中，使每一个教师都能接受系统的反欺凌教育。结合学校制定的欺凌治理程序使教师明确自身在欺凌问题中的责任，了解面对欺凌问题时应采取的处理措施和教育手段。

教育主管部门、司法部门、社会组织等可以为学校提供一些反欺凌教育指导，反欺凌主题活动，对学校活动过程中的问题进行指导建议；可以为学校提供一些开展反欺凌活动的场所，丰富学校的教育形式，从而对校园欺凌防控政策执行效果产生积极影响。

第五十节　基于社会结构功能理论的校园欺凌防控

一、社会结构功能理论简介

结构功能理论是现代西方国家研究社会系统的重要理论，该理论认为社会是一个由相互关联的组织结构整合到一起的有序系统。这些组织结构相互关联，各自发挥相应功能，促进社会发展。一旦有组织结构发生变化，整个社会系统就会进行自我调整，各个结构的状态不断变化，最终社会整体又会处于平衡状态。不仅社会系统如此，社会组织、小群体和家庭单位也像社会系统一样具有一些共同的最基本的结构，这些结构发挥特定的功能，维持系统发展。

社会系统是结构功能理论的基本研究对象。结构功能理论有两个基本任务：一是寻求能把社会的各个组织结构协调起来并使之一体化的途径和方法，即结构；二是揭示社会生活存在的必要条件，即功能。

美国社会学家塔尔科特·帕森斯（Talcott Parsons）是第二次世界大战后统整社会学理论的重要思想家，他将功能主义发展为社会学分析中一个全面而系统的理论。帕森斯认为，社会系统是行动系统的四个子系统之一，其他三个系统分别是行为有机体系统、人格系统和文化系统。行为有机体系统承担适应功能，人格系统对应目标获取功能，社会系统负责整合，文化系统则维持社会发展，这四个子系统以及更小的子系统之间通过金钱、权利、影响和价值承诺进行交换。

帕森斯用 A-G-I-L 框架把社会系统中共性的功能要求和功能作用概括出来。他认为，社会系统的结构由适应（Adaptation）、达标（Goal attainment）、整合（Integration）、维模（Latency pattern maintenance）四个范畴的功能要求决定。适应（A），指的是系统对环境的适应。系统要延续，就要从外部环境中获取资源，系统只有具备这种能力和手段才能生存。达标（G），指的是达成系统目标。对人格系统来说，其社会个体的动机、欲望和目标充分聚合与调整，社会要求与个体要求一致才能达标。整合（I），即社会有机体对组成行动系统的组织结构进行调整和协调，一同指向系统目标。整合后的体系处于均衡状态，同时维持系统内部结构成分，对抗外来压力。[①]维模（L），是指维持社会运行的潜在模式。当正常的社会系统出现紊乱、暂停甚至中断时，文化系统中的价值规范在这一阶段为社会行动提供基本模式，维持社会稳定。

二、社会结构功能理论下的校园欺凌发生机制

结构功能主义在现代社会学理论中具有重大意义，成功解释了许多社会现象。A-G-I-L 功能模式成为分析社会问题的重要工具。在结构功能理论下，校园欺凌构成了行动系统。

1. 校园欺凌有机系统

在这个行动系统之下，欺凌者不管是一个人还是由多个人组成的群体，都是行为有机体系统。校园欺凌实施者大多缺失家庭教育，单亲家庭、重组家庭的儿童或留守儿童从小缺乏父母关爱，缺少沟通与交流，容易形成自私、孤僻的性格，自身无法排解不良情绪时就在他人身上发泄。据研究，多数欺

① 中共上海市委宣传部. 构建和谐社会：多维视角下的理论思索[M]. 上海：上海人民出版社，2006.

凌者都经历过家庭暴力或者目睹过父母暴力冲突，这让他们产生了用暴力解决同伴冲突的认知。①

2. 校园欺凌人格系统

研究发现：欺凌者具有较高的精神质倾向，常常表现为情绪上焦躁不安，容易冲动，行为控制力较差，喜欢通过动作缓解内心焦虑与压力。欺凌者强势、冲动的性格使其在遭受打击时，易于借助力量控制环境，实现“自我价值”。一部分被欺凌者试图通过欺凌他人而宣泄愤怒或者转嫁自己受到的伤害，从而成为新的校园欺凌的实施者。以上人格特征和心理特点构成了校园欺凌实施者的人格系统。②

3. 校园欺凌社会系统

父母作为孩子认识世界的第一人，其一言一行都是孩子学习和模仿的对象，家庭教育对学生性格、习惯的养成至关重要。一些父母缺乏对孩子健康个性的教育或者缺少与孩子的情感沟通，忽略了他们的精神需求，造成孩子人际交往能力薄弱，适应社会的能力差。他们对孩子包庇、纵容甚至鼓励使用暴力，纵容了校园欺凌现象。学校教育是青少年成长中十分关键的一环，目前学校里依然普遍存在重分数、轻能力的现象。成绩好的学生受到老师青睐、同学喜欢，成绩不好的学生被老师忽视、被同学排斥，与人交往出现冲突。一部分学生在学校里欺凌他人从而受到同学追随，壮大了欺凌的声势，还有很大一部分同学担心受到报复，以“多一事不如少一事”的心态看待校园欺凌现象，这也助长了欺凌者的嚣张气焰。此外，当前我国社会正处于转型期，一些社会群体心理失衡，这种心理变化会传导到校园，一些中小学生在校园里通过欺凌他人来发泄心中不满。同时，不同社会价值观也会发生冲突，有些不良思潮让学生崇尚以武力解决问题。家庭、学校、同伴以及社会等共同构成了结构功能理论下的社会系统，其不良导向都可能指向校园欺凌。

---

① STEVENS V，BOURDEAUDHUIJ I D，OOST PV. Relationship of the Family Environment to Children’s Involvement in Bully/Victim Problems at School[J]. Journal of Youth & Adolescence，2002（6）：419-428.

② 斯蒂芬·弗兰佐. 社会心理学[M]. 葛鉴桥，陈侠，胡军生，等，译. 上海：上海人民出版社，2010.

4. 校园欺凌文化系统

结构功能理论认为，文化系统维持着社会系统运行。根据该理论，大众媒体的消极影响在一定程度上提供了校园欺凌的土壤。传统媒体和网络上出现很多暴力文学、暴力画面、暴力游戏和暴力文化，还有一些明星偶像的负面新闻，易导致青少年模仿这些错误行为，产生校园欺凌。更有少数无良传播者肆意歪曲事实，散布谣言，在网络上煽风点火，误导青少年走向歧途。此外，宗教、法律等文化系统也对校园欺凌产生一定影响，教育管理部门和教育管理者对校园欺凌认识不足，对传播暴力文化的媒体的约束力不足，不利于欺凌问题的解决。

三、社会结构功能理论视角下的校园欺凌防控策略

在结构功能理论看来，作为欺凌者的行为有机体系统从小长期缺乏周围人群的关爱，人格系统不健全，受到家庭、学校、同伴、社会等社会系统的不良影响，试图用欺凌他人的方式发泄自己的愤怒或缓解焦虑，构成文化系统的网络信息、宗教、法律又没有对校园欺凌产生有力约束，使得欺凌现象频频发生。基于以上分析，为使校园欺凌问题得到解决，应该营造健康的社会系统和文化系统，塑造学生健全的人格系统，让校园欺凌行为有机体减少。

1. 改善系统成长环境

孩子对父母越依赖，其越轨行为概率越低。[①]因此父母应多与孩子沟通交流，关心其生活，关注他们的心理变化，及时解决他们心中的困惑，对其健康发展提供帮助。父母应为孩子提供温馨的成长环境，不用攻击性语言和行为对待他们，留守儿童的父母要在离开孩子期间为他们指定可靠的监护人，并且经常以打电话、视频聊天等方式加强联系，让孩子感受到关心和尊重。父母应仔细观察孩子的变化，及时发现孩子被其他同学欺凌的现象，帮助他们解决欺凌问题。

---

① 特拉维斯·赫希．少年犯罪原因探讨[M]．吴宗宪，等，译．北京：中国国际广播出版社，1997.

2. 培养健全的校园人格系统

诺丁斯曾说过："当孩子受到关注时，他们更愿意为喜爱和信赖的人而努力学习，勤奋工作。"①因此教师应主动与学生交流和沟通，多多鼓励和支持他们正当的行为与想法，激发学生学习欲望，发展其兴趣爱好，促进学生全面发展。教师要成为学生道德成长引路人，引导学生成为积极向上，品德高尚的人，同时因势利导，利用各种机会帮助学生养成良好的道德品质。积极开展各种班级活动，让学生体会校园欺凌受害者的感受，从思想上认识到校园欺凌的危害性。对于欺凌者，教师应了解事情缘由，主动释放善意，与学生建立信任关系，及时赞扬他们的进步，极力帮助他们与受害者重新建立良好关系。

3. 营造积极向上的文化系统，构建健康的社会系统

各电视台应积极引导大众认识校园欺凌，设置校园法制栏目，开展校园活动，结合实际案例分析校园欺凌问题，多开展反欺凌教育活动，增进大众反欺凌意识。各个网站要严格规范信息发布流程，净化网络环境，减少暴力文化传播，建立关怀青少年成长的专题和版块，陶冶学生情操，让学生在健康的网络空间学习、娱乐，减少校园欺凌的发生。

一部分校园欺凌者，可以通过教师感化、说服教育或者轻微惩戒改变不良行为，而有的学生行为十分恶劣，纠结团伙打骂凌辱同学，经反复教育仍然无效。因此，应强化惩戒教育，矫正其不良行为。对于轻微欺凌行为，应责令欺凌者的家长严加管教，通过家校或者社区合作教育。对严重欺凌行为，应对实施者进行必要的法律管制，设立管理教育青少年的机构，说教、劳动相结合，进行心理辅导，纠正其行为偏差。此外，法律工作者、志愿者进校园开展校园欺凌自我保护教育、法律咨询和心理辅导，社会与学校协同教育，共同防治校园欺凌。

第五十一节　基于社会生态学理论的校园欺凌防控

社会生态学理论的产生主要源于生物学、生态学对社会学系统理论的影响。19 世纪后期到 20 世纪中期，不少学者开始关注人和环境之间的关系。

① NODDINGS N. Schools Face 'Crisis in Caring[J]. Education Week，1988（14）：32.

1970 年，美国社会生态学家布克钦正式提出“社会生态学”这一概念。[①]19世纪 70 年代以后，社会生态学理论迅速发展，并被广泛运用于社会工作领域，其中，最具代表性的是布朗芬布伦纳的社会生态系统模型。

一、社会生态学理论概述

1979 年，美国心理学家和社会生态学家布朗芬布伦纳出版了《人类发展生态学》一书，提出社会生态系统的理论模型。此模型强调个体在一系列相互关联的环境中的发展，这些环境被称为行为系统，个体行为系统从小到大分别是：微系统、中系统、外系统、大系统和长期系统（图 3-21）。

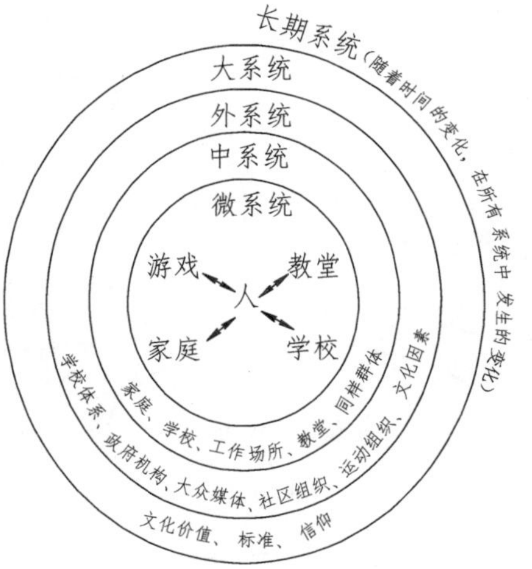

图 3-21　布朗芬布伦纳的社会生态系统理论

布朗芬布伦纳的生态系统理论强调个体与社会生活环境之间的相互作用，其中的“环境”不仅指个体生活的周围环境，还包括整个社会文化环境，并且突出了个体在社会生活环境中的主观能动性。[②]之后，不少学者修正了布朗芬布伦纳的社会生态系统模型，并将之运用于社会生活领域。现代社会

① 徐京朝，赵壮壮，麻晨俊，孙伟. 社会生态学理论及其应用考述[J]. 南京广播电视大学学报，2018（1）：66-69.

② 朱琳，齐华栋，梅芸芸. 社会生态系统视角下预防校园欺凌的介入策略研究[J]. 现代中小学教育，2017（7）：1-5.

生态理论最著名的代表性人物之一查尔斯·扎斯特罗在其著作《理解人类行为与社会环境》中进一步阐述了个人成长和社会环境的关系，把个体存在的社会系统分为微观系统、中观系统和宏观系统三种类型。他认为，个体不仅是一种生物社会系统，而且是一种心理社会系统。他强调心理与生理的相互作用和个体自身对环境的反映，注重个体行为与环境的相互作用、制约和影响，丰富了社会生态学理论在社会工作中的应用。

二、社会生态学理论视角下的校园欺凌成因分析

结合上述生态系统模型，我们可以看出，校园欺凌行为的产生可以从微观系统、中观系统和宏观系统三个相互关联、相互制约的系统层面进行分析（图 3-22）。

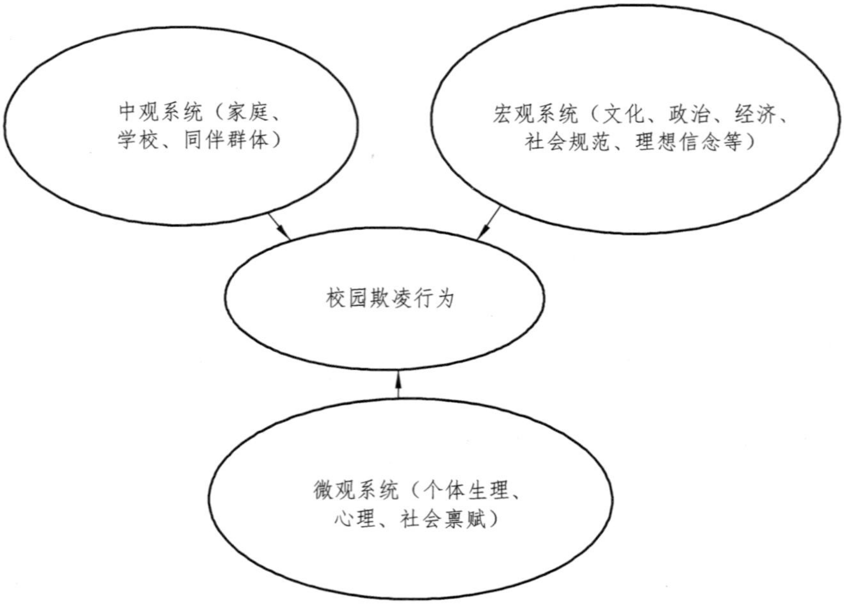

图 3-22　校园欺凌行为产生的社会生态系统情境

1. 微观系统——个体因素

儿童、青少年的生理机能迅速发展，特别是大脑和神经系统的快速发展，引起了一系列的心理变化。但由于他们的认知尚不健全，在行为方面就容易

表现出盲目性、冲动性、从众性和自发性。由于缺乏沟通技巧，他们在人际交往中的遇到摩擦或矛盾时，往往选择用欺凌的方式来解决问题。

2. 中观系统——家庭、学校、同伴群体因素

家庭氛围的好坏直接影响学生健康人格和心理的形成。家庭结构的变化、父母的缺位等因素导致儿童缺乏来自家庭的道德教育与约束，更容易出现反道德甚至“越轨”行为。不恰当的教养方式极易导致孩子人格缺陷，形成以暴力解决问题的思维，这也成为校园欺凌行为产生的重要因素。学校是儿童青少年成长的重要场所，受应试教育的影响，学校重智育轻德育，忽视学生的心理健康教育、交往技能和情绪管理，校园欺凌现象没有引起重视，都是导致校园欺凌现象产生的原因。另外，青少年的独立意识和自我意识不断增强，但由于思想不成熟，缺乏社会生活经验，解决学习及生活实际问题的能力不足，同伴群体中对不良行为的相互模仿，在很大程度上增加了欺凌的发生率。

3. 宏观系统——社会因素

随着经济全球化的发展，西方价值观念不断涌入，加之社会转型期新旧观念不断冲突，对社会主流价值观造成不小的冲击。而青少年身心发展还不成熟，互联网时代媒体对校园欺凌及暴力场面的过度渲染，容易导致其行为发生偏差，甚至强化校园欺凌意识。

三、社会生态学理论视角下的校园欺凌防控策略

根据社会生态学理论，个体的发展受到生物、心理和社会三个独立系统相互作用的影响，个体问题的原因往往是自身与其环境相互作用所致，因此，问题的解决往往需要了解整个社会生态系统内与个体有关的所有资源，并促进他们之间的良性互动。

1. 关注个体身心健康

校园欺凌行为大多是由学生的生理、心理问题所致，所以学校教师针对此类学生应从多方面切入，全面了解其生活、学习情况，有针对性地运用专

业的知识、方法和技巧，通过开展个体心理协助，主动心理干预等方法，减轻校园欺凌行为对相关学生造成的心理、生理伤害，将一些欺凌行为遏制于萌芽状态。

2. 改良家庭教育方式

家庭对一个人的成长、发展起着不可估量的作用，家庭环境和教育是防控校园欺凌不可忽视的因素。一方面，家长应积极参加家校互动活动，加强亲子互动，增强家校共育，家庭教育不缺位才能促进学生健康发展；另一方面，家长应改善家庭教育方式，营造良好的家庭氛围，家庭关系应当建立在平等对话、平等沟通的基础上。

3. 构筑良好的校园生态环境

学校是儿童和青少年成长的重要场所，加强学生的身心健康教育，营造积极正向的成长环境，是预防和控制学校欺凌行为的关键。一方面，学校应充分利用各方资源，加强对学生的心理健康教育、普法教育、生命教育、安全教育，同时进行“校园防欺凌”宣传，增强学生自我保护意识以及尊重、爱护他人的意识。另一方面，学校应构建多元化的评价体系，有意识地将团队合作、互帮互助纳入评价范围，帮助学生形成良好的同伴关系。比如，学校积极组织开展有针对性的社团活动，如舞蹈社团、音乐社团等，给学生多方面展示自我的机会，让他们在团队活动中进行同伴互助，学习沟通交流技巧，展现自我，增进友谊，同时，帮助学生释放学习带来的压力，减少校园欺凌行为的发生。

4. 优化社会文化环境

防控学校欺凌行为，必须依靠行政部门干预以及宏观社会环境的影响，首先，促进国家政治、经济、教育、福利等各方面的健康发展，关注民生，实现社会公平正义。其次，净化网络环境，减少对校园欺凌和暴力的过度渲染，尽可能多地宣传自我保护意识和技巧，积极传播正能量，培养青少年的积极情感意识；加强对社会主义核心价值观的宣传，帮助青少年树立正确的世界观、人生观和价值观。第三，学校方面加强法制教育，引导学生增强法治意识，自觉抵制校园欺凌现象，避免成为施暴者和受害者。

四、结　语

校园欺凌的预防和控制是一项系统工程，只有学生、家庭、学校和社会等各方面都积极行动起来，采取切实可行的策略，形成良性互动，才能使校园欺凌现象得到有效控制。

第五十二节　基于社会治理理论的校园欺凌防控

一、社会治理理论视角下的校园欺凌

学校是社会的组成部分，学校治理具有社会治理的相关特性。从社会治理的角度来讲，校园欺凌事件是学校自我平衡的状态被打破或学校过度介入引发公共管理权力失衡所导致的。针对校园欺凌事件带来的恶果，学校必须要调整状态，重新定位价值追求，达成内部自由平衡状态。

1. 社会治理理论及其内涵

社会治理是现代治理理论的一个方面，社会治理理论是指在自由竞争的市场失灵或政府过度介入导致公共管理权力过大的前提条件下，基于政府不断进行自我调整和重新定位的基础上，公共管理权力在各种社会组织间重新配置，形成政府主导、各种经济社会组织和个人协同参与社会公共事务的管理过程。[①]

社会治理的内涵表现为：一是公共管理权力仍然在社会治理过程中占主导地位；二是社会治理的主体将由个人、政府、私人部门等多元社会组织构成，而不仅仅限于政府一元治理主体；三是社会治理将综合运用经济、政治、法律以及各种非正式的手段；四是社会治理包括选举参与、协商、咨询等一切制度或非制度安排；五是社会治理是一个表达不同利益到利益整合的过程；六是社会治理意味着政府职能的转变和行政方式的变革。[②]

① 郑钧蔚. 社会治理理论的基本内涵及主要内容[J]. 才智，2015（10）.

② 郑钧蔚. 社会治理理论的基本内涵及主要内容[J]. 才智，2015（10）.

2. 社会治理理论视角下的学校治理

学校是社会的一部分，是一个小型社会，需要处理学校、学生、教师、职工、家庭和社会的关系。要系统科学地进行学校管理，就必须使用社会治理理论来构建现代学校管理体系，也就是学校治理。

（1）学校治理实践具有时代背景。

随着我国社会的发展，学校也在不断地适应社会发展，深化教育改革，推动教育现代化。学校具有行政功能，学校的主要职责是培养社会公民，不同时期的学校培养的侧重点不一样，学校办学要有长远的发展规划，需要遵循社会发展需要和办学需求的统一。

（2）学校治理主体具有共同愿景。

学校办学要兼顾家庭、学校和社会的共同利益，实现各相关主体利益的和谐统一，促进学生的健康发展，推动社会的和谐进步。学校治理要符合相关主体的共同愿景，学校在进行决策时要达到各方利益的一致，才能共同维护和执行相关决定。

（3）学校治理是学校共同事务的总和。

“治理是各种公共或私人的个人或机构管理其共同事务的诸多方式的总和。它是使相互冲突或不同的利益得以调和并且采取联合行动的持续的过程。这既包括有权迫使人们服从的正式制度和规则，也包括各种人们同意或以为符合其利益的非正式的制度安排。”学校治理是政府主管、学校和教师主导、以学生为主体、家庭协作产生的事务共同管理权力的总和，需要多元、系统地建构和设计。

（4）行政管理是学校治理的主要手段。

学校的正常运转涵盖了学校共同事务的方方面面，需要行政管理加以维持，政府出台办学方针和政策确保办学的公平。确保学校正常运转，保障学校相关主体的权利和利益，需要加强学校行政主导。学校应依法行使办学权利，制定学校办学章程，完善办学设施，规范办学。

3. 学校治理缺失对校园欺凌的影响

（1）学校治理中教育价值导向偏差导致校园欺凌的发生。

学校教育价值具有时代性和实践性。当前，许多学校、教师和家长的教育价值观偏离了核心教育价值，存在功利主义倾向，违背了儿童的身心发展规律，过多追求“育分”而非“育人”。在评价儿童发展和成长时，他们认为学生能考上好大学、找到好工作就是好学生，不能考上好大学、不能找到好工作的学生，则被带上色眼镜看待。学生的世界观、人生观、价值观未成型，加之学生的从众心理，使得家庭条件不好、身体有缺陷、成绩不好的学生在学校容易受到校园欺凌，严重影响学生的健康成长、全面发展。

（2）学校治理中教育多元主体参与缺失导致校园欺凌的发生。

学校教育需要学校、学生、教师、职工、家庭和社会等共同参与，学校教育主体的多元化必将带来利益的分散，学校、教师、职工与社会、家庭、学生之间愿景不同会带来利益冲突。校园欺凌事件中，学校教育相关主体要么作为欺凌者、被欺凌者和旁观者其中的一员，要么该作为而不作为、参与缺失，如：部分家长将孩子送到学校，对学校里面发生的事不顾不管；学校只负责制定好期末考核目标，分解任务交由班主任和老师负责，忽略对过程的管理与指导；班主任的工作量大，忙于教育教学工作和各种各样的检查，协调班级事务的方方面面，难以照顾到每一个学生的情绪、了解班级发生的所有事情；部分教职工认为自己只需要完成分内的工作任务，管理和教育孩子是班主任、学校领导的事。教育多元主体的参与缺失会滋生校园欺凌事件。当校园欺凌发生时，学校教育多元主体的参与缺失会扩大校园欺凌带来的恶果。

（3）学校治理体系不完善导致校园欺凌的发生。

构建学校治理体系要遵循民主化、科学化、法制化的原则。当一所学校缺少民主，校领导、班主任老师在处理事务时简单粗暴、独断强权，会让学生遇到欺凌时选择忍受，助长欺凌者的威风。当学校发生“以大欺小”、体罚和变相体罚等事件时，部分学校和老师为了学校的声誉，不依法规校规处理，采取大事化小、小事化了的做法，息事宁人；也有学生之间发生矛盾时，缺少法律和维权意识，认为自己的事自己处理是“天经地义”的，告诉老师、报告学校是“不合群”的，扩大校园欺凌的风险。

二、基于社会治理理论的校园欺凌防控策略

从社会治理的角度来讲，校园欺凌的发生是由于自由竞争的市场失灵或学校行政管理的过度介入导致的，具体而言包括：学校办学的主流文化价值

观引领不充分，学校行政管理的过度介入导致的制度行为冷暴力，师生之间权益不对等带来的冷暴力，学生之间权益冲突导致欺凌行为。所以，基于社会治理理论，我们提出以下防控校园欺凌的策略。

1. 弘扬正能量，构建良好的育人环境

学校要构建良好的育人环境，包括物理环境场地的布置、校园的美化，也包括精神环境场地的布置；要树立良好的校园文化氛围，通过生涯教育、学科教学，宣扬正确的价值观和理念，弘扬正能量，积极宣传社会主义核心价值观，形成以美育美、美美与共的校园环境。

学生的世界观、人生观和价值观是逐渐形成的，学生在学校中学习、与人相处，接受主流文化的引导和熏陶，培养自身品格，磨炼意志，使自己能够抵抗挫折，适应未来社会的发展。

2. 合理配置公共管理权限，打造共同愿景

校园欺凌的发生原因之一是学校教育中各主体地位不对等，由于学校教育中各主体较多，不同的主体代表了不同群体的权益，在自由竞争的规则中，各主体权益的不一致，必然导致主体地位的不对等。因此，要统筹各教育教学主体的权益，通过合理配置公共管理权限，加强各群体主体权益的整合配置，综合各群体的意见，协调各群体的利益。

学校教育的相关主体增加自身对学校教育的参与度和关注度，会降低校园欺凌事件的发生。在学校管理过程中，应充分调动学校、师生、家长、社会资源，征集各方面的意见，形成商量议事制度，在确保学校正常运转的情况下，合理征求各群体的意见，形成制度性和共识性的决定。在执行学校决定的过程中，要充分调动各群体参与，人人都是学校的主体，人人有责。这既是群体利益的表达，也是公共管理权限的行政主导下的群体参与自治。

3. 从学校管理到学校治理

长期以来，学校行政管理执行的是由上而下的行政管理，这种统一管理方式调研不充分，花较小的管理成本形成最大的效益。但这样牺牲了一部分师生的权益，容易造成制度冷暴力等伤害。在社会日益发展的今天，知识和技能传授的方式已经发生了变化，如何培养人、发展人，不管是理论体系还

是实践模式都已经有了新的尝试，学校运行的模式也有了新的变化。因此，学校行政管理的模式必然将从管理发展到治理，从传统的单一的行政管理发展到多元治理，从以学校为中心逐步发展为以学校教育的各主体为中心，激励各主体参与到学校运行中来。

当学校教育的各主体都参与到学校政策的制定和实施中时，由权益、地位不对等导致的校园欺凌和制度行为冷暴力现象将得到根本的治理。从社会发展的必然性来讲，从学校管理到学校治理是学校管理的必经之路，学校要想适应社会的发展，必然要寻找新的解决方案，不断调整适应，形成新的管理状态，逐步达到人人参与的学校治理模式。

4. 发挥学校治理的正确价值导向

“价值的本质是现实的人同满足其某种需要的客体的属性之间的一种关系。”①学校治理是否有成效，要看学校治理是否满足学校各主体的相关权益和需要，是否形成了学校行政主导下的各公共管理权限的有机整合，是否引导人向美致善，是否达到了新的价值追求下的自由平衡状态。

学校教育的目的是使人成长、全面发展，校园欺凌事件的发生必然影响学生的成长，我们基于社会治理理论，提出了学校治理的构想，提出了构建良好的育人环境、打造共同愿景、从学校管理到学校治理、发挥学校治理的正确价值导向。这样必将有益于维护学校正常的运转，遏制校园欺凌事件的发生，实现学校各权益主体的利益整合，促进学生成才、教师发展、社会和谐。

第五十三节　基于社会标签理论的校园欺凌防控

社会标签理论是一种解释越轨行为如何产生及发展的理论，其理论源于符号互动理论，认为“越轨”是社会互动的产物。该理论认为每一个人都有可能出现“初级越轨”，但只有被贴上“标签”的“初级越轨者”才有可能真

① 冯契．哲学大辞典（修订本）（上）［M］．上海：上海辞书出版社，2001：621.

正走上“越轨”生涯。而从社会学角度讲，“校园欺凌”本质上就是一种“越轨”行为。社会标签理论可以从社会学视角为开展校园欺凌防控提供一些理论基础和研究依据。

一、社会标签理论概述

社会标签理论（social labeling theory）是以美国社会学家莱默特（Edwin M.lement）和贝克尔（Howard Becker）的理论为基础而形成的一种社会工作理论。该理论形成于20世纪50年代的美国，60年代开始流行起来，到70年代逐渐成为美国社会学界研究“越轨行为”的占统治地位的理论。

1. 社会标签理论的内涵

“标签”是一种标记，是集体成员按照某些规定给一些人或者个体标定的一些印记。“社会标签理论”认为集体生活中没有一种行为其本身一定是错误的，更多的是人们按照组织规章制度给某人定下特殊心理标签，也就是说标签带有主观性。[①]“标签”界定下的“越轨”行为既非与生俱来的特质，也非后天教化的产物，而是社会反应、别人界定的结果[②]。

2.“初级越轨”与“次级越轨”

社会标签理论认为，社会生活中的每个人都可能会做出超出常规的行为，但若是没人发现或者是不被处罚，就不会被认为是偏差行为者，或称“越轨者”；但一旦被人发现并受到惩罚，那么这种行为就将被贴上偏差行为的标签，并且被贴上标签的人会慢慢地接受、认同自己的标签以至于做出更多的偏差行为。[③]即社会标签理论强调，一个人被贴上“标签”，是与周围环境中的社会成员以及他对他自己及自身行为的定义过程或标定过程密切相关的。也就是说，周围的重要他人对“被标签人”越轨行为的判定及因此产生的偏见，是使其再次“越轨”的主要原因。当行为人第一次出现越轨行为且并未被他人发现，他人也未将其当作“越轨人”看待时，此次越轨被称为“初级越轨”；

① 刘广三，徐永芹．标签理论述评[J]．江苏公安专科学校学报，2000（6）．

② 王洁．人身权利教育下的校园欺负对策研究[D]．上海：华东师范大学，2017．

③ 孙田．农村中学校园欺凌问题研究．新乡：河南师范大学，2019．

而从他人将其作为“越轨人”的那一刻起，越轨人自身就形成了“我是越轨人”的自我认知，进而引发再次越轨，即“次级越轨”。①

二、社会标签理论与校园欺凌的关系

“人们一旦被贴上某种标签，就会成为标签所标定的人。”②这句话指在标签的导向作用下，自我心理暗示所引发的结果。社会标签理论认为，个体在与他人互动交往的过程中，获得自身的社会性，即从他人对自身的“看法或评价”中获得自我“意识”，由此形成自我认识与评价，并会无意识地改变自己的行为，逐渐向他人的“看法或评价”靠拢。

1. 校园欺凌的诱因

家庭、学校及社会组织在处理学生的偶然过失、失范行为时，往往会不自觉地对行为人加上了诸如“坏孩子”“不良少年”“差生”“没救了”等特定贬义标签，而这些被标签化的学生会逐渐认同被贴上的标签，从而形成恶性循环，出现两个极端。③一部分被贴上标签的学生会因此变得唯唯诺诺，做事没有主见，唯命是从，逐步沦为同学间欺凌的受害者，而当其在初次遭遇欺凌向家长或老师求助时，如果不能得到有效的帮助或者被责骂“你就是个笨蛋”“怎么总是受欺负”等，则会自己给自己贴上“我就是弱者”的标签，以至于在接下来的学校生活中彻底失去反抗的勇气和能力；而另一部分学生则试图以压迫他人或暴力的越轨方式来反抗现存的社会规则，最终转化为校园欺凌者。

以上两种学生的存在为校园欺凌的发生提供了人群基础。其具体表现可能是，当学生之间出现矛盾时，由于得不到及时合理的协调，学生也许会自我堕落，再次出现欺凌行为，使得老师因为看不到“向好”转化的希望而放弃，这些学生就会沦为学校教育中的“弱势群体”。作为弱势群体的他们因无法得到教师的积极关注和正向引导，进而产生更深的厌学情绪，由此产生更多的校园欺凌现象，甚至产生校园暴力并扩大化。④

---

① 刘瑞. 社会学视域下初中生校园欺凌行为研究——以周口市为例[D]. 海口：海南师范大学，2018.

② 保虎 李春丽. 我国中学校园暴力透视：现状、成因及治理[J]. 广东青年职业学院学报，2016（3）.

③ 苏雪燕. 中学校园欺凌行为预防策略研究[D]. 新乡：河南师范大学，2017.

④ 陈世平，乐国安. 中小学生校园欺负行为的调查研究[J]. 心理科学，2002（3）.

2. 负面标签的强化

社会标签理论更多的是在探讨越轨行为产生的过程，而非越轨行为产生的原因。它认为一个人之所以成为越轨者，是因为在其与社会互动过程中，被贴上某种不良的标签，据此将“越轨者”与其他“正常人”区分开来，这种标签通常被视作一种“耻辱”的象征。越轨者得到具有耻辱性的标签之后，会逐渐接受其他人对自己的评价，并根据标签修正自己的行为，直至与标签的描述完全符合。即“初级欺凌”的学生由于被贴上“标签”，反而增加了其由“初级欺凌者”走向“次级欺凌者”的可能性。

原本是出于纠正学生欺凌行为的目的而采取的行动，因为“欺凌”标签的负面强化，反而导致学生对这一“标签”产生自我认同，更易做出符合这一称号的行为，最终成了可自我实现“欺凌”预言的人[①]。

综上所述，未成年学生在社会化的过程中，被一些老师、同学贴上了一种具有“越轨行为”意义的标签，对于教师来说，这可能仅仅是一个区分此类学生与普通学生的方式，但是对被贴上这类负面标签的学生来说，这是会被他人及自己视为一种“耻辱”的行为[②]，进而在社会化过程中会经历很多对自己的质疑。很多学生在被贴上不良标签后，会不自觉地将自身与其他同学区分开来，并逐渐认同这个标签，这就可能会成为校园欺凌行为发生的诱因。而在欺凌行为发生之后，此类标签还会在学生自身意识上得以持续强化，他们愈加确定自己本来就是这样的，从而发生更严重的欺凌行为。[③]如此陷入校园欺凌频发甚至愈加激烈的恶性循环。

三、基于社会标签理论的校园欺凌防控策略

美国心理学家爱利克·埃里克森（Erik H. Erikson）的“人格的社会心理发展理论”指出，一个人生命中每个阶段都有一个核心问题，而处于基础教育学段的学生面临的核心问题就是自我同一性的发展问题，该阶段是自我意识发展的关键时期，在这个阶段他们开始思考自己是谁、要往何处去的问题，

---

① 刘瑞. 社会学视域下初中生校园欺凌行为研究——以周口市为例[D]. 海口：海南师范大学，2018.

② 韩晶. 中学班主任眼中的“学生问题行为”研究[D]. 南昌：南昌大学，2020.

③ 孙田. 农村中学校园欺凌问题研究[D]. 新乡：河南师范大学，2019.

但是对自我的认识仍然是相对模糊且易变的。[①]这都有赖学校教育携手社区、家庭共同正向引导、稳定转化。

1. 慎贴“标签”，多正面积极引导阻断“次级越轨”

学校生活中，教师同伴或家长切记不可轻易给别人贴上标签，因为一旦有的学生被贴上标签，不论情况是否属实都会对他们造成影响，甚至促使他们最终成为真正的“标签者”。

首先，教师要一视同仁，公平对待每一个学生，不得以不当方式或明显偏颇的方式将个别学生分类标记。当有学生出现“初级越轨”时，如是偶发欺凌行为，教师要第一时间及时引导班级内或学校范围内的其他学生或家长正确、全面认识他的优缺点，营造“人人平等，知错能改善莫大焉”的宽松氛围，切忌随意评判定性他人行为，施加负面标签。其次，教师应该多鼓励学生而非惩罚学生，因为一个时常被老师惩罚的学生往往会更容易被其他同学排斥，被“另眼相看”，而这会促使他们被迫寻求可以接纳自己的团体，而多个被惩罚的学生聚成团体则更容易走向消极方向。在此过程中他们作为“欺凌者”的自我认识将被进一步强化，并逐步认可贴附在自己身上的标签，认同自己的行为是合理的，随即彻底走上欺凌他人之路，最终沦为真正的“欺凌者”。

2. 增加社会“包容性”，促进欺凌学生“再社会化”[②]

对待存在欺凌行为的未成年学生，应尽可能地避免对其贴上“欺凌”的标签，包括家长、教师以及邻里在内的社会大众需增加对欺凌学生的包容性，以一种宽容的态度对待他们，明确出现欺凌行为并不可怕，可怕的是由此带来的社会消极评价以及对其今后社会化发展的严重影响。

因此，当班级学生第一次出现欺凌行为时，教师应以一种平和的态度理性分析此行为出现原因，并找出解决措施以改正其行为，切不可在处理问题之前，就先对其进行一番消极评价，并贴上“后进生”“欺凌者”“混混”等负面标签，这样反而会迫使其强化自身对欺凌角色的认同感，将自己与欺凌捆绑在一起。[③]同时，社区和家庭对待欺凌学生应避免鄙弃、讥讽的态度，

---

① 王赪.“贴标签”现象与越轨行为的发生——标签理论对个体社会化解释的述评[J].政法学刊，2003（3）.

② 刘瑞.社会学视域下初中生校园欺凌行为研究——以周口市为例[D].海口：海南师范大学，2018.

③ 魏叶美，范国睿.社会学理论视域下的校园欺凌现象分析[J].教育科学研究，2016（12）.

应给予其足够理解和信任，以增加其改正自身行为、脱离欺凌同辈群体的动力，但亦不可过分关切，避免让学生误以为他人在同情自己，反而进一步强化自己“欺凌者”的身份。总之，要多方合力营造一个和谐包容的环境，满足学生归属感的需要，通过社会教化促其个人内化，最终实现自我减少欺凌行为的目的。

校园欺凌行为常常是在对学生教育培养的过程中出现的，除了学生自身“以我为中心”的社会交往外，还包括学校教育、家庭教育以及社会、同辈群体的影响。[①]因此，防治校园欺凌需要社会各界的共同努力，既要充分发挥学校在学生社会化发展中的教育正向作用，审慎使用“标签”，同时还需要家庭、社区发挥教化功能，协力引导同辈群体健康发展，逐渐从“外部刺激”到“内因驱动”，健全学生自我认知，提升自律意识，自觉抵制“校园欺凌”。

第五十四节　基于赫希社会控制理论的校园欺凌防控

一、赫希社会控制理论释义

赫希社会控制理论由美国犯罪学家特拉维斯·赫希（Travis Hirschi）1969年在《少年犯罪的原因》一书中提出，他认为任何人都是潜在的犯罪人，个人与社会的联系可以阻止个人进行违反社会准则的越轨与犯罪行为。当这种联系薄弱时，个人就会无约束地随意进行犯罪行为。因此，犯罪就是个人与社会的联系薄弱或受到削弱的结果。[②]社会联系包括个人与父母、亲朋、老师、同学和其他社会关系。个体的犯罪行为取决于其与社会联系作用的强弱，青少年如果与社会建立了密切的社会联系，便不会轻易犯罪；反之，如果青少年与社会联系微弱，稍有犯罪动机便会导致犯罪发生。[③]而社会联系由四个要素组成，即依恋、投入、奉献、信念。[④]

---

① 胡春光. 校园欺凌行为：意涵、成因、及其防治策略[J]. 教育研究与实验，2017（1）.

② 吴宗宪. 赫希社会控制理论述评[J]. 预防青少年犯罪研究，2013（6）.

③ 刘可道. 赫希的社会控制理论与青少年犯罪——武汉“12·1”银行特大爆炸案的犯罪学思考[J]. 青少年犯罪，2013（3）.

④ 吴宗宪. 赫希社会控制理论述评[J]. 预防青少年犯罪研究，2013（6）.

二、社会控制理论和校园欺凌的关系

1. 校园欺凌实施者的社会控制意识

当个人与社会的联系薄弱或者破裂时，就会产生犯罪行为。[①]校园欺凌实施者往往缺乏与父母、亲朋、教师、同伴之间的沟通交流，内心渴望爱与关注，对情感的依恋度弱；学业成绩不太理想，对未来没有明确的规划，奉献度和投入度皆弱；人际关系处理上易偏激，遭遇挫折、突发事件易愤怒，失去理智，且法律意识淡薄，缺乏正确的价值导向，信念缺失。父母关爱与引导缺位、教师差别对待、同学无意识的刺激言语行为以及前途渺茫都有可能导致欺凌者建立起的内在社会关系断裂，从而实施欺凌行为。

2. 校园受欺凌者的社会控制意识

校园受欺凌者往往性格内向、身体瘦小，且同样缺乏父母、教师、同学的关爱，社会关系链接薄弱。当遭受欺凌时，部分受欺凌者会选择隐忍，默默承受痛苦和屈辱，这往往会进一步刺激欺凌者的侵害行为再次发生，且使其气焰更为嚣张，受欺凌者又会更加畏惧和退缩，从而造成恶性循环。还有的受欺凌者在超出容忍限度后，量变产生质变，要么彻底爆发，对欺凌者发起歇斯底里式的报复性行为，要么自己也转化为欺凌者，将所受的痛苦施加于其他人身上，以达到一种宣泄、补偿和扭曲的自我满足。这些都是社会关系控制理论的真实反映。

三、基于赫希社会控制理论的校园欺凌防控策略

针对社会控制理论四要素，我们应从学校、家庭、社会三方面进行防控干预。

1. 学校层面

学校是将传统家庭与传统的工作和婚姻生活联系起来的传统社会机构。[②]

---

① HIRSCHI T. Causes of Delinquency[M]. Berkeley. CA：Universit y of California Press，1969.

② 吴宗宪. 赫希社会控制理论述评[J]. 预防青少年犯罪研究，2013（6）.

从这个层面来讲，学校在预防校园欺凌现象的产生上具有不可估量的作用。

赫希在《少年犯罪的原因》中提出了少年犯罪原因链，即缺乏学习能力→学习成绩差→不喜欢学校→抵制学校→实施少年犯罪。这个链条指明了学校预防校园欺凌现象的防控方向。[①]

（1）建防控长效机制，营造健康校园氛围。

首先，自上而下推动，形成欺凌防控机制，落实责任分工，以强有力的手段抵御校园欺凌。其次，加大对教师的培训力度，构建全员德育网络，将校园欺凌现象扼杀在萌芽阶段。最后，加强对校园不良行为的宣传教育，如吸烟饮酒、打架斗殴、男女交往过密等，多形式多点位不定时加强宣传，从根本上解决问题，避免事态扩大或形成恶性循环。

（2）全面发展，完善科学评价机制。

建立发现、激励和培养学生的机制，避免采用单一方式评价学生。关注赏识长期被忽视的个体和群体，提供展示机会和搭建表现舞台，在确保学生勤奋学习的同时，弱化唯分数论、唯学业成绩论。被赏识、被肯定往往会弱化欺凌者的欺凌意识，即使当其产生欺凌念头，亦会考虑名誉的受损、“人设”的垮塌等不良后果。

（3）因材施教，构建多彩校园生活。

学校要尊重青少年的个人兴趣，在学生全面发展的同时，远离校园欺凌的思想根源。[②]学校要设置丰富的校本课程，开设各类选修课和课外实践活动，扩大覆盖面，强调仪式感，满足更多学生的发展需求；加强生涯规划教育，提升其对于学业、专业、职业和未来的期待感，降低其犯罪的可能性。当激情上涌时，他们也许会考虑到违法犯罪可能造成学业中断、人生发展走向改变等严重影响，从而及时制止欺凌念头。

（4）立德树人，倡导积极向上的人生追求。

教师应加大班风的建设和价值观的引领，认识朋辈效应的重要性，树立榜样力量，激发学习兴趣，引导学生加大学习时间和精力的投入，为未来奠基；加强爱国主义教育、品格教育、挫折教育等，帮助学生树立正确的价值观、人生观，丰富内涵精神，厚植家国情怀。

---

① HIRSCHI T. Causes of Delinquency[M]. Berkeley. CA：University of California Press，1969.

② 毕晓宇 袁泓. 赫希社会控制理论对学校预防青少年犯罪的启示[J]. 知识经济，2010（17）.

2. 家庭层面

如果与父母的感情联系受到削弱，少年犯罪的可能性就会增加；如果这种联系得到加强，少年犯罪的可能性就下降。[①]由此可见，原生家庭在校园欺凌中扮演了重要角色。

（1）以身作则，重视孩子行为规范养成。

父母应增加与孩子相处的时间，在相处过程中以身说法，重沟通、多交流，拿起书本放下手机，鼓励孩子亲近自然走进社会，引导孩子承担家庭义务，参加公益活动，从而让孩子对家庭产生依恋感和责任心，通过建立良好的亲子依恋减少校园欺凌发生的可能性。针对极少数父母本身具有暴力倾向，无法给予孩子情感弥补，甚至会造成不良示范作用等情况，可参照借鉴美国的剥夺抚养权制度给予惩罚，迫使其重视并矫正不良言行，提高其示范、管教角色的身份认定和社会责任感。

（2）关爱为先，培养孩子理性判断能力。

父母应把爱作为亲子关系的牵绊，关注孩子成长中的每一个特殊阶段，参与孩子成长中的每一个重要环节。积极参与社会、学校开展的家庭教育活动，不断调试自己的教育理念和方法；孩子遇挫时，能引导孩子首先从自身行为寻找主观原因，并理性分析客观原因，避免孩子产生自己绝对正确的错误和偏激认知以及由此导致的心理扭曲，避免其出现一旦不合理的心理需求未满足，则会以欺凌他人的形式发泄心中不满的行为。

（3）密切联系，参与孩子成长全过程。

家长应积极参与校园欺凌防控行动，学习相关法律和干预策略，随时关注孩子在学校的动态，一旦发现孩子有欺凌或被欺凌的苗头，第一时间介入，做好前期辅导，及时反馈教育结果，联合学校，双管齐下，从根源上帮助孩子脱离困境，防控校园欺凌发生。

3. 社会层面

（1）着眼长远，倡导科学合理的人才观念。

社会控制论中“奉献”和“投入”两大要素指向学生需花费更多时间和

---

① HIRSCHI T. Causes of Delinquency[M]. Berkeley. CA：University of California Press，1969.

精力从事学业，而实现这一目标的前提是明晰奋斗目标，对自己的未来有所规划。如此，教育部门出台政策，各级政府监督执行，学校优化评价，从义务教育阶段开始推行生涯规划教育，帮助学生识别自己的优势潜能。加大对职业高中的投入和师资力量建设，增强职高学生自信心和归属感，提高家长认同感和信任度。同时，广泛开展宣传动员，开设专业生涯指导机构，合理分流生源。学习能力突出的学生可选择普通高中，侧重于文化知识学习；学习能力欠缺而动手能力突出的学生可选择职业高中。

（2）培训共育，养成自觉到位的监护责任。

在经济上、行动上、后续管教上出台相关强制措施，引导欺凌者家长或潜在的欺凌者家长强化自身的管教作用和责任义务。开设家长学校，派发教育类理论书籍，聘请专兼职家庭教育教师定期开展讲座，提供专业指导，探讨教育困惑，帮助监护人获得对子女进行“依恋”心理培育的技能；建立专门的咨询机构，通过线上线下等沟通方式给父母“支着儿”，解决亲子矛盾问题，编制反馈单，根据家长建议改进形式，帮助家长成为学校教育的助力者、参与者。

（3）加强宣传，共建平安和谐社会环境。

加大法律宣传，投放公益广告，全面禁止未成年人购买烟酒、进网吧、观看色情暴力音像、实施校园欺凌。对违规商家和经营者、相关监护人和学生进行相应惩罚。尤其针对校园欺凌者，要明确惩处措施，情节轻微者加强教育，将其欺凌事实记入档案，形成一定威慑力；造成他人身心严重伤害者，送入少年管控机构强制教育。同时，利用青少年法治教育基地加强普法宣传，组织学生学习《未成年人保护法》，通过鲜活的教育案例、《今日说法》等法律节目、模拟法庭比赛活动、“道德与法制”辩论赛等，让学生近距离接触法律、了解法律、敬畏法律，明确界定校园欺凌行为范畴，使他们懂得运用法律武器保护自己，保护他人。

第五十五节　复和公义在校园欺凌防控中的应用

发生在中小学校园的欺凌事件涉事双方均为未成年人且情节严重性不构成司法处理程度，因此学校是处理校园欺凌事件的主体。用常规的惩罚模式解决校园欺凌事件，不利于欺凌事件各方表达各自想法与感受，不利于关系的恢复，甚至可能会带来恶性报复行为，导致欺凌事件越来越多，欺凌现象愈演愈烈。学校可尝试使用复和公义的调解手法处理学生间的一般欺凌事件，帮助学生恢复和谐的关系，学生个体和班级可尽早恢复正常状态。

一、复和公义的概念

香港城市大学黄成荣教授指出："复和公义又称恢复性司法，它与以惩罚为主的报复性司法相对应，它强调对发生于人与人或人民团体之间的违法或犯罪冲突，要利用复和调解手法使受害人、侵害者及该社区团体恢复其原来的状态。"①他认为，复和公义让侵害者与受害者同处一个复和调解会议中明辨个体感受，受害者在倾诉表达中得到治疗，侵害者在调解中可获得公平对待，并有机会向受害者提供物质或精神上的补偿，从而减低侵害者的负面标签，增加其再社会化的可能。复和手法其实是对"以惩罚为主"（punishment-oriented）的管制制度的一种抗衡回应，是近年的学术新发展。

二、复和公义的理念

1. 强调受害者的利益

复和公义强调以受害人为重心，重视受害者权益的保护，通过补偿受害者因不法侵害带来的物质和精神损失，修补其心理创伤，恢复受害者的社会支持，恢复其原有的和谐与安全感。

2. 多方参与，协商解决

复和公义强调在调节过程中应当尽可能将所有利害关系者都收纳进来，比如受害人及其家属、相关的朋友，侵害人与家属、朋友以及受影响的其他成员。多方参与可以在调解过程中发挥道德和舆论的力量，帮助受害者获得支持和安全感，帮助侵害者认识行为带来的后果和该承担的责任，将侵害行为的伤害降到最低。

---

① 黄成荣. 复和公义在香港的应用和实践[J]. 江苏社会科学，2004（2）.

3. 强调侵害者的自我重建

侵害行为的发生是侵害人过去成长经历带来的创伤、家庭教育缺失、消极的生活态度、自控能力较弱、不能控制自己情绪等原因而造成的。复和公义希望通过调解手段让侵害者进行再社会化，帮助其重建积极的生活态度和良好的生活模式。在调解过程中，通过家人和朋友的劝解，侵害者真实感受到道德和亲情的力量，反思自己行为过错，激发改正的想法和行动，敢于承担责任。与此同时，通过对受害人做出物质和精神赔偿，一方面有利于其在所属环境中重新确立身份，重建他人的信任；另一方面有利于侵害者体验被宽恕、被接纳的感受，从而逐渐放下仇恨，融入社会。

4. 注重社会关系的修复

复和公义注重对社会关系的修复。它可以协助犯事者及受害者双方培养解决问题的能力、重建社交技巧以及与父母和老师重建良好的关系等。复和公义的目标就是要通过涉事双方与相关群体成员之间的交流与澄清，消除侵害行为使受害者、侵害者及其家庭、社群受到的不良影响。恢复生活的常态，从而形成良性的循环。

三、复和调解手法在校园欺凌事件中的应用

黄世荣教授在 1999 年开始倡议用复和调解手法处理学生间的欺凌问题；2000 年又创办了香港复和综合服务中心，调解学校里的个人或群体冲突，推动和谐校园建设，与教师、家长共同商讨防控校园欺凌策略。发生在校园内的学生间的校园欺凌事件涉事双方均为未成年人，运用复和调解手法来解决校园欺凌中的矛盾冲突能够使未成年人的利益最大化，保护了受害人的利益，也给了欺凌者自我重建的机会。学校在处理校园欺凌事件时可借鉴该方法。

1. 学校成立复和调解服务中心

（1）复和调解服务中心在校长领导下依托政教处开展工作。

该中心由校长、政教处主任负责主持工作，由经过专业训练的心理教师、

班主任、科任教师等担任复和调解员。调解教师作为欺凌事件中的第三方，应当保持中立的态度，不对涉事双方做价值判断，在协商过程中主要职责是促进双方有效地沟通与交流并探索欺凌事件后的解决方案，帮助双方增进了解、深入讨论、充分表达、承担责任等。在整个调节过程中复和调解员充当聆听者、促进者、澄清者、引领者。调解教师要具有良好的沟通技巧、倾听技术、问题解决能力与谈判技巧、领导能力、组织能力等。

（2）复和调节服务中心逐步建立长效、稳定的防治校园欺凌的工作机制。

完善培训机制，每学年对复和调解员做必要的防治与处置校园欺凌的面授培训和复和调解专业培训。建立考评机制，对复和调解员的工作进行量化考评，计算一定工作量和思想教育工作时长。

2. 复和调解手法的工作流程

（1）调解会议简介和约定。

首先，调解员介绍所有参加者，包括涉事双方及其家人、群体中受影响较大的个体。向他们阐述调解教师的角色以及本次会议的目的，并阐述在会议期间大家需要遵守的原则、注意事项等，比如不使用攻击性动作和语言，彼此尊重，倾听，真诚交流和沟通等。

（2）事件阐述阶段。

调解员鼓励双方发言，给予他们充分的发言空间，分别向对方阐述在事件中的经历和感受，希望大家能够从另一个角度来聆听该事件，引发双方的理解和同感。在此阶段，工作员应多使用开放式问题，一方面有助于当事人充分地对事件进行讨论，另一方面有助于工作人员获得所需的背景资料。①

调节员引导欺凌者和被欺凌者探讨以下问题：例如“从你的角度，发生了什么事情？”“当时你有什么样的感受？现在的感受又如何？”“在这个事件中，除了你还有谁受到影响？怎么影响的？”期待通过阐述，能够让被欺凌者从受害者的状态下解脱出来，逐渐放下心中怨恨，愈合心中创伤，从而开启新的生活状态。欺凌者从认知上改变，正视自己的过错，积极弥补和承担责任，从而真正改变欺凌行为。

① 德斯蒙德·图图. 没有宽恕就没有未来[M]. 江红，译. 上海：上海文艺出版社，2002.

（3）问题讨论阶段。

调解员促使双方探究彼此的利益、需要、期望、害怕以及关心的事情，引导双方找出共同关注的议题。如：期望怎样赔偿或补偿，包括对对方承认责任或道歉。

（4）达成协议阶段。

调解员鼓励双方共同探讨出可能的解决方案，并协助双方选择最好、最适当的解决方案。调解完结后让双方签订彼此今后的权利以及义务，以便双方有据可依。

3. 复和调解手法的使用效果

复和调解以被欺凌者为中心，被欺凌者通过倾诉表达欺凌事件带来的感受和伤害，达到情绪宣泄，获得家人与朋友的支持；被欺凌者有权力决定如何修补欺凌事件给自己造成的伤害及得到合理的补偿，使其在欺凌事件中的影响和伤害降低或愈合，促使事件告一段落；除被欺凌者外，关心他们的家人、朋友和同学也可能在此事件中受到影响和启发。

欺凌者在调解过程中切身感受到自己的行为给别人与自己的家人朋友带来了很大的影响和伤害，能勇敢地面对他们应该承担的责任，为受害人在事件中受到的伤害做出补偿；重建别人对他们的信任，在学校和班级中重建自己的身份等。

调解会议是自愿性质、保密的、具有很大的弹性及由中立的调解员主持的，并可替双方找出一个最为大家接受的方案，所以复和手法是颇为有效的。

第五十六节　基于神经生物学的校园欺凌防控

近年来校园欺凌已引起社会学、心理学、犯罪学、刑事司法研究等方面众多领域的广泛关注。同时，校园欺凌的发生还具有十分重要的神经生物学基础。因此笔者从遗传学、神经递质与激素、镜像神经系统和脑功能结构几个方面着手，对校园欺凌的神经生物学特点进行梳理和总结，并基于神经生物学视角，提出校园欺凌的防控策略。

一、校园欺凌的神经生物学基础

1. 遗传因素

遗传因素是校园欺凌形成的重要原因之一。已有研究发现，单胺氧化酶A（monoamine oxidase A，简称 MAOA）基因是校园欺凌行为的重要候选基因。MAOA 基因编码的单胺氧化酶 A 有降解多巴胺（dopamine）、去甲肾上腺素（norepinephrine）以及五羟色胺（serotonin）等单胺类神经递质的作用。携带 MAOA 基因低活性等位基因的男性和 MAOA 基因高活性等位基因的女性在遭受童年期虐待后，更容易出现反社会行为[①]，增加校园欺凌的发生概率。女性拥有两条 X 染色体，具有两条高活性等位基因的女性细胞易出现镶嵌性，会导致 MAOA 基因失活，与携带低活性等位基因的男性一样，无法完成对多巴胺等神经递质的降解[②]，从而导致校园欺凌现象增加。

环境因素对 MAOA 基因与校园欺凌存在着交互作用。在经历童年期虐待（身体虐待、性虐待、严厉体罚、暴力）和其他家庭困境之后，携带 MAOA 基因低活性等位基因的男性和 MAOA 基因高活性等位基因的女性出现攻击行为的风险会显著增加，而和谐友好的环境则使其出现攻击行为的风险显著降低。

另外，母亲怀孕期间暴露在尼古丁以及酒精的环境下，会增加透明隔腔产生的概率，而透明隔腔的存在是边缘神经系统发育异常的结果和重要标志，存在透明隔腔的个体具有更强的攻击性，所以孕期环境不良对校园欺凌也有影响。

2. 神经递质和激素

个体生命活动的完成过程中，离不开信息的传递。神经递质、激素等化学成分在信号传递过程中起重要作用，这也与校园欺凌等行为存在密切关联。

（1）神经递质。

多巴胺是脑内的一种突触的信号传导物质，即神经递质。在奖赏过程中充当着重要的角色，释放的多巴胺能使个体获得快感。有研究表明，攻击具

---

① BYRD A L，MANUCK S B. MAOA，childhood maltreatment，and antisocial behavior：Meta-analysis of a gene-environment interaction[J]. Biological Psychiatry，2014（1）.

② 刘立敏，田相娟，张文新，等. MAOA 基因与环境对反社会行为的交互作用及其可能的脑机制[J]. 心理科学进展，2017（6）.

有使个体获得快感的功能[①]，因此多巴胺与校园欺凌可能存在着密切的关联。一方面，过度活跃的多巴胺系统会伴随着更多的攻击[②]，另一方面，有研究者通过对多巴胺受体基因多样性的研究指出，多巴胺系统功能不足也会导致个体不得不从外界寻求额外刺激，提高感觉寻求水平，造成更多的冒险和攻击行为[③]，进而加大校园欺凌的发生概率。

另外一种神经递质——血清素，与情绪及行为的管控有关，其中包括对攻击行为的抑制控制。[②]已知包括眶额叶皮层在内的前额叶皮层与自我控制和冲动性密切相关。[④]有研究表明，有较高攻击行为的成年男子，其两侧的眶额叶皮层中血清素含量均低于正常人。因此低含量的血清素可能使个体抑制控制能力较差、冲动性较高，进而导致更多的冲动性攻击行为，造成校园欺凌的发生。

（2）激素。

作为下丘脑-垂体-性腺（hypothalamic-pituitary-gonadal，HPG）和下丘脑-垂体-肾上腺（hypothalamic-pituitary-adrenal，HPA）调控下的终端产物，睾酮与皮质醇是与校园欺凌等反社会行为有关的最密切的两类激素。

睾酮与攻击性的校园欺凌行为存在着较为稳定的联系。睾酮会降低眶额叶皮层对杏仁核自上而下的控制，导致杏仁核面对负面信息，尤其是威胁和挑衅时过度活跃，并向丘脑、下丘脑传递过多的负面信息，进而导致冲动、反应性攻击等失控行为（反社会人格障碍），增加个体的校园欺凌行为。

皮质醇则与焦虑、恐惧、畏惧惩罚、行为抑制及应激反应有关。[⑤]校

---

① CHESTER D S，DEWALL C N. Combating the sting of rejection with the pleasure of revenge：A new look at how emotion shapes aggression[J]. Journal of Personality and Social Psychology，2017（3）.

② SEO D，PATRICK C J，KENNEALY P J. Role of serotonin and dopamine system interactions in the neurobiology of impulsive aggression and its comorbidity with other clinical disorders[J]. Aggression & Violent Behavior，2008（5）.

③ 刘宇平，赵辉，李姗珊，等. 反社会人格障碍的神经生物学基础及其司法启示[J]. 心理科学进展，2019（10）.

④ MACDONALD A W，COHEN J D，STENGER V A，CARTER C S. Dissociating the role of the dorsolateral prefrontal and anterior cingulate cortex in cognitive control[J]. Science，2000（5472）.

⑤ SCHULKIN J，GOLD P W，MCEWEN B S. Induction of corticotropin-releasing hormone gene expression by glucocorticoids：Implication for understanding the states of fear and anxiety and allostatic load[J]. Psychoneuroendocrinology，1998（3）.

园欺凌中主动攻击个体的皮质醇含量低于正常人群，因此他们具有较低的恐惧、焦虑，应激反应不足，对惩罚的畏惧较少，更容易造成校园欺凌的发生。

3. 镜像神经系统

人类镜像神经系统可以分为两类：经典的镜像神经元系统和延展的镜像神经元系统。前者一般负责动作理解（或识别）、意图理解、模仿、共情等关键社会认知功能，后者一般起调控经典镜像神经元系统的作用。[①]研究表明，青少年的延展镜像神经元系统的抑制功能发育不完善，在对暴力内容产生无意识模仿时，会导致其自控能力减弱。而延展镜像神经元系统要一直持续到青春期才能发育成熟，这意味着经典镜像神经元系统活动在此之前一直处于相对“失控”的状态。这使得青少年更容易产生不自觉地模仿校园欺凌的行为。

4. 与校园欺凌相关的神经回路及脑区

大脑是中枢神经系统的重要组成部分，一直是神经生物学研究的重点内容。人类神经影像学的相关研究表明，校园欺凌等反社会行为与涉及认知、情感与行为控制加工过程的脑区相关联，主要包括额叶皮层、脑内边缘系统、颞叶皮层以及顶叶皮层等区域[②③]。下面将聚焦于与校园欺凌的反社会行为相关联的脑区以及这些脑区所组成的神经回路，其中主要梳理与情绪管理相关的神经回路。该神经回路大多涉及前额叶皮层、杏仁核、海马、下丘脑（hypothalamus）、前扣带回皮层、腹侧纹状体（ventral striatum）以及其他相互关联的结构。[④]另外，由额部、顶部、枕部所组成的工作记忆能力（working

---

① 郝美萍，陈巍，李黎. 具身模拟的校园霸凌——影视暴力影响霸凌的教育神经学反思[J]. 教育发展研究，2019（4）.

② CASEY B J，SOMERVILLE L H，GOTLIB I H，AYDUK O，FRANKLIN N T，ASKREN M K，SHODA Y. Behavioral and neural correlates of delay of gratification 40 years later[J]. Proceedings of the National Academy of Sciences of the United States of America，2011（36）.

③ SCHIFFER B ，PAWLICZEK C ，MÜLLER B，et al. Neural mechanisms underlying cognitive control of men with lifelong antisocial behavior[J]. Psychiatry Research Neuroimaging，2014(1-2).

④ DAVIDSON R J ，PUTNAM K M ，LARSON C L . Dysfunction in the Neural Circuitry of Emotion Regulation—A Possible Prelude to Violence[J]. Science，289.

memory capacity）的神经回路也在童年期的攻击等校园欺凌中扮演着重要的角色。

（1）前额叶皮层。

前额叶皮层包括腹内侧前额叶皮层和眶额叶皮层两部分。腹内侧前额叶皮层在道德判断中起重要作用，下丘脑亦如此，受损可能使个体不遵守社会规范。眶额叶皮层则与决策、情绪管理、依赖于情绪反应的调节来指导行为、对他人的移情与关注密切相关，若受损便可能出现判断能力较差，对愤怒和行为的控制较差，漠视他人的感受和立场等行为。由此可知校园欺凌可能与前额叶皮层的结构异常或发育不良有关。

（2）杏仁核。

杏仁核在条件化恐惧、社会情感判断、道德感、判断可信赖的程度中起很大作用。若受损则很可能出现缺乏情感与良心的发展、曲解他人的动机与情感、不遵守社会规范、狂热的集群度与侵害，导致校园欺凌的发生。

（3）海马、前扣带回皮层、腹侧纹状体。

海马是边缘系统的构成部分，与环境的条件化恐惧相关。如果异常将不能把被惩罚的反应带入到社会环境中，这样可能会导致校园欺凌的反社会行为控制能力较差。前扣带回皮层在抑制、错误与冲突的处理中起关键作用，受损后不能抑制反社会行为的反应，也难以处理冲突情境。腹侧纹状体则参与奖励信息加工、学习以及行为改变方面，若异常很有可能使人对奖励信息反应不灵活、易冲动。

（4）与工作记忆能力相关的神经回路。

其中的额叶和顶叶部分功能与前额叶、下丘脑相同，都和道德判断有关。但顶叶还在社会性判断中占据很大作用。若发生异常，则可能会使人曲解他人动机，从而引发校园欺凌行为。

二、基于神经生物学的校园欺凌防控策略

我们从神经生物学基础探讨了校园欺凌背后的“遗传因素”“神经递质和激素”“镜像神经系统”“与校园欺凌相关的神经回路及脑区”等理论和影响因素，基于这些理论和影响因素，我们认识了校园欺凌发生攻击行为个体的

先天因素，这是内因，是有效进行校园欺凌防控的基础和起点，个体生活学习的外部因素是外因。当内因与外因的结合有利于攻击行为的产生时，校园欺凌就发生了，当内因与外因的结合不利于攻击行为的产生时，校园欺凌就得到了防控。

所以校园欺凌防控策略就是研究内因、适度改变内因，并在此基础上改变外因，让外因与内因的结合不利于攻击行为的产生，进而削弱校园欺凌发生概率和强度。只有建立在充分认识内因基础上的防控策略才有校园欺凌防控的实效。为了从根源上削弱校园欺凌的攻击行为，科学有效预防和控制校园欺凌的发生，本节提出以下基于神经生物学基础的校园欺凌防控策略。

1. 校园欺凌的防控应当建立在神经生物学基础上，科学防控

经验告诉我们，同样的防控措施在不同的人群和儿童身上，它的作用是千差万别的。本来在一些儿童群体中效果很好的措施，在另外一些群体中却不起作用，其原因是组成这些群体的儿童的神经生物学特征有差异。所以校园欺凌的防控应当建立在神经生物学基础上，要有神经生物学分析意识，因材施教，对症下药，科学防控。

2. 校园欺凌的防控应当学校、家庭、社区和医院合作，系统防控

与校园欺凌相关联的神经生物学异常，是先天的遗传因素和后天的环境、家庭社会变量、营养锻炼等多种因素共同作用的结果。因此，在对校园欺凌的预防和控制中，应当充分考虑其存在的神经生物学异常，由学校牵头，构建学校、家庭、社区和医院合作防控机制。

（1）基于遗传因素的防控策略。

携带 MAOA 基因低活性等位基因的男性和 MAOA 基因高活性等位基因的女性在遭受童年期虐待后，更容易出现反社会行为，这会增加校园欺凌的发生概率。这要求我们从孩子的成长环境入手，避免其经历童年期虐待（身体虐待、性虐待、严厉体罚、暴力）和其他家庭困境。对于已经有基于遗传因素的校园欺凌攻击行为的儿童，学校要重点作好做好心理健康教育工作，利用好包含宣泄室在内的心理教育阵地，甚至可以与医院合作，对情况严重的个体进行诊断和治疗。

存在透明隔腔的个体具有更强的攻击性，其原因是母亲怀孕期间暴露在

尼古丁以及酒精的环境下。所以家长要高度重视，家庭和社区配合，避免孕期母亲暴露在尼古丁以及酒精的环境下。

（2）基于神经递质和激素的防控策略。

多巴胺与校园欺凌可能存在着密切的关联，血清素与情绪及行为的管控有关，睾酮与攻击性的校园欺凌行为存在着较为稳定的联系，皮质醇则与焦虑、恐惧、畏惧惩罚、行为抑制及应激反应有关。所以，对于攻击性的校园欺凌行为频繁的儿童，学校要警惕这些儿童是否存在神经递质和激素水平异常，及时与家庭沟通，及时就医。

（3）基于与校园欺凌相关的神经回路及脑区的防控策略。

腹内侧前额叶皮层在道德判断中起重要作用，下丘脑亦如此，受损可能使个体不遵守社会规范；眶额叶皮层若受损便可能导致判断能力较差，对愤怒和行为的控制较差，漠视他人的感受和立场；杏仁核若受损则很可能出现缺乏情感与良心的发展，曲解他人的动机与情感，不遵守社会规范，狂热的集群度与侵害，导致校园欺凌的发生；海马如果异常将不能把被惩罚的反应带入到社会环境中，这样可能会导致反社会行为控制能力较差；前扣带回皮层受损后不能抑制反社会行为的反应，也难以处理冲突情境；腹侧纹状体若异常很有可能对奖励信息反应不灵活、易冲动，额叶和顶叶部分若发生异常，则可能会使其曲解他人动机，从而引发校园欺凌行为。所以，校园欺凌的防控需要家庭和医院合作，对有这些异常的儿童和青少年进行诊断和治疗。

3. 校园欺凌的防控应当遵循神经发育规律，有效防控

人类镜像神经系统中的延展镜像神经元系统要一直持续到青春期才能发育成熟，这意味着经典镜像神经元系统活动在中小学时期一直处于相对“失控”的状态。因此青少年更容易不自觉地模仿校园欺凌行为。所以国家、社会、家庭、学校应该共同关注以下方面，对校园欺凌进行有效防控：注意传媒效应，加大对大众传媒信息的筛选和监管力度，学校也应当对进入校园的大众传媒内容进行筛选把关，屏蔽暴力的、色情的内容，对涉及校园欺凌事件的报道应当略去细节，着重强调严厉的惩戒，防控因模仿而产生的校园欺凌。家长是孩子模仿的重要对象，对于有侵犯倾向的孩子，学校应对其家长进行宣传教育，家校结合，共同防控；国家、社会、学校、家庭都应加大对

侵犯行为的惩戒力度和对利他行为的嘉奖力度，努力营造更好的生活环境；注意榜样教育，加大对榜样的宣传，用好榜样的力量构建阳光校园，实现对校园欺凌的有效防控。

三、结　语

依据校园欺凌的神经生物学基础及其防控策略的探讨，我们要正确认识校园欺凌现象长期存在的可能性，重视校园欺凌的神经生物学基础，客观分析内因外因，创造条件充分利用校园欺凌的可控性，增强校园欺凌防控的科学性，构建学校、家庭、社区和医院防控体系，实现对校园欺凌的有效防控。

第五十七节　基于亲社会反应五步模型的校园欺凌防控

一、相关概念

1. 亲社会反应

20 世纪 80 年代，社会心理学家欧文 · 斯托布提出了亲社会行为内部动机激活和产生的理论。亲社会行为即亲社会反应，又叫利社会行为，是指符合社会希望并对行为者本身无明显好处，但行为者会自愿地为行为的对象带来好处的行为。

2. 亲社会反应五步模型

20 世纪 70 年代，社会学家拉塔内和达利提出了“亲社会反应五步模型”：第一步，亲社会者在作为旁观者时是否注意到了事件的发生；第二步，是否将其理解为突发事件；第三步，是否觉得自己有承担行动的责任；第四步，是否拥有相应的条件；第五步，是否履行帮助。

二、亲社会反应五步模型与初中生校园欺凌事件中旁观者行为的关系

在安徽宿州灵璧县某中学的欺凌事件中，六位旁观者采取了多种措施救助被欺凌者，包括心肺复苏、人工呼吸、毛巾擦脸、拨打 120 等。这说明他们在日常生活中习得了多种救助受欺凌者方式，但遗憾的是被欺凌者伤势过重，失去了生命。

2016 年，联合国儿童基金会开展了一次网上调查，收集了十多万名青少年关于校园欺凌的问卷，其中 90%的被调查者表示受到过不同程度的校园欺凌。可见校园欺凌已经成为一个全球普遍存在的现象。欺凌事件中，旁观者在面对突发事件时的行为决定了校园欺凌事件能否被及时制止。基于亲社会反应五步模型，笔者对 268 名学生进行问卷调查，并对调查结果进行研究，研究结论大致如下：

1. 问卷结果

75%的调查对象表示在校园欺凌事件中扮演过旁观者的角色，其中 95%的旁观者表示在欺凌事件发生时，他们意识到自己遇到的事件属于校园欺凌，5%的旁观者认为只是同学之间玩笑。67%的旁观者意识到自己应当采取行动制止欺凌事件，55%的旁观者认为自身拥有制止事件的条件，但仅有 23%的旁观者采取了措施制止欺凌事件，且极少部分制止行为达到了预期目的。此现状令人担忧，发人深省。

2. 原因分析

（1）亲社会反应意识不够。

大多数学生对校园欺凌已经有一定的认知，欺凌现象会引起他们的关注，他们会对欺凌者表示厌恶，对被欺凌者表示同情。然而，学生还处于社会认知和人格的逐渐形成阶段，部分学生社会责任感还不够。当单个旁观者在现场时，他会感到势单力薄；两名或两名以上的亲社会行为者同时在场时，单个旁观者所分担的责任就会减小，从而期待别人来行动。

（2）亲社会反应过程易中断。

从亲社会反应五步模型分析来看，大部分作为旁观者的学生由于畏难心

理或者长期以来形成的“多一事不如少一事”“事不关己高高挂起”等多重心理，止步于亲社会反应五步模型的第三步。旁观者即使对受害者表达了善意，也会觉得自己提供帮助就会格格不入，或者怕自己因此受到牵连。即使有少部分人决定与欺凌行为作斗争，但又往往在受到威胁后，放弃了制止欺凌事件的行为。只有极个别的人能够真正履行帮助的决定。

亲社会行为的形成对社会有积极影响，而亲社会反应五步模型解释了这一行为形成的过程，五步中只要有任意一步选择为否，制止校园欺凌的行为就会停止。所以亲社会行为在校园欺凌现象中发挥着重要的作用。

三、提高学生作为旁观者制止校园欺凌事件能力的建议

1. 教会学生识别校园欺凌

校园欺凌有多种分类标准，如按实施的方式的不同分为直接欺凌（身体欺凌、言语欺凌）和间接欺凌（关系欺凌），按起因不同分为主动性欺凌和反应性欺凌，还有新兴的网络欺凌，欺凌的严重程度差别较大。初中生如果对欺凌种类不完全了解，就不能识别部分欺凌事件。这就需要学校和社会将不同种类的校园欺凌通过文字、图片、视频等方式，直观地展示给学生，增强他们的识别能力。

2. 增强学生的亲社会行为意识

（1）父母言传身教，做孩子的榜样。

父母如何教育孩子是决定孩子亲社会行为如何发展的重要因素。父母应采用民主型教育方式，非强制性的说理方式来教育孩子。父母应在日常生活中规范自己的言行、处事方式和态度，注意与周围的人和睦相处、积极合作，并热心为他人排忧解难，从而优化孩子的生活环境，让孩子可以从中找到学习、模仿的榜样。引导孩子体验他人在遭遇校园欺凌时的心理感受，教会他们换位思考，假设自己是受欺凌者，一定十分渴望得到帮助。

（2）亲社会行为宣传进课堂。

班主任可以定期在班会课上对学生进行思想教育，传递正能量，培养学生亲社会行为的意识和习惯。教师在课堂教学中，要适度地给学生渗透积极的人生观、世界观，教育学生要关心他人、爱护他人。培养初中生参与社会

活动的积极性，让他们明白，在校园欺凌事件中，采取适当的措施制止欺凌行为，是旁观者应尽的责任。

（3）建立科学的奖励机制。

精神奖励对巩固初中生学生的亲社会行为具有不可低估的作用。因此，学生一旦出现亲社会行为，老师要及时强化，及时进行表扬、奖励等。有了这样的基础，学生在目击校园欺凌事件时更可能伸出援助之手，不论是否成功，都应对其进行奖励。给予荣誉、甚至适量的物质奖励，以此树立榜样。同时注意保护他们的隐私，防止他们的正常学习和生活受到干扰。

3. 宣传安全有效制止校园欺凌的方式

亲社会行为者需思考自己的亲社会行为是否安全、有效。要掌握适度的原则，在目击校园欺凌发生时，要根据欺凌事件的严重程度、暴力的等级、实施者的态度等评估个体能力和外界可利用的资源，在保证自身安全的前提下，提供尽可能的帮助。如不能当面制止欺凌行为，可以报警，向成年人求助，或者在事后及时将伤者送医等。归根结底，既要防止“过”，又要防止“不及”，采取正确的方法，使亲社会行为者既能有效制止欺凌事件又能保证自身的安全。

总之，旁观者对于校园欺凌的态度，从一定程度上决定了校园欺凌事件能否被及时制止。塑造良好的社会环境，激励初中生在校园欺凌发生时理性地分析形势，用合理的方式积极干预，能够有效中止校园欺凌事件。

第五十八节　基于“零容忍方案”的校园欺凌防控

一、零容忍方案理论概述

1. 零容忍含义

“零容忍”，顾名思义就是毫不容忍，一点也不容忍。学校教育“零容忍”指在学校教育过程中，通过对学生轻微过失、过错采取强有力的惩处措施，以预防学生产生更为严重的错误或违法行为的一种学校教育理念或策略。作为一种严防学生过失、过错的教育理念或策略，它主要体现了两种教育思想：一是严格教育规章制度，主张强化学校规章制度，从严要求，从严治校；二是重视批评、处罚等负强化对塑造学生良好行为的作用，主张防患于未然，从重处罚学生的轻微过失、轻微过错，如取消有迟到、旷课现象的学生参加评选优秀和奖学金资格的做法等。①

2. 零容忍政策的发展

学校教育"零容忍"政策，以美国为典型代表。美国教育"零容忍"政策是过去十几年来美国公立中小学中常见的学校纪律政策之一，与美国历史发展有关。20 世纪 80 年代末期至 90 年代初期，因校园环境中暴力文化泛滥，青少年犯罪和暴力事件激增，社会敦促立法者采取措施。1994 年克林顿总统签署《无枪学校法案》，制定对在校持枪者实行必须开除一年，各州实行零容忍政策的规定，开启了美国全国范围内学校纪律政策的"零容忍"时代。自 1994 年到 1999 年，美国联邦政府和各州通过立法和颁布政策，对学生违纪行为采取绝不姑息的"零容忍"态度。美国教育部民权办公室将零容忍政策定义为：对犯有携带枪支、毒品、实施暴力等一项或者多项行为的学生，应当处以停课、开除等严厉惩罚，强制将其驱除，以减少违纪违法行为的出现。②

近年来，我国在面对犯罪、腐败、恐怖主义、食品药品安全犯罪的过程中，强调"零容忍"，表达对此类犯罪彻底否定的态度与积极治理的决心，由此形成零容忍刑事政策。"零容忍"在我国犯罪治理中多有存在，但在我国教育理念中还没有涉及。

3. 零容忍方案的定义

"零容忍方案"是 1982 年挪威针对 3 起被欺凌儿童自杀事件展开的反欺凌研究的成果。"零容忍方案"由系统化的欺凌预警和识别系统、结构化的欺凌干预措施和干预机制组成。2001—2004 年关于挪威校园欺凌调查数据表明，零容忍方案实施效果显著，是世界上较为成功的反校园欺凌方案之一。

---

① 刘天能，学校教育"零容忍"的几点反思，[J].中国成人教育，2009（21）：26.

② NANCE J P. Over-Disciplining Students，Racial Bias，and the School-to-Prison Pipeline[J]. Social Science Electronic Publishing，2016：1063-1064.

4. 零容忍政策与零容忍方案的区别

零容忍政策的理论支持来自“破窗理论”。破窗理论认为，如果社区中有一栋建筑的一扇窗户遭到破坏而无人及时修理，就会给人以整栋建筑都无人管理的暗示，从而招致整个建筑的破坏及各种犯罪滋生。破窗理论支持了零容忍政策是一种有效合理的修补“破窗”的策略。[①]“零容忍方案”以社会心理学为理论依据，认为应提高教师权威，增强班级凝聚力，调高对学校和班级的控制力，强调“权威的班级领导”。

零容忍政策侧重于校园欺凌事件发生后的处理措施，实施过程中易出现排斥性、严苛性、惩罚性等问题，与最初推行目的出现偏差。“零容忍方案”侧重于校园欺凌发生前的学校管理方案，以期尽量减少校园欺凌的发生，降低学生遭遇校园欺凌的风险。

二、零容忍方案运用于校园欺凌防控的意义

校园欺凌事件，让被欺凌者长期处于负面的身心状态，得不到及时、有效的帮助，甚至可能产生退学、自杀、抑郁、伤害他人、报复社会等更为严重的后果。欺凌者得不到合理的处罚，也会进一步威胁其自身和他人的身心健康及社会的和谐发展。校园欺凌对被欺凌者造成不可逆的伤害，甚至是一生的伤痛。同样，校园欺凌的欺凌者在无效的治理措施下，会对校园、社会造成持续的伤害。尽管我国近年在法律、政策等诸多层面加大了对校园欺凌的惩治力度，但校园欺凌的发生率依然较高。因此，需要继续加大对校园欺凌的惩治力度，提高校园欺凌防控策略的有效性。

相较于美国等国实施的“零容忍”政策，零容忍方案是一种校园管理方案，强调“权威的班级领导”，注重通过提高教师权威，增强班级凝聚力，调高对学校和班级的控制力来防控校园欺凌。零容忍方案实施需要政策层面的协助相对较少，在校园中实施更便捷。零容忍方案强调在预防和治理过程中尽可能实现“零容忍”，这是一种面对校园欺凌巨大的危害及建设和谐校园的迫切性而提出的尺度需求，要求我们尽可能制定全面、有效、严厉的防控校

① 张俊友. 美国学校零容忍政策：涵义、问题及变化[J].比较教育研究，2014（3）：86.

园欺凌方案。同时，在校园欺凌防控活动的宣传、实施过程中，强调“零容忍”态度，有助于对校园欺凌者形成警示和压迫，以进一步减少校园欺凌的发生。

三、零容忍方案实施构想

1. 建立以“班级管理”为先导的校园欺凌防控措施

班级是校园的组成单位，也是零容忍方案落实的关键。只有在班级管理中制定了操作性强的防控措施，才能有效防控校园欺凌。在班级建立校园欺凌防控的零容忍方案，是校园欺凌防控的先导。“班级管理”为先导的校园欺凌防控零容忍方案应注重系统性、可操作性，可分为校园欺凌班级识别机制、负责人监管机制、团队处理机制。

班级识别机制是校园欺凌零容忍方案实施的关键，只有充分识别，才能做到全面防控。班级应根据相关调查报告及研究明确校园欺凌的内涵，并通过班会、座谈会、班级公示栏、班级宣传单提高师生对校园欺凌的认知，增强防范意识。同时，引导学生正确区分校园欺凌和学生矛盾。学生矛盾是相处时因事务产生分歧相互不理睬或者言语上的口角，双方都是参与者。校园欺凌是单个或多个欺凌者对被欺凌者进行言语、肢体、关系、网络欺凌，是欺凌者对被欺凌者单方面的伤害。校园欺凌与学生矛盾的混淆，使被欺凌者面对欺凌时缺乏自我保护意识。班级应保持至少每个月一次的校园欺凌情况调查，尽可能让校园欺凌尽早得到治理。具体方式可通过班级钉钉群填写在线收集表，这样被欺凌者或知情者可以直接向老师汇报情况，避免了被欺凌者和知情者因为害怕欺凌者而不敢告知老师，造成不可弥补的后果。

负责人监管机制，是指在班级校园欺凌防控中，由小组长、班长、班主任组成的负责人监管机制，是零容忍方案有效、有序实施的重要保障。明确三者的职责：小组长负责观察本组成员日常行为，若有严重违纪违规行为，可向班长、班主任直接汇报；班长负责收集组长的汇报信息，每周向班主任汇报，若有紧急情况，及时向班主任寻求帮助；班主任定期召开班长、小组长会议，处理班级矛盾及校园欺凌现象，同时根据每月的钉钉群在线收集表收集到的班级情况，向班长、小组长核实情况，及时、合理处理问题。加强对隐秘角落的监管，尤其是网络言语的监管。网络欺凌因其隐蔽性，往往比直接的言语欺凌、肢体欺凌更常发生，所以班长及小组长应多留意每个学校的校园网站及个人的空间状态、朋友圈等内容，发现不合理的内容应及时保留证据，以便后续的处理。

团队处理机制，班主任和班干部协商处理，班主任起重要的决定作用，是零容忍方案科学实施的途径。根据情节的程度不同，采取相应的处理措施。针对程度较轻的校园欺凌行为，一经发现，及时调节干预。针对程度较重的校园欺凌行为，及时联系家长，厘清矛盾发生的根源，对欺凌者进行教育，对被欺凌者进行心理辅导。同时，班级负责人加强后续监管，若校园欺凌持续发生，可申请学校德育处进行处理。具体操作方式：针对班级校园欺凌行为，班主任可召开欺凌者座谈会，向欺凌者强化学校对于校园欺凌的零容忍态度以及相应处罚条例，引导欺凌者面对矛盾正确处理，避免伤害扩大化。前期座谈会进行后，寻找适当的时机对欺凌者和被欺凌者进行调解，双方在相互尊重的基础上签订终止校园欺凌行为协议。

2. 建立以“预防机制”为核心的校园欺凌防控体系

零容忍方案更强调校园欺凌发生前的防控，建立“预防机制”为核心的校园欺凌防控体系，通过德育教育、法治宣传、责任明确加大师生对校园欺凌的零容忍态度及处罚措施的认知，有助于减少校园欺凌的发生率，促进校园和谐发展。

德育教育、法治宣讲、责任明确实际上就是提前规划对校园欺凌的防控。首先，很多学生在实施或遭遇校园欺凌时，并不知道自己的经历属于校园欺凌，缺乏认知以及合理处理学生间纠纷的措施。其次，校园欺凌的引发原因中“琐事纠纷”所占比例最高，“琐事纠纷”通常指的是青少年之间的碰撞、口角、玩笑，甚至是眼神、微小日常摩擦事件，还有部分校园欺凌因“情感纠纷”产生。学生不会正确处理同学间发生的各类纠纷，使得矛盾扩大化，最后演变为校园欺凌。另外，学生对于校园欺凌行为对欺凌者以及被欺凌者的影响不甚了解，使得校园欺凌爆发更具随意性，加大了校园欺凌的发生概率。近年来，国家加大了对未成年人违法犯罪的整治力度，可以通过宣讲这些法律政策让学生了解校园欺凌应该承担的后果，减少校园欺凌的发生。在校生大多数是未成年人，不明确自己应该承担的责任，部分监护人也不明白校园欺凌产生后果与自己应负的责任，应加强家庭教育以规范学生的行为。

因此，责任明确的“预防机制”，是零容忍方案校园欺凌防控体系的核心。

零容忍方案的“预防机制”活动可分为三个环节：校园欺凌认知系列活动、校园欺凌防控系列活动、学生心理健康发展系列活动。校园欺凌认知系列活动分为：校园欺凌的认知班会课、校园欺凌普法宣传活动、校园欺凌的发生情况座谈会、校园欺凌行为认知宣传手册等。校园欺凌防控系列活动有校园欺凌的防控班会课、校园欺凌防控负责人座谈会、校园欺凌防控主题宣传节目表演、校园欺凌防控手册等。校园欺凌的产生原因除了对校园欺凌认知、防控不足外，还有非常重要的一点，就是学生的心理健康问题。开展学生心理健康发展系列活动是“预防机制”的重要组成部分，可引导学生积极参与班级、社团活动，对学生加强道德教育，进行挫折教育、情绪控制教育、生活指导教育等。

3. 建立以“校社联动”为辅助的校园欺凌治理方案

校园欺凌行为的防御和干预是一个系统的社会工程，发生在校园生态中的欺凌行为受到教师、家长、学生、社区等因素的干扰，因此需要各个方面的主动参与和积极配合，缺乏任何一方的支持都会弱化反欺凌方案的成效。政府的高调介入和较高的执行力，会大大加强防控校园欺凌的整体化合力。同时，通过国家政策手段保证该计划切实执行也显得尤为重要。

零容忍方案“校社联动”应注意系统化，应由家长教育、教师引导、同伴合作、社会服务组成校园欺凌防控的辅导机制。我国的校园欺凌绝非个案，据中国青少年研究中心的调查，6.1%的学生经常被欺负，32.5%的学生偶尔被欺负，[①] 47.6%的留守儿童曾被欺凌过。[②] 欺凌现象常会牵涉到歧视留守儿童、暴恐年轻化、犯罪低龄化等社会问题，[③]家长对学生在校情况的关注必不可少，尤其是离家在外工作的家长应定期和学生进行交流，了解学生在校情况，给学生家庭的温暖与关怀。教师可以通过家长会以及 QQ 等软件及时和家长交流学生的情况，同时引导家长了解校园欺凌，加强对学生这方面的关注。当校园欺凌发生时，除了教师和专业人员的调解外，还可以指导和训练学生或志愿者成为调解员，加强同伴调解，化解冲突，终止伤害。对于

① 孙临美，林玲.儿童校园欺凌问题的现状、归因及对策[J]. 校园心理，2009（3）：153.

② 张春铭.近半数留守儿童表示被欺负过[N].中国教育报，2014-11-01（1）.

③ 李锋，史东芳.挪威反校园欺凌“零容忍方案”研究评述[J]. 教育导刊，2015（2）：94.

欺凌行为伤害过大的欺凌者，除学校训诫、定期停学外，应当实施替代性教育，如社会公益机构参加活动等。

但要注意的是，零容忍方案校园欺凌的防控中仍然应以学校为主体，“校社联动”作为辅助。强调对受欺凌者的修复，确保其被侵占的财物得以归还，受伤害的心灵得以安抚，受贬损人格和尊严得以修复。也要重视对欺凌者的修复：让其认识到自身行为造成伤害的严重程度，承担修复和赔偿的责任，向伤害过的同伴道歉，求得原谅和宽恕，最终悔改自新，重新融入群体，最终达到实现校园的安定和团结的目的。①

四、结　语

就我国校园欺凌防控的现状而言，零容忍方案作为校园欺凌防控的有效措施，是有必要存在的。零容忍方案注重校园欺凌的预防，也强调对校园欺凌的“零容忍”态度，相较于美国等国的“零容忍政策”，零容忍方案更易实施。零容忍方案需要在实践基础上，不断修正、补充，使其具备科学性、有效性、合理性，促进校园欺凌防控可持续发展。

① 龚腾云，汪君民.从单一到综合：校园欺凌干预研究的演进及趋势[J]. 工作指导，2020（12）：85.

专题四

校园欺凌防控策略研究成果

第一节　中职学校学生间冷暴力行为防控策略研究

一、本成果针对的问题

本成果主要解决中职学校学生间冷暴力行为防控。

校园冷暴力行为问题由来已久，它的隐蔽性强，危害性大，已经影响了学校正常的教育教学秩序，严重危害着学生的身心健康。校园冷暴力有着难以发现和辨识的特点，所造成的伤害是在内心深处，与身体创伤相比，更加难以治愈和消除。近年来，众多媒体多次报道，由于中职学校生源结构复杂化、多元化，学生间冷暴力行为现象比较突出。深入实施中职校园学生间冷暴力行为防控既是学生身心健康发展的现实需要，也是职业教育高质量发展的长久之计。

（一）国家高度关注校园欺凌

2016 年 4 月至月 2021 年 1 月，国务院办公厅、教育部、国务院督导委员会等 11 部门联合印发了《关于开展校园欺凌专项治理的通知》《关于防治中小学生欺凌和暴力的指导意见》《加强中小学生欺凌综合治理方案》等一系列文件，专项治理校园欺凌，要求“深入开展校园（包括中小学和中等职业学校）欺凌专项治理行动，健全长效机制，建设平安校园、和谐校园，促进学生健康快乐成长”。2019 年，《国家职业教育改革实施方案》指出以立德树人为根本，健全德技并修、工学结合的育人机制，深化产教融合、校企合作、育训结合，推动企业参与深度协同育人。办好高质量职业教育是新时代赋予学校的要求，校园安全是学校工作的底线。校园冷暴力是校园欺凌的重要组成部分，所以防控校园冷暴力也是防控校园欺凌的重要任务之一。

（二）冷暴力行为在中职校园及实习实训工场真实存在

2016 年 9 月，项目组对成都市、巴中市部分中职学校进行调研，发现中职学校教育行为冷暴力现象真实存在。具体体现在师对生、生对师（师傅）、生对生维度，而生对生冷暴力行为现象最为严重，表现为学生通过言语、肢体语言、社交关系、网络等行为冷暴力，给对方心理、情感和精神层面造成不同程度的伤害。项目组发放 4320 份问卷，调查显示：学生们经历或耳闻的言语行为冷暴力占 62.3%，肢体语言行为冷暴力占 50.7%，社交关系行为冷暴力占 45%，网络行为冷暴力占 47.6%。可见，中职学校学生间冷暴力行为真实存在。

综上，本成果就是基于立德树人根本任务与学生全面发展，通过校本化的探索和实践，整合“校、企、家、社”（简称“四主体”）之力量，努力解决中职学校学生间冷暴力防控中存在的三个主要问题：

（1）四主体对中职学生间冷暴力行为现象认识不清、辨识不明；

（2）中职学校学生间冷暴力行为防控机制不健全；

（3）中职学校学生间冷暴力行为防控策略缺失，导致校风不正，学风不浓，学校办学水平不高，社会认可度低。

二、解决问题的过程与方法

本成果运用挫折-侵犯学说、多元智能理论构建“两场域四主体四举措：中职学校学生间冷暴力行为防控策略”，经过三个阶段，在四省份进行了研究与实践，防控效果显著。

（一）第一阶段（2009 年 10 月—2016 年 10 月）

项目学校完成了××市教育学会 2009 年规划课题“中职学校实施‘9 + 3 免费教育计划’教学与管理支持研究”（编号 2009-zjxh-001）。来自××州的

13 个县 94 名学生，分别就读于学前教育、酒店管理等 6 个专业 10 个教学班。学校生源结构发生的变化与个体差异大的学生，给学校教育教学管理带来新的挑战。因此，项目组开启了解决中职学生不当行为问题的研究。从问题入手，查阅文献，收集资料，系统思考，展开研究。2012 年 11 月，项目组成员参与了四川省教育发展研究中心课题“基础教育行为冷暴力防控策略研究”（课题编号：CJF012068）的研究工作。其间，对中职学校进行访谈和问卷调查，发现中职学校教育行为冷暴力现象比普通中小学更加突出，主要体现在师对生、生对师（师傅）、生对生维度。由此，项目组开始关注并研究中职教育行为冷暴力防控问题。

（二）第二阶段（2016 年 11 月—2019 年 10 月）

本阶段，项目组主持了中国教育学会十三五规划重点课题“中小学教育行为冷暴力防控策略研”（课题编号：1628090092A）的子课题“农村中职学校教育行为冷暴力防控策略研究”（课题编号：1628090092A-14）和 × × 市“中职校园冷暴力防控策略研究”的课题研究（课题编号：1628090092A-15）研究，于 2016 年 11 月起进一步深入地对中职教育行为冷暴力防控进行研究。

一是界定核心概念；二是确定研究维度，编制《中职学生不当行为调查问卷》；三是在试验学校开展调查研究；四是运用 SPSS 分析处理数据，验证研究假设；五是根据研究结论，提出防控策略建议，拟定干预变量并实施；六是进行效果检验（后测），对比前后两次检验结果，发现中职学校教育行为冷暴力集中发生在言语、肢体语言、社交关系、网络行为冷暴力四个维度；七是编写《中职学校冷暴力防控手册》和继续完善《中职学生不当行为调查问卷》；八是对四所中职学校学生进行第二轮研究，再次运用 SPSS 进行分析，对比前后测数据，后测结果显示各种维度冷暴力呈下降趋势，即证明防控效果显著。

（三）第三阶段（2019 年 10 月至今）

本阶段，项目组承担了 × × 市“中职校园学生间冷暴力防控策略研究”的课题研究（课题编号：CY2019ZZ15）。2019 年 10 月，项目组对《中职学生不当行为调查问卷》再次进行了修正。2019 年 12 月至 2020 年 1 月，项目组运用多元智能理论对中职学校学生间冷暴力防控进行研究，并对四所中职学校的学生进行了第三轮实验，投入的干预措施更精准更具体，如：主题班会、案例分析、个别辅导等。将开展研究工作以来的数据、成果进行梳理提炼，形成“两场域四主体四举措：中职学校学生间冷暴力行为防控策略”。该成果减少了中职学校学生间冷暴力行为的发生，校风学风得到很大改善，促进了试验学校教育教学改革发展，在河北、江苏、广东、四川等地得到广泛传播和引用，效果良好。

三、成果主要内容

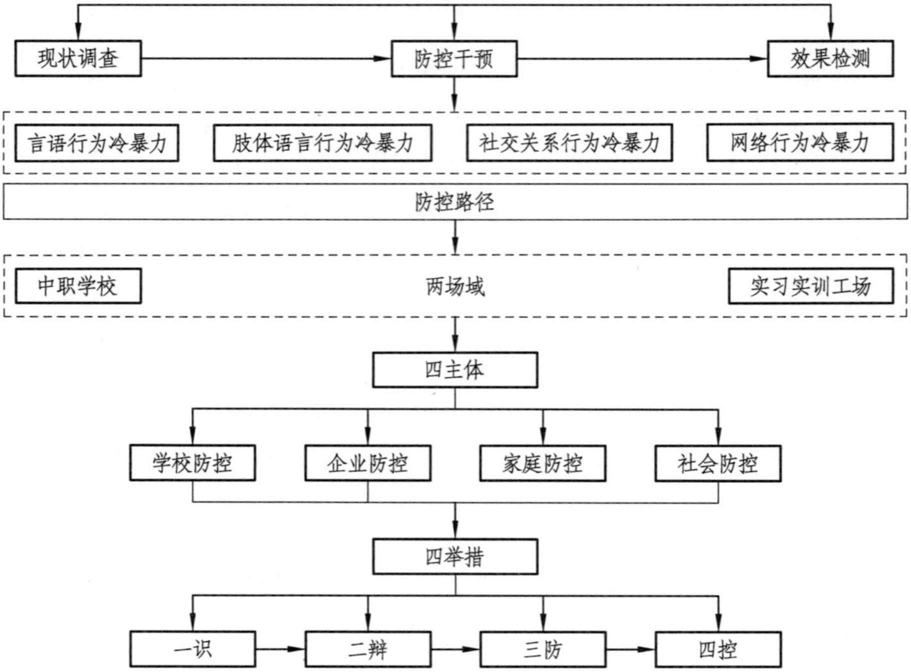

图 3-23　中职学校学生间冷暴力行为防控策略

本成果根据中职学生间冷暴力行为特点及行为方式的不同，把冷暴力行为的参与者分成实施者、受害者、旁观者三种角色，把学生间冷暴力类型分为言语行为冷暴力、肢体语言行为冷暴力、社交关系行为冷暴力、网络行为冷暴力四种。

项目组突出职教类型特点，遵循职教内在规律，结合中职学生实际，通过编制冷暴力行为调查问卷，编写教师、家长、学生防控手册，指导试验学校整合“校、企、家、社”四方力量，按照“识、辨、防、控”四个举措，构建梯级式预警机制，系统开展中职校园和实习实训工场学生间冷暴力行为防控，最终形成“两场域四主体四举措：中职学校学生间冷暴力行为防控策略”（见图 3-23）。

（一）认识成果

1. 认识和明晰中职学生间冷暴力行为的概念、类型、危害是防控中职学校学生间冷暴力行为的前提条件

（1）中职学校学生间冷暴力行为的概念。

中职学校学生间冷暴力行为是指中职学校学生与学生之间相互有意或无意地不理性、不公平对待，致使对方的心理受到侵犯和伤害的行为现象。冷暴力的实施往往是通过轻慢、羞辱、挖苦、孤立、恐吓、排斥、痛骂、藐视等方式，给受害者造成心理创伤，并潜在而长期地影响自己和对方的心理健康，这是既伤人也伤己的恶劣行为。

（2）中职学校学生间冷暴力行为的类型。

中职学生间冷暴力行为根据行为载体不同可以分为四个类型，即言语行为冷暴力、肢体语言行为冷暴力、社交关系行为冷暴力、网络行为冷暴力。

言语行为冷暴力指学生间通过口头语言或书面语言进行交流时，有意或无意地使用讽刺挖苦、贬损歧视、负向预测、消极对比、斥责谩骂和侮辱诽谤等言语行为，致使对方的心理受到侵犯和伤害的一种冷暴力。

肢体语言行为冷暴力指学生之间选择负面态度和不良行动暗示的表达方式，给个体或集体施加心理压力，危害心理健康的行为举动。

社交关系行为冷暴力指学生之间利用社交关系进行冷暴力，如：关系疏离、拉帮结派等，导致个人或群体的心理感受到被侵犯和被伤害的行为。

网络行为冷暴力指学生间个体或群体基于一定的目的，在互联网形成的虚拟社会中，以非理性表达方式，采取诽谤、污蔑、骚扰等手段介入现实，对虚拟社会以及现实社会中与之对应的个人或集体施加压力，形成威胁、造成负面影响的不良行为。

（3）中职学生间冷暴力行为的角色。

学生间冷暴力角色可以分为实施者、受害者、旁观者三类。实施者是指在学生间冷暴力事件中对受害者施加冷暴力行为的人；受害者是指在学生间冷暴力事件中承受冷暴力行为的人；旁观者是指在学生间冷暴力事件中目睹或听说冷暴力事件的人。

表 3-17　学生间冷暴力角色的个体特征、群体特征

人员类型		个体特征	群体特征
实施者		自恋、自大、善恶真假标准由自我判定……	冲动多变、易受暗示和轻信，情绪夸张、单纯、偏执专横、不承担责任
受害者		忧郁、懦弱、天真、好骗……	退缩、混乱、怀疑、恐惧……
旁观者	冷漠型	冷眼旁观、不关心……	信息不对称、能力不够、起哄、看起来无罪……
	热心型	主动帮助、热情、关心……	善良、勇敢、有智慧、热情

实施者、受害者、旁观者三种角色并非固定不变，在一定的条件下会发生角色转换。如这一起事件中的实施者或许在另一起事件中充当着受害者或旁观者的角色，受害者、旁观者亦然。倘若实施者为群体，因从众心理，部分旁观者随时有可能加入实施者的行列，成为新的实施者；受害者和旁观者也有可能在这一起事件中习得实施者的行为，在另一起事件中变成更厉害的实施者。

（4）中职学生间冷暴力行为的危害。

① 对受害者的危害。受害者是校园冷暴力事件中最大最直接的受害者，不仅生命、身体健康会受到损伤，还会产生心理伤害，甚至影响人格发展。校园冷暴力不仅会伤害受害者的自尊，还会使其逐渐丧失自信心，降低自我评价和自我存在感。长期遭受冷暴力的同学，迫于实施者的威吓，可能会更加怯懦、自卑，严重时甚至可能变得焦虑、抑郁，甚至人格扭曲，极端情况下还可能做出自残、自杀或他杀行为，严重影响正常的学习和生活。

② 对实施者的危害。校园实施者大多学习成绩或行为习惯不太好，相对于学习成绩好的同学来说受到的责备、批评要多很多，这就可能破坏他们与老师同学之间的和谐关系。为了消散内心的“怨气”，他们只能去找比自己还弱的同学作为发泄对象，从而走上实施者之路。他们不思进取、自我放弃，

长此以往形成恶性循环，在实施者的路上越走越远。就那些长期实施冷暴力行为的实施者而言，他们可能会出现道德滑坡乃至于人格扭曲，甚至还可能形成反社会人格。

③ 对旁观者的危害。旁观者作为冷暴力事件的目击者，也可能面临来自实施者和受害者的双重压力，学习生活受到影响。旁观者目睹了冷暴力事件的发生，往往会产生紧张、害怕、内疚等复杂情绪，既担心自己也被冷暴力，又对自己没有帮助受害者而感到愧疚，双重压力使得他们在学习上难以集中注意力，从而影响学习成绩。一些旁观者可能会效仿实施者的行为而成为新的实施者；另一些旁观者也可能成为被冷暴力的对象，产生恐惧、无助感，甚至精神恍惚。可见，冷暴力行为的危害，并非只简单地涉及实施者和受害者双方，对旁观者的危害也是很大的。

④ 对学校、家庭、社会等方面的危害。校园冷暴力对受害者、实施者、旁观者的危害是直接的，同时也间接对学校、家庭和社会造成负面影响。一方面，校园冷暴力除了会伤害实施者、受害者、旁观者个体外，还会影响校园风气，给学校名声带来负面影响。另一方面，校园冷暴力不仅会打乱学校的正常教学秩序，影响校园安定，还可能影响家庭和睦，更严重的还会引发社会矛盾。

无论是哪种类型的校园冷暴力，它对青少年的伤害都是巨大的，影响的不仅是青少年的身心健康，还有学校、社会、家庭。所以，全社会都要携起手来共同防控校园冷暴力行为的发生，才能构建青少年健康成长、校园安全、社会和谐发展的良好环境。

2. 厘清中职学生间冷暴力行为和校园欺凌的关系是防控中职学生间冷暴力行为的认识基础

2017 年 11 月，教育部等部门颁发的《加强中小学生欺凌综合治理方案》中将校园欺凌定义为："发生在校园内外、学生之间，一方单次或多次蓄意或恶意通过肢体、语言及网络等手段实施欺负、侮辱，造成另一方身体伤害、财产损失或精神损害的事件。"本成果认为，从行为实施的主观意愿来看，校园欺凌是蓄意的，学生间冷暴力行为是有意或无意的；从行为主客体来看，校园欺凌是指生生之间以大欺小，倚强凌弱，而学生间冷暴力行为是生生之间的相互不当行为。学生间冷暴力行为的有意行为部分属于校园欺凌的组成部分。学生间冷暴力行为极易转化为校园热暴力事件，大多数校园欺凌事件是由教育行为冷暴力组成或引起的。从问题的解决层面看，防控中职学生间冷暴力行为，可以预防绝大多数校园欺凌的发生，有利于学生身心健康，能使学校形成浓厚的学风和良好的校风，从而提升学校的办学质量。

3. “两场域四主体四举措”中职学生间冷暴力策略是降低冷暴力行为发生的有效途径

只有杜绝或减少中职学生间冷暴力现象，才能还学生阳光安全的校园环境。在多年研究实践中形成的“两场域四主体四举措”（见图 3-24）是防控中职学校学生间冷暴力行为的有效途径。

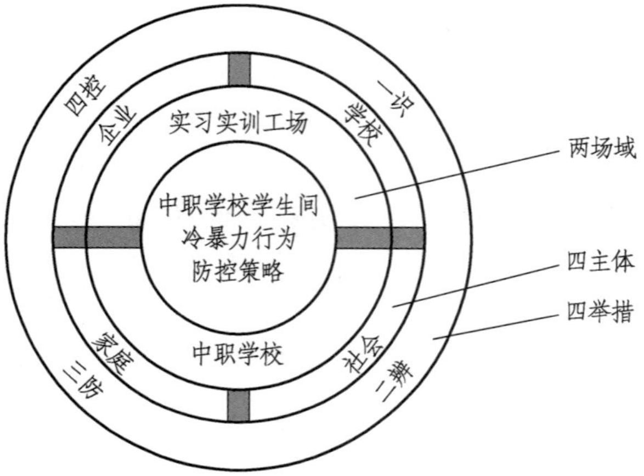

图 3-24　两场域四主体四举措

（1）两场域：指中职学校和实习实训工场两个场域，全方位覆盖中职学生整个学习和生活空间。

（2）四主体：指中职学生间冷暴力行为防控的四大主体，即学校、企业、家庭、社会。其中学校、企业、家庭、社会是外在因素，学生是内在因素，内因是关键，外因是条件，四方合力，防控效果才好。

（3）四举措：指防控中职学生间冷暴力行为的四项具体措施。即：一识、二辨、三防、四控。识：认识中职学校学生间冷暴力行为的特点、表现、危害以及学生间冷暴力行为防控的重要意义。辨：能够运用专业知识，科学分辨学生间冷暴力行为现象；善于发现学生间冷暴力行为潜在高危倾向个体的学生；辨析学生间冷暴力行为发生、发展规律。防：构建防控学生间冷暴力行为预防机制。控：构建学生间冷暴力行为防控策略，确保学生间校冷暴力事件能得到及时有效处置，把学生间冷暴力造成（或带来）的危害降到最低。

（二）操作成果

1. 学校防控策略

学校是防控教育行为冷暴力的主要阵地，学校防控策略分三个层面展开，一是学校管理层面，二是教职工层面，三是学生层面。

（1）学校管理层面。

学校要高度重视，建立防范机构。学校成立预防工作小组，设立专项办公室，由校长担任组长，成员由分管心理健康教育的副校长、德育干部、“9 + 3”驻校管理干部、班主任、思政老师和心理老师组成。

第一，预防工作小组负责宣传防控校园冷暴力工作，向教职工、企业师傅、学生及家长发放《关于中职学生间冷暴力行为防控手册》，普及什么是校园冷暴力，分清中职学生间冷暴力行为的特征、表现、类型等，让他们对中职学生间冷暴力行为有一个初步认识。

第二，通过开展有关防控中职学生间冷暴力行为方面的培训、专家讲座、国旗下演讲、校园舞台剧、征文比赛等活动，让教职工、企业师傅、学生及家长都意识到中职学生间冷暴力行为对身心健康造成的危害，引导他们主动参与到防控学生间冷暴力行为中来。

第三，建章立制，科学预防。首先，调查中职学生间冷暴力在学校的表现形式及其活动规律，提前预防和控制中职学生间冷暴力的发生和发展。对已经和正在发生的中职学生间冷暴力行为进行科学处置，尽可能减少学生的心理伤害。对被已发生的中职学生间冷暴力行为伤害的学生进行心理干预，帮助他们尽快走出心理阴影。其次，畅通了解和解决中职学生间冷暴力的沟通渠道。中职学生间冷暴力是学生不当行为引起的冷暴力，它必然是发生在学校和校外实习实训工场两场域，发生在生生之间的一种具有心理危害性的隐蔽行为，了解和解决它必须要有一条畅通的沟通渠道。这条沟通渠道的链条由学生、老师、企业、家长、社会协同组合而成，沟通形式可以灵活多样。最后，加强宣传，预防为主，治疗为辅，学校可以出台一些必要的规章制度，编制《教师禁忌用语清单》《学生禁忌用语清单》等，以加强防范学生间冷暴力行为。

第四，梯级预警依法防控。构建防控中职学校学生间冷暴力行为梯级式预警机制，及时干预中职学校学生间冷暴力行为，有效减少学生间冷暴力行为的发生。首先，开发《中职学生不当行为的调查问卷》，用于评价监测学生是否存在冷暴力行为。其次，根据调查结果，参照冷暴力行为平均值参考范围，制定“中职学校学生间冷暴力行为总体平均值参照范围表”（见表 3-18）。最后，对照梯级式预警机制（图 3-25）进行防控处理。当中职学生间冷暴力行为调查总体平均值小于 2.5 时，表明学生间冷暴力行为很少存在或不存在，做好日常预防教育即可；当中职学生间冷暴力行为调查总体平均值小于 3.5 时，表明学生间冷暴力行为有时存在，在做好日常预防教育的同时，须加强观察和引导，并对有冷暴力行为的个体实施干预；当中职学生间冷暴力行为调查总体平均值大于 3.5 时，表明学生间冷暴力行为经常或总是存在，程度严重，这就需要在加强防控教育的同时，对有冷暴力行为的个体及时实施干预，必要时请心理咨询机构、法律机构等介入其中。

表 3-18　中职学校学生间冷暴力行为总体平均值参照范围表

	平均值参考范围	解读	方法
中职学生间冷暴力行为调查总体平均值	1.O≤M<1.5	不存在	预防教育
	1.5≤M<2.5	很少存在	
	2.5≤M<3.5	有时存在	观察引导
	3.5≤M<4.5	经常存在	干预防控
	4.5≤M<5.0	总是存在	

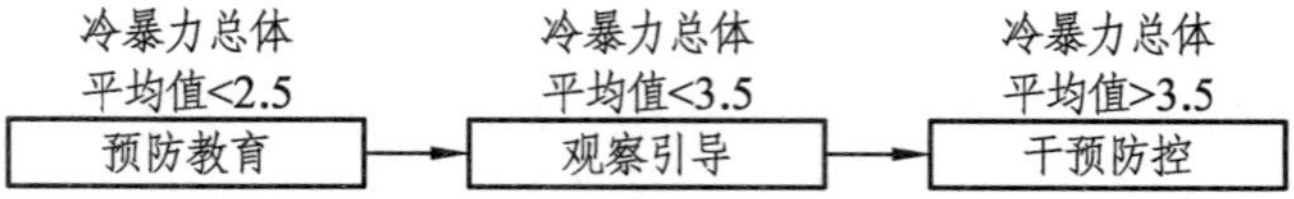

图 3-25　中职学校学生间冷暴力防控梯级式预警机制

（2）教师层面。

在学校教育中，教师与学生的接触时间比较多，所以在防控学生间冷暴力行为方面，教师首先要明晰冷暴力行为的类型、危害等，才能及时发现学生间冷暴力行为，采取干预措施有效防控。

第一，学习《中职学生间冷暴力行为防控手册（教师版）》，初识中职学生间冷暴力行为的特征、表现、类型等。

第二，研读《教育行为冷暴力初论》《论教育行为冷暴力》等有关校园冷暴力行为方面的专著，深层了解中职学生间冷暴力行为对身心健康造成的危害。

第三，构建和谐班级文化，预防冷暴力。学生是班级文化建设的主体，充分利用班级的空间资源，打造具有教育性、生动性、开放性的文化环境，形成良好班风班貌，潜移默化优化学生行为。一是组织学生学习《中职学生间冷暴力行为防控手册（学生版）》，规范学生言行。二是加强日常关注和引导。如：关注班级日常小事，及时公正处理；对班级潜在的学生间冷暴力受害者和实施者给予更多的关爱和教育；关注和正确引导班级不良小团体；利用榜样作用，引导学生树立积极生命观，学会采用积极方式应对挫折；丰富班级文化建设；鼓励学生积极参加学校社团和课外活动；鼓励学生结成反施暴互助关系。三是开展反中职学生间冷暴力行为主题活动。如：召开反中职学生间冷暴力行为主题班会，开展反冷暴力行为主题的小报制作、作文、绘画、讨论等活动。四是辅导特殊学生，差异教育。通过观察并结合问卷调查，重点关注高危倾向个体（调查问卷中平均分大于等于 3.5 的学生）并实施干预措施，以防出现冷暴力行为。

第四，家校共育，联控冷暴力。召开反中职学生间冷暴力行为主题家长会，学习相关法律法规和反学生间冷暴力行为知识，明确各方的责任和义务，掌握预防学生间冷暴力的发生、消除或减少学生间冷暴力行为的方法。定期与家长交流，了解孩子是否有过学生间冷暴力行为或被别的同学冷暴力过。组织家长成立反学生间冷暴力行为联盟。

（3）学生层面。

学生作为教育活动的主体，在防控学生间冷暴力行为的效果上起着关键性作用。

第一，学习《中职学生间冷暴力行为防控手册（学生版）》，认识中职学生间冷暴力行为的特征、表现、类型等。

第二，积极参加反冷暴力行为主题的舞台剧表演、征文比赛、小报制作、绘画、主题班会等活动，进一步明确冷暴力行为给身心健康带来的巨大危害。

第三，树立预防冷暴力从我做起的观念，善于借鉴应对挫折、人际交往等方面的优秀经验，学会控制情绪的方法。要有正确的是非观念，不做冷暴力行为的实施者，也不做冷漠的旁观者，当看到冷暴力时敢于如实反映情况，不让冷暴力行为有滋长的土壤。

第四，从受害者、实施者、旁观者的角度进行防控。① 受害者的防控：受害者需要掌握一些有效的防范和应对措施。如培养开朗豁达的性格，建立良好的人际关系；积极参与集体活动，树立自信心；谨慎交友；参加自我防御课程，提高自我防范意识；遭遇冷暴力时，在保证自己安全的前提下奋力反抗，并且敢于向老师或家长报告，以此对实施者产生威慑作用。② 实施者的防控：实施者虽然是对别人实施冷暴力行为，但同样会受到冷暴力行为带来不利影响：不被同伴所容纳，暴力行为转变为更为暴力的行为；被不断禁止、不断受到处罚，容易产生抑郁。因此，实施者要学会控制自己的情绪，理性做事；学会对自己的行为负责；学会与家长、老师积极沟通，遇事懂得寻求帮助；远离不良群体，学会换位思考。旁观者的防控：一些旁观者的起哄、看热闹在一定程度上加剧了学生间冷暴力行为的发展，旁观者应该做到：不要加入或取笑；敢于制止学生间冷暴力行为；求助家人、老师或其他成年人；与受害者沟通交流等。

2. 企业防控策略

由于中职学校的特殊性，中职学生主要在学校和实习实训工场两个场域中活动，所以常常进入企业实际工作场景中。因此，在中职学校学生间冷暴力行为防控中，企业也要尽到应有的责任，与中职学校携手共拒冷暴力行为，为学生营造安宁和谐的学习环境。

（1）企业管理层面。

第一，建立校企共育领导小组，提高认知。《国家职业教育改革实施方案》指出：产教融合、校企合作是职业教育办学的基本模式，完善校企合作、工学结合的人才培养体系，突出职业院校办学特色，强化校企协同育人，把立德树人放在首位。中职学校在改革人才培养方案中逐步形成以学校为主体，企业与学校共同教育、管理和训练，校企深度融合的创新育人模式。企业要向企业师傅宣传、培训冷暴力行为的相关知识，将防控校园冷暴力措施贯穿于企业安全文化建设中，帮助企业师傅、学生认知学生间冷暴力行为。

第二，校企联合，精准辨别。学校与企业双方共建产、学、研、训共同体，定期邀请企业专业指导人员到校宣讲，开设学生间冷暴力行为防控专题讲座，组织企业师傅阅读防控校园冷暴力的书籍，让企业师傅精准辨别学生间冷暴力行为。

第三，校企联动，协同预防。校企共同制定关于防控中职学生间冷暴力行为的规章制度，编制《企业师傅禁忌用语清单》，协同防控学生间冷暴力行为。

第四，文化融合，共同控制。将企业文化融入中职校园文化，以文化人，在潜移默化中不断提高学生的认知水平，以期控制或减少学生间冷暴力行为的发生。

（2）师傅层面。

第一，认真参加企业、学校开办的宣传、培训活动，理性识别学生间冷暴力行为类型、表现等。

第二，阅读《中职学生间冷暴力行为防控手册》《教育行为冷暴力初论》《论教育行为冷暴力》等预防校园冷暴力方面的书籍，正确分辨学生间冷暴力行为。

第三，增强自身的法治意识，掌握企业师傅禁忌用语，遵照防控中职学生间冷暴力行为的规章制度，依法预防中职学生间冷暴力行为的发生。

第四，学习相关法律法规和反学生间冷暴力行为知识，明确作为学生指导师傅的责任和义务，定期与学校、家长交流，参与到反学生间冷暴力行为联盟中来，合力遏制中职学生间冷暴力行为的发生。

3. 家庭防控策略

在中职学校学生间冷暴力行为防控中，家庭防控至关重要。家庭是孩子的第一所学校，孩子的品德、习惯大多都是在家庭环境中养成的。良好的家庭教育能保障孩子形成良好的人格并顺利完成社会化，孩子的健康成长需要全面发挥家庭功能。

（1）家长应学习《中职学生间冷暴力行为防控手册（家庭版）》，知晓中职学生间冷暴力行为的特征、表现、类型等。

（2）家长应阅读《教育行为冷暴力初论》《论教育行为冷暴力》《中职学生间冷暴力行为防控手册》等有关校园冷暴力行为方面的专著，积极参加学校开展的有关防控冷暴力的各种讲座或培训活动，深层理解中职学生间冷暴力行为对学生身心健康造成的危害。

（3）家长应重视家庭教育，言传身教，建立良好家风。配合学校管理，密切关注孩子的思想变化、行为举止等，如发现异常，应积极与学校老师沟通，防止学生间冷暴力行为的发生。

（4）家长应积极参加反中职学生间冷暴力行为主题家长会，学习相关法律法规和反学生间冷暴力行为的知识，明确作为家长的责任和义务，引导孩子做有正义感的人。家长应定期与老师交流，了解孩子在学校是否有过学生间冷暴力行为或被别的同学冷暴力过,同时要注意孩子在家的思想行为表现，联合其他家长与学校老师、企业师傅一同成立反学生间冷暴力行为联盟，将中职学生间冷暴力行为扼杀于萌芽状态。尤其要对受害者、实施者、旁观者及时给予特别关心。

第一，受害者的家庭防控。家庭氛围和父母的教育方式都会直接影响孩子，所以营造和谐温馨的家庭氛围、积极乐观的教育方式很有必要。父母对校园冷暴力要保持该有的敏锐性，当发现孩子出现伤痕或行为、情绪异常时，要积极关注孩子是否遭受了校园冷暴力；仔细聆听，耐心安抚，让孩子在心理上有所依靠，降低其内心的不安与惶恐，巧妙引导、鼓励孩子说出真相，并教会孩子正确的处理方式。同时，在第一时间做好家校联系，与学校配合，形成强有力的反校园冷暴力家校联盟。交流探讨反校园冷暴力的方法。单亲家庭的孩子，家长更要注重自身看待问题及处理问题的积极性，树立积极的生命观，给孩子以正确导向。

第二，实施者的家庭防控。家庭教育应该以我国传统文化中积极向上、向善的思想进行引导，如倡导“仁爱”精神，以培养孩子友善的品格。父母要以身作则、给予孩子言传身教的影响，帮助孩子建立正确的人生观和价值观，培养同理心，尊重个体差异，培养健康积极的爱好，学会用正当的方式发泄内心的不满。当发现孩子成为校园冷暴力实施者时，父母首先要做的就是制止，然后耐心开导孩子，让孩子明白，每个人都要为自己的行为负责；而不是一味指责、训斥孩子。在家庭教育中，要特别注意监控孩子的网络使用情况，避免孩子受到暴力、恶俗等不良信息的影响，教会孩子明辨是非。

第三，旁观者的家庭防控。家长是孩子最好的老师，家长就要树立正确的是非观，平时日常生活中首先要引导孩子不做冷漠者，做有正义感的人。如看到别人被冷暴力时，不要加入或取笑，掌握制止学生间冷暴力行为的方法。其次，教会孩子遇到冷暴力时学会求助，善于向受害者伸出援手，给予其心理上的关心和安慰。

4. 社会防控策略

社会层面的防控是中职学校学生间冷暴力行为防控不可或缺的环境因素，做好社会层面的防控，能起到锦上添花的效果。

（1）社区、派出所要向居民宣传有关校园冷暴力方面的知识，让居民对校园冷暴力行为有一定的认识。

（2）在社区宣传栏张贴有关中华优秀传统文化的海报等；派出所等部门要联合社区和学校开展系列普法活动，通过形式多样的宣传教育活动提升居民辨别学生间冷暴力行为的能力。

（3）社区、相关行政部门联合整治学校周边环境，为学生塑造积极、健康的生活环境，共同预防校园冷暴力行为的发生。

（4）净化网络环境，对电影、电视、报刊等文化产品进行分级管理，电视、网络平台要向公众和未成年人播放反校园冷暴力的公益短片，宣传正能量文化，以便更好地制止校园冷暴力问题，促进学生身心健康成长。

四、成果的应用及效果

（一）本成果取得的教育教学改革效益

本成果自 2009 年起历经 11 年研究实践，在省、市、县乃至全国范围内的中职学校进行推广运用，时间长，范围广，产生了较大的社会效益。

1. 学生间冷暴力行为显著减少，学生关系融洽

环境对一个人的成长起着重要的作用。中职学校学生间冷暴力现象减少，学生之间关系融洽，校园更加安全阳光，促进学生身心健康成长。

2017 年 2 月前测，有效样本数量 2420 份，2017 年 12 月后测，有效样本数量 2205 份，推广检测数据系 2019 年 5 月测试，有效样本数量 6000 份。对比三次测试中的学生间冷暴力平均值，所有维度平均值均下降，其中前测与后测比较，学生间言语行为冷暴力下降 0.18246，学生间肢体语言行为冷暴力下降 0.20040，学生间社交关系行为冷暴力下降 0.17770，学生间网络行为冷暴力下降 0.28080；推广运用前测与后测数据比较，学生间言语行为冷暴力下降 0.03351，学生间肢体语言行为冷暴力下降 0.11109，学生间社交关系行为冷暴力下降 0.05745，学生间网络行为冷暴力下降 0.09131。这说明防控策略效果显著，有利于学生的身心健康发展。

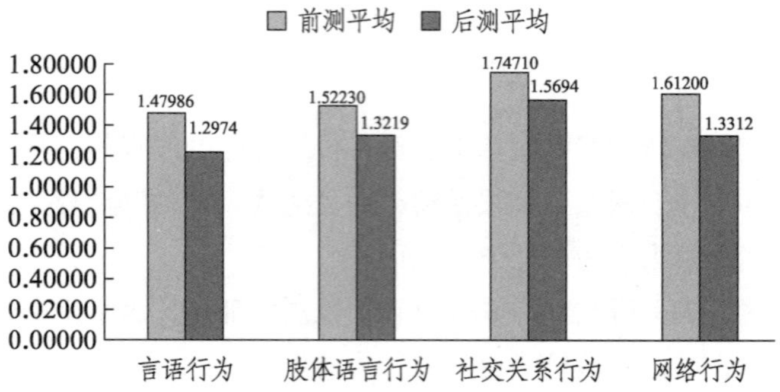

图 3-26　中职学生间冷暴力各维度前测-后测对比图

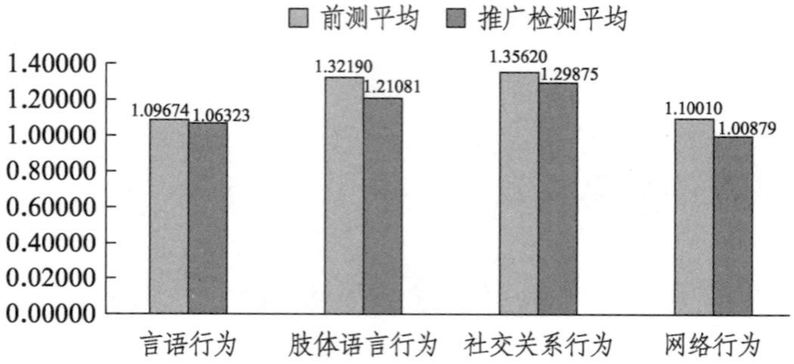

图 3-27　中职学生间冷暴力各维度前测-推广检测对比图

在 2017 年 2 月前测中，有效样本数据 2205 份，筛查出 23 个学生间冷暴力高危个体，课题组运用防控策略对其实施干预，于 2017 年 12 月进行后测。与前两次检测数据进行对比，高危个体人数减少了 14 人（如图 3-28）。

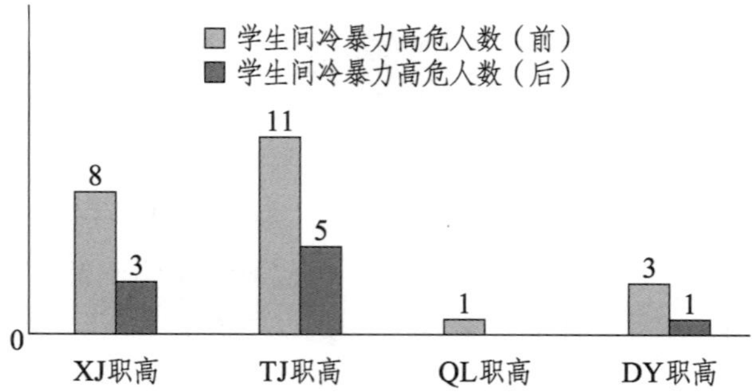

图 3-28　学生间冷暴力高危个体干预前后对比图

2017 年 12 月，对 CD、BZ 两市四所中职学校进行后测问卷调查，对比两次检测数据，发现学生在言语行为、肢体语言行为、社交关系行为、网络行为四个维度方面呈现显著差异，这说明中职学校学生间冷暴力现象真实存在。试验学校采用项目组自行研制的防控策略体系进行干预，于 2019 年 5 月进行第三轮推广检测，监测数据显示，学生间冷暴力行为的发生呈明显下降趋势（如图 3-29 至图 3-33）。

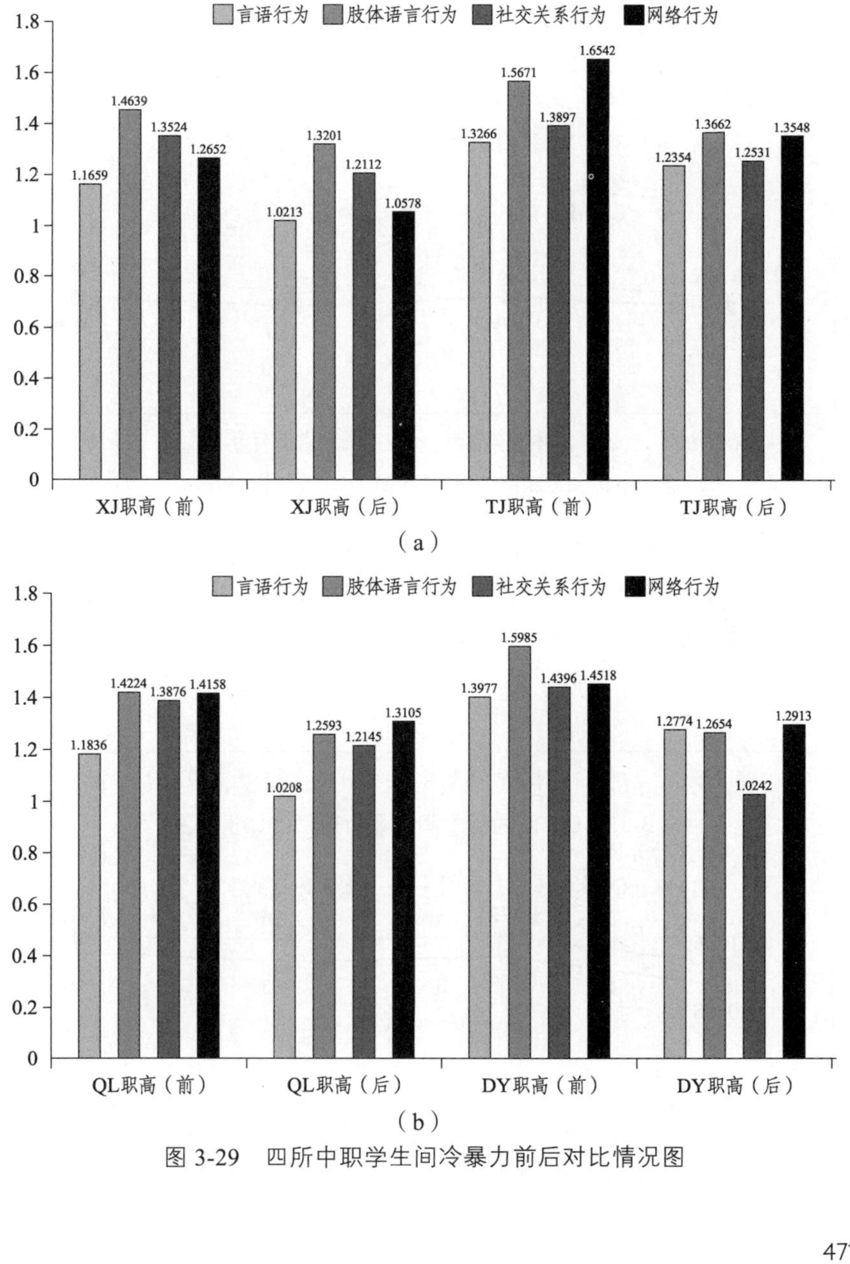

图 3-29　四所中职学生间冷暴力前后对比情况图

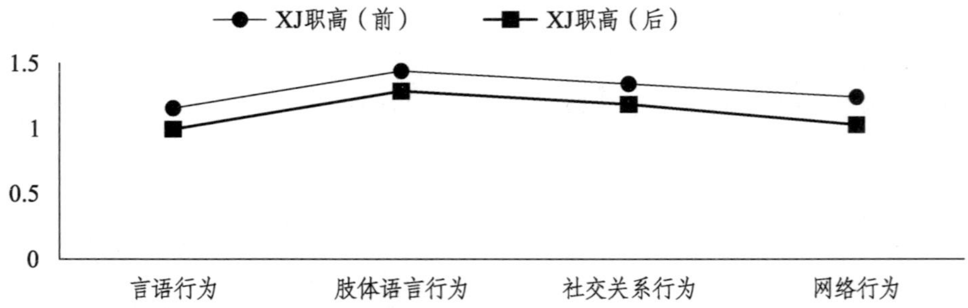

图 3-30　XJ 职高学生间冷暴力前后对比情况图

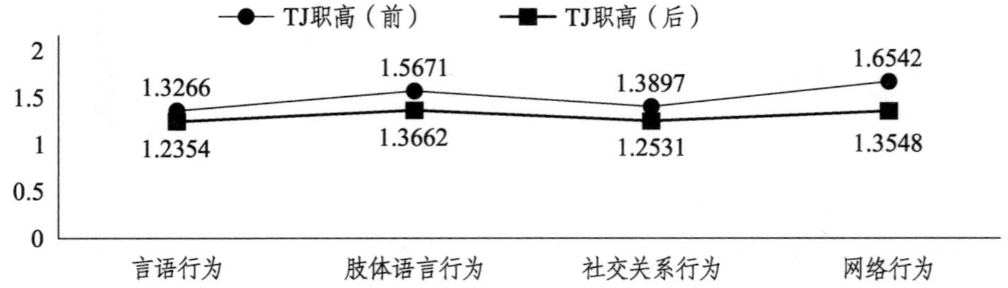

图 3-31　TJ 职高学生间冷暴力前后对比情况图

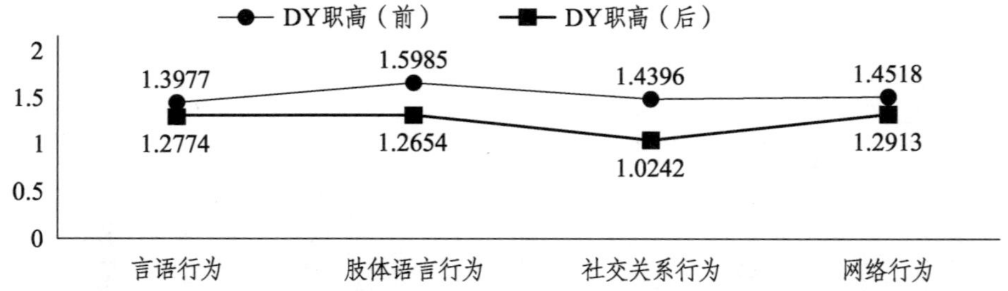

图 3-32　DY 职高学生间冷暴力前后对比情况图

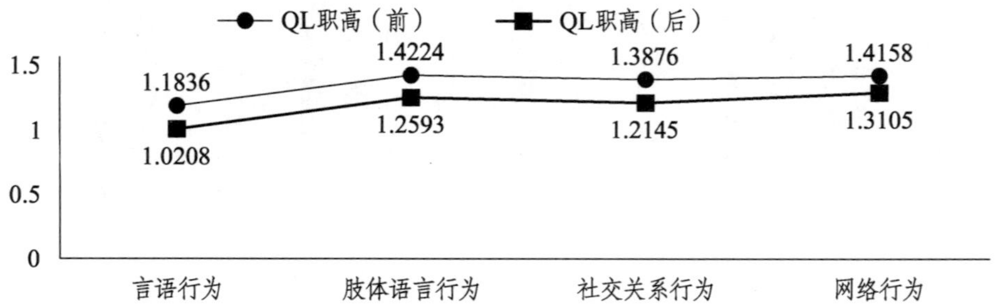

图 3-33　QL 职高学生间冷暴力前后对比情况图

2. 净化了学校育人环境，提高了学校育人质量

项目组所在学校实施“两场域四主体四举措”学生间冷暴力行为防控策略，从源头上发现、识别学生间冷暴力行为现象，积极干预、有效防控，冷暴力行为发生率显著降低，从而极大地减少了校园欺凌、校园热暴力行为的发生，净化了育人环境，保障了校园安全，提高了育人质量。

××市××速递有限公司自 2016 年 12 月至 2018 年 11 月，与项目组所在学校深入开展校企合作，在学校和企业两个育人场景中有效防控学生间冷暴力行为，促进了合作专业建设水平的提升和育人质量的提高。该专业学生在市、省、国家级技能大赛赛场捷报频传，2016 年至 2020 年，该校物流专业学生累计获得市级一等奖 8 个、二等奖 12 个、三等奖 16 个，省级二等奖 4 个，国家级二等奖 4 个，教师获国家级技能大赛指导教师奖 2 个。2016 年以来，项目组所在学校累计有 1000 余位同学升入各级各类高职院校继续学习，学生“双证率”达 95%以上，毕业生就业稳定率、对口就业率均保持在 85%以上，学生毕业率 100%。

3. 塑造了学校良好形象，提高了学校社会声誉

项目组所在学校通过实施中职学生间冷暴力行为防控，促进了学校校风、学风的明显好转，学校的社会声誉显著提高。该校先后荣获国家级重点中等职业学校、××省中等职业教育内务管理示范学校、××省绿色学校、××市示范性中等职业学校、××县平安校园等荣誉称号，深得属地行业企业、合作院校、家长学生的好评。

4. 提高了教师对校园冷暴力危害性和防控重要性的认识

教师通过对教育部关于校园欺凌等相关文件的研读，学习了一系列专著、防控手册以及案例集，学习和掌握了科学的防控方法与策略，大大提升了教师对学生间冷暴力行为带来的危害的认识，让更多教师主动参与到防控学生间冷暴力行列中来，提高了教师防控学生间冷暴力行为的能力。

（二）社会影响

本成果项目组多次在国家、省、市级层面做学术交流、展示，举办省市区级成果推广会。该成果在推广运用的过程中，多次参加学术交流活动，推广价值效益显著，产生了广泛的效益及社会影响。项目组参与编写专著 7 本，

在国家级、省级杂志发表论文 9 篇，获奖论文 14 篇，参加学术交流、推广讲座 12 次。

1. 编写专著

（1）参与编写专著《论教育行为冷暴力》四川师范大学电子出版社，2021.04

（2）参与编写专著《木铎春秋》四川师范大学电子出版社，2021.03

（3）参与编写专著《专业职业与自我》北京师范大学出版社，2021.02

（4）参与编写专著《四川藏区 9 + 3 教育模式探索》人民出版社，2012.10

（5）参与编写专著《启航青春——中职生入学教育》电子科技大学出版社，2019.07

（6）参与编写专著《新编礼仪规范教程》，电子科技大学出版社，2021.05

（7）参与编写专著《生命智慧》，四川科学技术出版社，2017.04

2. 发表、获奖论文

（1）教育冷暴力在高中阶段的表现与危害[J].时代教育报刊社，2013.03

（2）教育冷暴力在普、职教育阶段的现状调查——对一所综合高中普、职部分学生的调查报告[J].教育科学博览，2013.04

（3）论中小学校园欺凌及其防控[J]. 学园，2018.02

（4）职业高中学生间冷暴力现状调查与分析[J].教育科学论坛，2018.07

（5）深化校园文化 实现立德树人宗旨——浅议防控中职校园网络冷暴力策略[J]. 学校教育研究，2020.3

（6）论教育行为冷暴力与防控[J].党的建设与思想政治，2020

（7）拒绝校园冷暴力 拥抱美好青春[M]//论教育行为冷暴力. 成都：四川师范大学电子出版社，2021.

（8）中职学校教育行为冷暴力防控策略[M]//木铎春秋. 成都：四川师范大学电子出版社，2021.

（9）农村中职校园学生间冷暴力现状调查与分析[M]//木铎春秋. 成都：四川师范大学电子出版社，2021.

（10）浅议中职校园暴力的成因及对策[M]//木铎春秋. 成都：四川师范大学电子出版社，2021.

（11）中职校园冷暴力现状分析与防控对策[M]//木铎春秋. 成都：四川师范大学电子出版社，2021.

（12）《深化校园文化建设 实现立德树人宗旨》获中国人生科学学会教师发展委员会一等奖，2020.02

（13）《社会学习理论视域下的中学校园欺凌行为案例剖析》，获省级一等奖，2021.06

（14）《构建学生心理应对模型，防控中职学生间校园冷暴力》，获省级一等奖，2021.06

（15）《农村中职校园学生间冷暴力现状调查与分析》，获市级一等奖，2020.09

（16）《基于积极心理学的中职班委干部的选拔与培养》，获市级二等奖，2016.09

（17）《谈中职“9＋3”学生情绪管理方法及策略》，获省级三等奖，2013.09

（18）《社会交换的校园欺凌防控策略》，获省级三等奖，2020.12

（19）《基于个体心理学的中职校园冷暴力防控实践》，获省级三等奖，2020.12

（20）《农村中职学校教育行为冷暴力防控策略研究》，获市级二等奖，2019.09

（21）《农村中职校园学生间冷暴力防控策略研究》，获 2020 年度阶段性研究成果，市级三等奖，2020.12

（22）《浅议中职教育冷暴力的情绪控制策略》，获县级一等奖，2017.04

3. 本成果项目组多次在国家、省、市层面做学术交流和展示，举办多次省市区级成果推广会（见表 3-19）

该成果在推广运用的过程中，产生了广泛的效益及社会影响。不少参培学校和老师积极与项目组老师交流，迫切希望借鉴项目组的《中职学生不当行为调查问卷》，对其所在学校学生进行检测，并针对其学校具体检测结果拟出防控策略建议书。

表 3-19 成果推广活动

时间	发言名称	级别	发言人
2020.11	教育行为冷暴力防控策略研究	国培项目	项目主持人
2021.03	手语舞——听我说谢谢你！	国培项目	项目主持人
2021.03	学校心理健康教育体系的构建	国培项目	项目主持人
2018.11	农村中职学校教育行为冷暴力防控策略研究	第四届中国教育创新成果公益博览会	项目主持人

续表

时间	发言名称	级别	发言人
2018.12	从典型案例看校园网络冷暴力的危害及防控策略	市级优秀教学成果推广活动	项目主持人
2018.12	个体心理学视域下中职校园冷暴力防控策略	市级优秀教学成果推广活动	项目主研人
2019.05	中职校园冷暴力防控策略	市培项目	项目主研人
2017.10	中职校园欺凌防控策略	市培项目	项目主持人
2019.12	中职校园学生间冷暴力防控策略	市级名师工作室	项目主持人
2020.08	校园冷暴力防控策略研究	县级新教师入职培训	项目主研人
2021.04	基于理性情绪行为疗法的校园欺凌防控	市培项目	项目主持人
2021.04	基于社会交换理论防控校园冷暴力	市培项目	项目主研人

同类学校应用效果良好。成果主要应用于中职教育防控学生间冷暴力行为。成果试验学校主要有四川省 XJ 县职业高级中学、四川省 TJ 县职业高级中学、四川省××市职业教育中心、××市××区职业高级中学等四所。成果应用推广学校主要有五所：江苏省××市职业中专学校、河北省××市××县职业教育中心、四川省××市××职业中学、四川省××县职业中专学校、××市××职业学校。成果实施以来，累计近万名学生参与了问卷调查，防控效果良好。

五、成果创新点

（一）正确归因中职学生间冷暴力行为现象

一般认为，学生间冷暴力行为现象的出现属于道德问题，因此简单为学生贴上“好、坏”标签。本成果基于挫折-侵犯理论，从中职学生认知和心理成长规律出发，认识到中职学生冷暴力行为现象是学生在学习、生活中遇到挫折时产生的一种攻击行为，而不仅是一个道德问题。

（二）构建中职学校学生间冷暴力行为预警机制和防控策略

本成果以多元智能理论为指导，根据中职教育特征，遵循其内在规律，促进学生正确自我认知和多元成长，构建起预防教育、引导、干预相结合的梯级式预警机制。整合“校、企、家、社”四方力量，运用“识、辨、防、控”四个措施，构建起“两场域四主体四举措：中职学校学生间冷暴力防控策略”。

（三）营造中职阳光校园，促进职业教育发展

校园安全事关千家万户、事关社会和谐稳定大局，是践行“为党育才、为国育人”使命的前提和基础。职业教育是我国精准扶贫战略的重要路径，职业教育的对象主要是社会弱势群体子女，本成果起源于“9 + 3”免费职业教育，根据中职学生特点，从学生间冷暴力行为防控入手，促进中职学校高质量发展和学生技术技能提升，让社会弱势群体子女进得来、留得住、学得好、出得去，培养德技并修的高素质技能型人才。

（本成果系中国教育学会重点课题子课题“农村中职学校校园冷暴力防控策略研究”和成都市教育科研规划课题“中职学生间校园冷暴力防控策略研究”成果。）

第二节　基于心理学的中学校园欺凌防控策略实践研究

本成果践行为党育人、为国育才的使命，落实立德树人根本任务，以学生健康成长为落脚点，切实贯彻国务院办公厅、教育部等部门关于“校园欺凌治理”的系列相关文件精神，针对校园欺凌切实存在且严重危害学生身心健康的现实，在总结大量理论与实践研究的基础上，通过调查分析，运用学校气氛、多元智能、挫折-侵犯学说等理论分析校园欺凌发生的心理机制，建立了“预防教育体系”和“应对干预体系”，实施了防控主体（学校-家庭-社会）、防控对象（被欺凌者-欺凌者-旁观者）、防控方式（活动-课程-矫正）相融合的防控策略，构建了中学校园欺凌“两体系三融合”校本防控模式，解决中学校园欺凌校本防控问题。实践证明防控成效显著，以学校实践、教师培训、专著出版、论文发表、学术交流等方式对成果进行推广，在国内产生较大影响。

一、成果解决的主要问题

校园欺凌是当今教育顽症、世界难题。早在 1983 年，挪威卑尔根大学的丹·奥维斯（Dan Olweus）教授就领导了世界上最早的学校欺凌干预运动。

2017 年 5 月，中国应急管理学会中小学校园安全专业委员会发布《中国校园欺凌调查报告》显示，我国中小学生受欺凌的发生率为 25.80%。此调查结论表明约有四分之一的学生不同程度地遭受校园欺凌，这损害了学生身心健康，引发社会广泛关注，影响非常恶劣。校园欺凌问题形势非常严峻，校园欺凌的防控问题亟待解决。

2016 年 4 月至 2021 年 1 月，国务院办公厅、教育部、国务院督导委员会等部门陆续颁发了《关于开展校园欺凌专项治理的通知》《加强中小学生欺凌综合治理方案》等一系列文件，专项治理校园欺凌，要求“深入开展中小学欺凌专项治理行动，健全长效机制，建设平安校园、和谐校园，促进学生健康快乐成长”。

本项目研究正是希望通过校本化的探索和实践，努力解决中学校园欺凌防控的三个关键问题：

（一）中学校园欺凌事件识别不精准

各地深入开展中小学生欺凌治理工作，取得了积极成效。但依然存在对校园欺凌认识不充分，没有厘清其要素、常见类型及转化关系，没有明晰校园欺凌与一般性学生冲突、校园暴力的异同点的现象，从而无法精准防控。本成果对中学校园欺凌进行了解读和剖析，为精准防控提供了前提。

（二）中学校园欺凌防控策略理论支撑不充足

国家文件明确了校园欺凌防控工作的指导思想、基本原则、治理内容及措施、各部门职责分工、工作要求等内容，为了进一步落实校园欺凌防治工作，教育部基础教育司也编写了《防治中小学生欺凌和暴力指导手册》，提出了从预防、发生、应对到善后的工作流程。

但是在具体的防控策略实施过程中，依然存在凭借经验工作的情况，这导致中学校园欺凌防控缺乏理论指导和科学依据。而科学防控需在理论指导下去分析欺凌事件发生的原因，探究欺凌行为产生的心理机制及对涉事学生进行干预等。

（三）中学校园欺凌防控校本体系不完善

校园欺凌的防控是一项系统工程，不仅需要教育、综合治理、人民法院、人民检察院、公安、民政、司法、共青团、妇联等部门统筹协调形成合力，在学校的校本化防控中也须形成体系，按章工作。然而在实际的校园欺凌防控工作中，防控行动常常是不成体系的。

本成果整合高校与中学在理论和实践方面的优势力量，从 2011 年开始，开展了中学校园欺凌“两体系三融合”校本防控模式的研究，形成了应用性广、实操性强的防控策略，有效解决中学校园欺凌校本防控的问题。

二、成果形成的过程

围绕校园欺凌、学生心理危机干预、学校心理健康教育等问题，我们组建了由高校教授和中小学一线教师组成的团队，进行了系列课题研究，取得了较丰硕的研究与实践成果。2011 年 11 月，学术专著《灾难心理与中小学生心理援助研究》（东北师范大学出版社）出版，该专著于 2012 年获四川省第十五次优秀教育科研成果二等奖；2012 年四川省教育发展研究中心课题“基础教育学校教育冷暴力研究”（编号 CJF012068）正式立项，并于 2016 年顺利结题；2016 年团队承担四川省心理学会“十三五”教育科研规划重点课题《基于心理学的中学校园欺凌研究》（编号 SCXLXH201606），并于 2018 年结题。

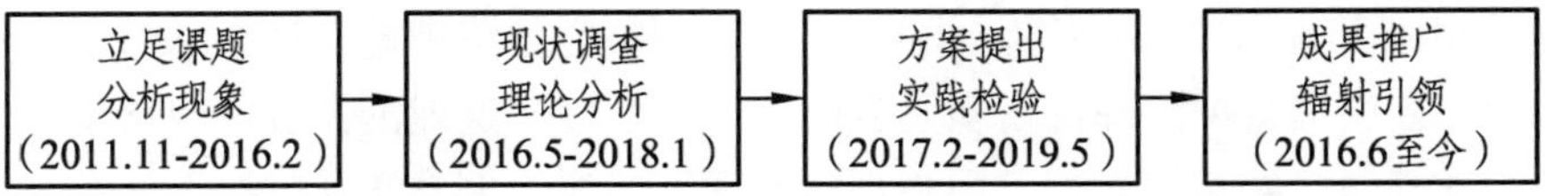

图 3-34　成果形成历程

（一）立足课题，分析现象（2011.11—2016.2）

2011 年 11 月至 2016 年 2 月，团队承担并完成了四川省教育发展研究中心课题“基础教育学校教育冷暴力研究”（编号 CJF012068）。

在对学校教育行为冷暴力的研究中我们发现，从行为实施的主观意愿来看，教育行为冷暴力是蓄意或无意的，而校园欺凌是蓄意的；从行为主客体来看，教育行为冷暴力是师生之间的相互不当行为，而校园欺凌是指学生之间以大欺小、倚强凌弱。发生在学生之间的、蓄意的教育言语行为冷暴力、教育肢体语言行为冷暴力、教育网络行为冷暴力属于校园欺凌。教育行为冷暴力的有意行为部分是校园欺凌的组成部分，且极易转化为校园热暴力事件，教育行为冷暴力组成或引起了大多数校园欺凌事件。

基于以上思考，我们进一步申报了四川省心理学会“十三五”教育科研规划重点课题“基于心理学的中学校园欺凌研究”（编号 SCXLXH201606），深入研究校园欺凌及其防控，探索基于心理学原理的校园欺凌产生机制，更深刻地理解校园欺凌发生原因，借鉴国外校园欺凌防控经验，结合我国的基本国情与教育一线的实践，为防治校园欺凌提供必要的心理学理论依据和具体实施策略。

（二）现状调查，理论分析（2016.5—2018.1）

2016 年 5 月至 2017 年 12 月，团队综合运用访谈、问卷调查法、文献分析法、观察法、经验总结法、个案分析法和理论建构法等多种方法梳理中学校园欺凌现象，研读相关文件，总结其表现形式并归类，明确了校园欺凌要素。结合校园欺凌的典型表现形式，采用特拉华欺凌受害量表（学生卷）（DBVS-S）2016 年中文修订版（谢家树，魏宇民，Bear）作为调查工具。

基于 2012 年课题“基础教育学校冷暴力研究”（编号 CJF0120XX）的普查结果，我们于 2017 年 12 月，筛选成都市 4 所中学（城市学校 2 所，农村学校 2 所）共 1086 名初一至高三的部分学生进行校园欺凌现状调查。了解校园欺凌现状，分析其不同维度的差异，探究其影响因素。

2016 年 9 月至 2018 年 2 月，团队运用挫折-侵犯理论、社会学习论、本能论、社会信息加工理论、多元智能理论、学校气氛理论分析校园欺凌产生的心理机制和影响因素，运用心理学原理，寻找治本方略和防控干预良策。

（三）方案提出，实践检验（2017.2—2019.3）

2017 年 2 月至 2018 年 3 月，基于“问题分析阶段”调查结果、“理论分析阶段”研究成果与校园欺凌防控经验，形成了基于心理学原理的校园欺凌防控策略。

2018 年 3 月，制定试点实践方案，采用行动在成都市 4 所中学实践检验，梳理提炼，形成中学校园欺凌“两体系三融合”校本防控模式，2019 年 3 月后测分析，实践效果良好。

（四）成果推广，辐射引领（2016.6 至今）

2016 年至今，以学校实践、教师培训、专著出版、论文发表、学术交流等方式对研究不同阶段的成果（校园欺凌概念的内涵外延、校园欺凌心理机制及影响因素的理论基础、校园欺凌防控策略、“两体系三融合”校本防控模式）进行推广，在国内产生较大影响。

2018 年 3 月至今，在四川省成都、乐山、巴中三市的 12 所学校（四川省新津中学、温江中学、乐山市实验中学、新津区实验高级中学、四川省通江县实验中学、新津区实验初级中学、五津中学、普兴中学、邓双学校、成都市新津区外国语实验学校、泰华学校、四川省通江县第二中学）进行成果推广，防控效果显著。

2016 年至 2021 年，向川、渝、粤、桂、藏、新、湘、陕、甘等省市的校长和骨干教师两千余人汇报成果并推广，在国内产生较大影响。

三、成果主要内容

本成果针对中学校园欺凌提出了“两体系三融合”校本防控模式，解读和剖析校园欺凌“是什么”，厘清校园欺凌“为什么”发生，澄清校园欺凌产生的心理机制与影响因素，解决中学校园欺凌校本防控“做什么”和“怎么做”的问题。

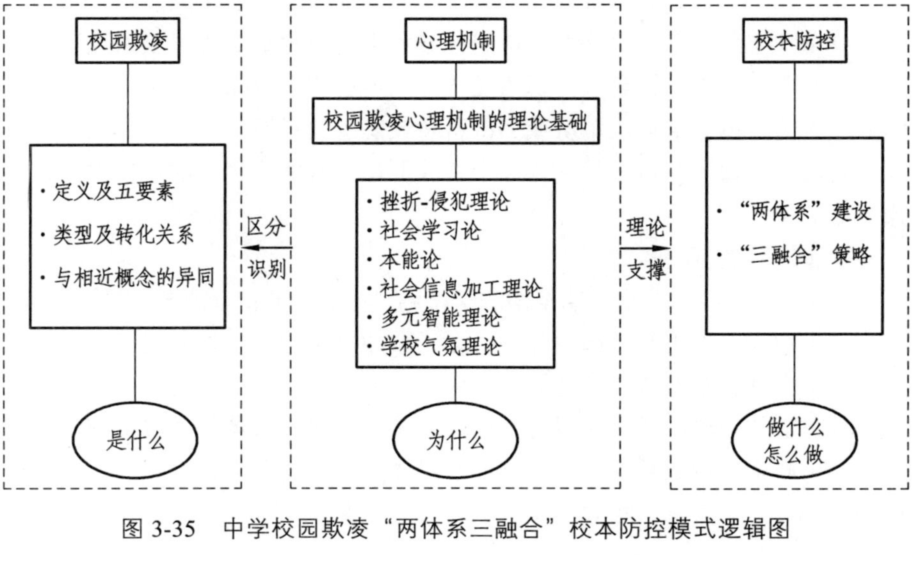

图 3-35　中学校园欺凌“两体系三融合”校本防控模式逻辑图

（一）认识成果

本成果沿用教育部文件对校园欺凌的定义，明确了校园欺凌的五要素，按照行为载体将其分为四种常见类型，梳理了各类型间的转化关系，辨析了校园欺凌与一般性学生冲突、校园暴力的异同。

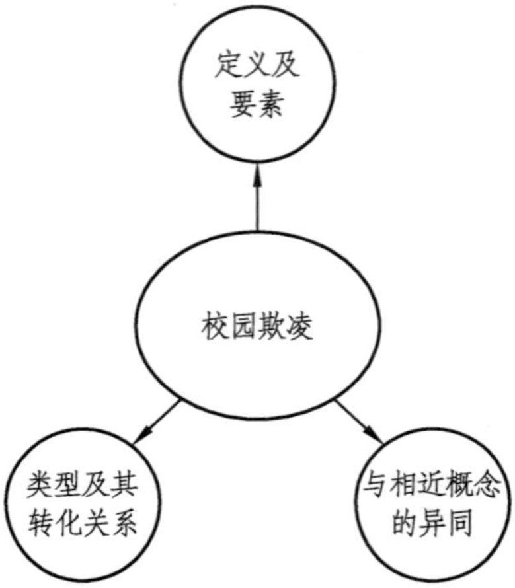

图 3-36　校园欺凌概念图

1. 校园欺凌须满足五要素

2017 年 11 月，教育部等十一部门印发《加强中小学生欺凌综合治理方案》，方案对校园欺凌做了界定。本研究参考上述教育部文件对校园欺凌的定义，将中学校园欺凌界定为："发生在校园（包括初中和高中）内外、学生之间，一方（个体或群体）单次或多次蓄意或恶意通过肢体、语言及网络等手段实施欺负、侮辱，造成另一方（个体或群体）身体伤害、财产损失或精神损害等的事件。"

校园欺凌的五要素如下：

（1）主体：指在本校或他校的有学籍的学生，主要指欺凌者和被欺凌者；

（2）地点：发生在校园内外，隐含了欺凌事件的发生地不限于校园内；

（3）主观：蓄意或恶意地欺负、侮辱，不包含无意的行为；

（4）形式：单次或多次通过言语、关系、网络、身体等手段实施；

（5）后果：造成被欺凌方（个体或群体）身体伤害、财产损失或精神损害等。

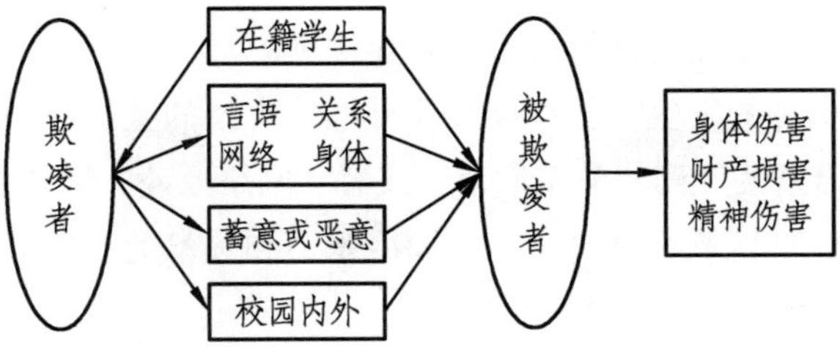

图 3-37 中学校园欺凌的五要素

2. 中学校园欺凌类型与转化

（1）中学校园欺凌的常见类型。

中学校园欺凌表现形式种类繁多，本研究按照行为载体将其分为言语欺凌、关系欺凌、网络欺凌、身体欺凌。

表 3-20 中学校园欺凌的常见类型

常见类型	概念描述	表现方式	危害特征
言语欺凌	指恶意地利用语言工具对他人进行人身攻击的行为	讽刺嘲笑型、侮辱谩骂型、指责呵斥型、威胁恐吓型、妄言断定型、话语霸权型等	不会造成外在痕迹，具有易实施，易逃逸、抵赖的特点，且实施后不易被老师、同学发现，但却对受欺凌者产生精神上的伤害
关系欺凌	学生间用挑拨或者恶意中伤的方式来孤立被欺凌者的行为	挑拨离间型、恶意污蔑型、编造谎言误导型等	这是欺凌方式中最隐蔽的方式，通常不被人们认为是被欺凌，严重时可能造成被欺凌者自杀或他杀
网络欺凌	以网络为载体，通过电话、论坛贴吧、网页、QQ、微信、抖音等社交媒体，对被欺凌者实施骚扰、侮辱、诽谤、造谣、扩散隐私等伤害行为	附和起哄、嘲讽挖苦、挑拨离间、诋毁贬损、谩骂侮辱、威胁恐吓、暴露隐私、侵犯骚扰、人肉搜索、盗用身份、网络跟踪等	新型欺凌形式，主要把现实生活空间中的言语欺凌和关系欺凌搬到虚拟世界中去，具有范围广、影响大、传播快、隐蔽性强等特点，从某种意义上讲，危害性远胜于传统欺凌形式
身体欺凌	恶意对被欺凌者身体进行攻击的行为	包括对被欺凌者进行吐口水、指手画脚、推搡、脚踢、殴打等恶劣行为	一般是言语欺凌、关系欺凌、网络欺凌的升级，给被欺凌者造成身体伤害，甚至使之失去生命

（2）中学校园欺凌的常见类型的转化关系。

一件欺凌事件的发生，很可能是几种欺凌类型的叠加，一般都是逐步升级的，由“言语欺凌”到“关系欺凌”或者“网络欺凌”到“身体欺凌”。言语欺凌是起点，身体欺凌是终点。校园冷暴力和热暴力事件可以相互转化。

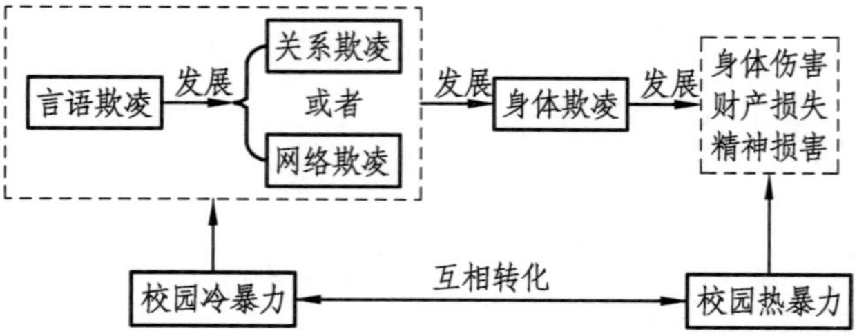

图 3-38　中学校园欺凌常见类型的转化关系

3. 校园欺凌要与一般性学生冲突、校园暴力相区分

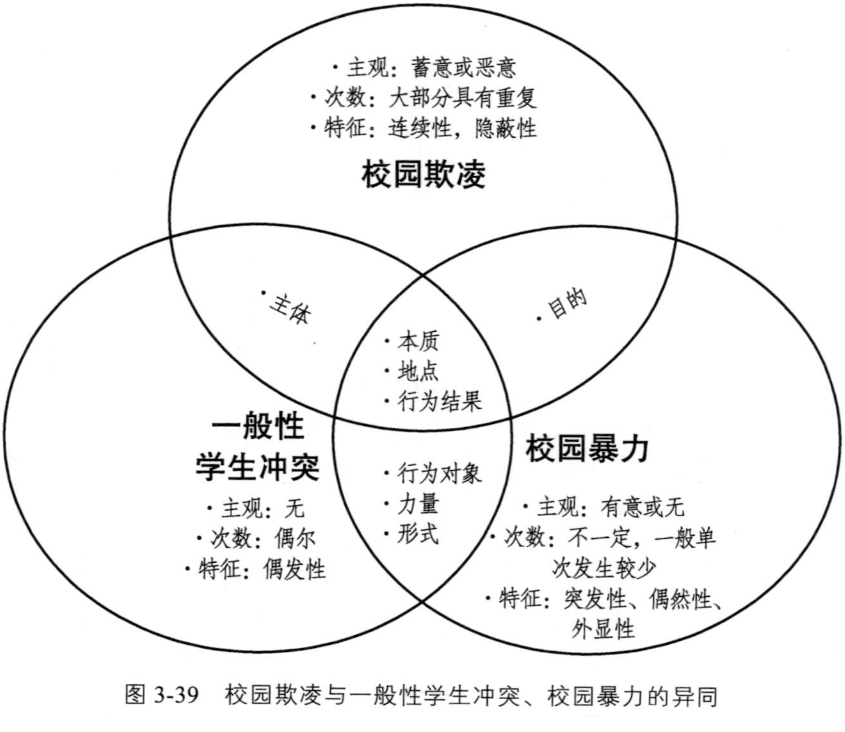

图 3-39　校园欺凌与一般性学生冲突、校园暴力的异同

（1）校园欺凌与一般性学生冲突、校园暴力三者的共同点：

① 本质：三者都是攻击行为；

② 地点：一般都是在校园或者与校园相关的空间；

③ 行为结果：都会发生身心伤害或者财产损失。

（2）校园欺凌与一般性学生冲突、校园暴力三者的区别：

① 主体：校园欺凌和一般性学生冲突的主体都是在籍学生，而校园暴力不仅限于在籍学生，可能还包括校外人员；

② 主观：校园欺凌是蓄意或恶意的行为，一般性学生冲突是无意的，校园暴力是有意或无意的；

③ 目的：校园欺凌以造成身心痛苦为目的，一般性学生冲突往往是打闹嬉戏等引发的冲突行为，校园暴力以伤人毁物为目的；

④ 行为对象：校园欺凌中被欺凌对象基本是固定的，一般性学生冲突无特定对象，校园暴力行为对象不固定；

⑤ 力量：校园欺凌一般是强势一方对弱势一方，一般性学生冲突、校园暴力不一定；

⑥ 次数：校园欺凌大部分具有重复性，一般性学生冲突是偶发的，校园暴力则不一定，一般单次发生较多；

⑦ 形式：校园欺凌是直接或间接发生，一般性学生冲突、校园暴力往往是直接的；

⑧ 特征：校园欺凌行为有连续性和隐蔽性；一般性学生冲突是偶发的，校园暴力则有偶然性、突发性和外显性。

（二）操作成果

本成果构建了中学校园欺凌“两体系三融合”校本防控模式，系统地解决了中学校园欺凌校本防控“做什么”和“怎么做”的问题。运用学校气氛理论、多元智能理论、本能论、挫折-侵犯学说、社会学习论、社会信息加工理论等理论，分析校园欺凌的产生机制与影响因素，从教育教学实际出发，建立“预防教育体系”和“应对干预体系”，在防控主体上实施了“学校-家庭-社会”相融合的防控策略，在防控对象上实施了“被欺凌者-欺凌者-旁观者”相融合的防控策略，在防控方式上实施了“活动-课程-矫正”相融合的防控策略。

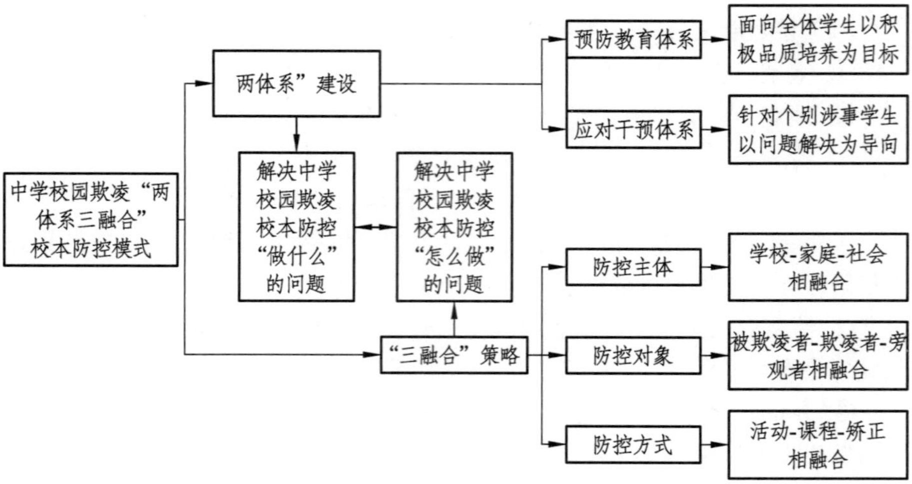

图 3-40　中学校园欺凌的“两体系三融合”校本防控模式

1. 中学校园欺凌防控的校本防控“两体系”建设

校园欺凌应以学校为中心建立全面的防控体系，本成果将此界定为“校本”防控体系。校园欺凌治理重点在预防，关键在干预控制。在校园欺凌防控工作中，建立“预防教育”和“应对干预”两套体系，开展预防和干预工作。在预防教育和应对干预中，结合“三融合”策略，培养学生积极品质，形成良好心态。

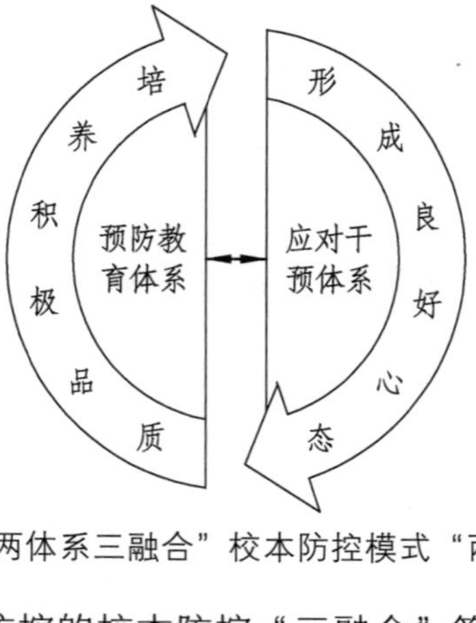

图 3-41　“两体系三融合”校本防控模式“两体系”图

2. 中学校园欺凌防控的校本防控“三融合”策略

本成果形成了“三融合”策略——针对防控主体的“学校-家庭-社会”融

合的防控策略，针对防控对象的“被欺凌者-欺凌者-旁观者”融合的干预策略，针对防控方式的“活动-课程-矫正”融合策略，分别解决谁来防控、防控谁以及采取什么方式防控三个问题。

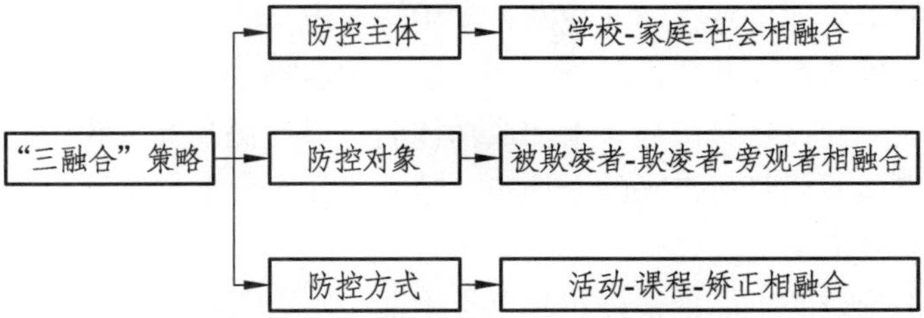

图 3-42　中学校园欺凌的“两体系三融合”校本防控模式“三融合”图

（1）防控主体融合：学校-家庭-社会相融合、各侧重防控策略。

以学校为中心，建立学校-家庭-社会为主体的校本防控体系。学校成立工作领导小组，建立预防制度，明确各方基本职能和责任，完善工作细则，确立工作流程，形成学校-家庭-社会融合防控策略。学校要以班主任为主，建立与家长沟通的常态渠道，了解学生在家庭中的表现；学校相关部门与社区、派出所等社会组织建立联系，搜集社会防控资源。通过邀请专家进行专题讲座、举办主题沙龙和研讨会、开设培训课程或为教师、家长提供网络资源与案例等方式开展针对性培训，普及校园欺凌的界定、要素、类别、危害，丰富教师对学生开展生命与安全教育、道德与法治教育、心理健康教育的方法，丰富家长营造良好家庭氛围，建立融洽亲子关系，培养孩子自尊自信的方法，以预防校园欺凌的发生。

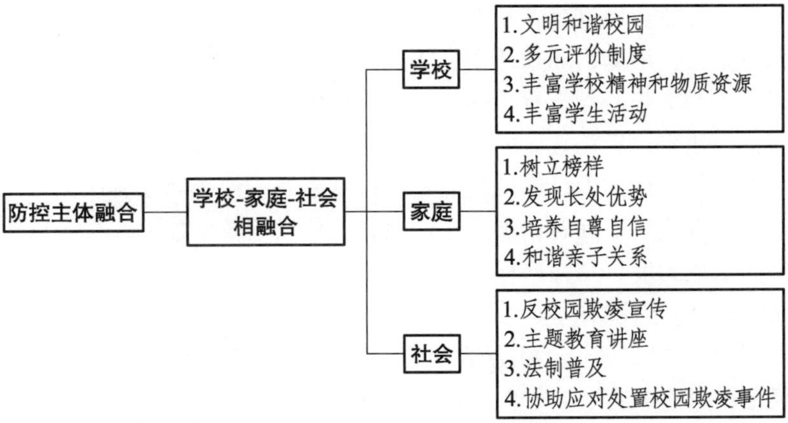

图 3-43　“三融合”策略之防控主体融合图

① 学校防控策略。

基于学校气氛理论，学校防控校园欺凌须得到全校师生心理认同，这是校园文化建设的过程，建立文明和谐校园是从根本上防控校园欺凌的有效措施。

传统的学生评价重视学业成绩，学生学业成绩不佳有可能导致学生经历挫折体验，进而激发其攻击行为。基于多元智能理论，学校建立多元评价制度，引导学生发挥自身优势，增加成功体验，以此提高其自我效能感，降低由于某一方面的弱势而带来的受挫感，建立多元评价制度是从根本上防控校园欺凌的有效措施。

基于洛伦兹的本能论，侵犯是人类生活中不可避免的，为了避免侵犯及其"升级"，学校可以通过为师生提供更丰富的资源来对校园欺凌进行有效防控，涉及物质资源、教育资源、心理资源等各方面。比如建设优美的校园环境、教室环境、办公环境等物质资源；教育主管部门要规定办学规模和班级人数，预防因人员密集而导致情绪烦躁进而诱发侵犯行为，提供更好的教育资源；引导学生为自己建立更多的社会支持，在需要倾诉、援助的时候有丰富的心理资源。

基于弗洛伊德本能论对于侵犯行为的解释，学校可为师生提供更多正当宣泄侵犯冲动的途径。比如组织运动会、篮球赛、足球赛等竞技类的体育活动；提供辩论赛、艺术节、戏剧节等多样化的学生自我展示平台；落实《中小学心理健康教育指导纲要》，做好心理健康教育工作，建设好包含宣泄室在内的心理教育阵地等。

基于挫折-侵犯理论、社会学习论、社会信息加工理论，教师要重视思想品德教育；有意识地进行"适度"的挫折教育，增强学生抗挫能力和战胜挫折的能力，提供诸如沟通技巧培训等合理的挫折应对策略，减少挫折后发生的侵犯行为；加强心理教育，培育学生积极健康的心态，陶冶其品行和塑造健全人格，建立正向注意，引导学生关注美好、爱与善良，进行合理、积极归因，而非敌意性归因，辅助建立更多社会支持，给予问题解决的策略，使用非攻击性方式解决问题；加强法治教育，依法治校，加大对校园欺凌的侵犯行为的惩戒力度；加强榜样教育，宣传榜样行为，用好榜样力量。

② 家庭防控策略。

根据挫折-侵犯理论、社会学习论、多元智能理论，教育家长使之认识到家庭氛围、家庭教育、亲子关系的重要性。家长是孩子模仿的重要对象，要树立榜样，重视孩子的品德教育，发现孩子的长处优势，增加成功体验，培养自尊自信，提高自我效能感，建立融洽的亲子关系，预防校园欺凌发生。

③ 社会防控策略。

根据信息加工理论，改变信息加工不当偏向。社区、派出所代表和司法部门代表、社会专家学者联合开展相关宣传教育活动等，帮助学生建立反校园欺凌的认知结构，改变信息加工不当倾向，加强对校园欺凌的预防。

社区的参与可以最大限度地发挥居委会和广大居民的力量，由学校所在地区的居委会成员等组成的社区代表协助学校宣传反校园欺凌，并开展社区活动进行预防。当欺凌事件发生后，学校邀请社区代表协助自己与涉事家长沟通，对于一些特殊家庭及缺乏家庭教育的学生，学校邀请学生所在社区居委会共同参与事件的处理，对学生进行家访，加强家庭教育；对被欺凌者给予关怀和正面价值观教育；帮助欺凌者和被欺凌者懂得如何与同学相处，更好地融入学校生活中。

派出所、司法部门代表的参与可以保障校园欺凌防控工作符合法律法规和公检法程序，还可为应对、处置学生欺凌事件提供便利。法制副校长、学校所在辖区的派出所警察等定期面向教师、学生、家长等宣传普及道德与法治教育。当发生较为严重的校园欺凌事件且欺凌者监护人没有能力对其进行管教时，请求派出所民警对欺凌者进行警示教育，向欺凌者讲明欺凌后果的严重性，并警示欺凌者监护人，如果其子女再欺凌其他同学，监护人需要承担一定的法律责任。

采用邀请社会专家学者面向教师、学生、家长举办生命与安全教育、道德与法治教育、心理健康教育等讲座，联合开展相关宣传教育活动等形式，帮助其建立反校园欺凌的认知结构，改变学生信息加工不当倾向，加强对校园欺凌的预防和干预。欺凌事件发生后，对欺凌者、被欺凌者和旁观者进行专业的心理干预，降低负面影响，形成良好心态。

（2）防控对象融合：被欺凌者-欺凌者-旁观者相融合的防控策略。

校园欺凌的防控要坚持“教育为先、预防为主、保护为要、法治为基”的基本原则。在预防教育阶段和应对干预阶段，对不同防控对象采取针对性的防控策略，融合防控。在校园欺凌发生前，学校要监控发现哪些是常受欺凌者，哪些是欺凌者，哪些是旁观者，并针对不同的群体采取不同的预防策略。校园欺凌事件发生后对被欺凌者、欺凌者、旁观者都会产生身心危害，学校、家庭、社会协同工作，分别对被欺凌者、欺凌者、旁观者“三对象”积极进行干预。

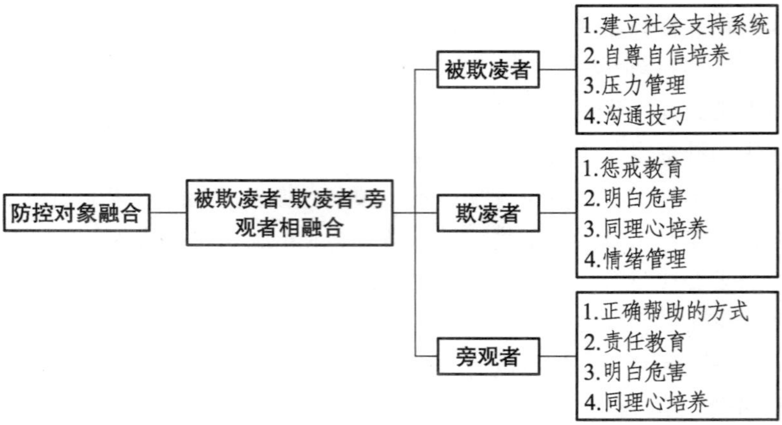

图 3-44 “三融合”策略之防控对象融合图

① 预防教育体系的被欺凌者-欺凌者-旁观者相融合的干预策略。

针对被欺凌者，帮助其改善人际关系，避免欺凌事件的发生；提高其应对挫折的能力，避免挫折后产生严重的心理与行为问题。

针对欺凌者，强化纪律意识、宣扬道德纪律榜样，使之熟知学校纪律；加强同理心教育，培养移情能力。

针对旁观者，提高其对助人为乐、团结互助精神重要性的认识，宣传榜样行为，营造良好的人际氛围。

② 应对干预体系的被欺凌者-欺凌者-旁观者相融合策略。

校园欺凌发生后的一段时间是被欺凌者最脆弱的一段时间，除了关注其身体上受到的伤害，也要关注其可能产生的心理创伤。教师、家长应找到与被欺凌者关系比较要好的同学，让其多陪伴和安慰被欺凌者；鼓励被欺凌者勇敢面对欺凌事件，帮助其重拾自尊、自信；帮助被欺凌者融入集体，建立社会支持系统。

对欺凌者，学校、教师和家长应对其进行惩戒和教育，按照“针对性、适应性、合理公平性、循序渐进性、正面引导性”的原则，根据校纪校规、法律法规对欺凌者实施惩罚及正面引导，对行为较严重的欺凌者在校期间可以将其暂时隔离，让其有时间和空间反思自己的行为；教导其正确认识同学间差异，学会管理自己情绪，培养同理心，认识到校园欺凌对自身和他人的危害，真诚地向被欺凌者道歉。

旁观者亲历了校园欺凌的过程，他们可能在一旁附和、嬉笑或叫好，或者被动地参与了部分欺凌的过程；如果事件比较恶劣，被欺凌者遭受了严重的伤害，旁观者也可能感到害怕，产生不安全感。教师、家长应注意了解孩子感受，安抚其情绪，让孩子不要害怕，相信学校有能力妥善处理，教导其正确认识同学间差异，学会管理情绪，培养同理心，认识到校园欺凌对自身和他人的危害，在准确判断当下情况和确保自己安全的情况下，用正确的方式出面阻止欺凌行为或通过“报告老师”等其他途径来帮助被欺凌者。

（3）防控方式融合：活动-课程-矫正相融合的防控策略。

活动指校园文体活动；课程包括生命与安全教育、心理健康教育、道德与法制课等课程；矫正主要包括不当行为矫正和心理问题矫正。活动-课程-矫正相融合指在校园文体活动中，在生命与安全教育、心理健康教育、道德与法治等课程教学中，在不当行为矫正和心理问题矫正过程中，都在渗透校园欺凌防控教育，三者结合，发挥合力。

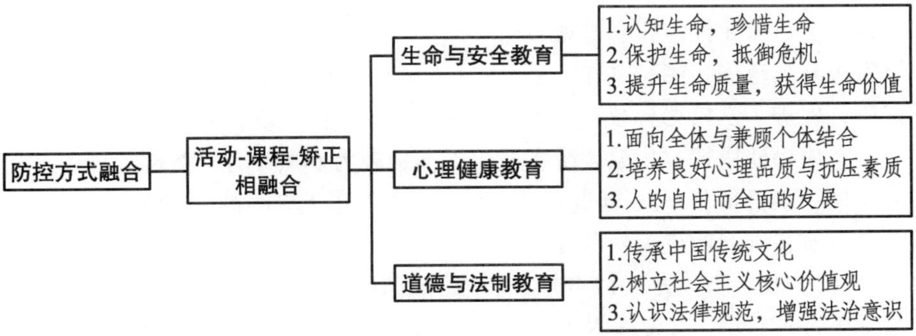

图 3-45 “三融合”策略之防控方式融合图

在生命与安全教育中，让学生认知生命，珍惜生命，避免伤害他人生命；要保护自己和他人生命安全，抵御欺凌行为给自己和他人的生命带来危机；要团结互助，提高自己和他人的生命质量，共同追求生命的价值。心理健康教育中，要面向全体与兼顾个体结合，培养学生良好的心理品质与抗压能力，避免学生因压力而产生攻击行为，发生校园欺凌现象；要引导学生自由而全面地发展，自觉维护自己和他人发展自由。道德与法治教育中，要传承中国传统文化，培养学生仁爱之心，避免相互攻击行为发生；要树立社会主义核心价值观，理解富强、民主、文明、和谐、自由、平等、公正、法治、爱国、敬业、诚信、友善的含义，以正确的价值观抵御欺凌行为的发生；要学习法律法规及学校纪律，增强法治意识，自觉规范自己的行为，避免欺凌行为的发生。

四、成果应用及效果

（一）成果应用成效

中学校园欺凌“两体系三融合”校本防控模式的运用，使中学校园欺凌的识别更精准，防控策略更注重理论指导，校园欺凌防控校本体系更完善。成果实践推广运用的学校，校园欺凌防控效果显著。

从 2017 年 12 月开始，团队对 × × 市的 4 所中学进行问卷调查，根据调查结果，结合学校实际提出了基于心理学的校园欺凌防控策略，指导实验学校建立了校园欺凌治理领导小组，作《校园欺凌防控策略》学术报告，将课题成果《校园欺凌防控策略》作为教师理论提升培训用书，组织班主任召开主题班会，指导教师和家长观察记录孩子情况。2018 年 3 月，进一步扩大成果实施学校范围，在四川省 × × 、× × 、× × 三市的 12 所学校进行成果应用推广，促进了学校德育教育改革，有效预防了校园欺凌，成效显著。

本成果使用特拉华欺凌受害量表，本量表为 6 点计分；数据统计中，只要在任一条目得分≥3，即选择“一月一两次及以上”的被试，就认为受到了该条目所在维度所代表的欺凌。

2019 年 3 月，从 2017 年 12 月前测的四所学校共计 24 个班级选取 1099 名学生进行后测，有效样本 1070 人。通过前后测对比发现，四种不同欺凌类型的发生数量减少，发生率显著降低，经常受欺凌的学生占比下降，说明采用体系化的策略防控校园欺凌效果显著，这表明采取“两体系三融合”中学校园欺凌校本防控策略，效果显著。

1. 校园欺凌各题项受欺凌组频次减少

受欺凌学生在每个条目上的累计频次在前后测对比中都呈现出减少趋势。

表 3-21　校园欺凌各题项受欺凌组前后测对比

题　项	Q11	Q12	Q13	Q14	Q15	Q16	Q17	Q18	Q19	Q20	Q21	Q22	Q23	Q24	Q25	Q26	Q27
受欺凌组（前）	81	62	346	78	48	33	86	38	49	80	43	35	39	28	28	22	14
受欺凌组（后）	70	54	233	58	31	20	49	24	14	26	19	10	16	5	5	5	3

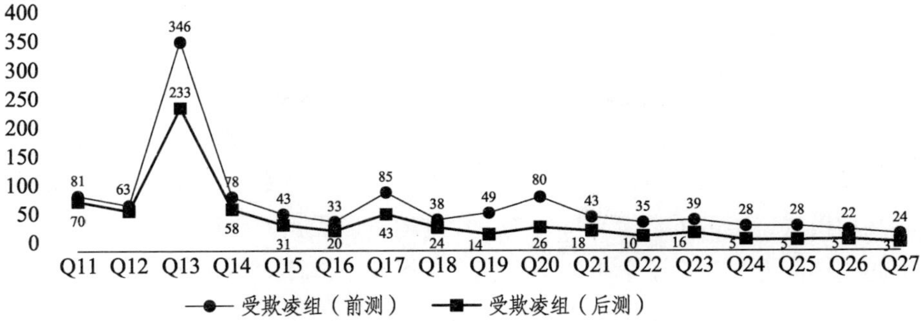

图 3-46　校园欺凌各题项受欺凌组前后测对比折线图

2. 校园欺凌受害组人数及四个不同维度的发生率显著降低

前测中四种欺凌行为的总发生率为 65.27%，后测为 39.06%，发生率显著降低。后测中其发生率分别下降为：言语欺凌 11.68%；身体欺凌 6.17%；关系欺凌 19.81%；网络欺凌 1.40%。关系欺凌发生率仍然相对较高，言语欺凌第二，其次为身体欺凌和网络欺凌。

表 3-22　校园欺凌四个不同维度欺凌行为发生率对比

测评	校园欺凌维度	言语欺凌	身体欺凌	关系欺凌	网络欺凌
前测	受欺凌组人数统计	182	109	379	33
	受欺凌百分比	16.89%	10.12%	35.19%	3.06%
后测	受欺凌组人数统计	125	66	212	15
	受欺凌百分比	11.68%	6.17%	19.81%	1.40%

3. 经常受欺凌的学生占比下降

经常受欺凌的学生是指在所有参与调查的学生中，最经常遭受言语、身体、社会、网络欺凌四种欺凌行为的那部分学生。前后测对比发现，经常受欺凌的学生占比下降，说明防控效果明显。

表 3-23　校园欺凌不同维度受欺凌学生占比

测评	校园欺凌维度	言语欺凌	身体欺凌	关系欺凌	网络欺凌	合计	百分比
前测	受欺凌 3 次	28	15	11	7	61	10.67%
	受欺凌 4 次	16	13	13	12	54	
后测	受欺凌 3 次	15	6	8	6	35	5.4%
	受欺凌 4 次	7	3	5	8	23	

4. 成果实践推广的学校办学效益提升

经过成果实践推广，学校引导学生正确认识自我和他人，合理疏导情绪，学生间冲突缓和，欺凌事件发生频率降低，因校园欺凌导致的安全事故减少。

经过成果实践推广，学校营造了和善友爱的校园氛围，改善了学生的人际互动模式，丰富了学生支持系统，促进学生形成积极心理品质，增强了学生的抗挫能力，提高了学生的学习能力，提升了学校的办学品质，增加了学校的美誉度。

（二）成果社会影响

1. 论著发表及其获奖情况

（1）专著出版。

《教育行为冷暴力初论》（光明日报出版社）。

（2）论文发表及获奖。

表 3-24　论文发表及获奖情况统计表

专著（论文）名称	发表（获奖）时间	发表杂志（颁发单位）
《论中小学校园欺凌及其防控》	2018 年第 2 期总第 263 期	学园
《论教育行为冷暴力与防控》	2017 年 2 月	教育与教学研究
《教育行为冷暴力初论》	2016 年 3 月	教育艺术杂志
《教育冷暴力现象在九年义务教育阶段的现状调查》	2013 年 6 月	中国社会科学网首发
《基于心理学视角的校园欺凌心理机制及防控策略》	2021 年 6 月	四川省心理学会年度论文一等奖
《基于侵犯行为理论的高中英语学科校园欺凌防控实践研究》	2021 年 6 月	四川省心理学会年度论文一等奖
《校园欺凌的心理机制、原因及防控策略探析——基于社会心理学视角》	2020 年 12 月	四川省心理学会年度论文一等奖
《基于沉默的螺旋理论的校园欺凌防控策略研究》	2020 年 12 月	四川省心理学会年度论文二等奖

续表

专著（论文）名称	发表（获奖）时间	发表杂志（颁发单位）
《基于社会交换论的校园欺凌防控的研究》	2020 年 12 月	四川省心理学会年度论文优秀奖
《Enright 宽恕干预模式下的校园欺凌防控策略》	2020 年 12 月	四川省心理学会年度论文优秀奖
《萨提亚家庭治疗模式下的校园欺凌防控策略》	2020 年 12 月	四川省心理学会年度论文优秀奖
《试析多元智能理论在校园欺凌防控中的运用》	2020 年 12 月	四川省心理学会年度论文优秀奖
《发挥生涯教育功能，有效防控校园欺凌》	2017 年 9 月	成都市基础教育课程改革优秀论文评选中获一等奖

2. 教师培训与学术交流

（1）成果推广专题讲座。

2017 年 6 月至 2021 年 4 月，举行成果推广报告会 33 次。其中四川省内 23 次，省外 10 次，向川、粤、桂、藏等省市的校长和骨干教师两千余人汇报成果并推广，组织成都市高中教师继续教育精品课程培训，承担成都市优秀科研成果推广任务，召开专项成果推广会，向与会人员展示防控校园欺凌主题班会，分初、高中论坛举行学术报告。结合中学校园欺凌问题的实际，提出了针对性强、具有可操作性的防控策略，让广大教师在理论和调查结果的支持下，切实提高校园欺凌的防控水平。成果推广报告会受到广大领导干部、教师的好评，在全国产生了较大影响。

（2）学术主题研讨。

2016 年 10 月至今，团队成员作为特邀专家在四川省律师协会妇女和未成年人权益保护专业委员会沙龙研讨做主题交流，在第四届中国教育创新成果公益博览会的微论坛、教育学会年会、四川省心理学会年会和专家就课题成果做交流。

表 3-25　教师培训与学术交流情况统计（部分）

时间	培训情况
2017 年 9 月	广西梧州教育法制管理干部班
2017 年 11 月	西藏自治区教育管理干部培训班
2017 年 12 月	广东省肇庆市“强师工程”教师研修班
2018 年至 2020 年	向深圳市、贵州省、四川省的中小学教师作“学校心理危机识别与干预”“心理学视野的校园欺凌及防控”“教师职业心理调适”等专题讲座 20 余场
2016 年 10 月	四川省人民政府教育督导委员会办公室特邀王友强参加内江市校园欺凌治理情况专项督查工作
2017 年 4 月	受四川省律师协会妇女和未成年人权益保护专业委员会邀请，参加“让暴力远离校园——反校园欺凌刻不容缓”主题研讨沙龙，并作为特邀专家作“中小学校园欺凌防控策略”的主题交流
2017 年 11 月	参加中国教育学会第 30 届年会，在微论坛 8“预防校园欺凌溯源性举措”与专家交流课题组成果
2018 年 4 月	成都市高中教师继续教育精品课程培训“校园欺凌之校园冷暴力防控策略主题班会实践”
2018 年 11 月	“基础教育学校教育行为冷暴力防控策略”成果在珠海国际会展中心举行的第四届中国教育创新成果公益博览会展出
2019 年 5 月	小金县教育系统德育干部培训班作学术报告“基础教育学校校园欺凌防控策略”
2020 年 10 月	2020 国培计划西藏初中语文骨干教师培训班上分享了“中学校园欺凌防控策略”
2020 年 12 月	参加四川省心理学会 2020 学术年会，作《校园欺凌防控策略》实践报告
2021 年 4 月	成都市高中教师继续教育精品课程培训“基于心理学、教育学、社会学理论视角的校园欺凌防控策略”

表 3-26　成都市高中教师继续教育精品课程“
基于心理学、教育学、社会学理论视角的校园欺凌防控策略”培训主题统计表（例）

培训时间	主讲教师	培训主题名称
2021 年 4 月 8 日	陈晓铃	基于挫折-侵犯理论的校园欺凌防控
2021 年 4 月 8 日	袁学英	基于挫折-侵犯理论的校园言语欺凌防控案例
2021 年 4 月 8 日	罗晓英	基于理性情绪行为疗法的校园欺凌防控
2021 年 4 月 8 日	王高莲	基于多元智能理论的校园欺凌防控

续表

培训时间	主讲教师	培训主题名称
2021 年 4 月 8 日	曹艳霞	基于自我效能感理论的校园欺凌防控
2021 年 4 月 13 日	史静	基于一般攻击模型理论的校园欺凌防控
2021 年 4 月 13 日	代淑红	基于萨提亚家庭治疗模式的校园欺凌防控
2021 年 4 月 13 日	汪顺兴	基于旁观者效应的校园欺凌防控
2021 年 4 月 13 日	苏珠	营造“阳光”学校气氛，防控校园欺凌
2021 年 4 月 13 日	胡同文	基于社会治理理论的校园欺凌防控
2021 年 4 月 15 日	张华	基于社会交换论的校园欺凌防控
2021 年 4 月 15 日	廖美芳	基于沉默的螺旋理论的校园欺凌防控
2021 年 4 月 15 日	陈艳梅	基于家庭教育理论的校园欺凌防控
2021 年 4 月 15 日	王友强	校园欺凌防控概论
2021 年 4 月 15 日	张崇洪	区域教育视野下校园欺凌防控措施

3. 专家评价与媒体报道

中国科学院叶大年院士对本成果高度肯定：“对在一线学校工作的老师和管理者防控校园欺凌具有指导和借鉴作用，对家长教育子女亦有参考指导意义。作为基层一线教育工作者，不忘使命，急国家之所急，体人民之所需，创造性落实国家防控校园欺凌系列文件精神，坚持数年，为建设阳光安全校园不断添砖加瓦，成效显著，我衷心替他们感到高兴。”

2018 年 4 月，四川省《教育导报》作了课题研究成果专题报道，在“川教之声”和“教育导报”公众号推出，掀起了再一次对校园欺凌防控的热烈讨论，产生了广泛的社会影响。《教育导报》刊登了课题的研究成果。

五、成果的创新点

本成果首创中学校园欺凌“两体系三融合”校本防控模式。

本成果在六大理论指导下构建了科学防控中学校园欺凌的“两体系三融合”校本防控模式，能够更好地识别校园欺凌，系统解决中学校园欺凌校本防控“做什么”和“怎么做”的问题。从教育教学实际出发，建立以培养学生积极品质为目标的“预防教育体系”和以引导学生形成良好心态为目标的“应对干预体系”，提出分别针对防控主体、防控对象和防控方式的“家庭-学校-社会”“被欺凌者-欺凌者-旁观者”“活动-课程-矫正”相融合的防控策略。

实践证明“两体系三融合”模式的中学校园欺凌校本防控成效显著，适用于中学阶段系统地进行校园欺凌校本防控。

根据教育部科技查新工作站 J01 科技查新报告（202136000J010219），中学校园欺凌“两体系三融合”校本防控模式在国内文献检索范围内未见相同研究的文献报道。

（本报告系四川省心理学会“十三五”教育科研规划重点课题“基于心理学的中学校园欺凌研究”（编号 SCXLXH201606）研究成果）

后 记

成都市名师工作室王友强工作室从2013年运行到现在，在成都市教育局第一、二届考核中均被评为优秀工作室。为了总结研修老师的教育教学成果，已先后出版了《木铎朝夕》《木铎春秋》《教育行为冷暴力初论》《论教育行为冷暴力》,《木铎之声》为工作室全体老师的部分教育教学成果结集出版的最新成果。

第一部分为“教师培养”。专题一《基于地方性教育智慧的CRP名师孵化模型研究》由成都市新津区教育局胡同文、四川省新津中学刘静、成都市新津区第一小学王高莲、成都市新津区教育科学研究院谢彬、成都市新津区实验初级中学冯志净、成都市新津区教育科学研究院王友强撰写，专题二《基于校企共同体的双师型教师队伍建设困境及对策》由成都市新津区职业高级中学付文桂、罗晓英，四川省新津中学叶丰平撰写。

第二部分为“学科教学”。专题一《自适应学习平台在高中数学学习中的应用探索》由成都市新津区实验高级中学甘平、成都市新津区实验小学金秀蓉、成都市新津区实验高级中学王帅撰写，专题二《基于地理核心素养培养的高中课程资源开发——以地理景观图为例》由成都市龙泉第二中学李勤艳撰写，专题三《基于英语核心素养的高中语篇深度学习之思维可视化教学策略研究——以思维导图为例》由四川省新津中学刘静撰写，专题四《高中数学建模能力的培养与研究》由成都市川化中学肖成、庞萍、胡开平、宋功杰、宋绍江撰写，专题五《“整体史数轴”激发深度学习、培养历史学科核心素养的探索》由成都市新津区实验高级中学张小燕、成都市新津区教育局胡晓玲、陈林，成都市新津区实验高级中学吴安娜、文峰、张敏撰写，专题六《新课改背景下中学英文报刊阅读教学探究》由巴中市巴州区第六中学向婷、王芝、岳琴撰写。

第三部分为“校园安全与德育”。专题一《校园欺凌研究现状》中第一节《校园欺凌概述》由新津区教育科学研究院王友强撰写，主要介绍校园欺凌概念、表现形式及其分类、参与者、影响因素、危害、处理方式等内容；第二节《各国在防控校园欺凌方面的探索和成果》由成都市新津区实验高级中学黄建军统稿，主要介绍一部分发达国家的防控经验和国际会议情况，“英国部分”由黄建军编写，“美国部分”由四川省新津中学刘静编写，“法国部分”由成都市新津区五津幼儿园秦俐、沈瑶编写，“挪威部分”由成都市新津区实验高级中学毛灵编写，“加拿大部分”由成都市新津区教育科学研究院谢彬编写，“澳大利亚部分”由成都市新津区文井小学李萍编写，“德国部分”由成都市新津区实验高级中学李兰英、曾祝仙编写,“校园欺凌相关国际会议介绍”由四川省新津中学刘静、余施奇编写。专题二《国内校园欺凌防控行动概述》由新津区实验初级中学冯志净统稿，其中第一节《校园欺凌防控国家政策概述》由成都市新津区邓双学校杨川、成都市新津区泰华学校阳华撰写，第二节《我国校园欺凌学术研究概述》由成都市新津区实验初级中学冯志净、汤燕撰写，第三节《我国校园欺凌防控行动概述》由成都市新津区实验初级中学杨娇、杨丽娜撰写，第四节《我国港澳台地区防控校园欺凌的研究概述》由成都市新津区实验初级中学冯志净、汤燕、杨娇、杨丽娜和成都市新津区泰华学校阳华以及成都市新津区邓双学校杨川撰写，第五节《校园欺凌调查问卷的研究进展》由成都市新津区实验高级中学代淑红、廖美芳和成都市新津区教育科学研究院史静撰写。专题三《校园欺凌防控策略的理论研究》由成都市新津区教育科学研究院史静、成都市新津区实验高级中学代淑红和廖美芳编辑整理。第一节《基于一般攻击模型理论的校园欺凌防控》由成都市新津区教育科学研究院史静撰写，第二节《基于责任扩散效应的校园欺凌防控》由成都嘉祥外国语学校袁茜琳撰写，第三节《基于旁观者效应的校园欺凌防控》由四川省新津中学汪顺兴撰写，第四节《基于破窗效应的校园欺凌防控》由成都市新津区外国语实验学校罗艳撰写，第五节《基于从众正效应的校园欺凌防控》由成都市新津区实验高级中学张小燕、成都市新津区教育局陈林撰写，第六节《基于自我效能感理论的校园欺凌防控》由四川省新津中学曹艳霞撰写，第七节《基于多元智能理论的校园欺凌防控》由成都市新津区第一小学王高莲撰写，第八节《基于挫折-侵犯理论的校园欺凌防控》由四川省新津中学陈晓铃撰写，第九节《基于社会学习理论的校园欺凌防控》由成都市新津区职业高级中学刘欢撰写，第十节《基于本能论的校园欺凌防控》由成都市新津区职业高级中学李莉撰写，第十一节《基于箱庭疗法的校园欺凌防控》由成都市新津区实验高级中学毛灵撰写，第十二节《基于行为修正模式理论的校园欺凌防控》由成都市新津区实验高级中学曾祝仙、李兰英撰写，第十三节《基于理性情绪行为疗法的校园欺凌防控》由成都市新津区职业高级中学罗晓英撰写，第十四节《基于成就动机理论的校园欺凌防控》由四川省新津中学李然撰写，第十五节《基于罗伯洞穴实验的校园欺凌防控》由成都市新津区实验高级中学李廷容撰写，第十六节《基于习得性乐观理论的校园欺凌防控》由成都市新津区实验高级中学李梅撰写，第十七节《基于家庭教育理论的校园欺凌防控》由成都市新津区实验高级中学闵丽、成都市新津区教育局胡同文撰写，第十八节《基于萨提亚家庭治疗模式的校园欺凌防控》由成都市新津区实验高级中学代淑红撰写，第十九节《基于学校气氛理论的校园欺凌防控》由成都市新津区五津幼儿园苏珠撰写，第二十节《提高自尊水平，防控校园欺凌》由新津区五津幼儿园宛小凤撰写，第二十一节《基于培养亲社会行为的校园欺凌防控》由新津区五津幼儿园潘俊菊撰写，第二十二节《基于心理应激理论的校园欺凌防控》由成都市新津区外国语实验学校陈庆、田军撰写，第二十三节《基于计划行为理论的校园欺凌防控》由四川省新津中学牟霞、徐灵撰写，第二十四节《基于内隐攻击性的校园欺凌防控》由四川省通江县实验中学谢兴斌、韩鹏、伏甜撰写，第二十五节《基于需要匮乏理论的校园欺凌防控》由新津区第一幼儿园帅丽娟、成都市新津区职业高级中学刘嘉撰写，第二十六节《基于语言编码理论的校园欺凌防控》由成都市新津区第一幼儿园罗赛华、郑椋爔撰写，第二十七节《基于宽恕干预模式的校园欺凌防控》由成都市新津区教育科学研究院史静撰写，第二十八节《基于优势视角理论的校园欺凌防控》由成都市新津区实验高级中学王琴撰写，第二十九节《基于冷认知假说的校园欺凌防控》由成都市新津区黄渡小学林依兰、成都市新津区外国语实验学校李琼撰写，第三十节《基于符号互动理论的校园欺凌防控》由成都佳兴外国语学校张桂华撰写，第三十一节《基于增能理论的校园欺凌防控》由成都市三原外国语学校徐容撰写，第三十二节《基于生态系统理论的校园欺凌防控》由成都市新津区职业高级中学付文桂撰写，第三十三节《基于社会生态素质-压力模型的校园欺凌防控》由四川省成都市龙泉第二中学李勤艳撰写，第三十四节《基于差别交往理论的校园欺凌防控》由成都市新津区实验高级中学蒋晓燕、陈小平撰写，第三十五节《基于生活方式理论的校园欺凌防控》由成都市新津区教育局胡晓玲撰写，第三十六节《基于沉默的螺旋理论的校园欺凌防控》由成都市新津区实验高级中学廖美芳撰写，第三十七节《基于社会资本理论的校园欺凌防控》，第三十八节《基于广域临床取向模式的校园欺凌防控》由成都市新津区实验高级中学甘平、新津区实验小学金秀蓉撰写，第三十九节《基于协同理论的校园欺凌防控》、第四十节《基于社会互动理论的校园欺凌防控》由成都市新津区文井小学张谦益、新津区花源学前教育集团胡容撰写，第四十一节《媒体传播对校园欺凌及防控的影响研究》由成都市新津区职业高级中学刘嘉、新津区第一幼儿园帅丽娟撰写，第四十二节《暴力亚文化理论在校园欺凌防控中的运用》由成都市新津区永商学校张红梅，成都市新津区外国语实验学校陈庆、李强撰写，第四十三节《基于“把关人”理论的校园欺凌防控》由新津区第一幼儿园罗赛华、郑椋爔撰写，第四十四节《基于结构解释模型的校园欺凌防控》由成都市新津区实验高级中学王亚丽、成都市新津区教育局胡同文撰写，第四十五《基于社会失范理论的校园欺凌防控》由成都市新津区金华学校杨飞、漆敏撰写，第四十六节《基于权力根源理论的校园欺凌防控》由四川省彭州中学王畅撰写，第四十七节《基于抵制理论的校园欺凌防控》由成都市新津区实验高级中学吴兰英、宋雪琴撰写，第四十八节《基于社会交换论的校园欺凌防控》由四川省通江县职业高级中学张华、高冬梅撰写，第四十九节《基于霍恩-米特系统模型的校园欺凌防控》由新津区五津幼儿园胡蓉、程科撰写，第五十节《基于社会结构功能理论的校园欺凌防控》由成都市新津区实验高级中学马亚彬撰写，第五十一节《基于社会生态学理论的校园欺凌防控》由成都市新津区五津初级中学任君、谢思明撰写，第五十二节《基于社会治理理论的校园欺凌防控》由成都市新津区教育局胡同文、成都市新津区花桥幼儿园平静撰写，第五十三节《基于社会标签理论的校园欺凌防控》由新津区五津幼儿园徐建华、新津区第一幼儿园罗赛华撰写，第五十四节《基于赫希社会控制理论的校园欺凌防控》由成都市新津区教育局王蓝艺撰写，第五十五节《复和公义在校园欺凌防控中的应用》由新津区高级实验中学廖美芳、代淑红撰写，第五十六节《基于神经生物学的校园欺凌防控》由成都市新津区教育科学研究院伍崇建、成都市三原外国语学校徐容、成都市新津区外国语实验学校雷菊琴撰写，第五十七节《基于亲社会反应五步模型的校园欺凌防控》由四川省通江县实验中学谢兴斌、韩鹏、李江梅撰写，第五十八节《基于“零容忍方案”的校园欺凌防控》由成都市新津区实验高级中学吴安娜和成都市双流区棠湖中学实验学校侯志杰撰写。专题四《校园欺凌防控策略研究成果》由新津区教育科学研究院王友强、吴明琪编辑整理。第一节《中职学校学生间冷暴力行为防控策略研究》由成都市新津区职业高级中学罗晓英、付文桂，成都市新津区教育局张崇洪，通江县职业高级中学张华，四川省新津中学叶丰平，成都市新津区实验初级中学冯志净撰写，第二节《基于心理学的中学校园欺凌防控策略实践研究》由四川省新津中学陈晓铃，新津区高级实验中学代淑红、廖美芳，新津区教育科学研究院王友强撰写。

本书的完成过程，得到了工作室全体成员的大力支持；特别是中国科学院资深院士、北京大学教授叶大年院士亲自为本书作序；西南交通大学出版社予以出版；新津区教育局、成都市名师工作室、新津区教育科学研究院均给予本书的出版以大力支持，在此一并表示衷心感谢！

最后，谢谢您的阅读！

编　者

2022 年 5 月 28 日